現代家庭科教育法

個人・家族・地域社会のウェルビーイング向上をめざして

Communicating Family and Consumer Sciences
A Guidebook for Professionals

エリザベス・J. ヒッチ
ジューン・ピアス・ユアット
[著]

中間美砂子
[監訳]

井元りえ
大森　桂
妹尾理子
後藤さゆり
[訳]

大修館書店

Communicating
Family and Consumer Sciences
A Guidebook for Professionals

by

Elizabeth J. Hitch, Ph.D. and
June Pierce Youatt, Ph.D.

Copyright © 2002 by The Goodheart-Willcox Company, Inc.
All Rights Reserved. Authorized translation from English language
edition published by The Goodheart-Willcox Company, Inc.
Japanese translation rights arranged
with The Goodheart-Willcox Company, Inc.
through Tuttle-Mori Agency, Inc., Tokyo
TAISHUKAN PUBLISHING CO., Ltd., Tokyo, Japan, 2005

序章

　家族・消費者科学の内容(個人・家族が直面する実践問題についての内容)は，多様な環境で教えられ，伝達されている。学校の教室，対人サービス，地域社会奉仕活動プログラム，企業環境等において，専門家は，家族・消費者科学についての学校教育，学校外教育で指導を行っている。指導的文脈は異なるとしても，これらの環境における専門家は，多様な学習者を理解すること，適切な指導計画を開発すること，指導的相互作用へ従事すること，学習成果を評価することなどに対して，共通の必要性を有している。

　本書は，家族・消費者科学指導を構想し，伝達し，評価する上で学生や専門家を助ける実践的で，スキルに基礎をおいた手引き書である。この本を読む学生は，いろいろな指導モデルや教授のためのさまざまな文脈について考えるかもしれない。専門家は，自分たちの実践について考え，指導的・表現的スキルを活性化する機会をもつであろう。

　教師，係員，リーダー，まとめ役(あるいは学生)は，教えることや学ぶことについての研究において，確かな知識体系に基づいた明瞭な情報の価値を見出すであろう。本書に詳しく述べられ，描かれている過程は，テレビ遠隔会議を計画したり，青年学級を受けもったり，相談者と面接したり，専門家会議で提言したりするなどの広汎な指導的役割で，専門家を支援することをねらっている。学生や専門家が，家族・消費者科学の内容のよりよい伝達者となるための情報活用を支援するにあたって，実践的に適用できる多くの例や考え方が含まれている。

謝辞

　本書に貢献した多くの人々に感謝したい。本テキストは，次の専門家により評価され，価値ある助言を受けることができた。

スー・カウチ博士
(Dr.Sue Couch)
教授
人間科学学部
テキサス技術大学
テキサス州，ラッボック

ベティ・ソーヤーズ博士
(Dr.Betty Sawyers)
准教授（退職）
家族・消費者科学
パーデュー大学
インディアナ州，ウエストラファイエット

ウィルマ・ピッツ・グリフィン博士
(Dr.Wilma Pitts Griffin)
教授
家族・消費者科学学科
ベイラー大学
テキサス州，ワコ

フランシス・M.スミス博士
(Dr.Frances M.Smith)
教授（退職）
家族・消費者科学教育学科
アイオワ州立大学
アイオワ州，エイムズ

セイボン・I.カーツ
(Savonne I.Kurtz)
学部長助手（退職）
家族・消費者科学学部
サウスダコタ州立大学
サウス・ダコタ州，ブルッキング

ジャニス・ウィスマン博士
(Dr.Janice Wissman)
准学部長，准教授
教育学部
カンザス州立大学
カンザス州，マンハッタン

シャロン・レディック博士
(Dr.Sharon Redick)
議長（退職）
人間生態学部
オハイオ州立大学
オハイオ州，コロンバス

　本書は，バーバラ・パリッシュ（Barbara Parrish）により提供されたすばらしい編集製作の援助なしには完成できなかっただろう。
　終わりに，私たちの夫と家族に感謝する。かれらの励まし，忍耐（ときには，忍耐のなさ）によって，私たちは仕事をし続けることができた。

著者について

　エリザベス・J.ヒッチ（Elizabeth J.Hitch）とジューン・ピアス・ユアット（June Pierce Youatt）は，本書で，教育，行政，若者の発達，地域社会サービスにおける識見と経験を結合させている。高度な教育学位を有する両著者ともそれぞれの大学において，将来の家族・消費者科学の教師を養成している。

　エリザベス・J.ヒッチ博士は，イースト・イリノイ大学の教育学部と職業研究学部の学長である。彼女は，セントラル・ミシガン大学からイースト・イリノイ大学へやってきた。セントラル・ミシガン大学では人間環境学部の教授，教員養成部門の校長として，27大学の学部の教員養成プログラムの調整を行い，大学院課程，学部課程において，カリキュラム開発，評価技術，教育方法を学校教育環境や学校外教育環境で教えた。同博士は，生活経営担当の教師を支援する州のプロジェクトにおいて，州の基準を満たすことに関与しており，教師によって使用される広報活動のためのビデオテープ，パンフレット，ポスター等さまざまな指導資料，および教師が家族・消費者科学の授業で格別に秀でた生徒のニーズに応じるため，カリキュラムの手引きなどの開発を行った。

　ジューン・ピアス・ユアット博士は，ミシガン州立大学の家族・子ども生態学部の教授である。彼女は，そこで，家族・地域社会サービス関連の家族・消費者科学の大学院課程，学部課程で教えている。彼女は，ミシガン州立大学の普及部門で，子育て教育のスペシャリストとして尽してきている。また，9年間職業開発，カリキュラム開発，プログラム評価を通して，プログラム基準の実行で教師を支援するための全州プロジェクトを指導した。ユアット博士は，現在，家族・子ども生態学の教員免許プログラム大学院で指導している。彼女は，アメリカ家政学会1986年度新功労者，ミシガン州教育優秀者，ミシガン州年間最優秀家政学者，人間生態学部年間最優秀教員等数々の賞を受けている。

監訳者まえがき

　本書は，Elizabeth J. Hitch and June Pierce Youatt "Communicating Family and Consumer Sciences　A Guidebook for Professionals"（2002/1995/1993）（The Goodheart-Willcox Company,Inc.）の全訳である。この原著のタイトルを直訳すれば，「家族・消費者科学を伝達する　専門家のための手引き書」となる。
　この「家族・消費者科学」という語が用いられるようになったのは，アメリカ家政学者が，1993年アリゾナ州のスコッツデイルで開催された会議で，「専門」の名称「家政学（Home Economics）」を「家族・消費者科学（Family and Consumer Sciences）」へと変更したことに端を発する。
　本書のタイトルを決めるにあたっては，わが国の教育制度における教科名に対応した「家庭科教育」という語を用い，改称された「家族・消費者科学」に対応した書であるという点で「現代」という語を用いることとした。その上で，原著の意図がわかるよう副題に改称された「家族・消費者科学」がめざしている「個人・家族・地域社会のウェルビーイング向上」を添えた。
　原著は，この「専門」の名称変更にあたって議論された新しいパラダイムに基づいて学生や専門家を支援するための，実践的で，スキルに基礎をおいた手引き書として，専門名称変更後ただちに出版された書である。その後，版を重ね，家庭科教員および地域社会で活躍する家政学の専門家を養成する大学および現在，それらの職に従事している専門家に多く活用されてきている。

　本書は，教育学系学部の家庭科教員養成課程および隣接教科専攻の学生，家政学系学部の家政学専攻学生をはじめとして，現職家庭科教員，隣接教科の教員，地域社会や行政，企業等で家政教育，生活教育に携わる人々，家庭科教育学研究者，家政学研究者等多くの人々に活用していただけると考える。

　本書の特徴を概観すると，
①家政学の使命論を基盤とし，家庭科教育学の対象者を広範にとらえていることである。教育界に限らず，地域社会での対人サービス・健康管理，行政，

企業，メディア等の部門で活躍する人材も視野に入れ，教育者になるということはどういうことかについて考察している。(第1章)

②**発達心理学の理論に基づき，学習者への配慮の重要性を指摘している**ことである。学習者の発達段階に応じた指導をどのように行うか，学習者のニーズ，ライフスタイルをいかに把握するかが重視されており，新しい成人教育学理論も紹介されている。(第2，3，4章)

③**教育学理論を基盤とした学習者中心の学習計画づくりの必要性を重視している**ことである。教育者が自分自身の哲学をもつとともに，学習者の学習様式を考え，学習者に応じた教室の設営，指導計画を立てることの重要性が指摘されている。(第5，6，7，8章)

④**学習者との関係を重視した，効果的な学習方法を提案している**ことである。学習者への話しかけや話し合いの技術，ディベート，ロールプレイ，ゲーム等の活動を重視した学習方法の導入，コンピュータ等も含めた教具・資料の活用等が具体的に示されている。(第9，10，11，12，13章)

⑤**新しい評価理論に基づき，真正の評価方法を提案している**ことである。学習成果の測定方法，指導計画等のプログラム評価の方法について述べられている。(第14，15章)

近年，わが国の教育界においても，学習者中心の教育ということが大きく提案されているが，本書は一貫して，学習者中心の教育について述べられており，このことが，いかに重要かということを改めて考えさせられる。

本書には，随所に家庭科での主題例が示されている。しかし，個々の領域についての具体的な指導の展開例そのものは示されていない。したがって，授業計画や評価計画を立てるにあたっては，本書に示されている理論やヒントを参考にディスカッションを行うことが望まれる。

各領域の学習目標，内容構成，学習課題については，家族・消費者科学全米州行政官連合(National Association of State Administrators for Family and Consumer Sciences)による『家庭科国家基準』("National Standard for Family and Consumer Sciences")(1998)，および『イギリス・アメリカ・カナダの家庭科カリキュラム』(日本家庭科教育学会欧米カリキュラム研究会，2000)等を参照していただきたい。

わが国の家庭科教育，家政学は，アメリカの家庭科教育，家政学の影響を大きく受けて発展してきた経緯があるが，これまで翻訳されたアメリカの「家庭科教育法」関連書としては，O.A.ホール，B.パオラッチ共著，宮原佑弘訳『家庭科教授法(Teaching Home Economics)』(家政教育社，1969，原著1961)，フレック著，木村温美訳『フレックの家庭科教育法―新しい家庭科教育を求めて―』(Toward Better Teaching of Home Economics)(家政教育社，1972，原著1968)等がある。しかし，その後，家政学に関わる教師や専門家養成のためのテキストが翻訳されたものは，ほとんど見られない[1]。

　今日，アメリカの家庭科教育についての研究者も増加し，大学等で原書をテキストに用いることも多くなってきたが，本原著は，アメリカ家庭科教育学を理解できる好著であり，大学において家庭科教育，家政学を学習している学生，現場で活躍している家庭科教員，家政学専門家の多くにとって，示唆に富むものを多く含んでいるため，是非，活用していただきたいと考え，翻訳することとした。本書は類書がなく貴重なものと自負している。

　本原著を翻訳するに至ったのは，以前，監訳者が大学の家庭科教育法のテキストとしてV.M.Chamberlain, J.M.Kelly "Creative Home Economics Instruction" (McGraw-Hill, 1975)[2] を活用したことに始まる。同書から家庭科教育に大きな示唆を得て，指導の参考にさせていただいた。できれば翻訳したいと考えていたが，そのうち，同書は絶版となった。

　その後，家政学の改名があり，そのことに関するスコッツデイル会議全記録を訳すという経験を経ることで，是非，改名後に書かれた家庭科教育法に関する書の翻訳をしたいと考えてきた。そこで，訳者の一人井元りえ氏に，氏の留学先であるミシガン州立大学の恩師ユアット氏に，同大学で使用されている「家庭科教育法」のテキストを紹介していただくよう依頼した(2002)。その書が送られてきて，早速目を通したところ，学習者中心の書であり，わが国の家庭科教育に大いに参考になる書と確信するに至り，翻訳を決心した次第である。次いで，訳者に内諾を得て，出版社大修館書店に出版を依頼したところ快諾していただいた。大修館書店の甚大なる努力により版権が取得できたのは，2003年末で，2004年から翻訳にかかり，今日，ようやく出版にこぎつけることができた。

　終わりに当たりまして，本書の翻訳を快諾してくださった，著者Elizabeth J.

Hitch, Ph.D. & June Pierce Youatt, Ph.D.両氏，出版社：The Goodheart-Willcox Company, Inc.の社長および，翻訳にあたって，並々ならぬご配慮，ご努力をいただいた大修館書店の社長ほか皆様，特に編集にあたって，絶大なご援助をいただいた福島裕子氏，さらに，専門的助言をいただいた武庫川女子大学大学院文学研究科八木美奈子氏に，この場を借りて，心から感謝申し上げます。

2005年11月　　監訳者　中間美砂子

【注】
1) 生徒を対象とした教科書を翻訳したものとしては，牧野カツコ監訳，ヴァレリー・チェンバレン著『ティーン・ガイド』（家政教育社，1992，原著1985），同監訳，同著『続・ティーン・ガイド』（同社，1994，原著1985），同編訳，S・コウチ，G・フェルステハウセン，P・ホールマン共著『スキルズ・フォア・ライフ』（同社，2002，原著1997）がある。
2) その後，Valerie M.Chamberlain and Merrilyn N.Cummings "Creative Instructional Methods for・Family & Consumer Sciences・Nutrition & Wellness" が出版された。

翻訳にあたって

　翻訳とは，本来，「決して簡単な作業ではない。手間もかかるし，時間もかかる。大きな責任も負わなければならない」ものであり，「正解の翻訳は原理的にはありえない」ものである(村上春樹・柴田元『翻訳夜話』，文春新書，2000)。しかし，本翻訳にあたっては，可能な限り，原著に近い日本語，日本文におき換えるよう心がけたつもりである。

　訳出にあたって表出のルールとした点を以下に挙げる。

1　可能な限り日本語表記とした。
2　日本語としてもかなり原語のカタカナ表記が定着している語については，章の初出の箇所に（　）内に原語のカタカナ表記を付記した。たとえば，生活様式(ライフスタイル)，固定観念(ステレオタイプ)等である。
3　原語が多様な意味を含み，日本語一語では表現しにくい語は，原語のカタカナ表記を用いた。たとえば，必要と欲求の意味を含むニーズ(needs)等である。ただし，need and want のように want と対比してある場合は，「need」を「必要」とした。
4　原語の方が日本語化しており，日本語表記がなじみにくい語については，原語のカタカナ表記を用いた。たとえば，ブレーンストーミング，ディベート等である。
5　原語のカタカナ表記にあたっては，原語二語までは，カタカナを続けて表記し，二語間に・は入れなかった(たとえば，ロールプレイなど)。三語以上については語間に・を入れた。
6　教育学，心理学，社会学，哲学等で学問的用語としてすでに定着しているものについては，その訳語に従った。たとえば，「strategy」を「方略」，「cognitive domain」を「認知領域」とするなどである。
7　全巻を通じて同じ原語は，同じ日本語とするよう心がけたが，文脈によっては，異なる日本語をあてた場合もある。たとえば，「presentation」は生徒の場合については「発表」，教師の場合は「提示」とする等である。
8　文脈により，理解し易くするため，修飾語をつけ加えた場合もある。たとえば，「outcome」を「学習成果」，「item」を「テスト項目」とする等である。
9　パソコン用語については，本文中に（　）をつけて説明を入れた。
10　教育学の専門用語として，近年用いられるようになった用語で，訳語が定着していない用語については，カタカナ表記をし，節の初出の箇所に（　）内に文脈上

から推定される訳語を記した。たとえば，パフォーマンス(遂行活動)，ルーブリック(採点指針)等である。
11 キーワードとなる原著の太字の語は，明朝体の太字で表し，留意する語句となる原著のイタリック体の語は，ゴシックの太字で表した。
12 書名は『　』でくくった。
13 読者の便宜のため，若干の用語，制度や機関等について，初出の箇所の章末に訳注を挿入した。
14 原著の引用・参考文献は，原語のままで章末に載せた。
15 氏名表記は，カタカナ表記をした上で，(　　)内に原語をそのまま付記した。カタカナ表記にあたっては，諸英和辞典によったが，不明なものについては，ネイティブのチェックを受けた。
16 索引には，訳語とともに原語を併記した。

もくじ

序章　i
謝辞　ii
著者について　iii
監訳者まえがき　iv
翻訳にあたって　viii

第1章　教育者になること……………………………1
　回想　1
　専門家の養成　4
　内容の伝達　6

第2章　学習者……………………13
　生活様式　14
　家族の多様性　17
　学習能力　21
　文化的・民族的多様性　25
　偏見から自由な学習環境の創造　28

第3章　学習者としての子ども・青年……………………………34
　学習者としての子ども・青年の発達的特質　35
　学習活動と子ども・青年　42
　子ども・青年とまとめ役　46
　家族・消費者科学の内容と若い学習者　49

第4章　学習者としての成人……………………………57
　成人の学習への動機づけ　57
　成人学習における発達的特質の影響　59
　成人学習における精神的・身体的変化の影響　63
　成人教育学と子ども教育学　67
　成人学習者を受けもつための技術　70

第5章　学習様式……………………78

学習様式とは何か　78
学習様式をなぜ理解するのか　79
学習様式を形成する要素　81
学習様式情報の獲得　85
指導計画立案時の学習様式情報の活用　87

第6章　伝達事項の決定……………………93
あなたの教育哲学　93
概念と一般化の活用　98
持続的理解の測定可能な学習成果への変換　101

第7章　学習舞台の設定……………………112
物理的配置　112
機器と支援資料　117
気を散らすものへの対処　120

第8章　指導計画……………………122
指導計画の作成　122
授業の管理　130

第9章　学習者への話しかけ……………………139
講義を用いる時期の決定　139
実演　156

第10章　学習者との話し合い……………………162
討論　163
方略としての質問　174
質問とインタビュー　179

第11章　アクション志向学習方略の活用……………………189
アクション志向方略　189
適切なアクション志向学習方略の選択　194
ディベート　198
ロールプレイ　201
ゲーム　210

シミュレーション　214
実験・実習　219

第12章　指導資料の選択 228
学習者のための指導資料の選択　228
指導資料の情報源　237
指導資料の活用　242

第13章　指導のための技術 246
コンピュータ　246
ビデオメディア　253
相互作用技術　255

第14章　学習成果の測定 265
学習者の知識測定のための方略　265
妥当性と信頼性　268
学習成果と測定用具の組み合わせ　271
評価計画の開発　275
測定項目の作成　279
テストの編成　293
評定尺度, 確認表, ランクづけ用具, 得点表, ルーブリック　295
テスト実践にあたっての考察　304

第15章　プログラム評価 309
プログラム評価の定義　309
プログラム評価と学習者評価　310
リサーチ質問の決定　313
プログラム評価の立案　317
データ収集　319
データ分析　320
プログラム評価の実践　321

資料　アメリカの家庭科教育　326
監訳者あとがき　これからの家庭科教育への示唆　328
さくいん　330
翻訳分担　336

第1章

教育者になること

現在，家族・消費者科学[1]学科・人間生態学部，または，対人サービス学科・学部で学んでいる人や学校，病院，公的・私的機関，企業などで，青年，消費者，相談者，患者，全家族などを受けもっているこれらの学部・学科の卒業生に対する専門家の重要な役割は，家族・消費者科学の情報を伝えることである。

50年前には，これらの学部・学科の卒業生は，自分自身を**家政学者**と認識していただろう。しかし，今日では，自分自身を**人間生態学者**，**家族生活教育者**，**消費者スペシャリスト**，**地域社会サービス専門家**，**栄養士**などと称する者が多い。これらの専門家（プロフェッショナル）は，家政学として知られている科目領域における共通の遺産を共有しているので，その歴史がどのように家族・消費者科学を形成してきたかということを理解することが重要である。過去を理解することは，未来の専門家としての哲学を形成するために重要である。

回想

マジョリー・イースト（Marjorie East）の著書『家政学：過去，現在，未来（Home Economics：Past, Present, and Future, 1980）』[2]では，家政学は，研究（学問）領域とそれに関連する職業（専門職）群両者として説明されている。イーストによれば20世紀初期の家政学分野の創設者たちは，多くの専門的・学問的・哲学的モデルの影響を受けた。ある有力なモデルは，個人・家族の身近な環境を改善するために科学を適用することを強調した。創設者たちは，もし，個人が成長し，生活し，働く環境を改善するために，毎日の生活に科学を適用すれば，個人・家族の生活の質は改善されるだろうと推論した。

実践水準において，創設者たちは，栄養や衛生などのような毎日の生活問題に関心をもっていた。その分野の初期の著述家や思想家たちは，個人・家族と環境の相互関係を強調した。イースト(East)は，家政学とは，人間の直接的・物理的環境および社会的存在としての人間そのもの，とりわけこれら両者の関係に関連する法律，条件，原理を扱うものであると述べている(AHEA[3]，イーストにより引用，1980)。ブラウン(Brown, 1981)は，初期にたびたび引用されたこの家政学の定義は，実際にこの分野を包括的，生態学的(エコロジカル)に説明しているといっている。

　概して初期家政学者は，子どもの発達，栄養，食事準備，美学，被服，住まい，家庭経済，家庭経営，家庭看護などを含む主題領域を超えて広く教育された。家政学者が，家族の日常の実践的問題を理解し援助する場合には，さまざまな問題に取り組むことができるように情報が統合される必要がある。家庭経済の管理，子どもの世話，日々の「生存」のための必要品を家族員に提供すること，家族員の健康を維持することなどの問題を扱うためには，いろいろな学問からの知識やスキルを必要とした(いまだに必要としている)。

　しかし，この分野が進歩するにつれて専門の細分化の傾向は強くなった。ある家政学者は，住まい，栄養，あるいは子どもの発達を専攻するかもしれない。1950年代から今日まで，専門家の多くは，専門の細分化への動きはこの分野の統合的性格を犠牲にするのではないか，とすれば，スペシャリスト[4]が論争点を全体的に見ることができるようにするには，どのように養成されればよいかについて問い続けてきた。

　ときがたつにつれて，高等教育の機関のほとんどで家政学における一般的な，あるいは「統合的」な学位より科目の専門の細分化の方が評判がよくなった。家政学における一般的学位を受けるよりも，学生は，家族・消費者科学を構成する特定領域の一つ，たとえば栄養学，消費者経済学，織物などを専攻するようになった。これらの細分化された専攻のいくつかは，学生たちが学習している特定の役割，たとえば製品計画管理，室内設計，財務相談などの名称と特色を受け入れ始めた。多くの研究機関において一般家政学専攻は，細分化された領域よりも入学者が少なくなる傾向が見られた。

　1960年代から1970年代初期までの間，家政学の専門家は，初期の使命とその未来に関連した分野の地位について考察する内省的時間を多くもった。1970年代後期に全国的指導者たちは，学問と職業のための知識体系[5]の特徴を述べる

ために努力した。1980年代に教育のより広い分野内で、教育のための国家基準[6]、およびそれに続く国家目標を開発するための運動が、家政学の学問内の特定内容について討議することに貢献した。

1992年までにその分野のための方略的(ストラテジック)[7]計画立案の部分として、指導者たちは、家族・消費者科学のためのビジョンと使命声明[8]を改訂した。

新しいビジョンは、「家族、仕事およびそれらの相互関係に独自の焦点をあて、多様な地球社会で生活し、働くこと」という課題を生涯を通して取り扱うために人々に力を与えることを力説した(NASFACS-VTECS[9]、1998)。

これら改訂されたビジョンと使命声明は、専門的家庭経営スキルから、より広い家族と社会の問題へと強調点が変化したことを指摘した。その焦点の変化について一致した指導者たちは、1993年の会議で、**家政学**(*home economics*)から**家族・消費者科学**(*family and consumer sciences*)への名称の変更を推奨した。それによって専門学会に関連した名称も変更された。

1997年までに関連分野で成功した職業(キャリア)と同様に、家庭・家族生活に必要とされる知識とスキルに基礎をおいた家族・消費者科学教育のための一連の国家基準が開発された。これらの教育基準は個々の州で、包括的プログラムの枠組みを開発するために用いられることを意図していた。その基準は、家族・消費者科学における教育プログラム内容の問題に焦点をあてたが、家族・消費者科学の本質は何か、についてのより広い議論は現在も続いている。

2000年1月に専門家たちは、専門の地位を再検討するだけでなく、さらに重要な、専門の知識体系の哲学的枠組みなどを開発するための会議を行った。専門家たちは、分野の基礎、社会的傾向、論争点を見ながら、一貫した特徴(専門の仕事の中心と見なされた論争点)、かれらが分野の本質と見なした基礎的概念を明らかにした。かれらの仕事の成果は、「一つの科目領域の専門分野における深さと家族・消費者科学の知識の基礎に他領域からの概念を統合する能力の両者を求めつつ、スペシャリストとしての機能を果たす」ことが、家族・消費者科学の専門家にとって必要という結論であった(Baugher et al., 2000)。

家族・消費者科学は「誤解された学問分野」であると述べたある記事で、著者は次のように書いた。「かれらは、人間生態学者、家族・消費者科学者、教育・対人サービススペシャリスト、人間環境学者であり、多数の異なった種類の主題がある。たとえ、現代の家政学者が合意する肩書きが何であろうとも、

かれらは過去もそうであり，未来もそうであるように，一連の賞賛価値ある業績をもつ真摯な学者であることは明らかである」(Schneider, 2000)。

専門家の養成

　伝統的に専門家の養成には，多数の主題領域に関連する背景が含まれるだけでなく，個人・家族の実践問題に内容を提供したり，応用したりするために必要とされる知識やスキルを伝達すること，問題解決をすること，プログラム計画立案に関連した過程のスキルを強く強調することなどが含まれていた。また，統合，総合，知識の応用が強調された。

　プログラムによっては，特定の学問や主題における能力に第一次的焦点をおき，一つの特定の内容領域についての詳細な学習を通しての第一次的養成を強調したものもある。これらのプログラムは，特定の主題を他の領域に統合したり，内容をより大きい家族問題や論争点と関連づけることに多くの時間を費やしてきた。内容のスペシャリストとして養成された専門家たちの中には，学問によって明らかにされた一連の問題や論争点に対して敏感であることを自分たちの役割と見なしてきた者もある。このモデルに従って教育された学生は，広い分野ではない特定の主題領域とその実践に強い一体感をもってきた。これらの学生は，栄養，デザインにおいて特殊な**専門性**をもつ家族・消費者科学の専門家として**よりむしろ**，栄養士，インテリアデザイナー，服飾デザイナーと自分自身を説明してきた。これら一人ひとりが自分自身をどう見るかは，かれらの専門職の社会化と，家族・消費者科学分野の展望，使命，目的を自分自身のものとして，採用するかどうかによった。

　家族問題への勢力的接近を成功裏に進めるために必要とされる内容スキルと過程スキル両者を開発するためには，家族・消費者科学専門家の養成が組織化される必要がある。キランら(Kieran and others, 1984)は，システムの観点から専門について詳細に述べた。かれらは，家族・消費者科学専門家を実践的に養成するにあたって学生たちに伝達されなければならない相互に作用する専門の三つの構成要素を明らかにした。それらは次のようなものである。

- 目標(または使命)
- 知識体系
- 実践(知識体系を伝達する方法を含む)

　専門をシステムとして見ることは，重要な展望をもたらす。専門家の養成は，

関係と相互作用に基づくだけでなく，これらの要素の統合をも含むことを示唆する。またこの動的モデルは，学生たちが，かれら自身の学問的訓練，およびなぜ学問的プログラムが多様な授業の型や教育体験からなるかをよりよく理解するのを助ける。一人ひとりを専門家として機能するように養成するには専門の三つの構成要素に基づく必要がある。

専門の目標または使命

目標または使命は，専門存在の理論的根拠として役立つ第一の構成要素である。すべての専門は，構成員を導く使命や目的について言明している。家族・消費者科学の専門家は，個人・家族・地域社会のウェルビーイングを高める責任，個人・家族が，かれら自身の目標に到達できるようにすること，人間の状態を高める社会変化に影響を与えたり，それを形成したりするのを助けることなどを指導される。この使命は決まりきったものととらえる必要はない。たとえば老年学，家族資源管理，または，デザインなどの専門分野の専門家も，同様にこの目標や目的を切望してきた。しかし，それぞれの専門家は，いろいろな方法で家族を助け，あるいはまったく別の機関や研究所で働いてきている。

専門の知識体系

目標または使命に加えて専門は，知識体系を含む。この第二の構成要素は，定義のための第一の構成要素に基づく。数学や化学と異なり，家族・消費者科学には厳密に，明確に定義された内容を囲む境界線はない。この専門の内容は化学から，心理学，経済学，美術までのいくつかの学問から得られている。この専門の使命は，家族の活動と身近な環境との関係に関することに焦点をおいているので，家族・消費者科学はさまざまな相互作用に関する学問から内容を得ている。キランら (Kieran and others, 1984) は，「家族の身近な環境を整える研究領域は，衣服，食物，織物，栄養，住居と応用デザインを含む」と述べている。これらの応用主題領域の例と心理学，化学，経済学，社会学などのような学問に必須の概念的基礎は，家族・消費者科学の知識体系を構成するサブシステムと深く相互に関係づけられている。

家族・消費者科学の実践

専門の第三の構成要素は，実践である。このことは相談者に知識体系を伝達

する方法を含む。実践は，教えること，忠告（アドバイス）すること，臨床心理学的援助（カウンセリング）をすること，専門的助言（コンサルテーション）をすることなどについての「やり方」だけには限定されず，知識の倫理的伝達に関わる推論や意思決定を含む。キランら（Kieran and others, 1984）は，実践には，内容を伝達するために必要な役割能力と伝達スキルと同様，専門家の人間的個性も含まれるということを示唆している。

内容の伝達

　この本の焦点は，内容を明確に伝達することであるので，第三の構成要素である実践をさらに分析するということは，よい考えである。よくいわれるように，**実践**は，目的と知識の応用または伝達を相談者に役立つ方法で行うことができる。

　家族・消費者科学の専門家すべてが学習者の直接的指導に参加してはいないが，家族・消費者科学の専門家の役割にはいかに多くの指導の側面，要素が含まれているかを知ることは興味あることである。すでに働いているか在学中であるかに関わらず，専門家の役割について考えてみよう。〈Fig.1-1〉の一覧表を見て，あなたの職業分野の専門家が実行しなければならない課題がいかに多くあるかに注目しよう。もし，あなたがその課題の少なくとも一つを確認すれば，あなたは家族・消費者科学の内容を伝達するという責任をもつ，または，もつようになるだろう。実際にほとんどの家族・消費者科学専門家にとって，指導は少なくとも専門家の役割の一つの構成要素である。

〈Fig.1-1〉**家族・消費者科学で遂行される伝達課題**

- 製品とサービスについて相談者に提示すること。
- 特定の過程またはスキルを学習者に教えること。
- 他の従業員を訓練し，評価すること。
- 情報普及の目的のためにニュースレターや他のメディアを書くこと。
- 専門家の協議会や会議で提案すること。
- 相談者に対して指導，指示，情報を提供すること。
- 製品や過程がどのようになるかを相談者に説明すること。
- 信頼できる情報と資料を提供することで，学習者の意思決定や選択を助けること。
- ラジオ，テレビ，印刷物によるインタビューを提供すること。
- 情報資料，教育資料を開発すること。
- 資源，サービス，手順を相談者や他の従業員に説明すること。

まず心に浮かぶ印象かもしれないが、指導とは、必ずしも多量の講義ノートを持って教室の前に立つことではない。指導や教授は、多様な方略、たとえば、専門的助言をすること、忠告すること、報告すること、臨床心理学的援助をすること、訓練（トレーニング）をすることなどを通して行われる。このことは、学習者との人的相互作用や印刷物その他のメディアを通しての相互作用を含むと考えられる。特に人と人との相互作用を含む指導が焦点となる。企業、行政、健康管理、教育、対人サービス、メディアにおける専門家たちは、指導を行う専門家の範囲に含まれている。それぞれの場で多く用いられているいろいろな型の伝達者、状況、伝達のいろいろな型が、〈Fig.1-2〉に示されている。

〈Fig.1-2〉 家族・消費者科学伝達のための職業

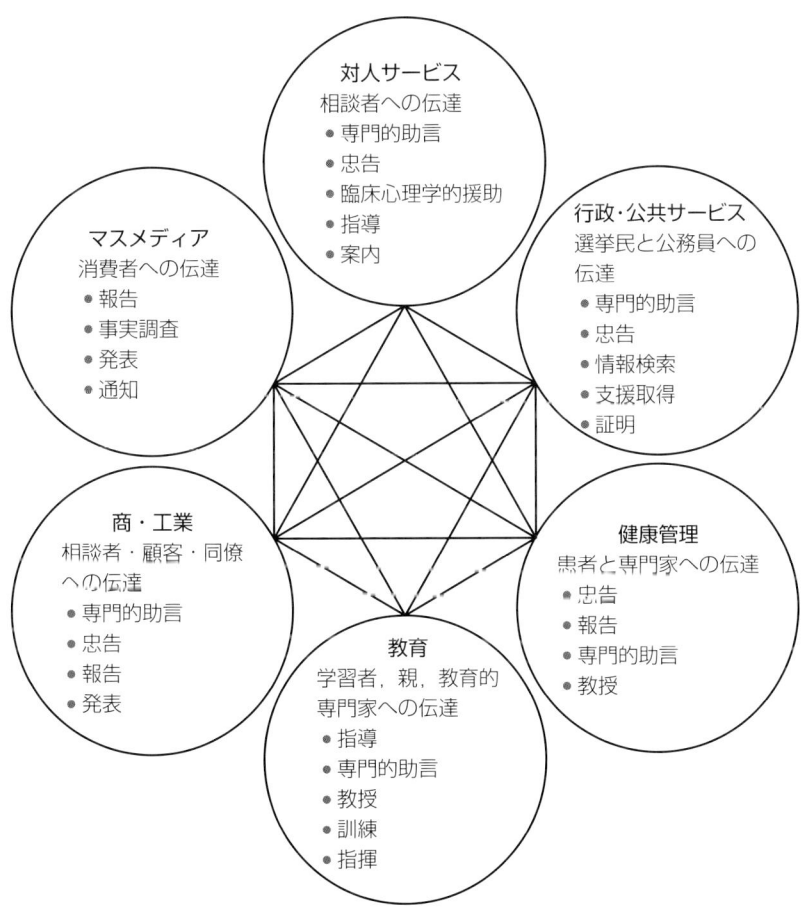

学校教育，学校外教育，制度化されていない教育[10]における伝達

　教育は，学校教育（フォーマルエデュケーション）から，学校外教育（ノンフォーマルエデュケーション），制度化されていない教育（インフォーマルエデュケーション）への連続体と考えられる。あなたは，たとえば公立や私立の学校などの**学校教育**に精通しているかもしれない。学校教育において教師は，指導の目標を立て，内容と教授方略，指導管理，成果評価を決定する。通常，学校教育は，階層的であり，一つの水準から次の水準へと前進し，結果として卒業証書，証明書，学位などが得られる。学校教育は，教師主導で構造化されたものである。初期子ども期教育プログラム，または，中間学校（ミドルスクール）[11]，高等学校，高等教育におけるライフスキル課程で教えることは，学校教育活動である。

　学校外教育も専門家によって計画され導かれるが，通常，学校教育のように構造化されてはいない（Grandstaff, 1973, Ward and Detormi, 1974）。ほとんどの学校外教育において，専門家は，まとめ役として行動する。学習者は，学習の目標や目的を立て，自分たちがどのように学び，何を学ぶかについての情報を得るだろう。学習者は，学校教育体験では，一般に指導の特定の連続性と階層性を通したやり方を必要とするのに対して，学校外教育体験では，行ったり来たりする。地域社会教育学級，職業教育プログラム，4Hクラブ[12]，栄養相談，財政計画セミナー，妊娠中の親教育学級などは，学校外教育の例である（Rainey, 1976）。

　制度化されていない教育とは，意図的でない，計画的でない学習を提供する活動を表す（Grandstaff, 1973）。それは形式的構造をもたない教育で，子どもに読み聞かせるような活動，学習者のために助言者や役割モデルとして役立つ，あなたが家事維持活動をしているのを近所の人に見せる，衣類の繊維内容について客と議論する等の活動を含む。このような方法で「教えること」は，私たちが気づく，気づかないに関わらず，日々生じていることである。

　家族・消費者科学の内容の独自性を伝達することは指導の可能な型の範囲である。指導者は，かれらの指導様式を学校教育，または学校外教育に適合させる必要がある。教授活動は，机の列や黒板がある教室，事務所や会議室，病院のベッドのそば，小売店，あるいは相談者の台所の食卓などで行われるだろう。

使命に密着した伝達

　すべての専門と同様，家族・消費者科学は，哲学と使命をもっており，その内容の伝達は，この専門の使命や目的の文脈内でなされる。指導者は，単に知識の伝達そのものの目的に関心をもつだけでなく，知識と情報が応用・活用されることに関心をもっている。指導者は，個人・家族に賢明な意思決定を可能にさせるという使命をもっており，指導者の形式や指示への関心は，過程や実践への関心よりも低い。このことは，学習者が，さまざまな理解水準に到達するのを助けることを含んでいる。すなわち，専門技術的(やり方)だけではなく，個人が，なぜ(解釈的)を理解するのを助ける知識や個人・家族が自発的になることができる解放的知識などである(Brown and Paolucci, 1979)。最近，教育者は，学習者に家族・消費者科学の内容の文脈内で，批判的思考スキル，問題解決方略，高度な思考スキルをいかに教えることができるかを探求するために多くの時間を使ってきている。

　家族・消費者科学の内容は，あらゆる年齢や段階の領域を超えて必要であるため，専門家は青年または成人を，恵まれている人または恵まれていない人を，高い教育を受けた人または教育を受けていない人を受けもつであろう。このことが，家族・消費者科学内容伝達の特質が，専門家によって相当異なるものとなる原因となっている。

　さらに，家族・消費者科学内の知識体系をつくり上げる主題の収集について考えてみよう。他の内容と違って，家族・消費者科学は学習者の生活にまことに身近である。この身近なことが主題に適用されるので，学習者にとっては，実際的価値をもつものとなる。このことはただ孤立した情報ではなく，主題の当面の問題との関連性や適用可能性をもたらす指導方法を必要とすることになる。たとえば，人間発達理論において，理論がかれらの理解に対するニーズについてどのように取り組んでいるかを知ることで，学習者は助けられる。内容のいくつかは，学習者にとって感性的なものである。すなわち，高度に個人的なものである。内容を伝えることは，学習者に対する尊重と承認の態度と同様，学習者への感性を必要とする。つまり，家族に自分たちが自発的になることを任せる場合には，専門家の指導は，支える，聞く，支援者となるなどの支援方略を必要とするということである。

　学校，機関，施設，企業環境に関わらず，そこで家族・消費者科学の内容を

伝達することには，いくつかの独自の側面がある。専門家は，使命に対する責任，実際的価値をもつ主題の把握，多様な専門的コミュニケーションスキルにより，職業実践をしなければならない。家族・消費者科学の専門家として養成された個人にとって，専門への「入り口」というものは一つではない。かれらは，さまざまな公的・私的な機関，施設，組織で個人・家族を受けもつ機会を見出すだろう。しかし，それぞれの専門家は，家族・消費者科学の内容を伝達することを通して，かれらの相談者や学習者の生活に意味のある変化をもたらす機会をもつ。

要約

　家族・消費者科学は，家政学における重要な哲学的・実践的遺産をもっている。学問と職業は，科学を日常的実践問題に適用することを通して，個人・家族のウェルビーイングに関わり続けている。今日，家族・消費者科学は個人・家族・地域社会間の関係とそれらが機能する環境への統合的接近を扱っている。専門は，個人・家族・地域社会のウェルビーイング，すなわち商品としてのものやサービスの開発，配達，評価に影響すること，人的条件を高める社会的変化を形成することの増進などに対しての指導的役割を明らかにしてきている。

　当初から専門家は，知識内容と，家政学，家族・消費者科学に実際的な価値をもつ情報のいろいろな要素との相互関係について議論してきた。これらの議論は，外的影響力と時代の風潮の衝撃が考えられている今も続いている。改訂された使命声明，ビジョン声明および国家基準などいくつかの活動についての研究では，家族・消費者科学専門を統合することを求めているが，専門家が自分自身をいかに説明し，名づけるかに関しての違いは続いているようである。

　家族・消費者科学の専門家のほとんどは，内容情報を伝達する専門的役割と責任という少なくとも一つの特徴をもっている。伝達は，学校教育，学校外教育，制度化されていない教育の一部として行われるだろう。知識をもった多様な消費者，知識が提供される多様な環境，専門を形成する広範囲の情報のために，内容の伝達は，いくつかの独自の課題を提供する。この本は，家族・消費者科学の内容を効果的に伝えるために必要とされるスキルの開発

〜に関するものである。

....

訳注
1）1993年，米国アリゾナ州，スコッツデイルで，全米から選出された100名の家政学者が4日にわたる会議の末，専門の名称である家政学（Home Economics）を家族・消費者科学（Family and Consumer Sciences）と改名した。このスコッツデイルの全記録は，（社）日本家政学会　家政学原論部会訳『家政学未来への挑戦』（建帛社，2002）として，翻訳されている。
2）村山淑子訳『家政学：過去・現在・未来』（家政教育社，1991）として，翻訳されている。
3）AHEAは，1909年に設立されたAmerican Home Economics Association（アメリカ家政学会）の略称である。1993年の専門名称の変更に伴い，American Association of Family and Consumer Sciences（AAFCS，アメリカ家族・消費者科学学会）と名称変更された。なお，FCSEA（Family and Consumer Sciences Education Association，家族・消費者科学教育学会）の前身は，1927年に設立され，1995年に現在の名称となった。
4）スペシャリスト（specialist）は，ジェネラリスト（generalist）に対する語で，特定の専門分野に関する専門家をさす。専門的職業の意をもつプロフェッショナル（professional・専門家）と区別するため，本書では，スペシャリストと表記している。
5）本書では，body of knowledge を知識体系と訳している。ここで用いた体系という語は，「一定の原理で組織された知識の統一的全体（広辞苑）」という意である。
6）国家基準（National Standard）とは，州教育基準開発のモデルとして活用されることを期待して，各教科の専門家団体によって開発された全国的教育基準である。
7）ストラテジー（strategy）は，一般には，「戦略」と訳されているが，教育学，心理学では，方略と訳されている。この戦略に対して戦術（タクティクス，tactics）が用いられているが，それに対応する教育用語としては，方術という語が用いられている。
8）使命声明とは，専門の独自の目的と専門の構成領域の明確な機能についての包括的な声明である。ビジョン声明とは，信条，使命，目的と共通する考え方の到達点を示すものである。アメリカ家政学会での改訂の経緯については，1）に詳しい。
9）NASAFACS-VTECSは，National Association of State Administrations for Family and Consumer Sciences（家族・消費者科学州行政全米協会）-Vacational-Technical Education Consortion of State（職業技術州協会）の略称。
10）formal education とは，制度化された教育で学校教育をさす。non formal education とは，義務化されない，構造化されない学校外教育で，多くは成人教育に対して用いられる用語である。informal education とは，以上のどれにもあてはまらない制度化されていない，意図的でない教育をさす。
11）中間学校（middle school）とは，アメリカでは，elementary schoolの高学年と，junior high schoolを含んだものに相当し，教育制度の5-8学年に相当する。巻末の資料「アメリカの学校教育制度」参照。
12）4Hクラブとは，1890年代の終わりから1900年前半にかけて農業教育の必要に応じてアメリカのいたるところで始まり，1902年に誕生したものである。現在のアメリカの4Hクラブは，8歳から19歳まで約500万人の会員をもち，アメリカ最大の青少年教育団体である。

四つのHは，Hands，Head，Heart，Healthを意味する。

引用・参考文献

American Association of Family and Consumer Sciences(2001). (www.aafcs.org/).
Baugher, S. L., Anderson, C. L., Green, K. B., Nichols, S. Y., Shane, J., Jolly, L., and Miles, J.(2000). Body of knowledge of family and consumer sciences. *Journal of Family and Consumer Sciences*, 92(3), 29-32.
Brown, M.(1981). Our intellectual ecology：Recitation of definition：A case in point. *Journal of Home Economics*, 73, 14-18.
Brown, M., and Paolucci, B.(1979). *Home economics：A definition*. Washington, D. C.：American Home Economics Association(mimeographed).
Brown, M. M.(1985). *Philosophical studies of home economics in the United States*, (vol. 1-2). East Lansing, Mich.：Michigan State University Press.
Combs, P. H.(1973). *New paths to learning*. New York：International Council for Educational Development.
East, M.(1980). *Home economics：Past, present, and future*. Boston：Allyn and Bacon.
Grandstaff, M.(1973). Are formal schools the best place to educate? In C. Brembeck (Ed.), *New strategies for educational development：The cross-cultural search for nonformal alternatives*. Toronto：D. C. Heath.
Istre, S. M., and Self, P. A.(1990). Toward a more unified discipline of home economics. *Journal of Home Economics*, 82(4), 4-9.
Kieran, D., Vaines, E., and Badir, D.(1984). *The home economist as a helping professional*, 36. Winnepeg, Canada：Frye.
NASFACS-VTECS, Family and Consumer Sciences Education National Standards(1998).
Peterat, L.(1986). *The conversation and company of educated women*. Urbana-Champaign, Ill.：University of Illinois Press.
Rader, B.(Ed.)(1987). *Significant writings in home economics*：1911-1979. Peoria, Ill.：Bennett & McKnight.
Rainey, M. C.(1976). Nonformal education：Definitions and distinctions. *Interaction 'ECO'* 6(1).
Schneider, A.(2000). It's not your mother's home economics：A misunderstood discipline celebrates its centennial and ponders its future. *The Chronicle of Higher Education*, Oct. 13.
Ward, T., and Detonni, J.(1974). Nonformal education：Problems and promises. In Kleis, et al., *Nonformal education：The definitional problem*, 8-29. East Lansing, Mich.：Michigan State University Press.

第2章

学習者

　家族・消費者科学の内容を伝達するための専門家を養成するということは，さまざまな学習者を受けもつ機会をもつことである。毎年，文字通り，何百万という人々が登録している学習の場としては，協同普及[1]，4H奉仕活動プログラム，学校家族・消費者科学プログラム，子育て・親準備学級，財務管理セミナー，健康プログラム，栄養臨床等のほか，さらに多くの場がある。

　それぞれの学習者は，独自性をもった個人である。かれらは，他に類のない独自の生態系の一部分である。専門家としてのあなたは，年齢，発達段階や能力水準により学習者について述べ始めるかもしれないが，学習者の特徴の多くは，かれらが成長し，相互作用をもつ環境と多くの関係をもつ。最初の環境である家族は，態度，価値の発達に大きな影響をもっている。この態度には教育に関する態度も含まれている。家族にとっての資源，その他の情報は，栄養状態，利用可能な健康管理，教育機会などの要素を決定する。さらに，学校と近隣環境は，さまざまな機会，他の人々についての考え，世界的できごとについての意見にさえも影響する。二人の学習者は，同一人ではない。だが学習内容は，各学習者にとって実際的な価値をもつものでなければならない。

　家族・消費者科学についての最も刺激的な認識の一つは，すべての学習者にとって，実際的な価値をもつものとなりうるということである。もし，そのことが，家族に立ち向かう**永続的実践問題**[2]を扱うものと考えられる場合には，その分野には普遍性がある。ブラウンとポルーチ(Brown and Paolucci, 1979)は，あらゆる家族が，すべての文化を超え，あらゆる世代において直面するそれらの問題について説明するためにこの句(永続的実践問題)を用いた。永続的問題は，家族生活の質について永続する疑問に取り組んでいる。**実践問**

生活様式 13

題は，永続的問題に取り組むために取られる行動を示している。たとえば，ほとんどの家族が次のような疑問，すなわち，私たちの資源をどのように管理すべきか，高齢の家族員のためにどのようなものを与え，どのような世話をすべきか，私たちの食物や栄養的ニーズをどのように満たすべきか，子どもたちをどのように導き，育てるべきか，などに直面してきている。これらは，永続的問題の例であり，家族・消費者科学の中心として，重要かつ適切な論争点の型である。

　これらの論争点または疑問は，時間，空間，文化を超えてほとんどあらゆる家族に共通であるが，これらの疑問への答えは，すべての学習者にとって共通とはいえないということが明らかである。どのような活動を行うべきかという実践問題が処理されなければならないが，決定された具体的な活動は，すべての学習者にとって同じではない。各家族の独自性は，これらの論争点に家族員がどのように答えるかを決定する。各学習者は，情報をかれらの行動に影響をもたらすものとするためには，情報のもつ個人的，実践的，目的的意義を見出さねばならない（Combs et al., 1971）。したがって，指導者やまとめ役の役割をもつ専門家は，学習者間の差異を認め，尊重しなければならない。

　指導者は，適切で効果的な指導を計画するためには，学習者の差異を認めること以上に，学習者について十分に知らなければならない。内容を伝達するにあたって，合理的な意思決定をするためには多様な学習者についての詳細，かつ確実な情報が必須である（Williams, 1986）。有能な指導者はかれらが受けもっている学習者と同様に主題を十分に理解している。

　学習者は一般的に，年齢（または発達段階）により分類される。子ども，青年，成人は明らかな分類である。ある概念について学ぶ能力と年齢の間には多少の関係があるので，発達段階の観点から学習者について考えることは合理的である。このほかライフサイクルにおける段階を学習ニーズと結合させる学習者分類方法もある。これらの主題は，次の二つの章（第3章，第4章）で述べられている。この章では，生活様式（ライフスタイル），学習能力，文化的・民族的差異を含む差異，その他の特徴に焦点をあてる。

生活様式

　生活様式は，個人の価値観や態度を反映する生活方法と定義できる。学習者の生活様式は，かれらの家族や社会における役割，利用可能な資源，宗教，生

活哲学，文化的・宗教的価値のような要因の影響を受ける。

生活様式と学習の関係

　効果的な指導を計画するにあたっては，どの学科の指導者であっても，さまざまな生活様式に注意すべきであるが，家族・消費者科学では，価値，態度が提示された内容に密接に結びついているので，生活様式について考えることは特に重要なことである。あなたの価値観を反映するように指導計画を立てること，学習者が皆あなたが生きるように生きるだろう，あるいは生きたいと思うだろうと想定することは，魅力的である。

　一般によく用いられてきた中等学校（セカンダリスクール）における家族・消費者科学の授業では，たとえば，結婚計画を扱っていた。代表生徒は，ガウン，タキシード，まかない食，生け花を買いに行き，最後の儀式で生徒が，花嫁，花婿，牧師の役を演じた。このような授業は，家族生活授業の伝統的部分としては受け入れられてきたかもしれないが，授業で結婚の「適切な」方法を想定することについてよく考えてみよう。生徒の宗教的価値にどのような葛藤が生じるのだろうか，どのような方法で，この授業は消費の価値を強化するのだろうか。社会・経済的状況や文化的価値についての熟考なしに，すべての学習者にとって，儀式の一つの型をモデルとすることは，適切，かつ道義にかなったことといえるだろうか。

　新しく形成された地域社会で小さな事業を始めている専門家は，生活様式と学習との関係について考えることの重要性について，次のような別の例を提供している。すなわち，新しい製品やサービスが開発され，市場取引されると同様に，地域社会成員の生活様式に特に興味をもたなければならない。生活様式は，誰が買うかだけでなく，いかに，いつ，どのような製品やサービスが購入されるかに影響を与える。これらの製品やサービスについて伝達されるべき内容は，潜在的消費者の生活様式について考えることによって形成される必要がある。

■学習者が学習に取り組む方法

　生活様式はまた，学習者が学習に取り組む方法に影響を与える。生活様式と学習者が学ぶ方法との関係が，直接に明らかな領域には，学習者の家庭環境，以前の経験・機会，身体的健康・栄養などがある。

　学習者の**家庭環境**は，著しく変化する可能性がある。たとえば，大家族の生

徒や狭い家に住んでいる生徒は，研究，学習をするために，かれらの環境に適応する必要があるだろう。寝室を数人のきょうだいと共有しなければならない場合には，その部屋で勉強する機会は制限されるだろう。生徒は，環境が学習の助けとならないので，勉強している間音楽のヘッドホンに「ジャックを差し込む」か，図書館か学寮にいくか，あるいはあきらめて単にテレビを見るかで，対処する方法を選ぶかもしれない。

また，学習者の生活様式と学習方法との関係は，学習者の**生活様式機会**について考えるときに明らかとなる。身近な家族と地域社会の生活様式以外の経験をほとんどしていない生徒は，新しい経験を試みることは難しいと思うだろう。アーティチョーク(植物，頭花が食用，高級品)を見たことがなく，それが食物として供されることについての知識がない学習者と，スペインのコスタ・デ・ソルで過ごし，カラマリ(いか)を食べたことがある生徒とは，大きく異なる。これらの生徒たちは，まさに，生活様式の違いのため，新しい食品について学ぶ方法は異なるべきである。

同様に，学習者は，かれらが家庭・家族で経験してきた学習の機会に影響を受けるだろう。コンピュータ，文学，旅行，文化的活動に親しんでいる学習者は，その経験が少ない学習者よりも，かなり異なった態度や技術をもって学習環境に臨むことが多い。ヘッドスタート[3]のような若い学習者のためのプログラムは，まさにこの理由のために開発された。

健康は，生活様式と学習者の学習方法との関係について考えることができるもう一つの領域である。健康な生活様式をもつ学習者は，通常，学ぶために自覚し，敏感で，準備ができた状態で教室に臨む。不健康な生活様式，または栄養不良の学習者は，多くは，疲れて，気分が優れず，学習しようとせず，最良の状態で学習することはできそうにない。

学習と暴力の関係は，関心が増加してきている新たな領域である。教育者と研究者は，一般的な発達と学習が広範な暴力にさらされるという衝撃について調査している。ときに，虐待を受けた妊婦が，発達問題に大きな危険性をもった低体重児を生み，その子どもには，理解しにくさ，学習能力の低下などが生じる。子どもたちは，暴力の恐怖がある環境で成長するにつれて，環境と相互作用をもったり，環境を調べたりする活動は妨げられ，制限されるだろう。暴力のある家族の中で育つ子どもたちは，信頼，信用の感覚を発達させることに失敗するだろう。多くは，これらの環境は混沌としており，変わり易く，子ど

もの学習レディネスに影響している。これらの学習者は，子ども期，青年期，若年成人期と成長するにつれて，目標設定，動機づけの達成に影響する無力感を増していくだろう。

暴力を目撃する学習者は，特に衝撃が大きい。恐れや心配の中で生活している子どもたちは，それらの感情にかれらのエネルギー（学習に役立たないエネルギー）を向ける。長期にわたる暴力にさらされることは，集中力の低下，注意時間の減少，記憶力の破壊さえももたらすであろう。心的外傷的できごとにさらされることは，社会的スキル獲得へ影響することが示されてきている。いつも暴力の心配をしながら生活している子どもたちは，集中力が妨害され，頭痛，胃痛，ぜんそく，不眠症などの心配に関連する問題を経験することが多い。

■**教育者が学習者へ接近する方法**

あなたは，学校教育または学校外教育における指導環境での教育者として，学習者集団全体のニーズや関心に影響する一般的生活様式についての考えを明らかにすることができる。たとえば，都市家族へのサービスをしている普及専門家は，これらの家族の多くがアパート居住者であることを見出すので，家族財政計画に関わる計画プログラムにおいて，家族予算における一つの構成要素の適切な例として，賃貸を用いることを選ぶだろう。

顧客サービスに対する責任をもつ企業における家族・消費者科学専門家は，相談者のニーズや興味の重要性を容易に理解できる。たとえば，家族の昼間の時間が，学校，仕事，その他の活動で占められているような場合，日用品を買うために，夜遅く買える機会を提供することは，とても重要なこととなってきている。

家族・消費者科学教育者は，これらの学習者集団についていくつかの前提や一般概念を形成できるかもしれないが，個々の学習者の生活様式の差異が考えられなければならない。教室活動の一部として，クリスマスプロジェクトを計画する教師は，教室で表現されるであろう多様な宗教心について考慮することに失敗してきている。

家族の多様性

家族の多様性についての情報は，学習者の生活様式を理解するという点で，重要な側面である。たしかに，学習者の家族背景についての前提をもつべきではない。非常に多くの家族の早い変化が，過去40余年間に生じてきているの

で，指導者は，どのような指導環境においても家族構造の変化をただ確認するほかない。

　指導者は，離婚数の増加，未婚女性による出産割合の高まりのため，これからさらに多くのシングルマザーに出会うようになるだろう。1998年には，出産のおよそ3分の1が，シングル女性によるものであった。

　家族数の増加では，単親家族が先頭に立っている。これらの親のほとんどは，女性である。米国におけるすべての子どもたちの約22％は，世帯主が女性の家庭で生活している。これらの世帯の約44％が子どもをもっており，貧困線以下で生活している（国勢調査米国部局，1998）。

　すべての単親家族が，財政的援助を必要としてはいないが，多くは必要としている。1989年には米国人口の12.8％が，公的行政貧困線以下で生活しており，単親家族については，貧困水準以下が約46％見られた。単親家族の平均的教育水準は，この40余年間に上昇してきたが，これらの家族の多くは，経済的に不利な立場にとどまっている。

　もし，この国の家族の25％が単親家族だとすれば，75％は両親家族である。しかし，これらの家族の多くが再構成家族，再婚家族であることを知ることは，重要である。実際，この国においては，その年度の結婚のほぼ半数は2度目の結婚である。このことは，この国の多くの子どもたちは継親家族の一部ということを示している。18歳以下の子どもたちの3分の1は，すでに継子であるか，18歳までに継子となる経験をもつということを暗示している（Glick，1988）。

　単親家族の成員か両親家族の成員かに関わらず，これらの家族の女性の大多数は，働いている。雇用労働力としての女性（特に年少の子どもの母親）の数の増加は，この40年間の最も重要な傾向の一つといえよう。女性の約60％は，現在雇用労働力であり，全労働力の46％を占めている。離婚女性の80％は，すでに働いている。

　その他の明らかな人口統計学的傾向としては，寿命の長期化が挙げられる。前世紀の20余年間に，寿命は長期化した。歴史上はじめて，人々は，多くの人々が高齢になるまで生きる社会で生活している。生涯学習者という点から，学校教育，学校外教育教育者にとって，このことは，何を意味するかを考えてみよう。

　よく知られているように，学習者を理解するためには，家族を理解することが重要である。学習者にとって家族は最初のあるいは，第一次的な文脈である。

家族は，学習に対する教育的ニーズ，影響，態度，価値を示唆し，かなりの部分で学習者の資源を決定する。家族がさらに変化するにつれて，その多様性を認識すること，それがいかに学習者およびかれらの学習に影響するかということを理解しようとすることが，さらに重要となってくる。

経済的に恵まれない人々

　指導者は，貧困，特に都会の貧困の結果としての多くの不利益を経験してきている学習者に対する偏見のない指導環境のために努力すべきである。都市環境において，指導者は，経済的不利のために危機にある学習者にかなり頻繁に出会う。これらの学習者は，かれらの学習努力を支援する教材や人的資源をほとんどもたずに，成功が準備されていない学習状況に臨むことになるだろう。

　経済的に恵まれていない学習者への典型的な反応は，指導者が強力な制御を働かせる学習環境を創造することであり，学習者の課題は，適切な行動を取り，指導者の期待に応えることである。さらに，指導者が学習者の世界に特別な関連性をもつ，もたないに関わらず，どのような学習の型に対しても「基礎的スキル」が必須であることが期待されるので，常に学習者の基礎的スキルの開発に主要な強調点がおかれる。制御の必要性についての前提と設定された基礎的カリキュラムは，論理的ではあるが，貧困とその結果を経験している学習者についての知見が無視されている。どのようなシステムにおいても信頼感を発達させずに成長してきた子ども・青年や成人，そしてこれらのシステムの従来の規則を踏襲することで，限られた成功しか経験できなかった子ども・青年や成人は，少なくともかれらの特別なニーズや興味に敏感でない指導環境には適応しないだろう。

　経済的に恵まれない学習者を受けもつ指導者の記述のいくつかが，多少明らかになってきている。これらの記述は，典型的な都市部の学校で行われていることに基づいて明確に述べられてきている(Haberman, 1992)。

　まず，適切な指導とは学習者にとって実際的価値をもつ指導である。すなわち，学習者が扱っている現実的問題と関心を扱うことである。指導のための基礎として要約された例や論争点を用いるよりも，教えるための基礎として，学習者が直面している課題が用いられる。また，実生活の体験も重要である。見学，観察，実演，その他の実際的な活動は，学習や思考のための新しい機会を提供する。

次に学習者は，ただ孤立した事実ではなく大きな考えを扱うよう促される。すぐに時代遅れとなる事実や個別の情報は，実際的問題を扱うには不適当である。学習者はほとんど覚えないデータよりも概念や原理を形成し，用いるよう奨励されることが望ましい。

　学習者は，かれらの指導について多少の意思決定をする機会をもつことが必要である。このことは，学習の主題または学習の単元がどのように指導されるかを決定することを含む。また，学習者がかれらの環境を多少制御する経験(それ自身の中に新しい経験があるかもしれない)をするだけでなく，他の選択をするようにさせる。これらの選択の結果を実現することは，経済的に恵まれないために，自律性や選択の自由がほとんどない生徒にとって重大な学習概念である。

　これらの学習者はまた，学習環境で，かれらが参加でき，続けられるアクション(活動)学習(第11章参照)を必要とする。ハバーマン(Haberman, 1992)は，すべての学習は生徒に他者への理解と受容を発達させ，生きるための個人の理想と原理を発達させる機会を提供すべきであるということについて議論している。公正さと正義の明確なモデルが指導環境の部分でなければならないし，指導者により示されなければならない。

　学習者はまた，かれら自身の仕事の改善，改良を通して，高い基準に達するよう促されなければならない。そのことは，根気強さを通してのすばらしさ，つまり人生のための重要な教訓を教えることを目標としている。経済的に恵まれない学習者を扱う場合に効果的な方略(ストラテジー)が，〈Fig.2-1〉にまとめられている。

〈Fig.2-1〉 **経済的に恵まれない学習者を受けもつ場合の方略**

- 学習者との指導関係をつくる。
- 単なる孤立した事実ではなく，大きな考えを扱うよう学習者を促す。
- 実生活問題を取り扱う。
- どのような指導が実際的価値をもつかを学習者が決定することを促す。
- アクティブ(活動的)学習方略と実地経験を用いる。
- 公平かつ公正な行動を示す。
- 高い基準を満たすための根気強さを促す。

学習者の生活様式についての研究

　効果的指導は，学習者に自分自身の生活様式に基づいて表れた考えを表現させる。学習者の生活様式について知るためには，あなたが教えようとしている一人ひとりについて多少の研究をすることが必要である。これらの研究は，形式的である必要はないが，組織的になされる必要がある。

　学習者の生活様式について調べ始める一つの簡単な方法は，学習者が生活している地域社会を調査することである。このことは，近所にある企業で働いている専門家にとっては簡単なことである。地域社会を歩き回ることで，そこで生活している人々の生活様式の多くを明らかにすることができる。キリスト教の教会やユダヤ教の礼拝堂が多くあるか，どのような宗派の教会か，多くの家の形はアパートか，独身家族の家か，車をもっている家族がほとんどか，その地域には通常のバス路線があるか，昼食のために多くの近隣の人々が集まる地域レストランがあるか，地域社会や近隣にどのような他の機関や組織があるか，地域社会成員の住居や服装は，かれらの社会経済的地位について何を暗示するか。これらは，敏感な観察者として地域社会を見るために問われる（あるいは，答えられる）生活様式についてのほんのわずかな問いである。

　より多様な，より一時的な住民に対応していると思っている専門家は，効果的な指導を可能にする計画のために，学習者の生活様式について，何かを見出すことができる。提示のはじめに用いられる短時間の質問表は，コンピュータで表にすることができる。そしてそのデータは，学習を直接助けるために用いることができる。たとえば，普及スペシャリストは，小さい子どもをしつける技術について提示する前に，多くの子どもの年齢，子どもの数，現代的行動等の例について，簡単な質問紙を配布したり，口頭で尋ねたりできる。このスペシャリストは子どものこのデータで，学習者の現在の生活様式に適切な内容をより明らかにすることができる。

　個人のニーズ，興味と学習方法は，明らかに生活様式に影響されるだろう。生活様式について考えることは，指導計画の一部でなければならない。

学習能力

　内容を理解し適用する学習者の能力は，指導計画で考えられなければならないことの一つである。学校環境内での学習者の能力についての議論では，認知

能力が最も多く注目されている。しかし，家族・消費者科学の文脈内では，さらに，学習者の情意能力，精神運動能力への関心をもつ機会と必要がある。たとえば，子育て教育者は，子育てに関する認知情報と同様に，子育てで用いられる社会的スキル（情意スキル）に関心をもっている。食品サービスやもてなしの管理者は，学習者が何を知るかと同様に，学習者が何ができるかに関心をもたなければならない。情報を記憶することが困難と思われる高校の生活管理課程における青年でも，職業センター領域における室内デザイン課程においては，完全に成功することができる。換言すれば，家族・消費者教育の文脈内では，基礎として働く能力には，さまざまな型があるということである。

学習者の能力の差異

　学習者の能力はかなり異なるので，指導者は学習者集団内での違いを予想する必要がある。自由プログラムの第5学年の生徒すべてが，1回の実演の後だけで意思決定についてのコンピュータプログラムを作動できるとは限らない。大学1年生すべてが，4回だけの講義の後に，消化過程を理解するとは限らない。家購入についての地域社会教育学級は異なった教育水準・能力の生徒から構成される。指導者は，たとえ共通の教育的興味をもっている成人の学習者を扱っているとしても，これらの学習者の読解水準，必須知識，認知能力について推定することはできない。

　一方，指導者は，はじめは個々の相談者や生徒のさまざまな学習能力について知らないかもしれないが，各学習者は，学習者としての自己像をすでにもっている。以前の学校体験，重要な人々からの伝達事項，学習者が体験した成功は，かれらの学習能力に関する自己概念に貢献する。学習者の中には，ときがたてば，新しい情報や課題に対する低い動機づけや熱中度をもたらさない特定の学習困難性や無能さによく気がつくようになる者もある。高校や他の学校教育において低い成績を得た成人は，そのような初期の否定的な体験のため，ともに学ぶ他の学校教育機会を避けるようになる。すなわち，失敗を犯す状況に進んで自分自身をおくことはしないだろう。

　中間学校や高等学校のように，学習の場が学習者に強制的な場合，動機づけられていない学習者は，学習の困難性への対処方法として分裂的行動を起こすかもしれない。読解力が低いティーンエイジャーの少女は，声を出して読むことができるようになる前に授業が終わるので，混乱を引き起こすだろう。課題

を理解できない中間学校の少年は，退屈のため教室の道具の部品をそっと分解するかもしれない。この行動は，他のクラスメートを混乱させるかもしれないが，かれはただ自分ができることをする。学校教育での教師は，このような分裂的行動が教室で出された課題を達成する生徒の能力につながるかどうかを確かめるために，教室で破壊的行動を思いついたり，始めたりする状況を注意深く見る必要がある。

同様な原理が，才能ある学習者にも適用される。才能ある学習者も達成能力に関連した自己概念を形成している。すなわち，常に成功する必要があると感じ，高水準で目標を達成するという圧力を自分自身に対してかけている。才能ある学習者は，挑戦を受けることが重要なので，指導者への要求を増すであろう。このことは，教師によって提供されるさまざまな追加の学習経験を要求する。才能のある青年・子どもの間では，退屈さの結果として破壊的行動が起こるかもしれない。あまりに短く，あまりにやさしい課題では，自分たちの活動を発展させるための時間と想像力をもつ才能ある生徒は，すぐに完成してしまう。

学習者の能力への対応

学習者のさまざまな能力を認めることについては，二つの重要な示唆がある。一つ目は，指導者は学習者の異なった能力水準に基づき，指導を組織的に修正する必要があるということである。このことは，学校教育環境では個々の教育計画をつくることによって行われるだろう。教師，カウンセラー，親は，教育計画にとっての基礎となる学習者に最も適した学習成果を明らかにするであろう。

二つ目は，学校外教育環境においても，指導者は学習者との相談にあたって，同様な原理に従うことができるということである。かれらが何を知りたいと思っているか，学習者の関心，動機づけあるいは能力はどこにあるのか，学校外教育環境での学習計画を個別的に立てることは，やや簡単であろう。しかし，学校教育環境文脈での教育計画作成は，まことに重要である。

特殊教育における学習者を受けもつ人々は，個々のニーズに適応するための四つの一般的な方略を示唆している。指導的修正の最低水準としては，補助具や学習案内を開発すること，課題や活動を伴う追加的援助を提供することにより，内容の活力を強化する必要がある。修正の第二水準では，成果の数を減少

させること，到達要求を修正すること，活動やプロジェクトを交互に用いること，指導速度を変えることが必要である。修正の第三水準では，特殊な必要性をもつ学習者に対するもので，指導者は同時進行の指導を開発する必要がある。すなわち，新しい活動を創造する，あるいは，さらに異なってはいるが関連のある内容に取り組むなどである。修正の最高水準を必要とする生徒に対しては，学習成果を実際にまったく異なったものに替える必要がある(Dover，1994)。

指導者に対する他の示唆としては，指導者によって選ばれた教授方略が，個々のさまざまな学習様式に適合しなければならないということである。本書の第5章「学習様式」では，特に，情報獲得における学習者の好みを扱っているが，学習者の能力観への学習者の好みを強調することも重要である。個人個人は，自分たちの学びを最もよく助けてくれる学習様式に対して異なった好みをもっている。一部の学習者は講義を聞いた後，情報を鮮明に呼び戻すことができるが，他の学習者は記憶するためには，読んだり，書いたりする必要がある。これらの学習様式の例は，学習者に対して提供される指導の型を変える必要があることを示唆している。

すべての家族・消費者科学の専門家が，能力に限界のある学習者を受けもつわけではないが，困難性をもつ学習者の成功を増進するために，どの指導者でも用いることができる原理がいくつかある。能力に限界のある学習者を受けもつための助言が，〈Fig.2-2〉にまとめられている。

第一に，指導は可能な限り具体的であるべきである。能力に限界のある学習者は抽象概念を扱うのは困難と思われるので，指導者は現実的なことを増やすべきである。現実的資料，実生活の例，現実的環境での実践が重要である。学習が学習者の生活に転移され用いられる可能性を増すために，指導者はできる限り実生活に近づくべきである。能力に限界のある学習者には，どのようにして乳児におむつをあてるかの図を見せることの代わりに，おむつをあてる実演を見せ，それから，乳児か等身大の人形で実践させる必要がある。

〈Fig.2-2〉能力に限界のある学習者を受けもつための助言

- 可能な限り指導を具体的にする。
- 考えを簡単な概念に砕く。
- 実践のための多くの機会を提供する。
- たびたびフィードバックする。

第二に，内容は，「1度に一つ」学習ができるように，小さい部分に細分化すべきである。まず，一つのスキルか概念を教え，それから次第に増やすようにしよう。学習者には一つの部分に対してだけ焦点をあてさせ，実践し，習得させるようにしよう。これらの各段階での成功は，続けようとする動機づけを増加させるだろう。

　第三に，実践のためには，多くの機会が必要である。能力に限界のある学習者には，通常，反復が役立つ。スキルを繰り返し訓練することは，学習のための機会を生み出し，学習者がかれらの能力への信頼を発展させるようにする。実践を通して，スキルは学習者の能力範囲の一部となる。

　第四に，さらに，フィードバックのための多くの機会が必要である。学習者は，訂正，強化，賞賛を必要とする。これは，学習者が課題に焦点をおき続け，動機づけを増すことを助ける。

文化的・民族的多様性

　将来，機関，組織，学校で働くために学習している家族・消費者科学の専門家は，以前にも増して文化的・民族的に異なる人々を受けもつようになることは疑いない。2000年のアメリカの人口は，75.1％の白人，12.3％の黒人またはアフリカ系アメリカ人，0.9％のインディアンまたはアラスカ生まれ，3.6％のアジア人，0.1％のハワイ生まれと他の太平洋諸島の人々からなっていた。また，2001年には，国勢調査局は，複数の人種からなるヒスパニック[4]が総計3,530万人で，アメリカの総人口の約13％を占めると報告した（アメリカ国勢調査局，2001）。

　人口学者，レオン・ブービェ(Leon Bouvier, 1991)の見解によれば，出生率と移民の傾向により，アメリカはついに2060年までには**少数民族が多数派**となるだろう。アメリカの人口における人種の多様性の増大は，すべての教育者を事業方法について再考する市場分析者のようにさせている。確かに少数民族集団の古い定義は，無意味となってきている。家族・消費者科学の内容を伝達する人々にとって，人種の多様性の増大は，すべての学習者に対して有効な指導を行うという強い義務があるということを意味している。

　英語は，常に学習者の第一言語とは限らない。地域社会の数の増加は，多言語をもたらしている。ある学校では，多数の異なった言語を話す生徒がいるかもしれない。この現象は，大都会環境に限定されるものではなく，英語よりも

他の言語を話す学習者が多い小さな町も多い。すべての生徒にとって指導を意味あるものにするという課題は，これらの学習者の文化や背景を理解することなしにはますます困難となってきている。二言語使用の生徒たちにかれらの言語の好みを放棄するよう強制することは，文化的自尊心の放棄を強制することになる。

　理想的には，専門家は学習者の母国語で学習者を受けもつことができるよう養成されることが望ましい。それが可能でない場合には，学習者の文化を反映する指導資料が用いられるべきである。青年の場合，家族の参加も促進されるとよい。家族を参加させることは，かれらに家族を指導する役割をもたせることにもなり，学習環境と学習そのものへ積極的態度を取らせることになる。学習者の言語を話し，かれらの文化を代表するボランティアを起用することは，また学習体験をより適切なものとする助けとなるだろう。

　人種的・文化的民族性は，学習者への指導を行うにあたって慎重に検討されなければならない。異なった集団に対して異なった指導をする方法について考えなければならないことは，あまり多くはないが，多様な人々にわたる偏見のない状態については考えなければならないことが，かなり多い。

　コミュニケーション傾向におけるいくつかの明らかな差異は，文化を超えて現れる。仕事を遂行する前に関係を打ち立てる必要性，個人的空間に関する好み，話すときの距離，視線合わせ(アイコンタクト)は，文化的差異に関係する。たとえば，アジアの人々を受けもっている指導者は，名前の順序が典型的なアメリカ型の慣習(名，氏)によらないため，学習者がどのような名前で呼ばれることを好むかを知るべきである。アラブの生徒を受けもつ指導者は，個人的会話をするとき，かれらが好む身体的間隔の違いに気づくだろう。いかなる文化のコミュニケーションの型であろうとも，それを理解するようになることは，

〈Fig.2-3〉**文化的・民族的差異を認める学習環境を促進する方略**

- 人々に話しかけ，挨拶する方法を学習者の文化から学んで用いる。
- 指導やその他の場において才能のある者を取り巻いている習慣を明らかにし活用する。
- 会話する際に好まれる人と人との間の距離に気づき，尊重する。
- 視線合わせにおける違いを認識する。
- 休日やその他の重要な宗教的行事や文化的儀式を認める。
- 価値，地位，慣習を表すものとしての服装について学ぶ。
- 積極的方法で，すべての文化を表す学習資料を用いる。

確かにすべての学習者を尊重し，正しく評価するためのより大きな原理の一部にほかならない。尊重の環境をつくることは，各学習者が，限定された固定観念（ステレオタイプ）や期待に拘束されずに，学習し成長することを可能にする。文化的・民族的差異を認める指導方略は，〈Fig.2-3〉に示されている。

ジェンダーへの感受性

過去20年間以上にわたって，指導的プログラムから明らかな性偏見を取り除いている多数派が主流になってきており，それらの資料がつくられてきている。たとえば，現在，ほとんどの教科書は，いろいろな職業役割において男性・女性を描くことでバランスを取ってきており，性を示唆することばを除く努力が行われてきている。たとえば，消防士（fireman），警官（policeman），スチュワーデス（stewardess）は，〈firefighter〉，〈police officer〉，〈flight attendant〉にき換えられてきている。言語および映像におけるこれらの変化は，無意味なことでもつまらないことでもない。これらは，男性・女性のためのより広い選択を描くという具体的試みを提供している。このことは，教育環境において特に重要なことである。除外的・否定的であることばの例とそのようなことばを「中立化する」いくつかの方法が，〈Fig.2-4〉に示されている。

〈Fig.2-4〉ことばの使い方の例

除外言語	中立言語
ポリスウーマンがパトロールした	ポリスオフィサーがパトロールした
男性として答えを探した	人間として答えを探した
女性裁判官が議長を務めた	裁判官が議長を務めた
典型的な上院議員が彼の選挙有権者を派遣する	典型的な上院議員が選挙有権者を派遣する
否定的女性言語	中立言語
少女のおしゃべり	おしゃべり（スモールトーク）
秘書のたまり場の少女	支援職員
老女中	女性
妻や子どもをもつ従業員	従業員とその家族
否定的男性言語	中立言語
ケンは子どもの世話を手伝う	ケンは子どもの世話をする
彼の息子は本当に弱虫だ	彼の息子は容易にうろたえる
一家の大黒柱	給料の稼ぎ手
トムは彼の老男性を尊敬している	トムは彼の父親を尊敬している

性役割の固定観念の微妙な形と性差別は，いまだに存在している。専門家は，学習者に対するときに学習者を見つめる責任，行動を克服するために慎重な活動をする責任，または男性・女性の学習者に限定するいかなる教材をも修正する責任をもっている。

　集団指導を行っている間，指導者は，教室の動向に敏感でなければならない。ある研究によれば，男性は女性よりも討論を牛耳ろうとすること，建設的批評をより受け入れ易いことなどが示されている（Gage and Berliner, 1988）。指導者は，集団の中で開発される指導の型を知り，指導時間と注意力の間の均衡を意識的に取るようにしなければならない。

　また，指導者は，学習者への指導と学習者との相互作用に影響すると思われる学習者についての前提を吟味しなければならない。たとえば，子どもたちを育てるために主な責任を誰が引き受けているか，主な収入を稼ぐために最も責任があるのは誰か，働く時間や余暇時間についてどのような取り決めがなされているか。これらの問題に関する指導者の確信は，指導予定，必須の知識についての前提，あるいは教育的ニーズや興味の領域に影響するだろう。

　すべての資料やメディアは，その公平性について吟味されなければならない。男性・女性は，身体的活動，知的活動に平等に参加するように描かれるべきである。男性・女性は，家庭的役割と職業的役割両者に示されなければならない。また，男性・女性両者とも優しさ，攻撃，恐れ，感謝などを含む人間としての反応の広い範囲で描かれるべきである。この均衡を示す資料やメディアは，学習者の可能性や態度を制限しないだろう。

　性の公平性に対する鍵は，公平性の他の型についてと同様に，敬意をもって各学習者を扱うことである。学習者の性，経済的地位，文化的背景は，学習者の教育的ニーズを理解することと直接関係する一つの要素に過ぎない。これらの要素は個々の学習者の特徴よりも重要とはいえないだろう。専門家が性偏見の存在を敏速に確認するために用いることができる方法が，〈Fig.2-5〉に示されている。

偏見から自由な学習環境の創造

　偏見から自由な学習環境を創造するということは，いくつかの偏見から自由な行動や態度を意識的に受け入れることと同様，いくつかの障害物へのつまずきから学習者を守ることを意味する。偏見から自由な環境における障害物への

〈Fig.2-5〉**性偏見形態の敏速な確認**

指示：下記のそれぞれの文章についてあなた自身を評価しなさい。

態度
- 私は男性と女性を平等に扱うことは重要だと思う。
- 私は男性または女性の能力や役割について冗談をいわない。
- 私はどちらの性の人々も「下におく」ことをしない。

期待
- 私は男性からも女性からも同様な行動を期待する。

義務
- 私はジェンダーよりも能力に基づいた課題を出す。

環境
- 私は非性差別、非人種差別の視覚教材を用いる。
- 私はさまざまな家族役割・仕事役割の男・女を示す視覚教材を用いる。
- 私は固定観念の例を示していない男・女の多様な興味を反映する視覚教材を用いる。

カリキュラム
カリキュラム計画にあたって、私は次のことを保障する。
- すべての生徒(男性・女性)のニーズと興味を考える。
- 両性の貢献を認める。
- すべての生徒は職業選択の広い範囲とかれらにとって可能な役割を探求できる。

上の記述について考え、あなたの性偏見認識を評価するため下の一連の尺度にチェックを入れなさい。

常に	しばしば	ときどき	まれに	1度もない
(非常に「性公平」)		(多少の改善が必要)		(多くの改善が必要)

あなたの全体評価について考えてみよう。あなたの専門家としての責任範囲における性公平性をあなた自身が得るのを助けるために、いくつかの確実な目標を挙げてみよう。

つまずきとは、言語、授業に関連した価値、文化的価値、非言語コミュニケーション、固定観念を含む。

言語は、態度と価値を反映できるので、積極的コミュニケーションでは、偏見を避ける努力をしなければならない。言語を通しての偏見は、単語、印象、修飾語、声の調子を通してひそかに表れる。人種差別主義者がもつことばの意味や暗示は避けるべきである。どのような集団に対しても固定観念的印象を強化すると思われる表現は、使われるべきではない。民族性に言及する一般概念、

または民族性に基づいた比較は，避けるようにしよう。これらのことは，固定観念の発展や強化をさらに促進する。すべてではないが，ヒスパニック，アジア人，アフリカ人は，他の人々よりもよく似ているようである。要するに，当面の問題と関係がない限り，人の民族的・人種的・文化的背景に言及することを避けるようにしよう。アフリカ系アメリカ人の裁判官として，ヒスパニックの教師として，あるいは，アジア人の音楽家として，個人について説明する目的は何か，これらの説明は，ほとんど重要ではない。また，軽々しく固定観念や偏見を示しているメッセージについても考えてみよう。認知または予期を通して他者を限定することには，ユーモアはまったくない。

　あなたが利用するどのような出版物やメディアも，多様な人々を適切に，公正に描くべきである。すなわち，教科書，ビデオテープ，その他の資料は，性，人種，民族の集団を公平に描くべきである。ほんのわずかであってもこれらの

〈Fig.2-6〉カリキュラム資料における偏見の形態

偏見	定義	結果
省略	ある集団について十分に表現しないこと	●集団は，演じるための重要な役割をもたず，重要な貢献もしない
固定観念をもつこと	ある集団に伝統的で固定的役割，行動，態度を割りあてること	●固定観念をもつ集団の能力や可能性を制限する ●集団の差異，複雑さ，多様性についての知識を学習者に否定させる ●学習者が，固定観念的方法を内面化し，それらの十分な可能性を発達させないようにする
不均衡／選択	ある問題，状況，あるいは人々の集団についてのたった一つの解釈のみを表すこと	●学習者の知識，展望を制限する ●事実をゆがめる ●複合体，観点を変えることを無視する
非現実性	現代的生活経験を非現実的に描写すること	●そのような問題を扱うために必要とされる情報を学習者に否定させる
分裂／分離	テキストの主体から少数派や一つの性に関連した論争点を分離すること	●論争点は重要性がほとんどないとほのめかす
言語的偏見	差別用語	●役割を不公平に考える。

出典：M.P.サドカーD.M(Sadker,M.P.and Sadker,D.M.,1982)。学校のための性公平入門書 (*Sex Equity Handbook for School*), ニューヨーク・ロングマン(New York：Longman.)

資料から人種差別が避けられることは，重要である。一人のアフリカ系アメリカ人の学習者，あるいは，一人のアジア人の家庭経営者のみを，まさにその目的のために特徴づけることは，適切ではない。さまざまな人々を公平に表すことは，偏見から自由なコミュニケーションへ向けての動きである。避けるべき偏見のいろいろな型が，〈Fig.2-6〉に挙げられ，定義されている。

多様な背景をもつ学習者を受けもつ指導者としては，個人の特性よりも個人のパフォーマンス(遂行活動)に注目することが重要である。達成への期待と達成する機会はすべての学習者に平等に利用されるべきである。学習者に課される義務と責任は，人種，民族や性よりも能力に基づいてつくられるべきである。また，学習者は，お互いを平等に扱うことが期待され，要求されるべきである。

このように多くの偏見的コミュニケーションや行動がパターンの一部となってきているので，このことは，最初は重要ではないように見えるかもしれない。もちろん，メッセージや扱いで不利を受けている人を除いて。適切なことば選びに迷うときには，あなた自身の名前を，あなたが説明している集団の代表名とするようにしよう。あなたが，他者にあてはめているラベルをあなたがいかに好んでいるかについて考えてみよう。能力または，人種，民族，文化，性に関連する要素について，しなければならないことの限界や期待にあなたが気づくかどうか調べてみよう。偏見から自由な学習環境を創造する鍵は，すべての人々を公平に尊敬と敬意をもって扱うことである。

要約

家族・消費者科学は，家族の永続的実践問題，時間や文化を超えてすべての家族に立ち向かうこれらの問題を取り扱う。取り組まれている問題は同じではないが，指導と内容は，さまざまな生活様式，文化，価値をもった学習者に妥当なものでなければならない。アメリカ内では急速な人口変動により，家族・消費者科学の専門家は，多様な学習者を受けもつ機会をもつようになるだろうということは確実である。

個々の学習者の生活様式，文化，価値は，かれらの学習態度，学習資源に影響を与えるだろう。経済的不利や貧困といった要素を理解することは，学習者独自の必要性に適合する学習環境を創造するために重要である。また，学習者の能力は指導計画において重要である。すなわち，学習能力や学習へ

の好みを理解することは，何が伝えられ，どのように伝えられるかの双方に関わり合いをもつ。

　効果的で適切な指導を設計し，開発するための重要な指針は，学習者を尊重し，理解することである。すべての学習環境は，偏見から自由であるべきである。すなわち，学習者の機会や潜在能力への期待や限界すべてにわたって，学習環境が制限されてはならない。家族・消費者科学の専門家のための一つの目標は，あらゆる学習者が，内容における個人的・実践的な意味を見出すことができるよう学習者を促すことである。

訳注
1 ）アメリカの大学では，協同普及（Cooperative Extension），普及サービス（Extension Service）などの部門を設けているところが多く，農業調査機関や地域社会などで普及活動をする人材（わが国における生活改良普及員，農業改良普及員などにあたる）を育成している。
2 ）ブラウンとボルーチの提唱する「永続的実践問題（perennial practical problems）」に関しては，林未和子『現代アメリカ家庭科カリキュラムに関する研究』（風間書房，2002）に詳しい。
3 ）ヘッド・スタート・プログラム（Head Start Programs）とは就学前の，主として 4 〜 5 歳の子どもに対する米国政府の教育事業。経済的・文化的に恵まれない地域の子どもに対して，教育や医療・栄養などのサービスを提供して総合的に発達の促進を図り，初等教育のスタートにあたって，不利がないようにしようというもの。
4 ）ヒスパニック（Hispanic）とは，米国内のラテンアメリカ系人：キューバ・メキシコ・プエルトリコなどの出身者をさす。

引用・参考文献
Betances, S.(1991). Diversity. *Vocational Education Journal*, 66(8), 22-23.
Bouvier, L.(1991, June). American diversity. *American Demographics Desk References Series*, no.1.
Brown, M., and Paolucci, B.(1979). *Home economics: A definition*. Washington, D.C.: American Home Economics Association(mineographed).
Bullard, S.(1992). Sorting through the multicultural rhetoric. *Educational Leadership*, 49, 4-7.
Combs, A., Avila, D., and Purley, W.(1971). *Helping relationships: Basic concepts for the helping professions*. Boston: Allyn and Bacon.
deColon, M., and Velez, H.(1988). Puerto Rican culture: transition and change. In *Empowerment through difference*, AHEA Home Economics Teacher Education Yearbook. Chicago: Glencoe.
Dover, Wendy.(1994) *The master teacher inclusion video series: Strategies for making*

curriculum modifications. Manhattan, Kans.: Leadership Lane.

Gage, N.L, and Berliner, D.(1988). *Educational psychology*. Boston: Houghton Mifflin.

Glick, P.(1992). American families as they are and were. In A. Skolnick and J. Skolnick(Eds.), *Family in transition*. New York: Harper / Collins.

Haberman, M.(1991). The pedagogy of poverty versus good teaching. Phi Delta Kappan, 73, 290-294.

Newcombe, E.I.(1979). Survey on bias. In *The Teddyffrin / Eastown program, state on manual: Preparing for change*. Women's Educational Equity Act Program, U.S. Department of Education. Washington, D.C.

Noddings, N.(1992). The gender issue. *Educational leadership*, 49, 65-70.

Pickett, A., and Gillespie, M.(1988). Minority youth at risk. In *Empowerment through difference*, AHEA Home Economics Teacher Education Yearbook. Chicago: Glencoe.

Prothrow-Stith, D. and Quaday, S.(1996). *Hidden casualties: The relationship between violence and learning*. National Health and Education Consortium and National Consortium for African American Children. Washington, D.C.

Riley, M.W.(1992). The family in an aging society: A matrix of latent relationships. In A. Skolnick, and J. Skolnick(Eds.), *Family in transition*. New York:Harper / Collins.

U.S. Bureau of the Census.(2001, Mar. 12.). *Census 2000 shows America's diversity*. Washington, D.C.

U.S. Bureau of the Census(2001). Population Division. (www.census.gov / population / www /).

U.S. Office of Education.(Contract No. 3007 70460). *Guidelines for the creative use of biased materials in a nonbiased way*. Washington, D.C.

Williams, S.(1986). Home economics learners. In *Vocational home economics curriculum: State of the field*. AHEA Home Economics Teacher Education Yearbook. Peoria, Il.: Bennett and McKnight.

第 3 章

学習者としての
子ども・青年

　家族・消費者科学の教育者は，さまざまな学習者を受けもつ機会をもっている。学習者の年齢，生活様式（ライフスタイル），能力は，さまざまである。学習者のこれらのようすは，学習者が認識され，理解されるためには，いずれも重要である。個人と家族の民族的・文化的差異も重要であり，また，指導において考えられなければならないことである。同様に，学習者の年齢と発達段階も，指導と指導計画における重要な変数である。学習者の年齢と発達段階の差異は，伝達される内容や伝達される方法に影響する。

　たとえば，10〜12歳の子どもにとって適切と思われる財政管理概念について，完全に退職した大人と比較して考えてみよう。その場合，情報の型と複雑さが変化するだけでなく，どのような方法で内容が伝達されるかも変化するだろう。あなたが内容を伝達することと，伝達する人について理解することがうまくいくかどうかは，あなたが，何を伝達するかを理解することと同様に重要である。

　学習において，学習者の行動や態度を変える学習の型が生じるためには，**内容**が個人に関連するものでなければならない。そうすれば学習者は教えられることに，いくつかの意味を見出すことができるに違いない。このことは，学習者が，教えられることについて学習する能力があるということを意味する。このように，学習する準備ができているということを認識するためには，学習者の知的・社会的・感情的・身体的発達への理解が必要である。

　家族・消費者科学の分野に入学する人の多くは，中間学校，中学校，高等学校，あるいは，単科大学，総合大学で教えることが期待されている。また，たとえば，学校外教育環境としての4Hクラブの年齢の異なる子ども・青年を受

けもつことが期待されている人もいる。専門家の中には，保育プログラムや，子ども・青年のレクリエーションプログラムを受けもったり，子ども・青年の臨床相談や助言をしたりする者もいるだろう。その他，子ども・青年に焦点をおいた企業や家族・地域社会サービスに関わって働く者もいるだろう。これらの教育環境すべてにおいて，子ども・青年の能力，ニーズ，興味について理解することは重要である。

学習者としての子ども・青年の発達的特質

　さまざまな理論家が，個人がライフサイクルを通して進歩し成長する方法についての説明を進めてきている。それらの理論家の多くは，発達の一つの外観をとらえて，その進歩を明らかにする方法を探してきている。最も注目すべきは，ジャン・ピアジェ(Jean Piaget)が，**認知(知的)発達**を説明するモデルを開発した(1974，1963)ことといえるだろう。彼のモデルは，認知発達とは，成長するに従って，単に新しい情報を集め加えること以上を意味し，それどころか知識の組織化，適応や同化に関連して変化が起こることを示唆している。ピアジェは，経験や活動，社会的伝達などと同様に，年代順の年齢(成熟)に関係している認知発達の四つの段階を明らかにした。認知発達は，単に年代順の年齢に結びついているだけではないということを知ることも重要である。教育学者は，認知発達段階にとって，年齢は一つの指標ではあるが，年齢のみに基づいているという仮説はあえて取らない。

　ピアジェは，特定の事実や考えを学ぶ能力は，人を学習状況に至らせる知的手段に直接関係しているということを示唆している。これらの手段は，認知発達段階の一つの機能である。このことは，学習者は日々の指導実践において，まだ学習の準備ができていないことを学ぶことはできないということも意味している。たとえば，小学校高学年の生徒の多くは，抽象的用語で考えることはできないので，この年齢の集団を受けもっている指導者は，広範な仮説的思考を要求する多くの変数や論争点をもつ事例研究(ケーススタディ)や問題を扱うことは避けるべきである。

　ピアジェの研究と他の認知発達理論家(Klahr, 1978 ; Flavell, 1977 ; Hetherington and Parke, 1979)についてより深く理解することは，認知的準備に内容を適合させることに関心をもっている指導者にとって重要なことだろう。

　感情発達理論は，エリック・エリクソン(Eric Erikson, 1963)によって組み

立てられた。フロイトら(Freud and others)の研究の上に積み上げることで，エリクソン(Erikson)は，重要な感情的成就を要求する八つの生活段階を明らかにし，各段階の成功の克服は前段階の達成に基づくものであるとした。たとえば，小学校と中間学校年齢の子どもたちは，努力についての感覚，根気強さと成果の間の関係とこの中に本来ある満足感についての理解を発達させ始める。しかし，もし子どもたちがこの感覚を発達させるのに失敗すると，劣等感が発達する。この考えにより，4Hクラブの職員はこの段階にある子どもたちのためのプロジェクトが，達成と成功の感覚をもたらすことを確かめたいと思う。プロジェクトは，学習者に責任をもたせ，学習者が終わりまで興味を維持し続けることができるようその期間を短くすべきである。

　また，**社会的・個人的発達**の特別な特徴をより明確に見ようとした理論家や研究者もいる。コールバーグ(Kohlberg, 1975, 1963)は，個人が罪を避けるためによりどころとする段階1から，道徳的意思決定のための基礎として内的・個人的倫理観が働く段階6までの道徳的発達の段階の連続性を提案した。さらに，最近，ギリガン(Gilligan, 1982)とノディングス(Noddings, 1984)は，いささか異なった展望をもつモデルを開発した。両著者とも，倫理的，道徳的発達への女性の観点を強調している。

　人間発達への他の理論的接近が，ロバート・ハビガースト(Robert Havighurst, 1981)によって概念化された。彼は，各人が**発達課題**を達成しなければならないことを提案している。これらの課題はさまざまな段階で達成しなければならない発達と成長に関連した社会的・感情的関心を含んでいる。たとえば，初期子ども期には，一人ひとりは同年齢の友達と交流する能力を発達させる。また，青年期の発達的課題としては，自分の体つきを受け入れること，身体を効果的に使うことなどがある。次の生活段階での課題が最も効果的に機能するためには，各発達課題における要求課題が効果的に達成されなければならない。これらの課題は，やや文化的結びつきがあると同時に，学習者の生活経験と個人の成長・発達によりもたらされる生活の変化の一部を表している。

　前述の議論では，個人の成長・発達に焦点をあてたが，個々の学習者は，発達段階を通して進む家族システムの一部であるということを知ることも重要である。このことはまた，学習者の興味や態度に影響を与える。たとえば，ある50歳の，**家族ライフサイクル**の期間を伸ばすことにようやく追いついた(はじめて家族に子どもが加えられた)父親は，たとえ，かれらが非常に異なった発

達の個人的段階にあるとしても，家族ライフサイクルの同じ段階にある20歳の同地位にある人物と教育的ニーズの多くを共有する。

　なぜ，学習者の発達段階を理解することが重要かという理由は，いくつかある。第一に，学習者の教育的ニーズと興味がよく予想できることである。この点での操作原理は当面の問題との関連性である。今日の学習者にとって何が重要か，現在興味のあるものは何か，どのようなライフイベントが学習者に影響を与えているか。これらのライフイベントは，教育的ニーズを示唆する。たとえば，退職を予期している成人学習者は，職業開発よりも財政管理を扱う地域社会教育提供の方が，より当面の問題との関連性があることを見出すだろう。このような例は，高校水準の消費者教育課程に含まれる住居に関する内容の型にも関連している。家を買うことは適切な主題ではなく，アパートか賃貸住宅の下見，大学寄宿舎の選択，賃貸協定の調査などが適切である。これらの活動は，自分の家を買うことよりも，おそらく生徒の生活経験に近いだろう。しかし，家を購入するという内容は，地域社会や普及教育での成人の学習者にとっては，とても興味深いことに違いない。

　次に，学習者の発達段階を理解することは，指導者によい指導方略（ストラテジー）を計画させるということである。このことは，生徒の認知水準を認識するだけでなく，かれらの社会的・感情的発達水準も含む。初期青年期を受けもっている青年リーダーは，この発達段階にある学習者が，抽象的概念をよりよく理解するために，具体的・実際的な活動を必要としていることを見出すだろう。このリーダーはまた，初期青年期の青年はあり余る身体的エネルギーをもっており，活動的である必要があることをはっきりと理解する。しかし，社会的・感情的発達を認めることは，正確に述べられた身体的・認知的発達と同様に重要である。初期青年期の青年は仲間の受け入れに苦心しているので，リーダーは青年を困らせ，大きな社会的危険性を取ることを要求するような学習環境はつくらないだろう。その代わりに，学習活動は，青年間の協調性を高め，特にかれらの仲間の前で成功し，成就する機会をかれらに与えるよう計画されるだろう。

　また，指導計画を立てるには，その計画の対象である学習者を理解することが必要であるということである。学習者の生活役割や生活様式と同様に，学習者の発達段階についても考えられなければならない。

　次節では，子どもや青年の知的（あるいは，認知的）・社会的・感情的・身体

的成長の特徴について述べる。中期子ども期と青年期の年齢区分は，やや曖昧である。しかし，プログラムづくりやカリキュラム開発に用いられた最も典型的な区分に基礎がおかれる。プログラムは，主に小学校年齢の子ども（中期子ども期にあたる），中間学校，中学校，高等学校年齢の青年を対象としている。

中期子ども期

　一般に，6〜11歳の子どもは，中期子ども期と考えられている。中期子ども期は，青年への急速な変化の時期にあたる。かれらの世界は，かれらが学校，仲間集団，クラブ，スポーツチーム，その他の教科外活動を見出すにつれて広がる。かれらの知的・社会的・感情的・身体的成長は，能力感すなわち，かれらの環境を自分で多少制御できるという感覚を発達させる。かれらの自己概念は，新しいことを試み，他者からのフィードバックを得て，かれらの仲間のパフォーマンス（遂行活動）や能力と自分のそれを評価するにつれてより明らかになってくる。また，中期子ども期に生じるスキルの発達は，かれらの能力感に貢献する。スキルの発達は，読むことから，フットボールをすること，学ぶこと，友人との葛藤を解決することまで，あらゆることを含んでいる（Schiamberg, 1988）。

　子どもの発達は一般的に，かれらの知的・社会的・感情的・身体的発達に関して論じられている。これらの要素それぞれは，かれらの家族・消費者科学の内容の学習への興味，能力に影響する。

■知的発達

　中期子ども期にある子どもは，知的にはピアジェが形式的操作段階と述べた時期に入っている。形式的操作とは，実際には思考の基礎として働く精神的活動である。これらは，目的を体系化し分類できること（分類），思考過程の最初の点に帰ることができること（可逆性），目標を連続体に沿った価値によって順序づけできること（連続性）などを含む。これらの操作は，中期子ども期にある子どもが概念を扱ったり，因果関係と保存の法則の理解（減じたり，加えたりしなければ，二つの同量なものは，同じものを残すということを理解すること）を可能にする。

　たとえば，この発達段階にある子どもは，特別活動課程の長所と短所を分類できる。さらに，かれらは，家族をその構造，出生率，予算のバランスの取り方への理解により分類できる。これらの課題それぞれは，生徒に形式的操作を

することができるという点にまで到達することを要求する。

　中期子ども期の終わり，青年期のはじめまでに，子どもは，経験を表現する象徴，すなわち，ことば，数，対象をうまく扱うことができる。かれらは，原因と結果を理解できるが，論理的思考過程は，現実的（具体的）目的や経験のみに適用される。

　たとえば，中期子ども期の子どもは，一般的に，必要に応じて家族のために缶詰製品を集めたり，分配することを含むプロジェクトの計画を立てることができる。しかし，かれらは，家族の貧困原因となる生活環境の複雑さについて仮説を立てることはほとんどできないだろう。子どもは，初期子ども期の自己中心性から移行するにつれて，他の展望をもち始め，他者の観点を想像し理解するという方向性を発達させる。

■社会的・感情的発達

　社会的に，子どもは，「よい行動」と「悪い行動」についての感覚，すなわち，正悪の感覚を発達させる。この年齢の子どもは，単に，大人を喜ばせること，罪を避けることのために行動を修正するというよりも，制御の内部感覚，結局は自制感覚を発達させ始めている。

　仲間集団は，中期子ども期の子どもの社会的発達の重要な部分である。子どもが，両親からの独立に向けて第一歩を踏み出すとき，仲間集団は，自己同一視の源泉となる。仲間は，また，健全な競争の動機となると同様に，受容と所属感を提供する(Jorgensen, 1986)。

■身体的発達

　中期子ども期の子どもは，身体的に，走る，ジャンプする，投げるなどを含む全体的運動筋肉スキルを向上させている。身体的調整とバランスの進歩とともに，多くの子どもは激しい身体的活動，とりわけ，野球，フットボール，バレーボール，バスケットボールなどのようなチームスポーツに興味をもつようになる。少女・少年は，この発達において全体的に大きな違いはないが，少年は全体的に力がより強くなり，少女は調整，柔軟性，均衡がわずかによくなる傾向を示す(Cratty, 1979)。

　初期子ども期の発達に対する焦点範囲であるすばらしい運動筋肉スキルは，中期子ども期の子どもにおいてかなり顕著に発達する。8〜9歳までにほとんどの子どもは，ビデオゲームをすること，ハンマーを振ることやその他の手と目の調整を要求する課題を果たすことができる。

青年期

　青年期は，一般に，思春期とともに始まると考えられている。思春期は米国では，普通，少女は9〜12歳の間で始まり，少年は数年遅れて始まる。

■知的発達

　子どもが中期子ども期から青年期に移行するにつれて，かれらの認知発達は，知的能力と高度の問題解決を遂行する能力の発達により特徴づけられるようになる。青年期には，子どもは，中期子ども期の具体的操作期から新しい形式的操作思考期に移行する。この段階については，ピアジェの発達理論に関する前節で詳しく述べた。青年期は，基本的に仮説を把握できる段階にある。

　青年が青年期を通して成長するにつれて，特殊な状況あるいは生活環境状況が与えられた理論的可能性について考えることができるだけでなく，抽象的概念と思考の間の関係について考えることができるようになる。後期青年期は，初期青年期のそれよりも明らかに高水準の概念化を表しており，自分自身を抽象的・心理的特質の点からは考えにくいが，自分自身の推論の過程と，なぜ自分たちが今，そのように信じるようになったのかについて考えることができる。結果として，後期青年期は，かれらが自分自身や他者の思考方法を振り返ったり，調べたりする能力をもっているため，他者の視点に対してより寛容で，より理解力がつくようになる。

■社会的・感情的発達

　この年齢の青年は，他の友達の意見に非常に関心をもっている。中間学校年齢の子どもは，しばしば，「群れ」をもつ本能があるといわれている。自分の友人を選ぶこと，友人と一緒にいること，友人に受け入れられていることが，成長しつつある青年期にとって重要である。同時に，この年齢の青年は，家族からより独立するようになり，家族から徐々に離れるようになる。かれらは，自由な私生活への必要性や願望をもつようになり，一人で過ごす時間や友人とともに過ごす時間をもちたいと思う。電話をする，音楽を聞く，鏡の前で過ごすような時間は，青年期の社会的・感情的発達と矛盾しない行動である。

　青年期は概して，世界の現実的危険性のほとんどは手の届かないところにある克服しがたいことと感じている。かれらは，自分自身をほとんど不滅と感じているので，身体的安全については適切でない選択をするかもしれない。かれらは，身体的危険には関心をもたないようであるが，社会的危険とかれらの友

人や他の青年がかれらをどう思うかについての関心は，まことに高い。

　青年期を通して青年が発達するにつれて，かれらの独立への要求とやる気が成長する。仲間や親との友好関係のバランスには，継続的変化がある。かれらは，子ども期からはるかに離れ，成人期の社会的独立近くへと移行している。青年期には，概して，教育，異性との関係，自分自身の社会的役割よりも職業計画に関心をもつようになる。青年期は，男性または女性であることは何を意味するか，成人期に向かって移行している知的・感情的・社会的・身体的変化をどのように統合すればよいかについて苦心している時期であり，社会的スキルを磨いたり，自分の行動を導く倫理や価値を獲得したり，調べたりしている。

　後期青年期の仲間関係は，異性との関係を含むようになる。青年が仲間関係を維持するようになるにつれて，家族との時間は減り続け，学校関係の活動と有償労働のために使う時間が増加し続ける。ある研究では，高等学校の新入生では家族とともに過ごす生徒は25％であるが，最上級生では15％しかいないということを見出している（Csikszentmihalyi and Larson, 1984）。しかし，初期青年期に表現された社会的態度や行動の多くは，後期青年期を通して相変わらず一定である。たとえば，ティーンエイジャーの自分自身についての感覚や生活は，信頼性や責任感のある同情的な行動を行うにつれて，青年期を通して安定し続ける傾向がある（Csikszentmihalyi and Larson, 1984）。一般に，この段階にあるティーンエイジャーは，青年期のスキルと活動の課題の間に合理的な結合がありさえすれば，スポーツや活動を楽しみ続ける。

■**身体的発達**

　めざましい身体的変化は，初期青年期において明白である。中間学校年齢の少年・少女は，かれらのめざましいけれどもむらのある身体的成長の結果として，不器用さや落ち着きのなさを表す。なお，この年齢の子どもは，スケートボードやダンスを習う試みのために長い時間を使うかもしれない。また，大きなエネルギーをもつ時期の後に，疲れる時期や何もしない時間が続くという成長の型が生じる。初期青年期における骨や筋肉の早い成長は，実際に「成長痛」を引き起こし，動き回り，歩き，手足を伸ばす機会を必要とする。第二次性徴の到来は，青年期の青年に自分の身体についての自意識をいくぶんか感じさせ，他者に対する身体的魅力について関心をもたせるという結果をもたらす。

　後期青年期は，男性の場合，成長が17〜20歳まで続くかもしれないが，一般には，身体的・性的成熟に到達する。内部器官，生理的システムは，初期成人

期を通して成長し続ける。これらの身体的・性的変化は，青年期の態度や行動に重大な影響を与える。身体的発達と社会的学習の結合は，性的興味や行動の発達に重要な役割を演じる。初期青年期の体重の増加は，相変わらず男性・女性の身体像に影響する。特に女性は，体重に関係する自己像に関心をもつ。青年期の成長や発達の型の差異は，後期青年期においても依然として明らかであるが，ほとんどこの時期までには，成人の体になっている。

学習活動と子ども・青年

　たとえ，家族・消費者科学の内容が子ども・青年に伝達されるべき範囲であっても，あなたが受けもつ個人の発達段階，たとえば，知的能力は，学問的なスキルは，問題解決能力は，どのような身体的スキルを発達させ磨いているか，社会的ニーズは，かれらの感情的ニーズはなどについて考えることは重要である。学習者のために計画され，学習者に照らして開発された学習活動はとても効果的である。

　全米家族関係評議会（NCFR）[1]は，**生涯家族生活教育のための枠組み**開発についての学習原理を探究した。〈Fig.3-1〉の枠組みは，その情報が最も適切で意味のある年齢での主題範囲と鍵概念を明らかにしており，子ども，青年，成人にとって適切な内容を明らかにしている。

中期子ども期の子どものための学習活動

　中期子ども期の子どものために学習活動を計画する場合には，かれらの能力感と自尊感情を成長させることについて考えよう。活動は，子どもに，スキルを試すこと，能力を伸ばすこと，成功に到達させるようにすべきである。これらの活動の型は，自尊心と能力の感覚を開発することに貢献する。これらの学習成果は，ワークシートや伝統的筆記作業を通してよりも，むしろ，プロジェクト，協同チーム活動やその他の参加型活動を通しての方がよく達成されるようである。子どもは，フィードバックや訂正を必要とするが，学習活動にこれらを常に組み入れる必要はない。

　中期子ども期の子どもにとっての学習経験は，現実的で具体的であるべきである。この年齢の子どもは抽象を扱うことにまだ熟練していないので，ただ聞かせるよりも活動的に行わせたり，見せたりすることの方が認識力を形成するのに有効である。実験のための器具，見学，視聴覚機器，技術，手で操作する

ものを用いることは，中期子ども期の子どものために適切な選択である。

リーダー，教師，まとめ役は，集団や教室内での限界を明らかにすることで，自制心の発達を促進できる。リーダーは，子どもに規則や指針の決定を援助させたいと思うかもしれない。この年齢の子どもは，前社会的行動を実践する機会を必要とする。したがって，協同，交渉，支援などを促進する集団作業は，子どもの社会的発達にとって重要である。なお，子どもには，一人で作業し，自分の速度で作業する時間も必要である。そのため，指導は，大集団作業，小集団作業，個人作業の要素を含むべきである。

中期子ども期の子どもは，ある時期に他者の視点について理解し始める。かれらは，ほとんどの人が視点を共有したり，まったく同じ方法で物事を処理するのではないということを認識する。子どもが，自分自身を超えて見ることができる視点は，専門家が，地域サービスや他のサービスプロジェクトやプログラムを用い始めることができる視点でもある。家族・消費者科学スキルをサービスや他者を支援することへ適用することは，具体的実践のすばらしい形である。それはまた，この発達段階にある子どもにとても重要な責任と他の社会的スキルを教える。サービスプロジェクトは，青年期の青年に対して用いることができ，より年齢の高い青年に対しては，重要な職業探索の機会を提供しさえする。

青年期の青年のための学習活動

青年のための学習活動を計画する場合には，青年期の学習者の発達的特徴について考えよう。なぜならば，初期青年期は，重要な身体的変化の時代であり，多くは，青年期のうちの自意識，自己中心性の時期にあたる。この年齢の青年は，個人調査票，自己活動報告，そのほか，リスクはあまり伴わずに自分自身の主張について考える反省的行為などを特に享受する。これらは，学習者が，自分自身に焦点をおき内容を直接的に自分に関係づけるのを助ける方略と活動である。

青年期は，仲間と相互関係をもつ機会を必要としそれを楽しんでいる。青年期の青年にとって，仲間はとても重要なので，大集団活動，小集団活動，チームプロジェクト，委員会は，指導モデルとして適切である。また，青年期は，協同，ティームワーク，交渉スキル，その他の集団相互作用スキルを実践するための機会を常に必要とする。

〈Fig.3-1〉 生涯家族生活教育のための枠組み

年齢水準	主題範囲と鍵概念*	
	人間発達と性的特質	対人関係
子ども期	●身体的・感情的・社会的・性的発達 ●個人の発達における類似と差異 ●より年齢が高い人への認識(青年,成人,高齢者) ●特殊ニーズをもつ人々(障害児)についての理解 ●一人ひとりの独自性 ●健康維持に対する責任(栄養,個人の衛生) ●成長や発達に影響する社会的・環境的状況 ●人間の生殖作用(胎児期の発達,誕生,思春期)の特徴 ●身体的プライバシーと性的虐待への保護	●自尊心の形成 ●個人の力の確認と強化 ●自分と他者の尊重 ●感情の取り扱い ●他者とのコミュニケーション ●感覚の構成的共有 ●他者から学ぶこと・他者を教えること ●友情の開始・維持・終了 ●時間,友情,所持物の共有 ●他者とともに問題を扱うこと ●自分と他者のために考えて行動すること
青年期	●発達の型:身体的・認知的・感情的・性格・道徳的・社会的・性的 ●生涯を通しての発達の型(死への概念) ●発達の型の間の相互関係(たとえば,社会的・性的発達) ●発達における個人差の受容 ●成人と加齢についての固定観念と現実 ●発達障害 ●成長と発達に影響する社会的・環境的条件 ●身体的健康と発達における化学物質の影響 ●個人の健康に対する責任(栄養,衛生,運動) ●身体的プライバシーと性的虐待への保護 ●性についての伝達(個人的価値,信念) ●性的感覚と性的反応の正常性 ●人間らしい生殖と避妊 ●性についての家族や社会的信念の変更 ●性的行動の選択,結果,責任	●自尊心,自信の形成 ●個人の能力・才能の開発と評価 ●自分と他者の尊重 ●人の考え,態度,価値を開発させ,変化させること ●感情の取り扱い ●成功と失敗の取り扱い ●情報・考え・感覚の伝達 ●関係の開始,維持,終了 ●対人関係の適合性の評価 ●関係についての自己認識の効果の理解 ●デートにおけるニーズと動機づけの理解 ●自分の行動に対する責任の受容 ●自分自身と他者の最高の関心に基づく行動 ●家族のライフスタイル選択における基礎の理解(価値,遺産,宗教的信念) ●仲間選びに影響する要素(社会的,文化的,個人的) ●愛と責任の重要性の理解 ●結婚の責任についての探究

(続く)

〈Fig.3-1〉(続き)

年齢水準	主題範囲と鍵概念*	
	人間発達と性的特質	対人関係
成人期	●発達の要素：身体的・認知的・情意的・道徳的・性格・社会的・性的 ●生涯を通しての発達の型（死への概念） ●発達の型の間の相互関係（たとえば，社会的・性的発達） ●発達の個人的差異に影響する要因 ●自分自身と他者の発達の促進 ●成人と加齢についての神話と事実 ●障害者と関わること ●成長と発達に影響する社会的・環境的条件 ●個人・家族の健康への責任 ●性についての伝達（個人的価値，信念，共有した意思決定） ●性的感覚の正常性 ●人間らしい性的反応 ●避妊，不妊，遺伝 ●責任のある性的行動（選択，結果，共有した意思決定） ●性的虐待の予防 ●性についての社会的信念の変更	●自分と他者への自尊心と自信の形成 ●個人的自律の確立 ●構成的個人的変化の成就 ●効果的コミュニケーション ●感情の取り扱い ●危機の取り扱い ●親密な関係の型 ●関係における主導権の行使 ●関係の展開，維持，終了 ●関係についての自己認識の効果の理解 ●役割と関係の影響の変化（民族的，人種的，社会的） ●質的関係に関する要素の認識 ●関係における責任と義務 ●関係の選択と二者択一の評価 ●結婚関係の時系列的変化 ●他者の最高の関心について考えることと個人的信念と調和した行動 ●自分自身の家族づくりと維持

＊：伝達すること，意思決定すること，問題解決をすることは，別の概念なので挙げられていない。しかし，それぞれの主題範囲には，含まれるべきである。

　青年期の青年にとっては，仲間の承認と受容が重要なので，仲間の中で恥ずかしい思いをさせず，リスクを受けさせないことが重要である。ティーンエイジャーが，仲間の前で，愚かで，弱く，無能と見えるような指導方略は避けるようにしよう。青年は，仲間集団との信頼の強い水準が確立された場合のみ，仲間とともに失敗や発覚の危険を冒そうとするだろう。たとえば，学級の教師は，個人生活についての授業の初日に，ティーンエイジャーに気恥ずかしい思いをさせるような瞬間をクラスで経験させてはならない。クラブリーダーは，青年期の青年が，かれらがその集団に受け入れられることを確認するまでは，ロールプレイング，発表，質問に答えることに抵抗があるものだということを見出すだろう。

　青年期の青年は，独立への強い必要を経験する。したがって，かれらに意思

決定をさせ，自分自身の学習に多少の責任を取らせる指導方略が最も有効である。たとえば，栄養士は，融通性のない指針を与えるよりも，青年が，自分自身で食事選択について優れた意思決定をするかどうかにより熱中するようになるだろう。青年リーダーは，青年にプロジェクトを割りあてるよりも，自分自身のプロジェクトや行事を選択させた方が，青年から多くの協同と強い興味を導き出すことができる。パス（ファイルの所在を示すための文字列）つきのコンピュータプログラム，実行可能な主題のレポート，利用可能な方略をもつ目標志向プロジェクトは，青年期の学習者にとって，すべてよい選択である。

特に初期青年期にある青年は，成長は早いが個人差があるので，たとえかれらがすべて同年齢であろうとも，リーダー，まとめ役，教師は，青年期集団におけるさまざまな個人差に対する心構えをすべきである。たとえば，12歳の少女には，著しい差異が見られる。この差異に対しては，いろいろな指導技術が必要となる。どのような内容領域においてもさまざまな学習体験が用いられるべきである。たとえば，13歳の生徒を受けもっている実習生である専門家は，学習者に，実演する，説明する，同じ機能を実行している他者についての指導的観察をさせる，監督実習を提供する等の体験をさせるべきである。

教育者は，青年期の青年が成長し変化するにつれて，身近な課題にとどまらないことを学習する学習者を受けもつことを期待するようになるだろう。若い青年期の青年は，自分たちの関心，心配，夢について特に，親よりも他の成人と話そうとすることが多い。この年齢の青年を受けもつ専門家は，すべての学習者に受け入れられるようにするとともに，すべての学習者を喜んで受けもとうとすべきである。

子ども・青年とまとめ役

中期子ども期にある子どもと青年期にある青年を受けもっている専門家は，子どもから青年への成長と発達に影響を与える多くの機会をもつ。学校教育環境，学校外教育環境，制度化されていない教育環境で働くかどうかに関わらず，教師，リーダー，管理者，まとめ役は，子どもや青年に対して役割モデルとして役立つ。

専門家は，さまざまな方法で青年のパフォーマンス（遂行活動）に影響を与える。それが，いかに，なぜ起こるかについては意見の相違があるが，リーダーあるいは教師の子どもや青年への期待が，かれらの実践に影響するということ

を示唆する学説がいくつかある。

　子ども・青年が集団に位置づけられる方法，すなわち，かれらにどれだけの注意が払われるか，賞賛，励まし，批評，型と水準，あるいは提供されるつまずきの改善について考えてみよう。他の多くの子ども・青年に対してではなく，一部の子ども・青年に対して高い期待をもっているリーダーまたは教師は，さまざまな方法でこれらの期待を伝えようとするだろう。これらの期待は，内面化されるのでそれぞれの人が期待された水準で遂行するようになる。たとえば，学校卒業後のレクリエーションプログラムを行っているある専門家は，ある特定の家族について「その家族は単に参加しようとしない」のだから，あまり気にかけ過ぎないようにといわれる。結果的にその専門家は，確かな活動を引っ張っていく他の子どもたちを選び，それらの子どもたちを受けもつために追加の時間を使い，また，家族から非参加者としてラベルを貼られてはいない子ども・青年の親へフィードバックすることを重視するだろう。これらの子ども・青年にとっては，どのような成果があるだろうか。

　家族・消費者科学の専門家は，すべての子ども・青年がパフォーマンス(遂行活動)のための平等な機会をもてるよう，自分自身の偏見と態度に特に敏感である必要がある。たとえば，教師の行動についての研究では，教室の教師は，少女より少年とより多くの相互関係をもつということが見出されており(Sadker and Sadker, 1982)，さらに，少年たちにより多くの質問をしている(Jackson and Lahaderne, 1967)ということが見出されている。

　また，教師，リーダー，カウンセラー，まとめ役としての家族・消費者科学教育者は，学習者への行動のモデルとして直接的に役立つ。モデルはいろいろな方法で学習者の行動に影響する。ゲージとバーリナー(Gage and Berliner, 1988)は，モデルが行動に影響する方法を三つのカテゴリー，すなわち新しい行動を教えるモデル，行動を促進するモデル，行動を抑制または脱抑制するモデルに分類している。

　家族・消費者科学の専門家は，モデルとなることを通して，意図的にあるいは無意図的に，新しい行動を教える。模倣を通して学習することは，好結果をもたらすので，教育者は，たとえば，実演で「見せる」スキルに熟練する必要がある。また，子ども・青年は，家族・消費者科学の専門家の社会的・個人的スキルをモデルとするだろう。このように，子ども・青年を受けもっている教育者は，個人行動の適切なモデルとなる専門的責任をもっている。

また，モデルとしての家族・消費者科学の専門家は，行動を促進したり，抑制したり，脱抑制したりするだろう。行動を抑制する範囲は興味深いものである。たとえば，攻撃的行動が失望，落胆をもたらす家族の中で社会化されている子ども・青年について考えてみよう。教育者による攻撃的応答がない場合には，実際，子ども・青年の攻撃的行動を抑制するように働くだろう。もちろん，集団，クラブ，教室での行動の型を指示する場合も攻撃的行動を抑制するだろう。逆にいえば，生徒が共感，世話，あるいは，かれらの感じたことについて公然と話すなどのような実演行動を教師が見せれば，生徒の行動を自由にさせることができる。子ども・青年はかれらの感覚や感情について話すことはすべて正当であるということが理解できた場合，はじめて教育者の行動を学ぶことができるだろう。

　教師，リーダー，まとめ役は，集団や教室で声の調子を整えることにより，興味や動機づけのモデルとなる。学習者が骨の折れる課題，大変な課題，落胆させられる課題，困難な資料にどのように反応するかは，集団の指導者がモデルとされる。家族・消費者科学の内容よりも家族・消費者科学の専門家そのものが，まさに家族・消費者科学をよりよく伝達できるのである。

長所展望による子ども・青年への取り組み

　子ども・青年の発達についての議論は，かれらの能力や可能性としての**能力**を認めることのように見えるかもしれない。しかし，子ども・青年についての多くの論文では，依然として，この年齢集団，特に青年期の学習者が問題や課題を克服することに焦点をあてている。人気のある論文についての本や記事は，普通「いかに子どもを——から守るか」「——に対して子どもに否といわせるにはどのようにすればよいか」「子どもが逆境を乗り越えて生き残るのを助けるにはどうすればよいか」に強調点をおいている。しかし，成長しつつある多くの若い研究者は，**長所（ストレングス）**に基礎をおいた接近に焦点をあて始めている。子ども・青年を「悪い行動」から離れさせ続けるよりもむしろ，長所（ストレングスまたはアセット）に基礎をおいた接近が，子ども・青年の積極的態度を発達させることに注意を集中している。

　1989年には，子ども・青年についての研究を専門にしている機関は，なぜ，一部のティーンエイジャーは，他の人々が苦心している間，そのティーンの時期をかなり安易にすごしているかを発見するための青年期研究を始めている。

かれらの研究は，青年が自分自身で，ティーンの時期をより安全に，より生産的な気もちにさせる確かな能力，長所を確認するよう導いた。かれらが確認した40の長所には，内的なものも，外的なものもある。そのいくつかは，青年期に育成される必要がある性格や気質に関係している。外的な長所は，青年の環境要素である必要がある。

　この研究における発見は，青年がもっている多くの長所，かれらが表す多くの積極的行動と少ない否定的行動を明らかにした。長所は，アルコール使用，暴力，学校問題，うつ病，自殺などの問題からティーンエイジャーを守るだけでなく，他者を助ける，多様性に価値をおく，危険を阻止する，学校で成功するなどの積極的行動を促進する。〈Fig.3-2〉は，小学校年齢の子どものためになる外的，内的長所の一覧を示している。〈Fig.3-3〉は，青年期にとって重要な長所を一覧表にしたものである。

　子ども・青年の研究者は，家族，地域社会，学校教育・学校外教育プログラムで長所が開発される方法に注目し始めている。教育プログラムのための勧めが，〈Fig.3-4〉に示されている。

家族・消費者科学の内容と若い学習者

　学習者のために適切な方法で，ある水準で，指導を計画し提供することは，重要な課題である。子ども・青年を受けもつ専門家は，青年期の青年が，学習への多くの熱中と動機づけをもつようになることを見出すだろう。もう一度子ども・青年の発達について考えてみよう。個人が独立のために努力し，自分自身に関心をもち，新しい関係のために努力し，成人になることを予期するときに，家族・消費者科学の内容よりも適切なものがあるだろうか。子ども・青年は，人間発達，健康と心身の快適状態，対人関係，資源管理，その他の生存のためのスキルについて知ることを望み，必要とする。家族・消費者科学課程は，個人にとって重要な学習ニーズをかなり満たすことができる。

　青年から成人への移行の容易さは，いかによく個人が成人のために準備をしているかによる。家族・消費者科学の知識は，成人の生活のための準備にあたって，青年期の発達課題をうまく切り抜けるかどうかによりその生活に差異が生じる。

〈Fig.3-2〉**小学校年齢の子どものための40の発達的長所**

(年齢6～11歳)	
外的長所	
〈長所分類〉	長所名と定義
〈支援〉	
	1 家族支援——家族生活は高水準の愛と支援を提供する。
	2 積極的家族コミュニケーション——親と子が積極的に話し合い，子どもは親から助言を求め，相談しようとする。
	3 他の成人との関係——子どもは自分の両親よりも他の成人からの支援を受ける。
	4 近隣の人々の世話——子どもは近隣の人々の世話をすることを経験する。
	5 家庭外環境の管理——学校その他の活動は子どものために環境の管理と促進を提供する。
	6 家庭外の場への親の参加——親は学校その他の家庭外の場で子どもの成功を助けることに積極的に参加する。
〈環境〉	
	7 地域社会は子どもを評価する——子どもは，家族と地域社会が子どもを評価し，認めていることを感じる。
	8 子どもは重要な役割を与えられる——子どもは年齢相応の家族の仕事と意思決定に参加させられ，家庭や地域社会で有用な役割を与えられる。
	9 他者への奉仕——子どもは家族とともに，あるいは，他の環境で，地域社会の他者に奉仕する。
	10 安全——子どもたちは，家庭で，学校で，近隣で安全である。
〈接点と期待〉	
	11 家族との接点——家族は子どもの活動と所在について明確な役割と影響をもち，監視している。
	12 家庭外の接点——学校その他の家庭外の環境は，明らかな役割と影響を提供する。
	13 近隣の人々との接点——近隣の人々は子どもの行動を監視する責任をもつ。
	14 成人役割モデル——親とその他の成人は積極的，責任ある行動のモデルを示す。
	15 仲間との積極的相互作用と影響——子どもは，責任ある行動モデルを示し，安全でよく監督された環境で遊ぶ機会をもつ他の子どもたちと相互作用をもつ。
	16 成長への適切な期待——成人は子どものその年齢における発達段階に対して現実的期待をもつ。親，世話人，他の成人は子どもが独自の才能を獲得し発達させることを促す。
〈時間の構成的活用〉	
	17 創造的活動——子どもは音楽，美術，劇，その他の創造的活動に，少なくとも週3時間は，家庭その他の場で参加する。
	18 家庭外活動——子どもは教科外の学校活動や構造化された地域プログラムで，週1時間かそれ以上の時間を使う。
	19 宗教的共同体——家族は宗教プログラムまたは奉仕に少なくとも週1時間は出席する。
	20 家庭での積極的に管理された時間——子どもは最も多くの夕べと週末を親とともに，目新しさはないが，楽しい日課を家庭で過ごす。

(続く)

〈Fig.3-2〉（続き）

(年齢6～11歳)
内的長所

〈長所分類〉	長所名と定義

〈学習への責任〉

21 期待と動機づけの達成──子どもは学校，その他の活動が満足にできるよう動機づけられる。
22 子どもは学習に参加する──子どもは敏感に，注意深く，積極的に学習に参加する。
23 活動と宿題を活気づける──親と先生は子どもが刺激的活動に参加し，探索することを励ます。子どもは与えられた宿題をする。
24 学習を楽しむことと学校への結びつき──子どもは学習を楽しみ，学校を気にかける。
25 楽しみのための読書──1日に少なくとも30分は子どもと成人が一緒に読む。また，子どもは自分自身で本や雑誌を読むことや見ることを楽しむ。

〈積極的価値〉

26 世話──子どもは他の人々を助けるよう促される。
27 公平性と社会的正義──子どもは地域社会をよりよい場所にすることに興味を示し始める。
28 誠実さ──子どもはかれらの確信に基づいて行動し始め，かれらの信念を擁護し始める。
29 正直さ──子どもは正直に価値をおき始め，それに応じて行動し始める。
30 責任──子どもは年齢相応の課題に対する個人的責任を受け入れ，果たし始める。
31 健康なライフスタイルと性的態度──子どもはよい健康習慣に価値をおき始め，他者に対する尊敬と同様に健康的性的態度と信念を学び始める。

〈社会的能力〉

32 計画立案と意思決定──子どもは適切な発達水準において，いかに将来計画を立て，選択するかを学び始める。
33 対人関係スキル──子どもは成人や子どもと交流し，友人をつくることができる。子どもは適切な方法で感情を表し，はっきりと述べ，他者と共感する。
34 文化的能力──異なった文化的・人種的・民族的背景をもった人々について知り，これらの人々に対して心地よく感じる。
35 抵抗スキル──子どもは拒否的仲間の圧力や危険な状況に抵抗する能力を発達させ始める。
36 平和的葛藤解決──子どもは葛藤を非暴力的に解決しようとする。

〈肯定的自己同一性〉

37 個人的力──子どもは自分自身に起こる事柄を自分で制御したいと感じ始める。かれらは，自分自身や他者にとって積極的結果をもたらす方法で欲求不満と課題を管理し始める。
38 自尊心──子どもは高い自尊心をもっていることを報告する。
39 目的意識──子どもは自分の生活に目的をもち積極的に自分のスキルを用いるということを報告する。
40 自分の未来についての肯定的視点──子どもは自分の未来について希望的・肯定的である。

調査研究所からの許可を得た再録（ミネアポリス，MN：調査研究所）調査研究所1997，www.search-institute.org.

〈Fig.3-3〉**青年期の青年ための40の発達的長所**

(年齢12～18歳)
外的長所
〈長所分類〉　　　　長所名と定義
〈支援〉
1　家族支援──家族生活は高水準の愛情と支援を提供する。 2　積極的家族コミュニケーション──青年は自分の親と積極的に話し合い，親からの忠告や助言を求めようとしている。 3　他の成人との関係──青年は三人かそれ以上の親以外の成人からの支援を受ける。 4　近隣の人々の世話──青年は近隣の人々の世話をすることを経験する。 5　学校環境の管理──学校は環境の管理と促進を提供する。 6　学校教育への親の参加──親は青年が学校で成功するのを支援するために積極的に参加する。
〈環境〉
7　地域社会は青年を評価する──青年は，地域社会の成人が青年を評価していることを知っている。 8　資源としての青年──青年は地域社会で有用な役割を与えられる。 9　他者への奉仕──青年は地域社会で週に1時間かそれ以上奉仕する。 10　安全──青年は家庭で，学校で，近隣で安全を感じている。
〈接点と期待〉
11　家族との接点──家族は明らかな役割，影響をもち，青年の所在を監督する。 12　学校との接点──学校は明らかな役割と影響を提供する。 13　近隣の人々との接点──近隣の人々は青年の行動を監督する責任がある。 14　成人役割モデル──親その他の成人は積極的，責任のある行動のモデルを示す。 15　仲間との積極的相互作用──青年個人の最良の友人は，責任ある行動のモデルを示す。 16　高い期待──親と教師両者とも青年をよく行動するよう促す。
〈時間の構成的活用〉
17　創造的活動──青年は週に3時間かそれ以上の時間を音楽，演劇その他の芸術の学習や練習に使う。 18　青年プログラム──青年は週に3時間かそれ以上の時間を，学校や地域社会におけるスポーツ，クラブや団体で使う。 19　宗教的共同体──青年は週に1時間かそれ以上の時間を宗教機関における活動に使う。 20　家庭での時間──青年は週に2回かそれ以下の夜を，「特に何もしないで」友人と外で過ごす。

(続く)

〈Fig.3-3〉(続き)

(年齢12〜18歳)
内的長所

〈長所分類〉	長所名と定義
〈学習への責任〉	
	21 動機づけの獲得──青年は学校でよく行動するよう動機づけられる。
	22 学校への参加──青年は学習に活動的に参加する。
	23 宿題──青年は平日に少なくとも1時間は宿題をすると報告している。
	24 学校との絆の形成──青年は自分たちの学校について関心をもっている。
	25 楽しみのための読書──青年は楽しみのために週3時間かそれ以上読書する。
〈積極的価値〉	
	26 世話──青年は他の人々を助けることに高い価値をおいている。
	27 公平性と社会的正義──青年は公平性を推進することと飢えと貧困を減少することに高い価値をおいている。
	28 誠実さ──青年は確信に基づいて行動し,自分たちの信念を擁護する。
	29 正直さ──青年は「容易でないときでも真実を告げる」
	30 責任──青年は個人的責任を受け入れ,果たす。
	31 禁止──青年は性的に能動的でないこと,アルコールその他薬を用いないことが重要と信じている。
〈社会的能力〉	
	32 計画立案と意思決定──青年はいかに将来計画を立て,いかに選択するかを知っている。
	33 対人関係能力──青年は共感性,感受性,友情スキルをもっている。
	34 文化的能力──青年は異なった文化・人種・民族の背景をもつ人々についての知識をもち,これらの人々に対して心地よく感じている。
	35 抵抗スキル──青年は拒否的仲間の圧力や危険な状況に抵抗できる。
	36 平和的葛藤解決──青年は葛藤を非暴力的に解決する方法を探す。
〈肯定的自己同一性〉	
	37 個人的力──青年は,「自分自身について起こること」を自分で制御できることを感じている。
	38 自尊心──青年は高い自尊心をもっていると報告している。
	39 目的意識──青年は「私の生活は目的をもっている」と報告している。
	40 自分の未来への肯定的視点──青年は自分の未来について,楽観的である。

調査研究所から許可を得て再録したもの(ミネアポリス,MN:調査研究所)。調査研究所,1997,www.search-institute.org.

〈Fig.3-4〉 **学校教育環境，学校外教育環境のための長所確立のアイデア**

- 青年を指導に参加させる。
- 青年を(可能な場所で)プログラム計画と意思決定に参加させる。
- 青年が支えられ，安全であると感じていることを確かめる。
- 青年が気づかわれ，評価されていると感じていることを確かめる。
- それぞれの学習者の多様性と独自性をほめる。
- 青年のために接点と影響を提供し，これらを強化させる。
- 青年への期待を明らかにする。
- 生徒への支援を提供すれば，かれらは学問的に成功する。そして，その成功を祝う。
- 青年が他の重要な成人と相互に交流する機会を提供する。
- 青年が他者のために奉仕する機会を提供する。
- 意識的に地域社会の価値を確認し，促進するという経験を提供する。

要約

　まさに，典型的なアメリカ家族がないように，典型的な10歳，16歳もないだろう。各学習者は学習環境にニーズ，能力，興味の独自な状態をもたらす。しかし，家族・消費者科学の専門家が予期し，計画しなければならないある程度の共通点がある。学習者が中期子ども期，青年期を通して進むにつれて，確かな知的・社会的・感情的・身体的スキルが発達することをあなたは期待できる。家族・消費者科学の内容伝達が最も効果的であるためには，教育者は，学習者が学習のためにどのような準備ができているか，どのような状態の下でかれらが最も学びたいと思っているかについて考えるべきである。

訳注
1）ＮＣＦＲとは，National Council on Family Relationsの略。1938年設立の米国の家族関係生活教育分野の専門に従事する教育者の組織。

引用・参考文献
Benson, P., Galbraith, J., and Espeland, P.(1998). *What teens need to succeed.* Minneapolis: Free Spirit Publishing Inc.
Berla, N., Henderson, A., and Kerewsy, W.(1989). *The middle school years.* Washington, D.C.:National Committee for Citizens in Education.
Bredekamp, S.(Ed.)(1987). *Developmentally appropriate practice in early childhood programs serving children through age 8.* Washington, D.C.:National Association for the Education of Young Children.

Brooks, J.B.(1987). *The process of parenting.* Mountain View, Calif.:Mayfield.
Cratty, B.(1979). *Perceptual and motor development in infants and children*(2nd ed.). Englewood Cliffs, N.J.: Prentice-Hall.
Csikszentmihalyi, M., and Larson, R.(1984). *Being adolescent.* New York: Basic Books.
Erikson, E.(1963). *Childhood and society*(2nd ed.).New York: Norton.
Flavell, J.H.(1977). *Cognitive development.* Englewood Cliffs, N.J.: Prentice-Hall.
Gage, N.L., and Berliner, D.(1988). *Educational psychology*(4th ed.). Boston: Houghton Mifflin Company.
Gilligan, C.(1982). *Mapping the moral domain: A Contribution of women's thinking to psychological theory and education.* Cambridge, Mass.: Harvard University Press.
Havighurst, R.J.(1981). Life-span development and educational psychology. In F.H. Farley and N.J. Gordon(Eds.), *Psychology and education: The state of the union.* Berkeley, Calif.: McCutchan.
Hetherington, E.M., and Parke, R.D.(1979). *Clinical psychology: A contemporary viewpoint.* New York: McGraw-Hill.
Jackson, P., Lahaderne, H.(1967). Inequalities in teacher-pupil contacts. *Psychology in the Schools,* 4, 204-208.
Jorgensen, S.(1986). *Marriage and the family: Development and change.* New York: Macmillan.
Klahr, D.(1978, March). *Information processing models of cognitive develop-ment: Potential relevance to science instruction.* Paper presented at the annual meeting of the American Educational Research Association.
Kohlberg, L.(1975). The cognitive-developmental approach to moral education. *Phi Delta Kappan,* 56, 670-677.
Kohlberg, L.(1963). The development of children's orientations toward moral order: Sequence in the development of moral thought. *Vita Humana,* 6, 11-33
Mattessich, P., and Hill, R.(1987). Life cycle and family development. In M.B. Sussman and S.K. Steinmetz(Eds.), *Handbook of marriage and the family,* 437-469. New York: Plenum.
Mattessich, P., and Hill, R.(1982). *Family development and life cycle research and theory revisited.* Minneapolis: University of Minnesota Press
National Council on Family Relations. *Guidelines for family life education programs over the life span.* Minneapolis: National Council on Family Relations
Noddings, N.(1984). *Caring: A feminine approach to ethics and moral education.* Berkeley: University of California Press.
Piaget, J.(1974). *Understanding causality,*(D. Miles, and M. Miles, Trans.). New York: Norton.
Piaget, J.(1963). *Origins of intelligence in children.* New York: Norton.
Sadker, M.P., and Sadker, D.M.(1982). *Sex equity handbook for schools.* New York: Longman.

Scanzoni, J.(1983). *Changing gender roles and redefinitions of family development.* Paper presented at the annual meeting of the American Sociological Association.

Schiamberg, L.(1988). *Child and adolescent development.* New York: Macmillan.

Spanier, G.B., and Glick, P.C.(1980). The life cycle of American families: An expanded analysis. *Journal of Family History,* 5, 97-111.

第4章

学習者としての成人

家族・消費者科学内容の指導者は，さまざまな環境，たとえば，大学の教室，地域社会集団，勉強会(ワークショップ)，研究会(セミナー)，講義などで，成人学習者に出会う。成人学習者は，家族・消費者科学の内容について学ぶことに関するかれらの興味，能力，態度が大きく異なると同時に，集団としての成人は，あなたが最初に生徒として考えた学校年齢の学習者とは大きく異なる明らかな特徴をもっている。かれらの年齢，以前の教育，さまざまな生活経験は，子ども・青年とはまったく異なった学習への取り組みをさせる。このような重大な差異があるため，成人のための指導を提供するにあたっては，かれらが暗示するものを理解することが重要である。

成人の学習への動機づけ

　子ども・青年への指導のほとんどは，必修である。すなわち，生徒は，学校プログラムの一部であるために，家族生活や栄養の授業を受けるだろう。子ども・青年の中には，賞や賞品により動機づけられたり，これらの外的な報酬のため何らかの学習活動に没頭する者がいるかもしれない。しかし，成人は，一般に自発的な学習者であり，知る必要と知りたいという欲求のために教育体験に取り組んでいる。

知る必要性

　成人の学習への動機づけは，かれらが何を実際に知りたいかということと何を知る必要があるかとの間のずれを明らかにするとき，本来のものとなる。このずれは，教育を通して取り組んだり，再調整したりすることができる。その

教育は，授業，勉強会，講座などのような学校教育であるかもしれない。学習者は，小売店の実演，コンピュータアクセスのディベートなどのような学校外教育経験を求めているかもしれない。また，教育は，普及サービス広報を読むような制度化されていない意図的でないものかもしれない。タフ（Tough，1971）は，成人が制度的指導に頼らず，必要とされる多少の情報またはスキルを学ぶために重要な努力をする**独立学習プロジェクト**という計画を明らかにした。このプロジェクトは，読むこと，専門家に質問すること，実験，情報を得るために音声・ビデオカセットを使用すること等を含んでいる。たとえば，日本へ旅行する企業の重役は，訪ねる会社，日本の習慣，旅行中に用いるべき簡単な日本語やいい回しについての情報を集めるだろう。また，他の成人学習者は，自分の家にテラスを追加することを決めるかもしれない。そして，指導小冊子を入手して，そのようなプロジェクトに着手した他の人々と話し合うだろう。これら両者とも，独立した学習プロジェクトの例である。

　学校教育での学習，学校外教育での学習両者の努力を促す教育的ニーズは，個人の社会的・発達的文脈から生じる（McClusky，1971）。たとえば，ある特定の段階の発達課題は，教育的必要を刺激するだろう。妊娠中の親は，妊娠と誕生過程といった，かれらのライフステージの初期には，ほとんど関心も興味ももたなかったと思われる主題についての教育が自分にとって必要だということを見出すだろう。退職に直面している成人は，かれらの次のライフステージで利益を提供し，支えるシステムについて理解することの必要性に気づくだろう。また，糖尿病，心臓病，関節炎などが生じる健康状態に直面している人は，食事や他の健康管理実践について知ることを必要としている。これらは，個人の発達的・社会的文脈の結果として発生する教育的必要の例である。

　成人が発達し，かれらの周りの状況が変化するにつれて，新たな家族・消費者科学情報への必要が生じるようである。この新たな情報は，成人が新しい状況を処理すること，特別な貢献をすること，特別な役割を効果的に果たすこと，変化を快適なものにすることなどを可能にする。成人の学習者が気づいている教育的必要と教育体験への自発的な参加との関係から，成人学習者は，**問題中心の学習者**，すなわち，特別な問題を解くために学習したい学習者であるといわれることが多い。

知りたいという欲求

　成人の生活における変化が教育的必要を生み出す一方，それらはまた，教育的欲求を引き起こす。学習する努力のすべてが知る必要により動機づけられるのではなく，その一部は，まさに知りたいという欲求により生じる。人は，問題のためだけでなく，環境における刺激の種類により，新たなスキルを学ぶことや新たな情報を得ることに興味をそそられるだろう。家庭経営者は，家族の伝統を強化する一連の学習，親は，子どもとともにする活動についてのパンフレットに気をひきつけられるだろう。あるいは労働者は，ストレスを減少する勉強会で実際に進められることに興味をもつだろう。これらの欲求や好みは，あなたが発達段階に基づいて予想できる必要よりは予想しにくいが，それらはまさに，成人への動機づけそのものといえる。卒業単位に関係のない利用可能な地域社会教育課程の多くは，成人の教育的「欲求」に応える一つの型である。提供される課程の多くは，余暇活動や充実活動を教えている。これらは成人の学習欲求や好みを満たすものである。

　成人が教育的必要や欲求から学習体験に至るかどうかに関わらず，体験がもたらすことや成就を望むことについての確かな期待が生じるということを思い出すことは，重要である。成人の中には，新たな情報とスキルを得る満足感，個人の成就感，あるいは，新しく，よりよい何かをする能力を期待する者もいれば，友人や知人の尊敬，他の学習者との触れ合いを含む社会的報酬に価値をおく者もいる。これらの学習体験による社会的・心理的報酬への期待は，成人を動機づけるのに役立つ。成人の学習体験を促進することが何かを理解すればするほど，あなたは，成人学習者を満足させ，意図した学習成果に教育体験を合致させることができるようになるだろう。家族・消費者科学に関係する教育的欲求と教育的必要のいくつかの追加例が，〈Fig.4-1〉に示されている。

成人学習における発達的特質の影響

　はじめは，広い範囲の成人を似たような特質をもつものとみることは異常と見えるかもしれない。たとえば，アルツハイマー病患者をもつ家族のためのデイケア介護者になるための訓練学習に出席する成人集団を取り上げてみよう。この集団には，27歳から68歳までの男女がいる。学習者の中には，上級資格をもつ者もいれば，高等学校を修了していない者もいる。障害者の世話をするこ

〈Fig.4-1〉 家族・消費者科学関連の教育的必要と教育的欲求

教育的必要	教育的欲求
食料品割引切符の有用性と活用	他国の家族構造についての学習
家事動作の組織化	美食調理
退職計画	株式市場の追跡
結婚前協定の設計	成功のための着方
託児施設の選択	家族休暇についての計画
死についての子どもとの話し合い	生け花(フラワーアレンジメント)

とについて何も知らない者もいれば，退行性病気をもつ個人を取り扱う経験をもつ者もいる。かれらは，いろいろな民族集団，人種，個性，気質を代表しており，それぞれ異なる。しかし，必要とされる家族の支援への興味以上に，共通なものがあるといえるだろうか。

多くの理論家は，実際には，成人は共通の発達段階を通して進歩するということを信じている。それぞれの人々は，独自の経験をもつ個人ではあるが，発達するにつれて，一人ひとりにとっていくつかの共通の経験が多少は生じてくる。すでに見たように，これらの年齢と発達段階は確かな教育的必要を引き出す。また，これらの発達段階は，成人の学習興味も暗示する。

レビンソン(Levinson, 1978)は，成人がその段階を通して発達する年齢帯にほぼ一致している10段階について詳しく述べている。〈Fig.4-2〉を見てみよう。各段階とともに，確かな特性の発達および対人関係様式や認知様式(物事について考える方法)への傾向などが現れる。レビンソンは，各発達時期の課題について述べている。たとえば，**安定期**(33〜40歳)においては，成人は仕事，家族，友情，地域社会に自分自身を投資すると主張し，社会における地位を打ち立て，「それをする」ため，すなわちかれらが20代初期に形成した自分自身の夢を成就するために努力する。

シーヒー(Sheehey, 1974)は，彼女の著書『**通過**(Passages)』でレビンソンら(Levinson and others)の仕事に基づいた年齢に関連した発達モデルを広めた。その他の理論家には，人間の段階を「誰もが通り過ぎるできごとの連続体である」と述べたエリクソン(Erikson, 1950)と，心理的発達に焦点をあてたモデルを示したニューガテン(Neugarten, 1977)らが含まれる。

これらの発達理論は，成人教育のためのいくつかの興味深い示唆をもたらす。レビンソンが示唆したように，もし，個人が30歳の過渡期に早い選択を評価

〈Fig.4-2〉レビンソンにより提案された各発達段階の主な課題

発達時期	年齢	課題
初期成人期への過渡期	17～22歳	前成人期が終わり前成人期世界から，成人世界への予備的段階に移行する。可能性を探検し，試験的参加をする。
成人世界へ入る	22～28	結婚，離家，教育関係，夢などを含む最初の主な生活構造を創造する。その夢を追うことを試みる。
30歳過渡期	28～33	最初の生活構造の弱点を知るようになり，それを査定し直す。より早い選択について再考し，必要とされる新しい選択をする。
着地	33～40	第二の成人生活構造を創造する。あなた自身を仕事，家族，友人，地域社会に注ぎ込む。社会における地位を確立し，夢の実現をめざして「それをする」ために励む。
中期成人期への過渡期	40～45	初期から中期成人期への橋：「私は人生で何をしてきたか」「自分自身と他者のために何をしたいと思っているか」のような基本的質問をする。危機に巻き込まれるかもしれないし，巻き込まれないかもしれない。
中期成人期へ入る	45～50	しばしば（しかし常にではない）新しい仕事，新しい結婚，労働生活の性質の変化などに伴う新しい生活構造を創造する。
50歳の過渡期	50～55	30歳への過渡期に機能が似ている：中期成人期の生活構造に対しての調整を少しする。中期成人期への移行期で危機が起こらなかったとしても，それは今起こるかもしれない。
中期成人期の絶頂	55～60	中期成人期の着地に類似した第二の中期成人期生活構造を樹立する。もし成人が役割や自分自身の変化に生活構造を成功的に適合するならば，特別な満足した時間となるだろう。
後期成人期への過渡期	60～65	中期成人期が終わり，後期成人期への橋渡しをする：中期成人期の奮闘を終わらせる。退職と老年の身体的衰えのための準備をする。ライフサイクルの大きな転換点。
後期成人期	65～	退職の新しい型，増加する身体的衰えに適応させるような新しい生活構造を創造する。病気を処理する。若さの喪失の心理的問題を処理する。

出典：Bee,H(1987).成人の旅(*The Journey of Adulthood*)

成人学習における発達的特質の影響

し，必要とされる新しい選択をしたとしたら，その場合の学習者の必要，興味，好みはどのようなものと予想できるだろうか。

　個人は，かれら自身の発達のある時点にいるだけでなく，多くは，ライフサイクルを通して進歩している家族の一部でもある。デュヴァル（Duvall, 1962）らは，家族ライフサイクルを見るいろいろなモデルを提案した。家族のライフサイクルは，家族の成立とともに始まり，子どもが加わること，子どもが飛び立つこと，配偶者の死などを通して成立する。デュヴァルのライフサイクル概念は，関係とパターンの変化を時間の経過に結びつけ，責任，興味，ニーズを，各段階に結びつけた。しかし，これらの段階は，はじめは，結婚状況，子どもが生まれることが基準とされたが，実際には，すべての人が結婚し，子どもをもち，子どもの離家による「空の巣」経験をするのではないということが認められてきている。これらの経験をもたない人々は，デュヴァルによって最初に述べられた直線モデルをたどる。多くの研究者は，時間の経過に関わる家族の変化や発達をみる新しい方法で家族が形成されることに興味をもった。これらの社会学者あるいは家族理論家（Spenier and Glick, 1980；Scanzoni, 1983）は，より正確に現代社会の現実を反映し伝統的ライフサイクルに適合させた。〈Fig.4-3〉は，現代家族ライフサイクルモデルを示している。このようなモデルは，成人学習者がいろいろな家族の状況を調べるのに用いることができる。

　この考察から，段階的発達には，指導内容を決定するための意味があることが明らかである。全米家族関係評議会（NCFR）は，段階的発達に関連する包括的家族生活カリキュラムを開発した。かれらは，自分たちが信じる内容が，さまざまな段階に最も適切であることを明らかにした。そのカリキュラムの部分的概要を〈Fig.4-4〉に示す。

　発達段階に関連して成人を見るという意味は，明らかである。すなわち，あなたは，特定のライフサイクル段階にある個人は，共通の教育的必要や欲求を経験し，共通の好みをもつだろうということを多少は期待する。たとえば，ティーンエイジャーの親は，子どもが独立し，能力を獲得するにつれて，親役割行動を修正する必要を見出す。ティーンエイジャーの親は，個々の成人としてはあまり似ていないかもしれないが，多くの類似した子育て教育の必要性を共有するだろう。**中年準備**段階における人は，職業を変更することや，結婚生活を豊かにすることなどを探索することに共通の興味を見出すだろう。あなたは成人学習者の生活段階や家族生活段階を理解することで，考え得るかれらの教

〈Fig.4-3〉現代の家族発達ライフサイクル

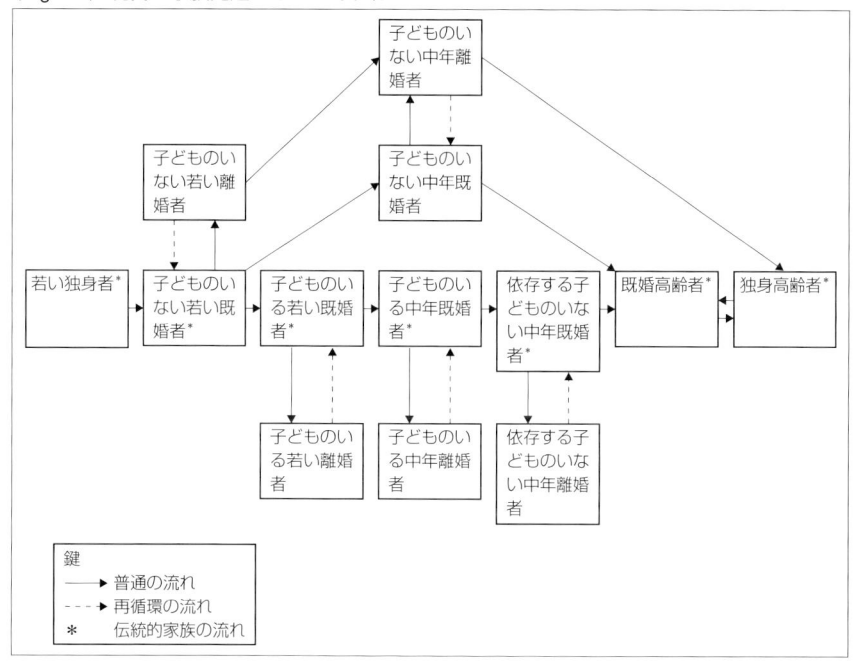

```
                              ┌─────────┐
                              │子どものい│
                              │ない中年離│
                              │婚者      │
                              └─────────┘
                ┌─────────┐   ┌─────────┐
                │子どものい│   │子どものい│
                │ない若い離│   │ない中年既│
                │婚者      │   │婚者      │
                └─────────┘   └─────────┘
┌──────┐┌─────────┐┌─────────┐┌─────────┐┌─────────┐┌──────┐┌──────┐
│若い独││子どものい││子どものい││子どものい││依存する子││既婚高││独身高│
│身者* ││ない若い既││る若い既婚││る中年既婚││どものいな││齢者* ││齢者* │
│      ││婚者*     ││者*       ││者*       ││い中年既婚││      ││      │
│      ││          ││          ││          ││者*       ││      ││      │
└──────┘└─────────┘└─────────┘└─────────┘└─────────┘└──────┘└──────┘
                    ┌─────────┐┌─────────┐┌─────────┐
                    │子どものい││子どものい││依存する子│
                    │る若い離婚││る中年離婚││どものいな│
                    │者        ││者        ││い中年離婚│
                    │          ││          ││者        │
                    └─────────┘└─────────┘└─────────┘

鍵
 ──→  普通の流れ
 --→  再循環の流れ
 *    伝統的家族の流れ
```

育的必要と欲求について理解を増すことができる。

成人学習における精神的・身体的変化の影響

　成人学習者が、いかに、いつ、どこで、何を学ぶかについての好みは、また、加齢過程とその過程の個人への効果に影響される。加齢が、成人の身体的変化に影響するということは明らかであるが、これらの変化が学習や学習興味にどのような影響をもたらすかは明らかでない。

　加齢は、知的能力が衰えることにより、学習に影響するという過程だけを信じている人が多い。あなたはおそらく、「高齢の犬に新しい芸当を教えることはできない」「学ぶことに年を取り過ぎるということはない」という格言を聞いたことがあるだろう。しかしこれらは、事実に基づいているのだろうか。成人の認知能力のある型は、確かに多少低下するが、若いときに思ったよりは精神的能力の低下は小さく、遅いので、効果的に学び続けることができるということを示唆する研究がたくさんある（Bee, 1987）。

　成人の知能に関連する進行中の研究では、知能には、いくつかの領域がある

〈Fig.4-4〉発達段階に関連した「家族相互作用」カリキュラム

子ども期
- 保護，指導，愛情，支援の源泉としての家族
- 怒り，暴力の源泉であり得る家族
- 家族の類似性と差異
- 家族員の個性と重要性
- すべての家族員の責任，権利，独立
- 家族の変化(誕生，別れ，死)
- 個人としての家族員
- 家族の中での暮らし
- 家族の中での感情表現
- 家族の決まり
- 家族問題
- 家族における変化の影響
- 家族の伝統とお祝い
- 個人的家族史

青年期
- 保護，指導，愛情，支援の源泉としての家族
- 怒り，暴力の源泉であり得る家族
- 家族の差異(地位，経済水準，役割遂行，価値)
- 家族員の異なるニーズと期待
- 家族員の権利，責任，独立
- 家族の中で成人になること
- 家族員間の相互作用
- 家族におけるコミュニケーション
- 家族の中での感情の管理
- 家族の決まり
- 家族における内部変化とストレスの処理
- 個人・家族の意思決定
- 世代間関係
- 友人と家族の相互作用
- 家族の背景と歴史の影響
- 家族の伝統とお祝い
- 家族構成の変化(誕生，離婚，死)

成人期
- 保護，指導，愛情，支援の源泉としての家族
- 怒り，暴力の源泉であり得る家族
- 家族の差異(地位，経済的水準，役割遂行，価値)

(続く)

〈Fig.4-4〉(続き)

- 家族員のニーズと期待の変化
- 家族員の権利，責任，独立
- 家族の変遷(結婚，誕生，離婚，再婚，死)
- 個人・家族の役割
- 家族における個人の発達
- 家族における親密な関係
- 家族員の自己概念への家族の影響
- 結婚や家族関係に影響する要因
- 愛情の授受
- 家族における力と権威
- 家族の決まり(明白かつ，転換する)
- ストレス源とストレスの処理
- 生涯を通しての世代間の力学
- 生活様式(ライフスタイル)の選択
- 家族の歴史，伝統，お祝い
- 家族の相互作用の型へのさまざまな影響(民族，人種的，社会的)

出典：全米家族関係評議会(National Council on Family Relations)

ということを意味する**多方面性**を示唆している。これらの能力のいくつかは，他の能力が衰えるにも関わらず，年齢とともにさらによくなるようである。研究者は，五つの鍵区分，すなわち，数，ことばの流暢さ，ことばの意味，帰納的推理，形而上志向で表される第一次的精神的能力を明らかにした。1940年代中期のコーホート(同一年齢集団)のほとんどすべての事例で，これらの第一次的精神的能力は，早い時期には増大したが，その後，60歳代後期までの間に徐々に低下し始めた。さらに1970年代中期以降には，同コーホートの第一次的精神的能力には，より鋭い低下が多く見られた(Schaie, 1994)。成人期の知能の発達は，緩やかな横ばいにより特徴づけられ，高原期が続き，やがて，緩やかな傾きの時期になる。しかし，これらの傾向はコーホートによって変化する。第一次的スキルの低下については，最近生まれた人々のコーホートは，より早く生まれたコーホートとは異なるという証拠がいくつかある。

　第二次スキルは，流動性知能と結晶性知能が含まれる。**流動性知能**は，成人に考えと推論との間の関係を理解させるという能力を表す。**結晶性知能**は，教育と生活経験を通して集められた知識を表す。これらの知能の二つのタイプは，成人においては，異なった道筋をたどるように見える。結晶性知能は，ライフ

サイクルを超えて少なくとも晩年まで増加するが，流動性知能は，減少する傾向にある。

研究者の中には，成人の知能が測定される方法について批評している者もいる。かれらは，第一次的，第二次的知能の測定を支える基礎理論を認識してはいるが，これらの測定は日常生活で成人が知能を用いる方法としては用いられないことを示唆している。その代わりに，実践的知能と呼ばれる知能を力説する新しい型にはまらない視点を開発してきている。

実践的知能は，日常生活で用いられるスキル，特に実践的問題に対して生じた解決の数と効果を測る方法を探している。実践的知能は，特に「最適に訓練された」領域において，晩年まで著しく低下するようには見えない(Denny and Pearce, 1989)。

情報を処理する能力は，加齢とともに変化する。これが観察できる一つの領域は，**選択**である。高齢の学習者は，環境における重要でない情報から重要な情報を整理するためにより多くの時間をかける。たとえば，高齢の学習者は，かれらが行くべきところ，かれらがなすべきことについての情報を提供するいくつかのサインの重要性を読み取ったり，判断したりするのにより多くの時間を必要とする。課題を成し遂げる能力においてではなく，課題を果たすために要求される時間の量における変化を認めることは重要である。

変化する情報処理のもう一つの領域は，最も研究された加齢現象の一つである時間への反応を含む。高齢の成人の場合，反応時間は遅くなる。速度が遅くなることはよく研究されており，既知の事実として普遍的に受け入れられている加齢における一つの行動的変化といえる。一般的に，成人の場合，速さが要求されないテストにおける成績よりも，速さが要求されるテストの成績の方が早く衰退し始める(Jarvik and Bank, 1983)。たとえば，成人は，小切手帳バランスの計算を要求する作業において，もし，その課題を10分以内に完成しなければならない場合には，よい成績を上げることはできないだろう。

また，記憶についても衰退がある(Botwinick and Storandt, 1974)。新しい家庭用電気器具を使うための複雑な使用方法を口頭で伝え，次いで，高齢の学習者にこれらの使用方法の説明を求めることは，うまくいかない。高齢者は，若い学習者のように効果的に，情報を思い出したり，短期間の記憶課題で情報を再整理したりすることはできない。高齢の学習者が，「自由想起」課題をうまくこなすことはほとんどないが，高齢の学習者が与えられた1組の解答選択

肢の中から正しい答えを識別することが要求されるときには，年齢差はほとんどない。大学を卒業した，あるいは，高い言語能力をもつ高齢者は，認識課題ではよい成績を上げる傾向がある(Meyer and Rice, 1989)。研究者は，なぜこのことが真実なのか，どのようにすれば情報が蓄えられる（符号化し発信される）のか，または，どのようにすれば情報が取り戻せるのかについては明らかにしていない。加齢過程の一部である脳の神経単位における構造的変化は，かれらの情報を送る能力を減らすということが立証されている。加齢過程の普通の部分であるこれらの構造的変化は，成人学習者の能力に変化をもたらす。したがって，この構造的変化は，かれらの指導に影響を与える。

　身体的変化もまた，成人学習者に影響するだろう。人々は年を取るにつれて，筋肉と骨の変化による身体的強さと根気が衰える。肌の変化は，熱さや冷たさへの抵抗力を弱める。加齢は，視力，聴力，味覚，嗅覚などを含む感覚の鋭敏さに影響する(Bee, 1987)。年を取り，慢性病への危険性が増加するにつれて，成人は他の身体的能力低下を経験することがより多くなる。これらの多くの変化の割合や激しさは，個人の健康習慣や遺伝に関係している。あなたが高齢の学習者を受けもつ場合には，これらの影響を予測すべきである。さらに，学習者の必要に答えるためには，以下のような非常に現実的な示唆がある。

　退職した人のための一連の勉強会活動について考えてみよう。どのような身体的環境の型が最も快適だろうか。あなたが使おうとしている指導用具は，どのような種類だろうか。教室の温度，指導資料の字の大きさ，授業の長さ，要求される身体活動の程度などのようなこまごまとした事柄は，成人学習者のために計画された指導の型に差異をもたらすことは明らかである。〈Fig.4-5〉には，成人の精神的・身体的変化と学習・指導のための示唆の例が示されている。

成人教育学と子ども教育学

　5歳児の学級を担当している幼稚園の先生の熱心な活気に満ちた行動，あるいは中学校の数学の先生の静かなしっかりした態度を想像してみよう。今度は，これらの両教育者を成人学習者の教室と入れ替えてみよう。もし，あなたが教師と学習者が合わないと感じるときには，あなたは，成人を受けもつことへの取り組みが子どもを受けもつ場合のそれといかに異なるかについて，いくつかの考えをもつようになるだろう。**教育学（ペダゴジー）**という用語は，子どもの指導過程について用いられるが，クノウルズ(Knowles, 1980)は，成人との学

〈Fig.4-5〉成人の学習に影響を与える精神的・身体的変化の例

加齢に関連した起こり得る変化	指導のための計画の例
精神的変化	
速さを必要とする課題を遂行する能力の減少	成人学習者を急がせないようにする；かれらが，自分自身の速度で進むことを認める。
短期間の記憶の衰え	詳細な印刷指導資料を提供する；各課題に十分な時間を認める。
情報検索の遅さ	学習者が討議において質問に答えるのを長く待つ；試験のための時間を十分に認める。
身体的変化	
身体的強さの衰え	可能な限り，身体エネルギーを節約する装置を提供する。
根気の衰え	長い間立つことを要求しない；短い，別個の課題を計画する。
暑さや寒さへの耐性の減少	学習者のために室温を心地よく保つ；定期的に監視する。
感覚の鋭敏さの減少	
● 視覚	資料は大きい型で提供する（少なくとも印刷資料は11ポイント活字を）。
● 聴覚	よい音響効果の教室を選ぶ；必要であればマイクロホンを使う。

習を促進する過程に対して**成人教育学（アンドラゴジー）**[1]という語をあてた。成人教育学の中心的論文で，彼は，成人学習者は，明らかに重大な特徴をもつという点で青年とは異なる，したがって，成人学習者の学習を助けるには異なった接近が要求されると述べている。

　彼は，学習者としての成人について四つの仮説を立てている。一つ目は，成人は，自己管理できるということである。成人は，自分たちの生活の他の領域では，自分たちの行動や意思決定に対する責任を取っている。学習者や生徒の役割とは異なる他の役割において，家族，財政，仕事，健康，安全について日々意思決定をしており，自分たちの生活の管理をかなり高く評価している。かれらは，独立している。成人がこれらの能力，態度，特性をもっているということを想定するならば，指導と指導環境は，小学校や中学校のそれとは異ならなければならない。学校教育環境において若い生徒が，洗面所を使用したいという要求のため，誘導図により広間を通過するときに用いた時間，活動について説明を要求されるという決まりについて考えてみよう。責任がある親，事

業管理者,地域社会リーダー等の成人についての学校外教育環境での,同様な決まりについて想像してみよう。あなたは,成人には,自分たちの学習の多くに対して責任をもつことを期待し,指導者としては,管理者や指導者としてよりも,むしろ助手やまとめ役として成人を支援しようと思うだろう。

　二つ目として,クノウルズ(Knowls)は,成人は引き出すことのできる豊かな背景をもっていることを指摘している。ほとんどの教育者は,子どもは「空虚な石板」としての学校へは行きたがらないが,このことはとりわけ成人を受けもつときによくあてはまることを認めている。ほとんどの成人は,以前からの教育経験,対人関係経験,職業経験等をもっており,これらの経験のすべては,かれらがいかにして自分自身を認めるかにとって重要である。

　成人は,学校教育での以前の経験を少なからずもっており,これらの経験は,その後の指導体験に対する期待と態度に影響する。好結果の学校教育体験をもった成人,学校や学習について積極的であった成人は,新しい学習機会を歓迎し,確信する。しかしながら,否定的経験をもった成人は,特に,それらが以前の不愉快な体験の思い出であるならば,学習活動に入ることに気が進まないだろう。対人サービス機関によって指導的講座に出席するよう要求された高校を卒業していない人々の集団について考えてみよう。かれらは教室に入り,長い列に並べられた机に座る。教卓がある。指導者が来て教卓の後ろに立ち,紙を配布し,講義をする。これらの成人は,突然,とても否定的なきもちを思い起こす状況に引き戻される。以前の否定的経験をもつことは,現在の経験への期待に対する態度に影響を与える。

　一方,成人学習者の生活経験は,学習体験に豊かな貢献をすることができる。障害をもつ子どもたちの世話を経験している成人集団で,障害児の世話について討論する場面を想像してみよう。かれらの経験は,指導を広げ,豊かにし,かれら自身の学習のために参考枠組みを提供する。子どもに対しては注意深く説明されなければならない術語,概念あるいは例の多くは,スキルや能力の豊かな背景を伴う成人にとっては,経験の一部である。

　しかし,もし指導にあたって,以前の経験,伝統,信念が否定されるならば,経験は障害物として働くようになる。たとえば,食品貯蔵の勉強会で協同普及機関が低酸食品の圧力調理の必要性を説明する場合,食物に起因する病気を経験していない多くの人々は,簡単な方法を使っていることを知っている家庭経営者により,話の腰を折られることがあるだろう。このことは,学習者の以前

の経験を理解し，認識することの重要性を示唆している。

　成人学習者についての前提の三つ目は，かれらが問題志向的であるということである。かれらは，なぜ自分たちが今を知る必要性があるかを知りたいと思っている。そのことを示す教育的必要と欲求は，ただちに適用できる実際的な価値をもつ情報を求めている。10年生の生徒は，いつか必要となるかもしれない幾何学学習の苦痛に耐えることを納得しているかもしれないが，成人は，かれらが今日必要とすることを知りたいと思っている。これが真実ならば，あなたは，成人に対して大多数の問題の実践的側面に興味をもつこと，自分が知る必要があるとしている事柄を支える第一次的理論に興味をもつことを期待するだろう。自発的な成人学習者は，もし自分たちにとって実際的な価値もなく，有用でもなければ，指導を受け続けはしないということは確実である。

　四つ目の前提は，発達段階に関連する教育的必要と欲求に関係している。クノウルズ(Knowls)は，成人学習者に望まれる内容とスキルは，かれらの発達段階に(この章の最初の節で述べたように)関連しているということを示した。人々が学習に対する準備を行い，学ぼうとするときにその段階は，発達段階とともに教え易い時期となる。

成人学習者を受けもつための技術

　成人学習者について何が知られているか，かれらの学習を最もよく促進するために，あなたはどのようなことができるか，あなたは成人をどう教えるだろうか。成人教育には，学習環境について注意深く計画すること，学習の必要を究明すること，学習成果と活動を共同的に計画し，設計すること，学習成果を評価することなどが含まれている。

学習環境の計画

　学習環境と雰囲気は，身体的・社会的・心理的要素を含んでいる。身体的環境のための計画にあたっては，次の要素が考えられなければならない。成人のための指導は，身体的に快適な施設で計画されるべきで，学習会(ミーティング)や授業の場は，地理的に便利な場所に設置されなければならない。教室は適切な温度，望ましい照明，快適な椅子(小さい椅子のある小学校の教室を避ける)を必要とする。休息室，軽い食事，駐車場への近さを点検することも重要だろう。

また，環境は，心理的快適さを提供すべきである。その場所では，すべての人が快適性と信頼性を感じることができるだろうか。たとえば，大学構内での勉強会に出席しようとしているが，大学には慣れていない人について考えてみよう。かれらの関心は，何を着て行くかから，正しい建物をどのように捜し出すかまで広がるだろう。地方の学校，教会，警察署といった場所は，会合によっては適しているかもしれないが，これらの場所のそれぞれは，ある学習者集団にとっては，不快を引き起こさせるものとなるかもしれない。

　もちろん，指導者は学習者に対する態度や行動によって，学習者のための雰囲気をつくる。友情，尊敬，真の興味は，成人学習者にとって重要である。指導者が一人の相談者を受けもつか，大きな学習者集団を受けもつかに関わらず，学習者とかれらの経験について知ろうとすることは重要である。名前，過去の経験，期待を共有する時間を取ることは，指導の調子を整える上で重要である。結局，指導者が真に学習を促進するか否かは，学習者が，指導者からの援助をどのようにして受けるかによる。このことは，指導者と学習者の間の関係に大きく依存する。

　成人学習者間の関係も重要で，指導者は，すべての学習者を丁寧に，公平に扱う集団指導のための手順や指針を打ち立てる必要がある。このことは，討論のための決まり，他者の学習を批評する際の指針，討論される範囲の限界，あるいは，誰もが参加する機会をもつことを保障するシステムなどを意味するだろう。

成人学習者のニーズの分析

　学習への雰囲気を用意することに加えて，指導者は，学習者の必要，興味，能力を評価し，学習に挿話(エピソード)を設けなければならない。学習者の期待は何か。たとえば，ホームビジネスを始めることについて学ぶために来ている成人でいっぱいの教室で，かれらは何を学ぶことを期待しているのだろうか。ホームビジネスのためのアイデアを求める人もいれば，ホームビジネスを始めるための法律や税金関係について聞きたいと思っている人もいる。また，家庭が働き場所である人は，家族と仕事との均衡をどうとればよいかに興味をもつだろう。さらに，文書記録，簿記について聞きたいと思っている人もいる。にも関わらず，多くの人は，ホームビジネスを始めることについて学ぶためにやってきたのである。

これらの成人は，異なった期待をもつだけでなく，能力もまた異なっている。起業家となろうとしている同じ集団の中には，商業学士をもっている若い人，解雇された家庭経営者，読書能力に限界はあるが高度に独創的な退職者等さまざまな人がいる。学校教育環境において行うような筆記による事前テストを行うことは，必ずしも賢明な方法とはいえないが，学習者の能力水準を判定するという点では賢明な方法といえる。

　成人学習者の期待と能力は，いろいろな方法で確かめることができる。たぶん，かれらは，自分自身について語りたがるだろう。何を学ぶことを希望するか，なぜやってきたのか，この課程について何を聞いてきたのか，この課程の終了への自分自身の目標等についてかれらに尋ねるとよい。大きい集団の場合は，指導者は，書く，手を上げる，小さい討論集団をつくることなどで，これらの質問について尋ねるとよい。また，学習者や学校教育における助言者集団との個別インタビューは，情報を提供してくれる。

　ここでは，慎重という語が重要で，能力や期待を当然のこととしてはならない。たとえば，ホームビジネス課程の指導者が学習者に簡単な調査をさせる場合について考えてみよう。その指示は，次のように述べられている。「あなたが最も扱いたいと思う五つの主題について，その優先順位を１位から順に示しなさい」。文書記録をすること，家族と仕事の均衡を取ること，ホームビジネスのための重要なアイデア，あなたの自宅で製品やサービスを販売することなどの主題が挙げられたと想定してみよう。すべての学習者はこの調査に答えるかもしれないが，挙げられている項目だけでは，回答は制限されるだろう。実際，授業におけるこれらの学習者の大部分が，ホームビジネスを始めるための法律や税金関係に興味をもつにも関わらず，それらが選択肢として挙げられてはいないことを想定してみよう。

　さらに例を広げるために，多くの参加者が「自家製の製品やサービスを販売すること」を最高の優先順位として選び，どのように発表するかと初歩的説明を始めようとしているのを観察している指導者について想像してみよう。指導者は，学習者間の知識の存在水準をかなり過少評価しているため，最も必要とされるこの主題を認めようとしないかもしれない。このことは，学習者のニーズと能力を正確に判断することの重要性を示している。

　筆記用具，討論集団，インタビュー，助言委員が，ニーズを把握するために用いられるか，能力を試すために用いられるかに関わらず，成人学習者のほと

んどの参加が促されなければならない。

　成人学習者の自発的性質は，可能ならば，教育体験の目標と内容の決定を助けるよう促されることを示している。もちろん，このことは，常に適切とはいえないが，もし，学習者が特別な免許状や証明書をめざして勉強している場合には，そのプログラムの内容は，これらの要求と指導者・学習者関係以外に示されたことに最も強く結びついている。しかし，可能であれば成人は，自分たちが何を学ぶ必要があり，何を学びたいと思っているかを提案する機会をもつ必要がある。この教育体験の結果として，かれらが望む成果は何か。これらは，指導のために意図した学習成果となり得る。

成人学習者への指導の提供

　成人学習者の発達的特徴についての前述の考察と精神的・身体的変化は，成人学習者にとって適切な指導方略（ストラテジー）の型を含むべきである。たとえば，成人は，実際的価値のある具体的なスキルと情報を望む傾向があるので，実践を認める活動，直接的観察，参加は，おそらく成人に最も適しているだろう。討論は，学習者にかれら自身の経験を通して報告させ，学習過程の活動的部分となるので，価値ある方略である。

　学習者にリスクを与える方略は，注意して用いる必要がある。たとえば，ロールプレイングは，新しいスキルを実践する効果的方法であるが，成人の中には，それによって不快感や心配を引き起こす者があるかもしれない。同じことは，口頭報告，音読，広範囲にわたる宿題にもあてはまる。指導者は，長い読み物資料を宿題とする，難しい宿題を出すなどの前に，学習者の以前の経験と能力について注意深く考えなければならない。

　また，指導教具も注意深く考えられるべきである。後の章（第12章）の考察では，指導資料の選択の規準が示されているが，さらに成人学習者にとって考えなければならないことがある。たとえば，学習者の以前の経験は何か，コンピュタの使用は，かれらにとって心地よいのか，おびやかされるのか，OHP用TPを見ることができるか，ビデオテープの音声は，容易に理解されるよう十分はっきりしているか，誰もが黒板がよく見えるよう，教室の前の方に座ることができるか，地図，図表，グラフは読み易いか，学習者の中には，混乱を生じたり，心配を引き起こしたりする者がいるのではないか，小型計算機を使うのか，それを使うことのできない学習者はいないのか。

成人教育学では，学習者としての成人の個人主義およびかれらに最も実際的な価値をもつ特別な教育目標を強調することは当然である。学習者集団を受けもつとき，教育的必要を決定する，協力的に目標を計画する，あるいは，個人的指導の好みについて考えることは容易ではない。しかし，成人に対してそのようにすることは，重要である。成人を受けもつための適切な技術が，〈Fig.4-6〉にまとめられている。

〈Fig.4-6〉要約：成人学習者への教育体験の提供

次に挙げる事項の多くは，あらゆる型・年齢の学習者のために考慮すべきことであるが，成人を受けもつときには特に，注意深く取り組むべきである。

学習環境の計画──身体的次元
- 地理的に便利な位置にある
- 教室や会議室が探し易い
- 備品は適切な大きさである
- 室温と照明は適切である

学習環境の計画──心理的・社会的次元
- 学習者に提案される主題が適切な位置にある
- 指導者は親しみのある率直な態度である
- 指導者は学習者を尊重する
- 学習者がお互いに知り合うための機会となる
- すべての学習者が学習に参加する平等な機会を認める指針と手順である

学習に挿話部分をはさむ
- 学習者のニーズを査定する
- 学習者の興味を査定する
- 学習者の能力と事前の知識を査定する
- 学習体験の目標と内容設定への学習者の参加を励ます

指導の提供
- 学習者の高い参加を励ます
- 実際的な価値をもつ具体的なスキルを強調する
- 学習者が「実践する」ための時間を計画する
- 「高い危険性」をもつ指導方略は最初から避ける
- 学習者の過去の経験に「ふさわしい」指導資料を用いる
- 学習者が快適な場合に，工学技術を用いる
- すべて見ることができ，容易に理解できる視聴覚機器を計画する

学習成果のフォローアップ

　成人を受けもつ場合,指導の影響を決定することは難しい。指導が効果的かどうかをあなたはどのように判定するだろうか。もし,成人が製作品を開発し,新しいスキルを獲得すれば,製作品やパフォーマンス(遂行活動)の評価を行うことは可能かもしれない。学習した行動が表現される実際的状況(たとえば,道具を扱うこと,過程を表現するなど)を用いることが不可能な場合には,実生活に似ている擬似的状況を活用することを考えてみよう。学習者は,子どもに積極的に耳を傾ける実演したり,クラスの他の成人と仕事場での葛藤の解決を実践する実演をするかもしれない。

　フィードバックとパフォーマンス評価は,かれらの能力水準を明らかにすること,かれらの自信を高めること,学習の転移を明らかにすることにより,成人を動機づける(Wlodkowski, 1990)。成人の筆記テストは,学習記録を必要とするこの型の学習体験のために保存されるべきである。たとえば,もし学習者が,ある種の証明書を受ける,要求を完成する,学校の単位を受ける等の領域で,特定の能力を表わさなければならない場合には,筆記テストは必要である。さもなければ,学習者をかれらの体験への反応と,ニーズにかなった体験の程度を伝える体験評価へ参加させるようにしなければならない。

要約

　最初は,子どもを教えることと対照的な大人を教える目的は,ほとんど変わらないように見えるだろう。実際,成人と子どもは,多くは同じ方法で学んでいる。不可欠な知識がある場合,事柄が具体的である場合,内容が小さく咋かれている場合,学んだことが活用され,強化される場合,実践する機会がある場合,それが実際的価値をもつように見える場合等で,人々は最もよく学ぶ。成人と子どもは,多くの同じ方法で学ぶにも関わらず,成人の特徴は,学習がいろいろな方法で促進されることを示唆している。成人を受けもつにあたって,かれらが誰であるか,かれらは何ができるか,かれらは何をしてきたかを理解することが重要となる。指導者は,指導の計画,手引き,評価へ参加するための機会を最大限に提供することで,成人の学習者に応える責任がある。技術が,われわれの生命をより長いものにし,生活をより健

康にし，よりゆったりとしたものにするにつれて，成人は，ライフサイクルを通して，家族・消費者科学の内容を知ることのすばらしさ，知る必要を追い求める機会をより多くもつようになるだろう。指導者のための課題は，成人学習者にとって，役立つもの，楽しいものとする方法で伝達することである。

訳注
1）成人教育学(andragogy)とは，M.Knowlesによって提唱された新語で，彼は，次の四つの前提に基づき，成人教育に対する理論を打ち立てた。
　①成人は，なぜ学ぶのかを知る必要がある。
　②成人は，経験的に学ぶ必要がある。
　③成人は，問題解決的学習に取り組む。
　④成人は，主題に直接的価値がある場合に最もよく学習する。

引用・参考文献
Bee, H.(1987). *The journey of adulthood*. New York:Macmillan.
Botwinick, J., and Storandt, M.(1974). *Memory, related functions and age*. Springfield, Ill.: Charles C. Thomas.
Cerella, J.(1985). Information processing rates in the elderly. *Psychological Bulletin*, 98, 67-83.
Denny, N.W., and Pearce, K.A.(1989). A developmental study of practical problem solving in adults. *Developmental Psychology*, 11, 521-522.
Duvall, E.M.(1962). *Family development*(2nd ed.). New York:Lippincott.
Erikson, E.H.(1959). *Identity and the life cycle*. New York: International Universities Press.(Reissued by Norton, 1980).
Erikson, E.H.(1950). *Childhood and society*. New York: Norton. (Reissued 1963).
Jarvik, L.F., and Bank, L.(1983). Aging twins: Longitudinal psychometric data. In W.K. Schair(Ed.), *Longitudinal studies of adult psychological development*. New York: Guilford Press.
Kail, R., and Cavanaugh, J.(1996). *Human Development*. Pacific Grove, Calif.: Brooks / Cole Publishing Company.
Knowles, M.(1980). *The modern practice of adult education: From pedagogy to andragogy*. New York: Association Press.
Levinson, D.J.(1980). Toward a conception of the adult life course. In J. Smelser & E.H. Erikson(Eds.), *Themes of work and love in adulthood*. Cambridge, Mass.: Harvard University Press.
Levinson, D.J.(1978). *The seasons of a man's life*. New York: Knopf.
Lifespan family life education.(1987). *Journal of Family Relations*, 36, 5-10.
Madden, D.J.(1985). Age-related slowing in the retrieval of information from long-

term memory. *Journal of Gerontology*, 40, 208-210.

McClusky, H.V.(1971, February). *Background report on education*. White House Conference on Aging. Washington, D.C.

Meyer, B.J.F., and Rice, G.E.(1989). Prose processing in adulthood: The text, the reader, and the task. In L.W. Poon, D.C. Rubin, and B. Wilson(Eds), *Everyday cognition in adulthood and late life*. Cambridge U.K.: Cambridge University Press.

Neugarten, B.L.(1977). Personality and aging. In J.E. Birren and K.W. Schaie(Eds.), *Handbook of the psychology of aging*. New York:Van Nostrand / Reinhold.

Scanzoni, J.(1983). *Changing gender roles and redefinitions of family development*. Paper presented at the annual meeting of the American Sociological Association.

Schaie, K.W.(1994). The course of adult intellectual development. *American Psychologist*, 49, 304-313.

Sheehey, G.(1974). *Passages*. New York: E.P. Dutton.

Spanier, G.B., and Glick, P.C.(1980). The life cycle of American families: An expanded analysis. *Journal of Family History*, 5, 97-111.

Tough, A.(1971). The adult's learning projects. *Research in Education Series No. 1*. Toronto: Ontario Institute for Studies in Education.

Wlodknowsi, R.(1990). In(Michael Galbraith, Ed.), *Adult learning methods*. Malabar, Florida: Krieger Publishing Company.

第5章

学習様式

消費者教育の授業の課題に真剣に取り組んでいる生徒たちについて，次の二つの場面を考えてみよう。一人の生徒は，ラジオの音量を上げて，机いっぱいに本と紙をまき散らし，1本の鉛筆を拾い上げて書き始める。もう一人の生徒は，雑音を少なくするためにドアを閉じて，カード式ノートを取り出し，1度に一つだけの参考書に目を通しながら系統的にページをめくり始める。もしあなたが教室でかれらのような行動を観察するならば，あなたはそこで，かれらが学習と指導的課題に異なった取り組み方をしていることに気づくだろう。しかし，両者とも高い達成度の学習者である。両者とも優秀で，よい成績を得ている。上に記述されている学び方の違いは，学習様式（スタイル）の差に起因するであろう。

学習様式とは何か

過去20年間の研究は，各学習者がそれぞれ異なった学び方をするということを実証してきた。それぞれの学習者は，かれらの好きな学習様式の特徴を行動で示す。学習様式の特徴のうちのいくつかは，学習者が子どもから大人まで成長するにつれて変化するが，その他の特徴は，長い期間をかけて依然として変わらないままであることが多い。学習様式は，学習者がどのように情報を集め，それを分類し，それから意味を生み出し，意思決定をするかということに影響を与える。これらの特徴が，学習者の学業の達成度に影響を与える可能性があると思われる。

全米中等学校校長会特別委員会（A National Association of Secondary School Principals task force）では，1980年代中期に，学習様式のモデルを作成した。

かれらは，学習様式を次のように定義した。

「学習様式とは，学習者が学習環境をどのように感知し，相互に作用し，反応するかについての比較的安定した指標として役立つ認知・情意・生理的要素の特徴が合成されたものである。それは，個人が教育体験に取り組む行動やパフォーマンス(遂行活動)の型式(パターン)において実証されている。その基礎は，人間発達と家庭，学校，社会における学習経験によって形づくり，形づくられる神経組織と人格の構造の中に位置している」(Keefe and Languis, 1983)。

　この領域における初期の研究は，学習様式よりもむしろ認知様式に目を向けていた。この研究は，学習あるいは訓練といった実践的領域に必ずしも関連していたわけではなく，認知や情報処理のような認知過程の説明に関連していた(Kirby, 1979)。後に，研究者たちは，認知様式，人格および非言語的知性のような他の変数間の関係に注目し始めた。その段階では，認知様式と学習過程の関係を探究し始める状態となっていた。認知要素に加えて，社会的・身体的要素が学習過程に影響を与えているという知見が明らかとなった(全米中等学校校長会，1982)。

　研究者は，学習様式や好みが決定される方法を探究し始めた。それは，学習者の輪郭を描くことである。**学習様式**は，どのような身体的・社会的・環境的・社会学的要素や要因が個人の学習を効果的に助けるのかを説明する方法となっている。

学習様式をなぜ理解するのか

　個々の学習者の学習様式を理解すること，および集団の学習様式の好みについて何らかの考えをもつことによって，指導者は，学習者に対して指導方略(ストラテジー)，指導資源，指導環境を調整することができる。「調査研究によれば，選ばれた指導方法，資源，プログラムが個人の学習様式の特定の要素にぴったり合っているように見えることが示唆されている。これらの方法，資源，プログラムが学習様式の特徴と合致したとき，学業成績は上がり，全般的態度も向上する。それらが不適当に組み合わされたとき，学業成績は下がり，態度は悪化する」(Dunn, 1979)。

　次の例は，上記の点を説明している。ある専門家が会議において従業員に対して，従業員の依頼による主題について話をしている場面を想像してみよう。専門家が話しているとき，一部の従業員は話についていくことができない。か

れらはメモを取ろうとするが，聞き取って，重点を選び，それらを書き取ることが難しい。かれらは挙手をし，重点をもう一度話してくれるように頼む。その専門家に対して，ゆっくりと話してくれるようにと提案する人もあれば，もう一度説明してくれないかとか，黒板を使って重点を説明してくれないかと頼む人もある。口頭での講演が30分になると，一部の従業員は，もじもじと動き回り始める。その専門家は，何が間違いだったのだろうかといぶかる。しかし，最後に専門家は，従業員から非常に興味深い主題だったといわれた。

　これらの従業員の反応は，必ずしも無関心，無礼，退屈の指針とはいえない。しかし，それらは，多様な学習様式を示唆するものである。個人がどのような方法で，どのような状況下で心地よく学ぶかを，あなたがひとたび理解すれば，それに応じて指導計画を開発，調整することができる。たとえば，前述の状況下でその専門家は，視覚的手法や，模型に触ったり，それを操作したりする機会を用意すべきだっただろう。

　また別の状況においては，雑音あるいは温度などの環境的要因が，学習過程に否定的影響を与えるかもしれない。学習のための物理的環境は，この情報に基づいて修正できる。

　個人および集団の学習様式についての情報はまた，生徒にとって好結果をもたらす学習方略の型について何らかを示唆している。これらは，活動，抽象的思考，集団相互作用，帰納的あるいは演繹的推理，傾聴，鑑賞，活発な実験，感情や感覚を伴うシミュレーション，あるいは創造的な試みを必要とする。この本の他の章では，これらの多様な方略を適切に用いるにはどのようにすればよいかについて説明しているが，重要なことは，それらの方略を適切な学習者(その方略から最も利益を得る傾向がある者)に用いることである。

　同じことが，指導資料の選択と使用についてもいえる。選択肢として無数の利用可能な資源，教具，信頼できる指針がある一方で(第12章「指導資料の選択」を参照)，ある学習者にとっては，他の学習者よりも特定の資源がより効果的である。研究者たちは，これは学習様式と関連していると推測している。学習様式を洞察することにより，家族・消費者科学の内容をできるだけ効果的に個々の学習者に伝達することを助ける指導環境の創造，指導計画の開発および指導資料の選択を支援することができる。

　もちろん，包括的環境をつくるために学習様式情報を用いることは，その使用の一つの方法に過ぎない。その他の研究者や実践者は，形式的手段を通して

学習様式の個別的分析をすること，さらに個人のニーズに指導を合わせることを主張している。形式的手段の使用やさまざまな型の手段の有効性については，多少の議論があるにも関わらず，個別の評価は，個人の学習様式情報に達する一つの方法といわれている。特に学習様式の要素を明確化する目的に加えて，学習様式に関連するスキルに注目している調査もある。

学習様式を形成する要素

　学習者は，どのような方法で，どのような状況下で学びたいと思うかという学習様式の点から説明できる。学習様式をつくる要素や要因は，何だろうか。

　認知様式を研究した初期の研究者や理論家たちは，個人がどのように情報に気づき，どのようにそれを入手するのかということに焦点をあてた。ウイキン(Witkin，1967)は，実際に起こっていることに気づくために，個人がその環境からどのくらい分離しているかについて調べた。彼は，学習者を，**現場(フィールド)に依存する者**(環境が学習者の理解あるいは学習にとって決定的である場合)あるいは**現場に依存しない者**(環境が学習者にとってあまり重要でない場合)いずれかとして説明した。ウイキンは，その他の研究者と同様に，しばしば学習者を「どちらか一方」であるという見方をした。

　コヘン(Cohen，1967)は，人間を大分類学者(分類群を大きくまとめようとする分類学者)と細分類学者(分類群を細分しようとする分類学者)に分けて考えた。この区別は，全体像を描いて見る人(**大分類学者**)と細部に焦点をあてる人(**細分類学者**)と説明されている。彼は，細分類学者は一連の注意を払った段階を踏んで情報を得ようとし，自分自身で学ぶことを好むが，大分類学者は他の誰かがすることを見ることによって，何かをする方法を探す傾向があることを主張した。

　認知様式が通常一つの側面のみに焦点をあてる一方で，学習様式は，多くの要素を伴い，これらは単に「どちらか一方」ではない可能性をもつものである。学習様式の研究では，指導を学習者に合わせるため，人がどのように学ぶかという特定の指標を得ようと試みてきている。たとえば，フレンチ(French，1975)は，学習者の行動を学習様式で分類する指導者によって用いられる行列表(マトリックス)を開発した。指導者は，読み書きへの依存を含む感覚的受容，話し方の水準，視覚的な刺激や表現の使用，活動，学習における味覚や嗅覚の使用を記録することになっていた。かれらはまた，概念形成も分析した。たと

えば，生徒が規則的な関係に気がついたかどうか，刺激に頼ったかどうか，結論に達するために論理的思考過程を用いたかどうか等である。その分析の後で，指導者は，学習様式に対応する一連の学習指示の示唆を得た。

ジョセフ・ヒル(Joseph Hill)は，彼の研究領域を**教育的認知様式**であると表現した。彼は，どのように情報が知覚されるのか，どのように個人が知覚をろ過するのか，どのように情報が処理されるのかを含む領域における27の要素について，複雑で個人的な学習者の認知様式を診断しようとした。さらに，これらの要素は，学習者の報告(読むことと聴くことに関する好み，感覚への依存，学習のための好ましいグループ分けなど)によって確認された。

ダンとダン(Dunn and Dunn, 1978)の研究は，学習様式を診断する方法だけでなく，異なった学習様式で個人を教えるための選択肢を提案している。ダンら(Dunns)の研究の多くは，子どもたちを対象としていたが，成人学習者にとっての示唆もある。ダンらの調査一覧は，以下を含む学習様式の24要素を示している。

- 音，光，温度，設計などの**環境的要素**
- 動機づけ，粘り強さ，責任感，心構えなどの**感情的要素**
- 生徒が一人で学ぶことを好むか，仲間志向か，成人と一緒に学ぶことを好むか，あるいはさまざまな方法を通して学ぶことを好むかなどの**社会学的要素**
- 聴覚的あるいは視覚的好み，1日のうちで学習者の最も調子のよい時間，学習活動における動き易さの必要性などの要素を含む**身体的要素**

1970年代に，デイビッド・コーブ(David Kolb)は，大部分の人が，**感情**による方法か**思考**による方法という二つのうちの一つの方法で，学習状況(あるいはほとんどの新しい状況)に臨んでいることを示唆することによって，学習様式理論を進展させた。このことから，彼は，学習者を四つのグループに分類するモデルを開発した。それらは，**想像力豊かな学習者**(経験を統合し，内省的に問題に取り組む人)，**分析的学習者**(知られていることを基に理論を発展させ，思考に没頭する人)，**良識的学習者**(理論と実践を統合し，修正や実験をしようとする人)，そして**動的学習者**(強い論理はないが，試行錯誤を通して学び，正確な結論に達する人)である。

コーブの研究は，マッカーシー(McCarthy)によって開発された4 MATシステム[1]の基礎となった。この4 MATシステムは，四つの基本的な教授方法(具

体的経験，内省的観察，抽象的概念化，活動的実験)があることが前提となっている。4MATシステムを用いるとき，コーブ(Kolb)によって示された学習者の四つの異なった型に達するように，指導者は，これらすべてを指導課程の中に**体系的**に用いるよう奨励される。

　1970年代に学習様式の研究をしたもう一人の学者であるグレゴーク(Gregorc)も，学習様式を思考のシステムの指標として論じた。彼は，学習様式は，学習者が現実にどのように取り組むのかを示していると考え，学習への取り組み方に，具体的継続的，抽象的継続的，抽象的任意的，具体的任意的の四つがあることを明らかにした。

　初期の研究者や理論家は，個人が情報収集に対してどのように異なった認知型式や様式をもつかに焦点をあてることによって，現代的学習様式理論を論じ始めた。1970年代までに，その重点は，個人がいかに異なった学び方をしているか，ということに転換した。人間の学習を理解しようとする研究は，1980年代，1990年代を通して増加した(McCarthy, 1982；Butler, 1984；Gregorc, 1985；and Silver and Strong, 1995)。現代のほぼすべての学習様式理論モデルは，二つの共通点をもっている。一つ目は，それらのモデルは(学習者が情報をどのように吸収し考慮するかという)過程を調べるものであり，二つ目は，それらのモデルは，学習と性格の関係を調べるものである。学習は，学習者の性格に結びついた思考や感情による個別化された行動の結果として起こるという考えがある。学習様式理論は，**学習過程**(学習者が相互に作用し，創造し，問題解決をするときに感じたり考えたりする方法)を説明しようとしている。〈Fig.5-1〉は，主な研究者のいくつかの研究成果を要約している。

　学習過程の相違を説明しようとする学習様式理論に加えて，次なる重要な理論が開発された。学習様式理論が精神分析の理論に結びついている一方で，複合的知性理論が新生の認知科学の領域から発生してきた(Silver, Strong, and Perini, 1997)。**複合的知性理論**は，過程ではなく，むしろ学習の内容および成果に焦点をあてている点で学習様式理論とは異なる。その概念と研究を考え出したハワード・ガードナー(Howard Gardner)は，知性はただ一つの狭く定義された構築ではないため，個人は異なった能力をもっていることを示唆している。ガードナーは，言語的，論理的，数学的，空間的，音楽的，身体・運動感覚的，対人関係，個人の精神内面といった，七つの人間の知性について述べている(Gardner, 1983)。個人については，これらの異なった内容領域において異な

〈Fig.5-1〉 **学習様式における考察の例**

コーヘン(Cohen, 1967) 　大分類学者 　細分類学者	ヒル(Hill, 未発表) 　「読むこと」と「聞くこと」 　感覚への依存 　好ましい集団分け，など
ダンとダン(Dunn and Dunn, 1978) 　環境(音，光，温度，意匠) 　感情(動機づけ，粘り強さ，責任感，心構え) 　●「一人で学ぶこと」と「他の学習者とともに学ぶこと」 　●成人と一緒に学ぶこと 　●さまざまな方法を通して学ぶこと	コーブ(Kolb, 1976) 　「人間志向」と「課題志向」 　「話すこと」と「聞くこと」 　「活気に満ちた」と「控えめな」 　「実験すること」と「知識を会得すること」など
フレンチ(French, 1975) 　感覚的摂取(「読む」と「書く」) 　話し方の水準 　聞き方の水準 　視覚的刺激への反応 　活動の必要性 　味覚や嗅覚の活用	シルビアとストロング(Silver and Strong, 1995) 　完全学習様式の学習者(具体的，連続的，実践的) 　理解力ある学習者(思考中心，探究的，論理的) 　自己表現的学習者(感情的，独創的；学ぶ喜び) 　対人関係的学習者(具体的，社交的に学ぶ；他者を助ける学習)

った水準の才能をもっていることが観察(あるいは試験)できる。

　この研究は，教育者が直感的に知ること，すなわち，異なる学問あるいは分野にわたって学習者が「知性」の多様な水準を示していることの基礎を提供してきている。たとえば，すばらしい音楽を作曲できる(音楽の知性をもつ)学習者は，言語の使用(言語学的知性)においては，能力が低いかもしれない。実験や発明に情熱を示す(論理的・数理的知性をもつ)学習者は，仲間と社交的につき合うこと(対人関係知性)を困難に感じるかもしれない。

　複合的知性理論を理解することの重要性は，その理論が学習者の多様性を教育者に気づかせることである。それは，学習者がさまざまに異なった知る方法をもっていることを示唆している。他方，学習様式理論は，学習者が「わかるようになる」異なった過程を教育者が提供する必要があることを示唆している。

　教育者が特定の学習様式を明らかにするための一助として，研究者(ここに引用された人々よりも多くの人たち)は，学習様式を決定するための一覧表を開発した。ダンら(Dunn and others, 1975, 1979, 1981, 1985, 1989)は，学習様式を測定する用具を開発した。学校教育での学習様式の評価を提案した研

究者は，指導者が学習様式のすべての特徴を正確に明確化することはできないし(Dunn, 1990)，いくつかの行動が誤解されたり，誤って解釈されたりすることもあるということを示唆している。多様な用具の信頼性や妥当性を支持する研究があるが(Curry, 1987；DeBello, 1990)，これらの研究のすべては，学校教育の教室内でK-12学年(幼稚園から高校3年生)の生徒についてなされたものである。これらの一覧表は，普通完了するのに10分〜数時間を要する自己報告用具である。多くは，教師によって採点される。市販教材のいくつかは，学習様式に対する特定の指導的助言と結びついている。確かに，学習様式を評価することは，常に可能かつ適切であるとは限らない。それは，一学期間特定のクラスを受けもつ中等学校(中学校・高等学校)の教師にとっては，価値があるかもしれないが，いくつかの目的，そのうちの一つだけが教育的であるような目的をもつ個々の学習者，勉強会(ワークショップ)や研究会(セミナー)の学習者，あるいは集団を受けもつ場合は，たぶん適切ではない。

学習様式情報の獲得

　学習者の学習の好みを明らかにすることは，可能である。この確認は，一覧表の使用，その他の自己報告用具，専門家による評価，学習者についての形式張らない観察などを通して，正規なものとなり得る。

　たとえ，精巧な一覧表の使用を通してこの情報を得ることが不可能であったとしても，学習様式や好みに関する理解が多少でもありさえすれば，どのような集団に対しても，よりよく適合する指導がなされるだろう。指導者は，指導方略や資料の利用に関連するいくつかの質問を用意することで，一般的な情報を得ることができるであろう。たとえば，次のような質問である。

- 私がこれらの要点について話すときに，OHPに書いて欲しいですか。
- 今日は2回の短い休憩を取りましょうか，あるいは1回の長い休憩を取りましょうか。
- 話の終わりに，私のノートのコピーを欲しい人は何人いますか。
- 課題は個人で完成させたいですか，あるいは小集団で完成させたいですか。

　これらはかなりあたり障りのない質問のように思われるかもしれないが，読むことと聞くこと，動くことの必要性および社交的相互作用水準などのような，学習様式の好みを明らかにすることを助ける。指導者は，用意された一覧表に

よらずに，いくつかのこのような型の質問を使って，学習者を判定できる。

　いくつかの状況のもとでは，指導者は，学習者を直接観察することで，学習についての情報を集めることを選択するであろう。たとえより正式な測定が用いられる場合であっても，目的のある観察は，貴重なデータを提供する。

　学習者の観察には，すでに説明された多くの刺激の型に対する反応や応答を含めるべきである。まず，学習者の注意度を観察しよう。かれらは，どのように見えるだろうか，落ち着きがなかったり，飽きていたり，困惑していたり，警戒していたり，眠そうにしてはいないだろうか，1日のうちの特定の時間や一定の温度のときに，生産性や協力度が低下したりしないだろうか，ある学習者が他の学習者を差しおいて座席を並べ替えることを好む傾向はないだろうか。このような状況には，それぞれ明らかなきっかけがあり，それらは学習様式についての何かを示唆する。たとえば，ダン(Dunn)の一覧表では，1日の中で，学習者の機能が最良になる時間を注意深く見ている。たぶんあなたの相談者は，午前の予約では，詳細な情報に集中することは難しいが，昼食後には，指示をより注意深く，より厳密に聞くことができるだろう。これは学習様式の一面である。

　学習者への配慮のほかに，かれらの質問に対して入念な注意を払うようにしよう。そうすれば何らかの傾向が明らかになる。このことは，学習者が手順，指示，過程などについての多くの質問をする場合に，よりしっかりした骨組みをもった情報を必要としていることを意味する。情報に関して口頭での繰り返しを求める学習者は，聞くことだけによる学習は困難で，書かれた資料を必要とする。学習者がたびたび助けを求める場合には，学習者が教師の誘導を必要とし，指導者の手引きや助けを求めていることを示唆する。

　指導のようすについての満足度について学習者に聞くこともまた重要である。かれらは，授業の半ばの区切り，仲間の助言役，刺激的プログラム，おやつの時間や休憩時間，背景音楽などをどの程度役立つと受け止めるだろうか。これは関係のない要素を単に長々と並べただけのように思われるかもしれないが，さまざまな好みは，人々がどのように学びたいのか，どのような状況下で最もよく学べるのかについての手がかりを提供する。

　学習者に対する観察や聞き取りに加えて，あなたが開発したさまざまな型の指導活動や指導方略に対する学習者の応答や反応を観察することもできる。かれらは，小集団活動に対してどのような反応をするだろうか。実際に教師の話

〈Fig.5-2〉学習様式要素を評価する迅速な方法

- 簡単な記述一覧表
- 口頭質問
- 観察
- 学習者の質問の分析
- 学習者の満足・不満足についての報告
- 学習活動・学習方略についての反応の監視

を聞き，映像から学ぶだろうか，あるいは，単に休憩時間を楽しむだけだろうか。学習者に対して支援がなされない場合，何が起こるだろうか。学習者は，どのような活動に熱心に加わるだろうか，加わることを渋るだろうか。どのような状況下で学習者は最も生産的だろうか，最もリラックスするだろうか，最も興味を示すだろうか。これらの観察は形式的でなく行われたり，あるいは逸話的な形で続けられる。〈Fig.5-2〉では，学習様式要素を評価する迅速な方法をまとめている。

あなたが観察したことと学習様式との間に常に直接的関係があると思うのは，認識が甘い。たとえば，戸外で授業をして欲しいと願い出た学習者は，戸外という環境で学習することを好むのではなく，単に教室よりも別の環境の方がよいだけかもしれない。同様に，課題を読みたがらない，発表の時間中寝ている，あるいは無責任な行動を取るなどは，学習様式の結果として解釈することはできない（いつもされるべきではない）。また，学習様式のすべての特徴を観察することは不可能である。しかし，これらの行動は，重要な手がかりとなるので考慮されなければならない。

指導計画立案時の学習様式情報の活用

学習者や相談者が同じように学ぶのではなく，同じ方法を好むわけではないので，同じ方法で教えないということが論理的と思えるだろう。しかし，特に集団成員の学習様式がかなり多様である大集団の場合，同じ方法で教えないということが可能といえるだろうか。

家族・消費者科学の内容の伝達者にとって，自分自身の学習様式や好みを考えることから始めることが重要である。もしあなたの長所がひらめきであり，物事を多様な視点からながめ，多くの異なった領域に興味をもっているならば，世の中の他の人々が自分と同じ学習様式を共有しないことを認識することは難

しいだろう。指導者は，まず自分自身の学習様式を確認する必要があり，さらに他の人は，それらの様式をとらないかもしれないことを認識する必要がある。この，「汝自身を知れ」そして「あなたが受けもっている他者を知れ」を強調することは，グレゴーク(Gregorc)のような研究者によって主張された。かれらは，学習様式を大いに活用するということは，個人の学習様式を認識し，個人の長所を形成することと考えていた。

指導者はまた，「最良の」学習様式というものはないということを認識する必要がある。学習様式と知能指数(IQ)との間の実際的関係を支持する研究は，成果を上げていない(Kirby, 1979)。特定の方法で学ぶ生徒が，必ずしも他の学習者より知的であるとはいえない。しかし，特定の学習の好みが，ある内容領域の成績につながっているという研究もいくつか見られる。

理想的には，学習者は，同じ学習様式・教授様式をもった指導者あるいは提案者とは適合するだろうということを示す研究者もいる。診断的方法・規範的方法を支持するカルボら(Carbo and others, 1986)は，指導法および教材が個人の学習様式に適合する必要があると考えている。それは，もし指導者が**同化主義者**(データを収集，分析し，モデルを考案することを好む)であることと決意し，また**帰納的推理**(詳細から一般化へ移行する)の活用を要求した課題を出そうと決める場合には，指導者の好みは，学習者の好みと適合するだろう。この提案の難しさの一つは，たとえ誰もが教授様式や学習様式を決定する可能性をもっているとしても，多くの指導環境が多くの指導者に選択肢を与えていないということである。もう一つの難点は，学習者が自分の学習様式や好みを適応させる機会を与えられないことである。

どの学習者にもいくつかの学習様式があると思われるので，指導者は多様な学習様式に応じる方略や資源を選択し，指導計画のバランスを取る必要がある。このことは，指導者にとってだけ快適な様式を超えて，他の人々の学習様式に合った多様な活動の領域に移行していくことを意味している。具体的用語でいえば，このことは，多様な指導方略を含むために，あらゆる指導事例(多様な様式をもった学習者がいると仮定する)を計画することを意味する。これは，プログラム計画や指導のすべての局面に適用することを強調する学習様式の特徴である。学習様式を適用するこの方法は，主要なあるいは広範な学習方法の違いに対して指導方法を適合させることを可能にするため，マッカーシー，バトラーら(McCarthy, Butler, and others)によって用いられている方法である。

たとえば，家族・消費者科学の指導者が，新生児をもつ親たちに対して乳幼児の世話について話をする場合を考えてみよう。その指導者は，手順を説明することから始め，なぜそれらが重要であるかを説明する。次に，かれらは，それらがどのように行われるかを実演する。その後，これらの手順がなぜ，どのように用いられるのか，そしてどのようにそれらの手順が新しい親たちによって修正される可能性があるかについて議論がなされる。そして，学習者たちは，個人，あるいは小集団に分かれて実践する。指導者は，巡回しながら，要請に従って個々を助ける。最後に，指導者は，提示の内容を要約したプリントを提供する。学習理論の後半の議論において記述したように(p.83～84)，人々がどのように学ぶのか，どのような方法で最もよく学ぶのか，という基本に関係しているため，このように多様な実演を用いた形式は，効果的である可能性が高い。

　学習者の個人の学習様式に合わせるためのもう一つの方略は，可能な限り指導を個別化することである。これは，学習者が多様な活動の中から参加できるものを選択し，自分自身のプロジェクト，課題の主題，あるいは課題の形式を選ぶことを意味するだろう。指導を完全に個別化すること(かれら自身の速度で，個々の学習者の成果と指導計画で各個人を指導すること)は，常に可能であるとは限らないが，指導過程において個人的選択を認める多くの機会がある。選択が与えられると，学習者は，かれらの特定の学習様式に適合するような選択肢を選ぶ(この方略に関する詳細については，第8章「指導計画」を参照)。

　指導者が学習者の学習様式のニーズに合わせようとするときには，学習者の指導についての満足度を定期的に調べることが助けとなる。このような評価の型あるいはフィードバックは，学習者がどの程度指導者を好きであるかとか，あるいはかれらがどの程度学んだかということではなく，学習者がどの程度指導過程に満足しているかということに向けられる。学習者が最も楽しんだ，あるいは最も楽しまなかった活動や，最も役に立った，あるいは最も役に立たなかった教材など，快適さの水準についての質問に対する答えは，将来の指導を修正し計画するために重要である。そして，かれらがもう一度やってみたいこと(あるいは二度とやりたくないこと)，そしてかれらが最も楽しんだことを知ることは，非常に役立つ。さらに，これらの要素すべてが指導様式に直接的に関係しているという保証はないが，学習者の意見や好みが，家族・消費者科学の内容を効果的に伝えようと試みる指導者に対して重要な洞察を与える。

要約

　学習様式は，学習者がどのように情報を受け取り，情報を収集し，それを分類し，意思決定するのか，ということに影響を与える。すべての学習者は，自分自身の学習様式をもっている。学習様式は，どのような物理的・社会的・環境的そして社会学的要素や要因が，個人の効果的な学習を助けているかを示している。さまざまな研究者たちが，学習様式におけるこれらの検討材料を調査してきた。個人の学習者あるいは学習者集団の学習様式を理解することは，専門家が，学習者に対する指導方略，指導資料，および指導環境を調整することを可能にする。諸研究は，そうすることによって，学習達成度が増し，一般的な態度も向上することを示してきている。

　学習様式の情報は，一覧表かその他の自己報告用具，専門家の評価，あるいはより形式張らない学習者の観察などを通して，正規に確認できる。したがって，学習者の学習様式に指導方法を合わせるためには，多様な方法を用いるべきである。

訳注
1) 4 MATシステムは，バーニス・マッカーシー(Bernice McCarthy)によって開発された四つの学習様式であり，彼は，基本的経験→内省的観察→抽象的概念化→活動的実験→具体的経験という流れの円環モデルを示している。

引用・参考文献

American Association of School Administrators(1991). *Learning styles: Putting research and common sense into practice.* Arlington, Va.: American Association of School Administrators.

Brandt, R.(1990). On learning styles: A conversation with Pat Guild. *Educational Leadership*, 48(2), 10-12.

Butler, K.A.(1988). Learning styles. *Learning*, 88, 30-34.

Butler, K.(1984). *Learning and teaching style in theory and practice.* Columbia, Conn.: The Learners Dimension.

Carbo, M., Dunn, R., and Dunn, K.(1986). *Teaching students to read through their individual learning styles.* Englewood Cliffs, N.J.: Prentice-Hall.

Cohen, R.A.(1967). *Primary group structure, conceptual styles and school achievement.* Unpublished doctoral dissertation, University of Pittsburgh.

Curry, L.(1990). A critique of the research on learning styles. *Educational Leadership*, 48(2), 50-53.

Curry, L.(1987). *Integrating concepts and cognitive learning styles. A review with attention to psychometric standards.* Ontario: Canadian College of Health Science Executives.

DeBello, T.(1990). Comparison of eleven major learning styles models: Variables, appropriate populations, validity of instrument, and the research behind them. *Journal of Reading, Writing and Learning Disabilities International*, 6(3), 203-222.

Dunn, R.(1990). Rita Dunn answers questions on learning styles. *Educational Leadership*, 48(2), 15-18.

Dunn, R.(1979). *Learning: A matter of style*, 1. Alexandria, Va.: Association for Supervision and Curriculum Development.

Dunn, R., and Dunn, K.(1978). How to design programmed learning sequences. *Instructor*, 88, 124-128.

Dunn, R., Dunn, K., and Price, G.E.(1975, 1979, 1981, 1985, 1989). *Learning style inventory*. Lawrence, Kansas: Price Systems.

French, R.L.(1975). Teaching strategies and learning processes. *Educational Considerations*, 3, 27-28.

Gardner, H.(1983). *Frames of mind: The theory of multiple intelligences.* New York: Basic Books.

Gregorc, A.(1985). *Inside styles: Beyond the basics.* Maynard, Mass.: Gabriel Systems, Inc.

Gregorc, A.F.(1984). Style as symptom: A phenomenological prespective. *Theory into Practice*, 23(1), 51.

Hill, J.E. *Cognitive style as an educational science.*(Unpublished manuscript)Bloomfield Hills, Mich.: Oakland Community College.

Keefe, J., and Languis, M.(1983). *Operational definitions.* Paper presented to NASSP learning styles task force. Reston, Va.

Kirby, P.(1979). *Cognitive style, learning style, and transfer skills acquisition.* Information series no. 195. Columbus, Ohio: National Center for Research in Vocational Education.

Kolb, D.(1977). *Learning style inventory: A self-description of preferred learning modes.* Boston: McBer.

Kolb, D.(1976). *Learning style inventory technical manual.* Boston: McBer.

McCarthy, B.(1990). Using the 4MAT system to bring learning styles to schools. *Educational Leadership*, 48(2), 31-36.

McCarthy, B.(1982). *The 4MAT system.* Arlington Heights, Ill.: Excel Publishing Company.

National Association of Secondary School Principals(1982). *Student learning styles and brain behavior.* Reston, Va.: National Association of Secondary School Principals.

Silver, H. and Strong, R.(1995). *Learning styles and strategies.* Woodbridge, N.J.: The Thoughtful Education Press.

Silver, H., Strong, R., and Perini, M.(1997). Integrating learning styles and multiple intelligences. *Educational Leadership*, 55, pp. 22-27.

Witkin, H.A. (1967). A cognitive style approach to cross-cultural perspective. *International Journal of Psychology*, 2, 233-250.

第6章

伝達事項の決定

家族・消費者科学の内容を教えているすべての指導者は，「私は何を教えるべきだろうか」という疑問に立ち向かっている。専門家は，「私の相談者は何を知る必要があるのか」と質問するかもしれない。ときには，その質問は，あまり混乱がないかもしれない。授業の概要，プログラムのカリキュラム，選択された教科書，職業についての説明書，あるいはある機関の資格や目的が指針を与える場合もあるだろう。その他の教育環境では，「児童発達課程」あるいは「予算の範囲内で家庭の室内装飾を改良させる授業」のような主題のほかにはほとんど指示がない場合もある。すべての指導者は，何を教えるのか，つまりどのような内容を伝達するのかをある水準で決めなければならない。

この難局に対する簡単な解決法はない。何を教えるのかという決定は，多様な要因に基づいている。もちろん教育者たちは，支援者である機構や機関の期待，哲学，および要求と同様に，学習者のニーズや期待を考慮したいだろう。しかし，指導者の能力，好み，哲学などを含むその他のより個人的な要因も影響する。あなたの内容領域やあなたの学習者，あなたの世界について知っていることが，あなたの個人的な哲学や教育哲学を通して映し出される。それらが，何を教え，何を伝達するかを決定するための助けとなる。

あなたの教育哲学

家族・消費者科学の内容に関する学校教育あるいは学校外教育における伝達者として，あなたは，あなたの目的や使命についての考えをもっているだろう。専門家の養成を通して，大部分の専門家は，基本的な目的や使命の主義に合意するようになる。しかし，たとえ，もしすべての人が家族・消費者科学の内容

の伝達者がしなければならないことに合意したとしても，専門家がしなければならないことについてどう考えるかには，いくつかの大きな相違がある。これらのいかに考えるかの相違は，実際に哲学の相違を表している。

　各教育者は，家族・消費者科学の教授について個人的な哲学をもっており，それらは，重要な概念や考えについての信念を含んでいる。たとえば，家族とは何か，よい育児とは何か，個人は環境に対してどのような責任があるか，青年としてふさわしい服装や行動とはどのようなものか，何が専門的独自性の構成要素となるか，などである。個人的哲学はまた，目的についての自分自身の考えを含む。学校教育あるいは学校外教育の目的は，行動を変えることだろうか，洞察を与えることだろうか，特定の信念や観念を促進することだろうか。そこで，あなたは教育とは何と考えるだろうか（Powell and Cassidy, 2001）。

教育哲学の類型

　家族・消費者科学の内容に対する解釈について，私たちが極めて個人的な一連の信念をもっていることに加えて，教育に携わる大部分の人々は，教育の構成要素についての一連の信念をもっている。家族・消費者科学の専門家の大部分は，かれらの目標は家族の生活の質の向上であると合意しているが，教育に関する異なった哲学がかれらの指導上の意思決定を導いている。それぞれの哲学は，次の四つの領域のうちの一つに焦点をあてている。すなわち，個人の発達，基本的スキル，専門技術的スキル・能力，批判的思考である。

　一つ目の哲学に焦点をあてている家族・消費者科学教育者は，個人の潜在能力を最大限にすることによって，家族の生活の質の向上という目標に近づこうとしている。これらの教育者たちは，出発点は個人の強い自意識と，個人的な長所と短所の理解，および強い対人関係スキルを促進することであると考えている。かれらは，学習者は感謝し，お互いに尊重し合い，養育・ケアスキルを発達させ，かれら自身の価値を理解し，そして他者の価値を尊敬するようにならなければならないと考えている。人間主義哲学をもつ人にとって教育は，自己実現に関するものである。

　二つ目の哲学に焦点をあてている専門家は，各学習者が強い学芸的・基本的スキルを必要としていると考える。基本的スキルは，その他のすべての学習や学習者が行おうとすることすべてにおいて成功するための基礎である。これらの基本的スキルは，読むスキル，書くスキル，計算スキルなどを含む。もし学

習者が強い基本的スキルをもっているならば,その他の達成も可能となる。このような教育についての特定の考え方は,教育の目的は,知力を発達させ,人に最も広い良識を身につけさせることという観念による,教育についてのより広い考えとして始まった。今日,多くの教育環境において,知的発達に関する広い考え方は,「三つのR」(読み,書き,計算— reading, writing, arithmetic)に分類されてきている。依然として,この哲学の強い支えとなっているものは,教育の目的は知力を強くすることであり,決して応用知識あるいはスキルを教えることではないという信念である。

　三つ目の哲学に焦点をあてている教育に関する考え方は,すべての学習者が確かな専門技術的スキルあるいは生活スキルを必要としているということである。人は,ライフサイクルを通して各自が果たさなければならない機能や役割(親役割,夫婦役割,労働者役割,地域成員役割など)をもっている。重要なことは,これらの役割を分析し,これらの役割をうまく果たすためには,どのような能力が必要とされるかを決定することである。これを知ることで,教育者は,学習者に一連の段階や課題を遂行するための各自の各能力を開発させることができる。この方法によって,教育者は,どのように食事を用意するのかといったことから,どのように高齢の家族員の世話をするのかといったことなどの,いかなるスキルも教えることができる。重要なことは,その仕事,機能あるいは役割を全体的に分析し,取り上げ易い,教え易い部分に分けていくことである。

　四つ目の考え方あるいは哲学は,学習者が基礎的・社会的・政治的および経済的論争問題を通して考えるようになる必要を強調している。家族・消費者科学の学習者は,活動を啓発させ,情報に基づいた合理的な選択ができるようになる必要がある。このことは,いろいろな種類の知識,認識,結論,合理的・倫理的方法による代替案の評価,個人・公共の福祉の観点での意思決定や判断などについて理解し,考えることを必要とする。この考え方をもつ教育者は,家族や社会の生活の質を変えるための手段は,問題や論争点について批判的に考えて行動を起こすことであると考えている。

　以上述べてきた四つの例は,人間主義的,学芸的,専門技術的,社会改造主義者の哲学を大まかに述べている(McNeil, 1977)が,これらはたくさんの型の中の四つに過ぎない。これらの例は,それぞれの哲学の意味することが非常に単純化されている一方で,これらは,学校教育あるいは学校外教育のための

〈Fig.6-1〉 **哲学的分類**

強調される哲学	指導法
人間主義	●各個人の潜在能力を最大限に強化する。
基本的スキル	●他の達成の基礎となる基本的スキルを強調する。
専門技術的スキル／能力	●特定の役割にとって必要なある課題を達成するための特定の能力開発に焦点をおく。
社会改造主義／批判的思考／実践的推理	●学習者が積極的な社会的成果のための，意思決定スキル，高次の思考スキルを発達させることを助ける。

共通の使命をもつ個人が，いかに，家族・消費者科学における教育が実際に意味することについて非常に異なった考え方をもち得るかということを伝えている。これらの哲学は，〈Fig.6-1〉にまとめられている。

哲学と伝達することとの関係

あなたは，たぶん，これらそれぞれの哲学の簡単な説明を読んでいくにつれて，自分がどれにあてはまるのかを考えるだろう。純粋主義者の人々はほとんどいないが，あなたは，いくつかの哲学の中でほかよりもある一つを好むだろう。その哲学は，あなたが教えたり，伝達したりすることを決定するのに役立つ。

たとえば，家族計画の主題や概念について考え，非常に異なった哲学をもつ四人の専門家が，この主題について若い成人集団をどのように教えるかについて考えてみよう。人間主義哲学をもつ専門家は，学習者の避妊法に対する感情，避妊の方法を用いることについての態度や価値，これらの態度や価値がかれらの避妊法の選択に影響を与えると思われる方法などについて気にかける。専門技術的哲学をもつ教育者は，学習者の感情にはあまり時間を割かず，さまざまな避妊法「どのようにして（ハウツー）」の説明により多くの時間を割く傾向がある。社会改造主義の観点をもつ教育者は，意思決定過程と意思決定者のもつ価値，潜在的・長期的健康への影響，それぞれの避妊法に関する倫理的考慮，人口抑制に対する社会的責任など意思決定の際に考慮すべき要素を強調するだろう。

確かに何を伝達するのかについてのあなたのすべての意思決定は，個人的な哲学を通して映し出されるが，家族・消費者科学の内容を伝達する人にとっての正しい教育哲学というものがあるのだろうか。おそらく，ある目標あるいは

指導環境と矛盾しない哲学について考える方が容易だろう。食品サービス，子どもの世話と指導，衣類管理サービス，施設管理などの職業技術センター，生涯センターで働く教育者は，専門的模範を基にした教材をかれら自身が使っていることにしばしば気づくだろう。これらの場合，そのプログラムの目標は，生徒たちに市場向きのスキルを教えることにある。

　クラブや子ども・青年のプログラムに対して統率力をもっている教育者は，一人ひとりの個人的発達に焦点をおく学習者中心のプログラムを見出すだろう。学習者とプログラム指導者は，学習者との相互関係や学習者同士の相互関係には関心を示すが，学習者の認知成果にはあまり関心を示さないだろう。人間主義哲学をもつ教育者は，学習者がつくった製作品を強調しない場合，ほっとするだろう。

　あるクラブ，組織，あるいは企業における，参加者の成功は，パフォーマンス（遂行活動）の水準あるいは製作品の質で判断される。これらの環境において，そのリーダーは，過程よりも製作品を強調する哲学を採用しなければならないだろう。

　いくつかの環境は，用いられる模範の型を規定するようである。たとえば，大学院の栄養課程での内容の選択は，伝達されなければならない複雑な概念には左右されるが，指導者の哲学に依存することはほとんどない。

　哲学が第一に議論されてきているのは，教育者の哲学が何よりもまずすべてを見る方法を特徴づけるためである。教育者が，何を教えるかを決定することに影響を与えるその他の強い要素もある。これらのうちのいくつか（学習者，学習環境，その他）は，本書の他章（第5章，第7章）で述べられている。

　この教育哲学の議論では，教師の意思決定の複雑な側面を非常に単純化し過ぎてきた。しかし，この議論は，自分の役割に対する専門家の考え方と，指導計画の過程を始めるときに何を伝えるかを決定することとの関係を説明するのに役立つ。

■計画は結末から始めること

　人気作家であり企業顧問であるスティーブン・コヴェイ（Stephen Covey）は，より効率的に計画を立てようとする人々の世代にとって親しみのある「計画は結末から始めること」という軸索（神経線維の中心をなし，伝導をつかさどる）をつくった。この指針はまた，指導計画を立てるためにも有用である。それは，**逆行設計**（バックワードデザイン）と呼ばれる過程に形式化されてきている

（Wiggins and McTighe，1998）。本質において，逆行設計の過程は，実際，結末(望ましい結果)について考え，それから学習者をその結果に導くプログラムや活動について考えることから始まる。さらに明確にいえば，そのプログラムや活動は，学習者が望ましい結果を明らかにするような方法で計画される。

　逆行設計過程の一部として，教育者は，「持続的な理解とは何だろうか」と問いかけることから始める。**持続的理解**とは，生徒が学習経験から得るべき大きな重要な考え方である。これらは，あなたの指導の決定的な結果である。

　あなたは，どのように持続的理解というものを決定するだろうか。ときにそれは，教育者のために，内容基準，カリキュラム基準，あるいは免許交付や証明基準を通して，すでに定義づけられている。しかし，その他の場合には，特定の内容領域における最も重大なことを決定することは，教育者の責任となる。

　教育者たちは，持続的理解が浸透することを助ける鍵となる質問について考えようとする。その考えは，どの程度までプログラム以上に価値があるだろうか。このことは，本当に知る価値があるのだろうか。知識あるいはスキルは，伝統，指導者の個人的な好み，教材資料の入手可能性，あるいは学習成果に対して重大な影響を与えるため，など種々の理由でプログラムの内容となる。あなたが持続的理解として考えていることが，学習者によって将来思い出され，使われるほど十分に重要であるかどうか問いかけることから始めよう。それは，かれらの実生活にとって真に実用的だろうか。

　教育者たちは，また，これらの考えがどの程度まで学習者が感じているニーズに取り組む可能性をもっているかについて考慮しようとする。重要で持続的と考えられる考え方や学習でさえも，必ずしも学習者を没頭させる領域とはいえない。たとえば，よちよち歩きの子どもの親を対象とした親学級における持続的理解について考えてみよう。これらの幼児の親たちは，最初，2歳児の望ましい行動に取り組むいくつかの課題をよりよく取り扱う教育を求めるだろう。親教育者は，親が子育て指針の理論的基礎を理解することが重要であると考えるかもしれないが，その理論は疲れきった親たちにとっては，興味がなく，耐えられないものでさえあるだろう。

概念と一般化の活用

　概念(コンセプト)とは，単語，語句，あるいは文章で表現される考え方である。またそれは，一つの話題や主題について，すべての人がわかり，考え，感

じることのできる簡単なことばで表現するものである。「**健康な生活様式**」という概念について考えてみよう。誰かが，健康な生活様式として行っているまたは行いたいと望んでいることを示すとき，心に浮かぶことは何だろうか。おそらくあなたは，よい食習慣，規則正しい運動，あるいは毎晩の十分な睡眠時間について考えるだろう。また，健康な生活様式を重んじ，それを維持することが重要と考える人もいる。これらの考え方および感じ方のすべては，健康な生活様式に関する個人の概念化に関連している。

各個人は，自分自身の概念のまとまりをもっている。健康な生活様式に関するあなたの考えは，他の人の考えとはまったく異なるかもしれない。この世界に関するあなたの概念化は，あなたの背景や経験による影響を受けている。たとえば，もしあなたがカロリーやコレステロールの過剰摂取を避けることを考慮した食物選択をするような家庭に育ったならば，それがあなたの健康な生活様式を構成する概念に影響するだろう。

一般化

最初の計画段階において，指導法を組織立て易くするために使うことのできるもう一つの手段は，**一般化（ジェネラリゼーション）**である。一般化は，実際は概念の拡張である。一般化するための言明は，二つの規準（クライテリア）を満たさなければならない。規準の一つ目は，普遍的真実でなければならないということである。つまり一般化は，世界中の誰もが合意するような考えを表す。規準の二つ目は，一般化の大部分は，概念間の関係を示すということである。

たとえば，次の一般化について考えてみよう。「デザインとは，線，形，形状，質感，色に関する基本的要素を組織化する過程である」。この言明は，まさに設計概念の拡張である。これは，デザインとは何か，というあなた自身の概念化の中に組み込むことができるデザインについての何かを告げている。この声明において，線，形，形状，質感，色に関する要素は，デザインの概念に関連している。したがって，上述の言明は，基本的な真実を表し，普遍性の要素をもち，関係性を示しているので，この言明は一般化のすべての規準に適合している。

一般化を評価するために使われる規準のいくつかを〈Fig.6-2〉に示す。この規準は，一般化の健全性と構造の両者を判断することに役立つ。信頼できる一般化は，実証された事実によって支持される。一般化を指示するためには，研

〈Fig.6-2〉 一般化の規準

> あなたが記述する一般化を次の観点で評価しよう。
>
> **信頼性**
> - 実証され得る事実によって支持される(たとえば,研究あるいはスペシャリストの世界で)。
> - 同様な状況に対して適用可能である。
> - 時代遅れにならない。
> - 普遍的に受容される価値に基づいている。
> - 信頼できる仮説によって補強されている。
>
> **技術的正確さ**
> - 明白に記述されている。
> - あいまいな用語を使わず,理解できる用語で記述されている。
> - 完成した記述である。
>
> **指導的**
> - 学習者が現実的な問題や新しい状況の対処にあたって見識を得る助けとなる。
> - 行動に十分影響を与えることができる。
> - 妥当な指導活動を通して発達がなされる。
> - 学習者が開発に時間をかける価値が十分ある。

究が引用される。さらに,一般化は,すべての環境や背景をもつ人々にとって普遍的にしかも長期にわたって真実であると思われ,信頼できる一般化は,時代遅れになることはない。

一般化に関する実際の内容に加えて,一定の技術的考慮がなされるべきである。一般化は,すべての人が理解できるような,明白で,あいまいでない記述である必要がある。簡単で完成した記述が,伝達するのに容易である。つまり,一般化は価値のある,重要な内容を表す必要がある。

一般化は,指導の後で学習者が表現できることをあなたが希望する普遍的真理と表しているので,指導において役に立つ。自分自身で丸太小屋を設計し,建設したいと考えている人々の集団に対して,「効率的で低予算の住居設計」という研究会(セミナー)を開くと仮定してみよう。光熱水道設備に関する研究会の最後に,参加者は,この研究会の主要な考えのいくつかを要約する課題を出されたと想像してみよう。一人が手を挙げて次のようにいう。「私が今日学んだ最も重要なことは,住居において光熱水道設備を中央に配置することには,経済的な利点があるということです」。それを聞いてあなたは感動するだろう。

あなたの学習者は，まさに指導で示した一般化のうちの一つを繰り返して表明しているのである。あなたが「住居において光熱水道設備を中央に配置することには，経済的な利点があります」といわなかったとしても，あなたの学習者たちは，あなたが提供した学習活動を通してその考えを発見したのである。

概念や一般化を用いることは，あなたの持続的理解を考え，計画するために役立つ。また，ウイギン(Wiggins)とマクティグ(McTighe)は，『デザインについての理解(Understanding by Design)』という著書において，教育者は，その他の二つの範疇である**知ること・行うことの重要性**と**精通する価値**について考えるよう示唆している。これらの概念あるいは一般化の関係を同心円で図示すると，**持続的理解**を中心にして，その外側の円が　**知ること・行うことの重要性**，一番外側の円が**精通する価値**となる。このモデルは，主題に関連した多くの概念あるいは一般化に優先順位をつけたり，それを通して分類したりするのに役立つ。

持続的理解の測定可能な学習成果への変換

概念と一般化は，教育者が指導の方向を定める助けとなるが，指導による明確な**成果**をはっきりとは示さない。つまり，期待される学習者の行動は，指導の後に起こるからである。あなたが何を教えようとも，あなたが教えていることを実際に学習者が学んでいるかどうかを知りたいだろう。あなたは，学習者が学習活動の後に何ができるかを観察することによって，学習がなされたかどうかを常に判断できる。たとえば，あなたは，学習者が従業員候補者をインタビューするための要素を習得したかどうかを，個人インタビューのロールプレイを見ることによってただちに知ることができる。あなたは，学習者が赤ちゃんのおむつ替えのこつを習得したかどうかを，かれらが乳児のおむつ替えをするのを見ることで容易に知ることができる。あなたは，学習者に試しの質問をし，学習者が一定の事実や考えを学んだかどうかを判断することができる。

もしあなたが，教え始める前に生徒たちにできるようになって欲しいことが何かを説明できれば，あなたは学習者の活動を見ることによってあなたの指導が効果的であったかどうか素早く判断できる。何らかの学習体験に参加した後で学習者が何ができるようになったかを説明することは，**学習成果あるいは目的**といわれている。

学習成果は，非常に広範に，非常に具体的に，あるいは両者間のいずれかの

⟨Fig.6-3⟩ **学習成果の特定化水準**

成果の特質	指導的要素	成果
一般的 ↕ 具体的	プログラム	● **プログラム目標**：学習者は日常生活において生活経営スキルを活用する。
	課程・講座	● **講座の成果**：学習者は効果的な消費者行動を実演する。
	単元	● **単元目標**：学習者は効率的に個人の収入と支出のバランスを取る。
	授業／発表	● **具体的な学習成果**：学習者は個人の小切手帳のバランスを正確に合わせる。

点で説明できる。**広範に述べられた学習成果**は，しばしば**目標**と呼ばれる。目標は，包括的な学習成果を表す。たとえば，あなたは子育て課程の目標を以下のように説明するかもしれない。「この課程を修了した後に，学習者は効果的な子育ての技術を活用できるだろう。」この包括的記述は，学習者がこの課程をとった後に何ができるようになるかを説明するのに役立つ。

広範に述べられた学習成果は，課程のための日々の学習計画においてはあまり役立たない。日々の指導計画においては，**具体的に述べられた学習成果**の方がより役に立つ。たとえば，普及スペシャリストは，洪水を日常的に経験している地域のために濡れたじゅうたんを再生することについての発表を計画するかもしれない。そのスペシャリストは，その発表のために多数の特定の目的を明らかにしたいだろう。この授業のための具体的な学習成果の一つは，次のようなものかもしれない。「この授業に出席した後，学習者はじゅうたんから余分な水を取り除く方略（ストラテジー）を明らかにできるようになるだろう」。

指導における学習成果の記述の目的あるいは活用と，学習成果の記述が，いかに一般的であるべきか，あるいは具体的であるべきか，との間の関係が，⟨Fig.6-3⟩に示されている。それぞれの成果は，その他の要素に関連するが，関連するプログラムの指導要素に依存している具体性は，さまざまに変化する。

具体的な学習成果の記述

あなたは，おそらく人生においてしばしば「なるほど」と納得する現象，つまり混乱していたり，不明瞭であったりしたことが突然理解できた経験をもっているだろう。あなたは，「今，わかった」か「なるほど」というだろう。不思議なことに，あなたは以前に知らなかったことがわかるのである。

この「なるほど」という納得の現象は，学習者に満足感を与えるが，指導者は，あまり気がつかない。学習者が何かを学んだかどうかを指導者は，どのように知ることができるのだろうか。指導者は，学習者が学んだかどうかを判断するために，学習者の行動を観察する。このよい例は，結婚生活を豊かにする学級において見つけられるであろう。その指導は，積極的に耳を傾けるためのコミュニケーション技術を含むかもしれない。もし，この課程の最後に，夫婦が新しい技術を示すことができたならば，指導者は，意図した学習成果が得られたと結論づけることができるだろう。

　指導者が観察できる行動が学習**知識**を構成するかどうかを決めるのは，指導者次第である。それらは，観察可能，かつ測定可能な行動に違いない。〈Fig.6-4〉に示したのは，非行動的(非測定可能な)動詞と，行動的(測定可能な)動詞の例である。あなたは，学習者が書いたり，朗読したり，あるいは実演したりするのをはっきりと見ることができる。これらの動詞は，観察や評価が可能な行動を説明している。あなたは，学習者が概念を知ったか，あるいは理解したかどうかを知ることはできない。明白な行動的動詞を用いることによって最もよく伝達される行動が示されている。

　具体的目的は，あなたのすべての指導上の意思決定の基本となる。目的は，指導を動かす。事実，それらは道路地図によく似ている。その**目的**は，あなたの目的地であり，指導技術，指導資料・資源は，まさに道路である。最良の道路を選ぶことが重要である一方，目的地のないあるいは堂々めぐりは，意味がない。あなたやあなたの学習者は，あなたが指導について意味のある決定ができる前に，到着地あるいは目的を知らなければならない。

〈Fig.6-4〉　**行動的動詞と非行動的動詞**

行動的動詞	非行動的動詞
書く	知る
朗読する	理解する
確認する	真に理解する
識別する	価値を認める
解決する	十分に価値を認める
構成する	意味を把握する
列挙する	楽しむ
比較する	信じる
分類する	学ぶ

■学習成果の要素

　学習成果がいかに一般的，あるいは具体的であろうとも，意味のある目的は，特定の部分や構成要素をもっている。これらの構成要素を「**目的のＡＢＣ**」として考えることは有益である。

　学習者：構成要素「Ａ」は，学習者・視聴者（Audience）である。意味のある目的は，学習者を定義する。たとえば，「７年生の栄養を学ぶ生徒は，食物指針ピラミッドを用いて１日の食事計画を立てるだろう」という目的においては，７年生の生徒が，学習者である。たとえば，７年生の生徒にとってふさわしい情報は，貧しい家庭経営者にとってはふさわしくないので，明らかに，学習成果を決定し，目的を書くために学習者の特定は重要である。

　行動：目的のＡＢＣに書かれている「Ｂ」は，行動（Behavior）である。指導の結果として，学習者は何ができるようになるべきだろうか。予想される観察可能な，測定可能な行動とは何か。次の目的で，意図された学習成果は，窓枠の隙間をふさぐことである。すなわち，「適切な材料や道具を与えられれば，従業員は窓をふさぐことができるだろう」。

　状況：「適切な材料や道具が与えられる」というのは，目的の構成要素「Ｃ」の例となる状況（Condition）である。この状況は，学習者のパフォーマンス（遂行活動）が評価される規準あるいは状況を表す。それは，使われる資源（方法），制限時間（20分以内に解決する），あるいは学習者が（かれらの自宅で）実践するときと場所などについて言及する。

　意味のある目的は，これらＡＢＣ三つ，あるいはここで説明した要素のすべてを含んでいる。完全な目的と不完全な目的の例は，〈Fig.6-5〉に示されている。

■目的を書くことで，学習者は理解する

　目的は，学ぶ内容について，学習者と指導者の間に，実際に共通理解を与えるので，よい目的を書くことが重要である。よい目的は，明快で，実行可能で，しかも流暢であるべきである。

　明確さ：まず第一に，学習者が期待されている行動を明確にしなければならない。目的をできるだけ明確に，簡潔に述べ，一つだけ期待する行動を含めるようにしよう。行動動詞は，行動を明らかにするために使われるべきである。共通の意味をもつ動詞を使うようにしよう。そうすれば学習者と指導者の両方が，**分類する，集める，調べる，つくる，選ぶ，変える**，などの用語を理解す

〈Fig.6-5〉 **完全な目的，および不完全な目的の例**

完全な目的
1. 就学前の幼児は，多様な食物の絵を与えられ，ジャンクフード（カロリーは高いが栄養にならないスナック風の食品）から健康的な食品を分類する。
　　　（状況）　　　　　（学習者）　　　　　（行動）

2. 生徒は，授業で議論した原理を基に，特徴が示された家族に最もふさわしい家を選択できる。
　　　（状況）　　　　　（学習者）　　　　　（行動）

3. 高齢者市民は，いくつかの方針パンフレットを調査した後に，正当な保険請求と誇張した保険請求とを識別できる。
　　　（状況）　　　　　（学習者）　　　　　（行動）

不完全な目的
1. 生徒は，家庭の安全性の危険要素を明らかにする。(**状況が抜けている**)
2. 「心肺蘇生装置アニー」を用いて，ＣＰＲ（心肺機能蘇生法）を実演する。(**学習者が抜けている**)
3. 10代の親は，発達段階に応じたおもちゃの一覧表を渡される。(**期待される行動が抜けている**)

ることができる。たとえば，学習者は，家庭用清掃洗剤を混ぜると危険なことを明らかにできるだろうといわれれば，何が期待されているかがわかるだろう。そしてあなたは，学習が行われたかどうかを判断するために何を見たらよいのかがわかる。

　実行可能性：目的は，また実行可能性（指導を通して現実的に達成できる何か）がある必要がある。たとえ，あなたが最善の努力をした結果だとしても，「ティーンエイジャーは，金銭の使い道について上手な意思決定ができるだろう」ということを保証するのはかなり難しい。しかし，あなたは，かれらがさまざまな消費者詐欺，広告宣伝，あるいは多様な販売手法の型を明らかにし，それらが消費者の支出にいかに多大な影響を与えるように意図されたものであるかを説明できるかどうかを評価できる。

　流暢性：最後に，その目的は流暢に書かれているか，あなたと学習者に意味がわかるか，ことばづかいはなめらかに流れているか，ということである。あなたが成果として意図していることが，明確に，簡潔に，しかも学習者がわかる用語で書かれる必要がある。これを自分自身に問いかけてみよう。すなわち，

⟨Fig.6-6⟩ **よい目的と悪い目的の例**

明確でない：	学習者は，何をするかを決定する。
明確である：	学習者は，意思決定を含む事例研究を与えれば，自分たちの意思決定と弁護について述べる。
実行可能でない：	学習者は，職業用衣服を選ぶ。
実行可能である：	学習者は，労働環境と所定の予算の説明が与えられれば，カタログの中から職業用衣服のために適切な衣類を決める。
流暢でない：	学習者は，議論された原理に基づき，100％正確で，市場における自分たちの購入意思で，自分の子どもの発達段階に適切で安全なおもちゃを選択する。
流暢である：	学習者は，おもちゃの選択に関する授業の後で，子どもたちにとって安全でないおもちゃを確認する。

自分が計画した指導の結果として，学習者は何ができるようになるだろうか。あなたは，このことを学習者がわかるようなことばで表現する必要がある。

⟨Fig.6-6⟩は，以上論じてきた要素についてよい例と悪い例を挙げたものである。目的は，明確で，実行可能で，流暢になるまでに，数回書き直される必要がある。

目的の型

あなたが計画する学習成果の種類について考えるときに，異なった型の目的がいくつかあることが明らかになる。指導の目的は，ときには，特定のスキルを発達させることであり，ときには，学習者の態度あるいは意見を修正することである。目的の多くは，新しい情報を伝え，学習者がその情報を適用するようにさせることでなければならない。活動すること，感じること，考えることを含むこれらの学習のさまざまな型は，三つの学習領域に分類できる（Bloom, 1956）。

一つ目の学習領域は，思考を強調する**認知領域**である。認知領域における目的は，学習者の知識，理解を扱わなければならない。生殖システムの各部分のラベルづけ，納税申告用紙の説明，あるいは家族危機に対する答えを述べることなどはすべて，認知領域における成果である。

二つ目の学習領域は，感情を強調する**情意領域**である。情意領域における目的は，学習者が何かについてどう感じるかを扱っている。たとえば，何かの受容または拒絶の程度である。情意領域におけるいくつかの行動目的は，幼い子

どもたちと過ごすことを楽しむこと，高齢の家族員の貢献を認識すること，あるいは他者に共感的に耳を傾けることなどを含む。ここで用いられている動詞は，感情を示すことにあなたは気づくが，これらの学習成果が達成されたか否かを示すような証拠を認識することは容易である。

　三つ目の学習領域は，**精神運動領域**である。この領域は，学習者が体をどのように制御したり動かしたりするかに関わっている。精神運動領域は，応急手当の適用，対流式オーブンの操作，あるいは赤ちゃんのおむつ替えなどのスキルの発達に関わっている。

　さらに一部の教育者たちは，四つ目の領域として**知覚領域**を示唆している（Moore, 1970 ; and Hooker, 1980）。この領域は最近，家族・消費者科学に適用されてきた（Hausafus and Williams, 1987）。知覚は，感覚を通して受け入れた刺激の意味を引き出すために，認知スキルと情意スキルを用いることを含んでいる。知覚領域は，感覚を通して刺激あるいは情報を受け取り，それらの刺激を解釈し，そしてその刺激に反応するという過程に重点をおいている。

　ハウサフスとウイリアムズ（Hausafus and Williams, 1987）によって修正された知覚領域は，最初の感覚の後，形の知覚，象徴の知覚，意味の知覚，行動の知覚を含んでいる。この過程を明らかにするために，学習者は，子どもの言語スキルの中に問題を発見し（感覚），吃音症のような言語問題を認識し（形の知覚），吃音を促進するような刺激やできごとと吃音にならないような応答との間を区別し（象徴の知覚），吃音となった応答を促す要因を決定し（意味の知覚），吃音となった応答を刺激する要因を変えるための意思決定をする（行動の知覚）。この領域は，広く適用されてはいないが，家族・消費者科学の内容を伝達する者にとっては重要である。

■**目的の水準**

　どの学習領域においても，すべての目的が同等につくられるわけではない。たとえば，一人の人は「情報を覚える」と述べるかもしれないが，もう一人の人は「情報を適用する」と述べるかもしれない。これは，どのような学習領域の中にも多様な水準が存在することを示している。低い学習水準では，能力の記述を要求しないが，高い学習水準では，能力の記述が必須である。

　認知領域内の例では，学習の水準がいかにお互いに関連しているかを説明している。家計管理授業における学習者が「予算を立てる」ことが，明らかにされた一つの学習成果だと想像してみよう。それは，かなり高いレベルの学習を

意味する。それは，学習者が，再構築，再組織および総合するための新しい方法で，いくつかの情報を適用しなければならないことを示唆する。たとえば，学習者は，総収入と純収入の違いや固定支出と弾力的支出の違いを認識するなど，多様な金銭管理技術を明らかにできる必要があるだろう。これらは，低い水準の目的として分類されるが，より高い水準で機能するためにもこれらは明らかに必要である。これらの目的は，「予算を立てる」という授業の目的にとって，前提として不可欠の知識として分類される。〈Fig.6-7，6-8，6-9〉は，領域と領域内の水準を示している。

■指導計画で学習領域を用いること

あなたが指導計画を立てるときには，先に述べた三つの学習領域すべての目的を含むようにしよう。たとえば，幼児の世話を扱う単元では，知識(認知領域)，専門技術的スキル(精神運動領域)，および健康的態度(情意領域)を含む。

多くの目的は，主な強調点によって特徴づけられるが，一つの領域だけでなくいくつかの領域が重複する。たとえば，「型紙を身体に合うように直す」の目的は，実際的スキルを遂行する精神運動領域目的であるが，認知知識のいくつかも必要とする。

指導計画はまた，異なった学習水準のための目的を書くことを含む。これま

〈Fig.6-7〉 **認知領域と学習水準**

	思考を強調すること	
水準	説明	行動の例
1. 知識	思い出す，覚える，認識する	●用語を定義する，事実を思い出す，各部分に名前をつける
2. 理解	理解する，説明する	●説明する，例を挙げる，方法を説明する，モデルを構築する
3. 応用	着想を用いる	●実験室で実演する，標本を用意する
4. 分析	推理する	●問題を分析する，選択肢を区別する，長所を指摘する
5. 総合	創造する	●二つ以上の考えを結びつけ，統合する，計画を修正する
6. 評価	判断をする	●問題を評価する，結果を比較考察する

B.S.ブルーム『教育目標の分類学』入門書1：認知領域，ニューヨーク：デイビッド・マッケイ
Bloom, B.S.(1956)." Taxonomy of Education Objectives." *Handbook I : Cognitive Domain.* New York : David McKay.

で示してきたように，あなたは情報についてまず知り，かつ理解しなければその情報を応用できない。同様に，情意領域においては，学習者はまずそれを受

〈Fig.6-8〉 情意領域と学習水準

感情を強調すること		
水準	説明	行動の例
1．受容	気づく	・注意を払う，許容する，違いを認識する
2．反応	現象に対して何か行う	・試みることに同意する，進んで引き受ける，指針に従う
3．価値づけ	態度を発達させる	・計画を始める，関心を示す，責任を負う
4．組織化	個人的価値を整える	・生活様式（ライフスタイル）を調整する，情報を公開する，適応する
5．価値による個性化	価値の内面化	・献身を示す，他者に影響を与える，例証する

B.S.ブルームとクラットウォール『教育目標の分類学』入門書Ⅱ：情意領域，ニューヨーク：ロングマン／グリーン　Bloom, B.S.and Kratwohl.D.R.(1956)."Taxonomy of Educational Objectives." *Handbook Ⅱ : Affective Domain*.New York : Longmans/Green.

〈Fig.6-9〉 精神運動領域と学習水準

行動を強調すること		
水準	説明	行動の例
1．知覚	知覚の手がかりを発見する	・試す，聞く，発見する
2．構え（反応を準備すること）	行動の用意をする	・手をおく，位置につく
3．誘導的反応（反応を学習すること）	模倣あるいは実践する	・表現する，模写する，繰り返す，模倣する
4．機械的反応	効率を高める	・実演する，生産する，行動する
5．明示的複雑反応	無意識的に遂行する	・制御する，続ける，指導する
6．適応	スキルを修正する	・調整する，改造する，変える
7．創作	新しい活動を創造する	・設計する，組み立てる，創造する

シンプソン『教育目標の分類』精神運動領域　イリノイ・ティーチャー　第10巻　Simpson, E.(1967). "The Classification of Educational Objectives, Psychomotor Domain." *Illinois Teacher*, 10, 110-145.

容し，反応する機会をもつまでは特定の行動や現象を評価できない。最後に，精神運動領域においては，学習者は，簡単なスキル（水に浮くことのような）ができなければ，複雑なスキル（たとえば泳ぐこと）を達成することができない。

指導計画に取りかかる前に，教育者たちは，自分たちが書いた学習者の目的を注意深く見直すべきである。以下に挙げる質問は，目的が計画のために信頼に足る根拠としての役割を果たすかどうかを決定するために役に立つ。その目的と確認された学習者のニーズとの間に，明らかな関連があるだろうか，その目的は持続的理解を反映しているだろうか，その目的は，実行可能かつ達成可能だろうか，その目的は，あなたのプログラムあるいは指導の制限時間内で達成できるだろうか，その目的は，学習者やその他の関係ある人々によって容易に理解されるだろうか，その目的は，測定可能な提案された学習成果を明確に記述しているだろうか(Caffarella, 1994)。

> **要約**
>
> 何を教えるのかを決定することは，家族・消費者科学の内容を効果的に伝達する道筋において重要な段階である。それは，特定領域における知識体系を評価し，知識体系についてのあなたの哲学を評価し，含まれるべき概念あるいは一般化を明確に述べ，そして特定の学習目標を確認することを含む。
>
> あなたの哲学は，あなたが提供する指導の性質に強く影響を与える。あなたが人間主義的，学芸的，専門技術的，あるいは社会改造主義者的哲学をもっているかどうかが，あなたの伝達方法を決定する。
>
> あなたは，伝達したい内容を組織化することを助けるために，多様な用具を用いることができる。よい指導は，計画は結末から始めることである。どのような概念や一般化が持続的理解を表すかについて考えることは，最初の段階である。概念あるいは一般化を，測定可能で，具体的，意図した学習成果（あるいは目的）に進ませることが次の段階であり，指導計画において最も重要な観点である。
>
> 目的は，指導期間が長いか比較的短いかに関わらず，学習者あるいは相談者があなたの指導の結果として何ができるようになって欲しいかを示す。どちらの場合でも，目的は，測定可能で，学習者と指導者の両者にとって指導の結果として期待されていることを伝えるよう書かれなければならない。

引用・参考文献

Bloom, B.(1956). *Taxonomy of educational objectives, handbook 1: Cognitive domain.* New York: David McKay.

Bloom, B.S., and Kratwohl, D.R.(1956). *Taxonomy of educational objectives, handbook 2: Affective domain.* New York: Longmans / Green.

Caffarella, R.(1994). *Planning programs for adult learners.* San Francisco, Calif: Jossey-Bass Inc.

Hausafus, C.O., and Williams, S.K.(1987). *Perceptual learning in home economics: Classification of skills in the perceptual domain.* Ames, Iowa: Iowa State University Press.

Hooker, E.(1980). Application of the perceptual domain to home economics education. *Illinois Teacher,* 23, 166-172.

Mager, R.(1962). *Preparing instructional objectives.* Palo Alto, Calif.: Fearon.

McAshen, H.H.(1979). *Competency-based education and behavioral objectives.* Englewood Cliffs, N.J.: Educational Technology Publications.

McNeil, J.(1977). *Curriculum: A comprehensive introduction.* Boston: Little, Brown and Co.

Moore, M.R.(1970). The perceptual domain and a proposed taxonomy of perception. *AV Communication Review,* 18, 379-413.

Pasch, M., Sparks-Langer, G., Gardner, T.A., Starko, A.J., and Moody, C.D.(1991). *Teaching as decision making: Instructional practices for the successful teacher.* White Plains, N.Y.: Longman.

Powell, L. and Cassidy, D.(2001). *Family Life Education.* Mountain View, Calif.:Mayfield Publishing Company.

Simpson, E.(1967). The classification of educational objectives, psychomotor domain. *Illinois Teacher,* 10, 110-145.

Wiggins, G. and McTighe, J.(1998).*Understanding by design.* Alexandria, Va: Association for supervision and Curriculum Development.

第7章

学習舞台の設定

演劇関連における「舞台(ステージ)の設定」は，多くの指導者が集団を受けもつ場合に経験することと一致している。指導者の多くは，どのように学習者の興味を維持し，学習者の反応を評価するかということに関心をもつ。学習者を楽しませる必要性について論評してきた教師は，一人だけではない。しかし，この章では，物理的環境と，それが効果的な指導にどのような影響を与えるか，ということにより多くの焦点をあてる。このことは，最も学習を促進すると考えられる物理的状況や指導をいっそう高める技術的要素を含んでいる。

物理的配置

　指導空間の物理的環境を決定する前に，その空間の**機能**について考えてみよう。スチール(Steele, 1973)は，ほとんどの教室空間にあてはまる六つの基本的な機能，すなわち，安全と避難所，社会的接触，象徴的一体感，課題解決手段，楽しみ，成長を明らかにした。これらの機能は，指導空間を選び配置することについての意思決定を導くために役に立つ。

　指導は，おそらくどのような場所でも行われるが，適切な物理的環境においてこそ，計画通りに行われる。個人の発達についてのその他のすべての型のように，環境は，成長と変化に影響を与える。私たちが指導について考えるときによく思い浮かべる物理的環境は，椅子つきの机の列が並ぶ殺風景な教室である。事実，これはときには，適切な環境である。しかし，物理的配置が指導に適合するためには，以下に挙げる要素のすべてを心に留めなければならない。

教室内の配置

簡単な概念と思われるが，教室内の実際の配置は，いかなる家族・消費者科学の専門家の成功にとっても非常に重要な影響力をもっている。あなたが参加した不成功の会合の一つを思い出してみれば，おそらく全体の伝達事項を損ねた教室内の配置のいくつかの点を指摘できるだろう。教室内の配置を計画するときには，指導活動に合った，学習者が参加し易いものにする。特に，教室内の配置がいかに社会的接触，楽しさ，そしてもちろん**課題解決手段**(あなたの具体的な指導活動)を促進するかについて考えよう。

■教室内の配置と指導の調和

行おうとしている指導の性質について，注意深く考えてみよう。もし集団討論が期待される場合には，物理的環境は，人々がお互いに顔を見て話ができるように，椅子や机を円形に配置することで，参加者に適応させるとよい。パワーズ(Bowers, 1986)が発見したように，生徒は席が列になっているとき(円形や不ぞろいに配置された椅子や机とは反対に))には，参加を不安に思うようである。円形の配置は，また，生徒が教室内で自分の席を列の中から自分で選ぶ場合の，熱心に応答する生徒の伝統的な教室の活動区域をなくしてしまうということをアダムズとビドゥル(Adams and Biddle, 1970)が明らかにした。**活動区域**とは，生徒が議論に参加したり，批評や質問を始め易い教室の領域を示している。〈Fig.7-1〉を参照しよう。

最も興味をもった生徒が，自分自身で席を選んで座るか，あるいは指導者が自分の考えで指示するかにより，活動区域が形成されるかどうかは明らかでな

〈Fig.7-1〉 活動区域

初等・中等教育の教室における調査によれば，生徒が自分自身で席を選ぶことを許されたとき，応答しようという意思のある生徒は一番前の中央や中央の列に座る。これらの生徒はまた，指導者から最も声をかけられるだろう(Adams and Biddle, 1970)。

指導者

X	X	X	X	X
X	X	X	X	X
X	X	X	X	X
X	X	X	X	X

い。活動区域は，伝統的な席の配置には限定されないかもしれないし，指導者が注意と批評を集中するようなどのような席においても生じるかもしれない（Weinstein, 1996）。しかし，反応のある活動区域が形成されたときには，すべての学習者を議論に参加させるような指導者の努力が必要であることは明らかである。しかし，伝統的な机の列の設定は，指導者が講義をし，教室の前で視聴覚教材を用いようとするときには，合理的な配置である。

　教室の形は，提示の状態に合わせるべきである。会合のための一般的な形は，細長い部屋で，横幅には数脚の椅子しか並ばず狭い通路しかとれない。明らかに，この形が，最も望ましいとはいえない。そのような教室では，最小限のよく作動する拡声装置があるかどうか，教室の後ろの人々も聞こえるかどうかを確認しよう。〈Fig.7-2〉は，多様な教室配置の型とその可能な有用性を示している。

■学習活動に適した教室内配置

　学習者が参加する活動は，**課題解決手段**のもう一つの特質である。学習者に要求された課題にとっての物理的必要条件は何だろうか。もし学習者がノートを取ることを期待されるときには，かれらは机あるいは会議卓を必要とするだろう。また，もしかれらが聞くだけならば，劇場様式が好ましい。もし学習者がプロジェクトをしている場合には，動き回ったり資料を広げたりする空間が必要となるだろう。片づけ易い設備を利用するとよい。学習者が安全に便利に動き回ることができ，資料や必需品がすべての学習者にとって容易に手が届く場所に配置される必要があるために，通路が設計されなければならない。

　小集団あるいはチームで活動することを期待されている学習者には，座席やいくつかの机あるいは椅子群を収容する空間が必要である。その反対に，もしあなたが，参加者たちに小集団として機能すること（全集団から分離したり，あるいは協働活動をしたりすること）を望まないならば，小さな机にかれらを座らせてはならない。家族・消費者科学の教師は，小さな机がいくつか備えられた教室で教えるよう割りあてられることが多い。これらの教師は，教室前方に生徒たちの注目を維持させることや生徒に自主的に学習させることがいかに難しいかを知っている。物理的配置はある程度，これらの問題点の原因となる。

■学習者に適した教室内配置

　空間を適切に計画するためには，参加者のニーズもまた，注意深く考慮されなければならない。たとえば，成人学習者のために教室の設定をするときには，

〈Fig.7-2〉 **教室内の座席配置**

様式	説明	長所
劇場様式	提案者が前；中央に通路があり，椅子は列に並べる	教室の中に最大限の席を提供する；教室空間に秩序感を与える；大きな集団の場合，指導者との距離が最も近くなる；指導者に注目が集まる；大きな集団にとって有用である
U型	机がU型に配置され，指導者はU字の空いている部分に位置する	参加者のために作業空間を提供する；学習者同士の視覚接触を可能にする；指導者と学習者との近接が可能になる；かなりの空間を要する；小集団にとって有用である
ダイヤモンド様式	一つの大きな正方形の机で，指導者は対角線の1点に位置する	学習者と指導者の間の見通しがよい；学習者同士の視覚接触がよい；小集団にとって有用である
会議様式	一つの大きな長方形の机で，椅子はその周りに均等に配置される	すべての学習者にとってよい作業空間を提供する；指導者に対して一つの場所が指定されていないので，権力が共有できる；ほとんどの学習者とよい視覚接触が認められる小集団にとって有用である
円形設定の椅子	机はなく，椅子だけが円形に設定される	すべての学習者の間ですばらしい視覚接触がある；作業空間はない；指導者に対して一つの場所が指定されていないので，権力が共有できる；小集団にとって適切である
小さな半円形設定の椅子	すべての椅子が教室の前向きにおかれる；直線の列ではなく，4脚ずつの椅子が半円形に前向きにおかれる	伝統的な劇場様式よりも，学習者間のよりよい視覚接触が提供される；指導者に対して注意が向けられる；大集団にとって有用である
教室様式	椅子つきの長方形の机が側面に沿って，教室の前に向けておかれる	学習者のための作業空間を提供する；指導者に対して注意を向ける；大集団にとって有用である
宴会様式	椅子つきの円卓	学習者のための作業空間を提供する；他の学習者に対して注意を向ける；誰もが教室の前方を向くのは難しい；大集団にとって有用である

「肘をおく空間」を確保するため座席を離しておき，足を伸ばせる空間を確保するため，列と列の間を広くするようにしよう。小さな子どもたちは，それぞれ，「もじもじする」ことができる空間を両側に十分に取って座らせるとよい。

　教室の規模は，学習者の規模に合わせるのが最良である。すなわち，小さ過ぎる教室は，混雑した不快な感じを引き起こす。他方，また，大き過ぎる教室も不快の原因となる。ブルックス（Brooks, 1988）が示したように，「……大き過ぎる教室は，また，視線合わせ（アイコンタクト）を困難にする，他のものに気を散らされるようになる……などのように指導空間に障害をもたらす」。もし学習者に対して大き過ぎる教室を使う場合には，余分な椅子を積み重ねたり，後ろの列にロープを張るなどについて考えよう（Bodenhamer, 1984）。

　指導空間が指導的課題のためにふさわしいことを確かめるのに比べ，身体的快適さは重要でないように思えるが，楽しさと安全の両方に関連している。学習環境において身体的，心理的快適さを感じている学習者は，学習体験に十分に参加するようである（Weinstein, 1996）。

　長期間にわたって学習者を受けもつ場合，指導空間における**象徴的一体感**の重要性について考慮しよう。象徴的一体感は，学習者が自分たちの空間をつくる方法である。指導空間は，絵，ポスター，掲示板，備品あるいは展示などを通して，学習者や指導者にとって独自のものとすることができる。これは，より興味深く楽しめる環境をつくり，学習者間の心理的快適さを増やすためのもう一つの方法である。空間を十分に所有させることは，安全と安定の感覚が必要な若者や落ちこぼれの恐れのある学習者にとって，特に重要だろう。

学習者に適した指導者の位置

　指導と教室内の配置に関連するもう一つの考慮事項は，参加者との関係で指導者がどこに立つとよいかということである。机，カウンター，あるいは演台の後ろに立つことによって，指導者は自分自身を学習者から引き離す。たとえば，特に繊細で防衛的な相談者を受けもつ場合には，この分離は望ましくない。あなたの指導目標が討議や学習者の参加を含んでいるときは，机や演台の後ろに立つことは避けるようにしよう。学習者と指導者との間の障壁を破るのを助けるために，相談者あるいは小集団の人々といっしょに座るようにしよう。

　講義をしたりあるいは議論するため，立つことは座ることよりも正式な姿勢であるが，座ることで指導者がしていることを見たり聞いたりする学習者の能

力によい影響を与える場合もある。指導者が立ったりあるいは活動したりする場所についてのもう一つの考慮事項は，行動管理方略（ストラテジー）としての接近の重要性である。青年の教室を受けもっている指導者は，接近がおしゃべりなどのささいな不作法に対処するための力強い非言語的方法であることに気づくであろう。不作法な生徒に近づくことは，あなたがかれらの行動に注意を払っており，それに反応していることを伝えている。行動管理技術としての接近を用いると同様，個人的支援を与えるためのあなたの能力にも影響を与えるので，学習者の間をあなたが自由に動ける指導空間を配置することは，重要である。

その他の物理的考慮

教室内配置および指導者の場所は，まさに考慮すべき二つの物理的状況である。学習様式に関するダン（Dunn, 1979）の研究は，温度や光のような状況がいかに個人の学習に影響を与えるかという概念を支持している。指導に関する物理的状況を設定するために，次の要素について考えてみよう。

誰もが身体的に快適であることは，おそらく不可能であるが，学習者は，暖かすぎる教室よりもわずかに涼しい教室の方が，注意深く人の話をよく聞くようである。単にいくつかの窓を開けるだけでも，教室の温度を調節する助けとなるだろう。窓のない教室では，サーモスタットを調整しよう。そのような環境で提案を行うときには，十分に早く到着して，温度を確認しよう。そうすれば，室内気候を調節する技術者を連れてくる時間があるだろう。指導者あるいは参加者にとって，不快に暑かったり寒かったりする教室ほど気を散らされることはない。

教室内の照明は，指導活動に合わせるべきである。プロジェクト学習，ノート取り，あるいは実演には，明るい照明を必要とする。映画やビデオの教室では，適切に薄暗くできるかを点検しよう。事前に照明を調節する方法を確認し，もし必要ならば，適切なタイミングで照明を暗くする人を指名しておくとよい。

機器と支援資料

学習者との会合の前に，しなければならないその他の調整がいくつかある。あなたの提案に先立ち，学習者のニーズに合った機器と支援資料について考慮することは，学習者がより快適に学習への準備をする手助けをするだろう。

学習者のニーズ

あなたは，指導の前に学習者のニーズを予測でき，それをあなたの授業の成功に加えることができる。たとえば，もし学習者が短時間でお互いに知り合うことを望む場合には，参加者のために名札を用意しよう。名札は事前に用意し，学習者に記入させるようにするとよい。話しかける人が実際に読める程度に十分大きく，一人ひとりが書けるような名札とマーカーペンがあるかどうか確かめよう。そして指導者も名札をつけるとよい。いくつかの指導環境においては，あなたは学習者に名前だけでなく，出身地，出身校，所属集団，あるいは特別の興味などのようないくつかの他の身元確認事項を書くように指示するとよい。これは，皆がお互いに知り合うことを助けるだろう。

学習者間で共有する予定表の開発について考えてみよう。例が，〈Fig.7-3〉に示されている。予定表は，大学生に勧められ(McKeachie, 1986)，特に成人学習者に高く評価される。予定表は，かなり簡単なものでよく，計画された2，3の主な活動の一覧のようなものでよい。計画された指導活動とおよその時間についての短い説明がやや詳しく述べられるとよい。予定表は，黒板に書いたり，掲示したり，あるいは参加者にコピーを配布してもよい。

予定表には，休憩の計画を入れるとよい。指導における休憩が，適切である

〈Fig.7-3〉 **予定表見本**

「私たちは話すことができるだろうか」
予定表
2001年9月15日
午後6時～8時30分

時間	内容
6:00～6:30	**登録**
6:30～6:45	**歓迎と導入**
	リディア・ヘルマン(Lydia Hellman)，女性健康センター・コーディネーター
6:45～7:00	**女性の身体の変化**
	シンディー・ジョンソン博士(Dr.Cindy Johnson)，家族専門家
7:00～7:15	**休憩**
7:15～8:00	**女性の感情的変化**
	エディス・ハウス博士(Dr.Edith House)，心理学者，地域精神健康センター
8:00～8:30	**質疑応答**

かどうかについて考えよう。授業が60分かそれ以下であれば，休憩を必要としない。休憩しようとするときの学習者について注意深く観察しよう。いくつかの集団は，特に歩き回ったり，教室を離れたり，気分を一新する機会を必要とするかもしれない。もし，あなたが休憩は適切だと判断したら，あなたは，その休憩はどのくらい長く続くか，休憩の間どのような快適さが提供されるか，いつ指導授業が再開されるかについて具体的な点を示しているか確かめるようにしよう。落ち着くのが難しいと思われる青年を受けもつとき，または，再編成や指導計画に戻るのが難しいと思われる大きな集団を受けもつときは，休憩をとることに価値があるかどうかについて考えよう。

指導者のニーズ

指導者のニーズに合う学習舞台を設定するには，どのような支援資料がいつ必要とされるか，要求された資料がうまく作動するかどうかなどを考えることが必要である。これは，まさに「注意一秒，けが一生」という事例である。

指導に先立ち，指導者は，どのような種類の機器と支援資料が，どのくらいの時間，指導のどの時点で必要なのかを決定すべきである（追加的考慮事項については，第12章「指導資料の選択」を参照）。指導者は，チョークからビデオレコーダーにいたるまで，指導の間に必要とされるすべての機器と資料の一覧表をつくるべきである。あなたの指導計画書の余白に特定の機器や教材の使用について示すメモを書いておこう。これは，陳腐な活動のように思われるかもしれないが，経験を積んだ多くの指導者でも，ただ単にOHP・TPに書くためのマーカーペンを忘れたり，あるいはパワーポイント提示のためのディスクを忘れたりしたために，計画通りにしっかりした提示ができなかったことがある。

机が十分備えられ，室内電話がある教室では，教師は不慣れな環境で提示を行う指導者の場合よりも，事前計画の水準はそれほど重要ではない。なお，視聴覚機器のような品目は，通常注文して教室に届けられる必要があるので，指導資料・資源を事前に計画することは重要である。また，それらがいつ必要なのかを示しておくことも重要である。そうすれば，あなたの授業が始まる前にそれらは配置される。タイミングが悪い追加機器の配達は，話の妨げになる。

すべての機器と資料は，あなたが指導する前に，それらが使用順序に並べられ，それらの使い方がわかるかどうかを確かめ，点検すべきである。必要なときに，めくり式図表のページがうまくめくれるか，ラップトップコンピュータ

がプロジェクタに接続されているか，スライドが計画通りに進むか，VCR（ビデオ・カセット・レコーダー）が使えるか，下に下ろす方式のスクリーンがうまく作動するかなどを点検しよう。

気を散らすものへの対処

　視覚的に気を散らすものと制御されていない騒音の両者が，あなたが設定した学習舞台をすぐに崩壊させる。視覚的に気を散らすものとは，人々が部屋に入ったり出たりすることや，接客係がテーブルを片づけたり，人々がフラッシュ写真を撮ったりすることなどである。可能な限り，視覚的に気を散らすものを取り除くようにしよう。しかし，それが不可能な場合には，気を散らすものが収まるまで話し始めるのを待つようにしよう。

　事前に制御できる騒音は，教室内エアコンシステムの大きな音や拡声装置の雑音などである。それらの騒音は，事前に教室を点検したり，建物調整者の技術的支援を要請することによって排除することが可能である。

　多くの指導者は，教室での携帯電話やポケットベルの使用についての方針を考える必要があることに気づいている。成人の学習者の場合は，自分たちの責任に関わる家族や仕事のために，これらの個人的な器具（携帯電話やポケットベル）が必要かもしれない。しかし，中間学校，中・高等学校，大学の教室では，授業が終わるまでは携帯電話やポケットベルの使用はできないことを指導者は要求し始めている。もしこれが継続される方針であるならば，シラバスやその他の印刷した課程資料に記入されるべきである。携帯電話やポケットベルの鳴り響く音は，21世紀の指導にあたって対応を考えなければならない気を散らすものである。

　制御できず，予測できない騒音や気を散らすものが難問となっている（車，電車，サイレンなど）。これらの事例では，ブルックス（Brooks, 1988）は，行き過ぎた反応をすることを避けたり（指導に対してより大きい混乱さえ生じる），ユーモアを使うことを示唆している。自分自身を学習者の位置においてみよう。もしその気を散らすものが学習者を悩ませているならば，すぐに直接に対処しよう。もしかれらが気を散らされていないのならば，単にそれを無視しよう。

要約

　指導が提供される場の物理的配置を注意深く計画することは，効果的な指導のための学習舞台の設定を助けてくれる。これは，指導者と学習者の快適さと便利さへのニーズについて考慮することを必要とする。物理的配置は，指導空間の選択，座席の配置および快適な温度の維持を含んでいる。適切な指導空間の選択は，学習活動の実行を促進する。快適で効果的な指導空間をつくることは，学習への準備状態に影響する興味，心理的安心感，所属感を引き起こすことで，学習者に影響する。指導計画が指導と物理的環境との関係についての考慮を含むとき，家族・消費者科学の内容の効果的な伝達がより行われ易いようである。

引用・参考文献

Adams, R.S., and Biddle, B.J.(1970). *Realities of teaching: Explorations with videotape.* New York: Holt, Rinehart, Winston.

Bodenhamer, S.(1984). *Communications: Checklist for planning a successful meeting.* Columbia, Missouri: University of Columbia Extension Information.

Bowers, J.W., and 36C:099(1986). Classroom communication apprehension: A survey. *Communication Education,* 35, 372-378.

Brooks, W.T.(1988). *High impact public speaking.* Englewood Cliffs, N.J.:Prentice Hall.

Dunn, R.(1979). *Learning: A matter of style.* Alexandria, Va.: Association for Supervision and Curriculum Development.

McKeachie, W.(1986). *Teaching tips*(8th ed.). Lexington, Mass.: D.C. Heath.

Robinson, R.(1994). *Helping adults learn and change.* West Bend, Wisc.: Omnibook Co.

Steele, F.I.(1973). *Physical settings and organization development.* Reading, Mass.: Addison-Wesley.

Weinstein, C.(1996). *Secondary classroom management.* New York:McGraw-Hill.

第8章

指導計画

これまで，明らかな学習成果を導くことをめざして，指導の組織化のためのいくつかの重要な考慮事項について概説してきた。これらすべての考慮事項は，首尾一貫した指導計画に取り入れられている。非常に多くの考えや努力が，よい指導計画をつくることにつぎ込まれている。指導計画が意図されたように機能することを保証する助けとなる要素は，あらかじめ計画書を書き，指導を管理することが含まれている。

指導計画の作成

多くの専門家は，指導を組織化するためのよい考えをもっている。しかし，かれらは，それらを書かないので計画の実行がうまくいかない。指導計画を書かなければ，指導者は，授業の中盤で次に何が来るのか，計画された締めくくりは何かなどを覚えていないだろう。指導活動は，計画通りに進行せず，重要な学習成果を強化するための時間が残されていないことが多い。指導計画なしでは，土壇場の調整は難しい。

指導計画は，よい指導を行うために重要である。すべてのよい計画は，以下の本質的な要素を含まなければならない。

- 明白に述べられた学習成果，および(あるいは)概念と一般化を含むこと
- 関連する過去の指導の再検討
- 学習成果と授業への期待の概観
- 指導者と学習者の活動両者についての明確な説明
- まとめ
- 予告

前章で述べたように，指導は，多くの異なった方法において組織化することができる。指導者の中には，まず含まれるべき主題（あるいは概念）について考える方が快適な人もいる。学習者が到達を期待されている結論（あるいは一般化）から考え始める方が簡単であることを認めている指導者もいれば，また指導を学習者の行動の変化として考え，望ましい学習者の行動（あるいは成果）をはっきり提示することから始めることが，最も容易であると認めている指導者もいる。どの要素が指導者の授業の組織化の引き金になろうとも，それぞれが結局は，記述された指導計画に組み入れられなければならない。

始める

　指導計画は技術的過程であるが，それを始める前に，組織化されるべきこと，特に伝達されるべき内容についての明確な感覚が必要である。教育者は，明白で具体的な指導の到達点（学習成果）をこれまでに明確化すべきであった。その成果を達成するために，どのような具体的内容を教えるだろうか。学習者の目的が，次のように述べられている場合について考えてみよう。「勉強会（ワークショップ）の最後に，幼児の親は発達段階に応じたおもちゃを選ぶことができるだろう」。この目的に焦点をあてている内容について考え，組織化し始める一つの方法は，概念地図を作図することである。

　概念地図とは，内容がどのような関係にあるかを表すアイデアの象徴的表現である。〈Fig.8-1〉を参照しよう。道路地図のように，あなたが今どこにいるのか，あなたがどこに行こうとしているかという方向を示すことを助ける。概念地図は，原因と結果，比較と（あるいは）対照，副次的話題，あるいはその他の関係の型を示すかもしれない。概念地図は実は，まさに，目的に本来備わっている重要な概念が，それぞれお互いにどのような関係にあるかを指導者が見つけるための方法の図である。

　もしその内容が，副次的スキルの教育を必要とするような複雑なスキルを含むならば，指導者は，概念地図の代わりにフローチャートを作図しようと思うであろう。指導者は，複雑なスキルを分析し（課題分析），学習者が次の過程に進む前にどのような過程が遂行されなければならないかを決定することから始めるべきである。この方法で，指導者は，教えるべき内容の流れを実際に図式化できる。フローチャートの一例として，〈Fig.8-2〉を参照しよう（Posner and Rudnitsky, 1997）。

〈Fig.8-1〉 概念地図の例

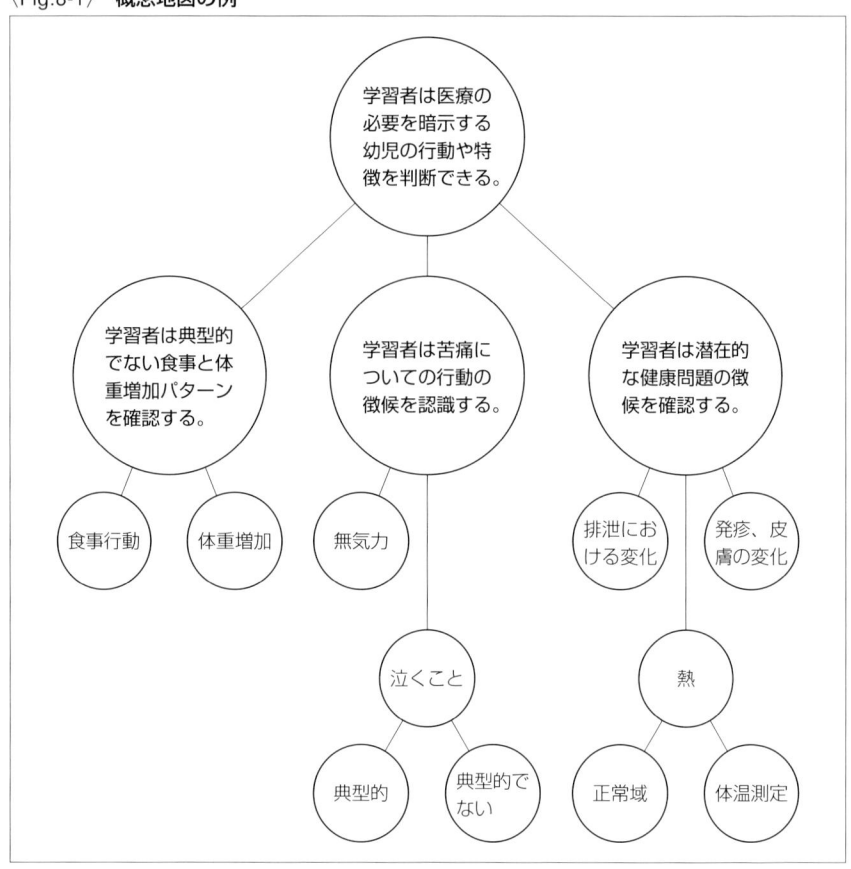

```
                    ┌─────────────┐
                    │ 学習者は医療の │
                    │ 必要を暗示する │
                    │ 幼児の行動や特 │
                    │ 徴を判断できる。│
                    └─────────────┘
              ┌───────────┼───────────┐
    ┌─────────┐   ┌─────────┐   ┌─────────┐
    │学習者は典型的│   │学習者は苦痛に│   │学習者は潜在的│
    │でない食事と体│   │ついての行動の│   │な健康問題の徴│
    │重増加パターン│   │徴候を認識する。│  │候を確認する。│
    │を確認する。 │   └─────────┘   └─────────┘
    └─────────┘         │              │
       ┌───┴───┐        │         ┌────┴────┐
    ┌────┐ ┌────┐   ┌────┐    ┌────┐  ┌────┐
    │食事行動│ │体重増加│  │無気力│    │排泄にお│  │発疹、皮│
    └────┘ └────┘   └────┘    │ける変化│  │膚の変化│
                       │         └────┘  └────┘
                    ┌────┐              │
                    │泣くこと│          ┌────┐
                    └────┘              │ 熱 │
                   ┌──┴──┐              └────┘
                ┌────┐ ┌────┐         ┌──┴──┐
                │典型的│ │典型的で│    ┌────┐ ┌────┐
                └────┘ │ない  │    │正常域│ │体温測定│
                       └────┘    └────┘ └────┘
```

導入情報

　概念地図あるいはフローチャートを作図した後，その内容は，より詳細に体系化されなければならない。指導計画を体系化する一つの方法が，〈Fig.8-3〉に示されている。導入情報は，主題，提案される日時，予定された学習者，および提案者を含んでいる。**主題**の行は，計画の中に含まれている資料の重要な概念を明らかにしている。それをページの最初に書くことが，計画の後日の訂正をより容易にさせる。

　この指導計画の主題は，予定された学習者（親）を示しているように見えるが，計画において学習者を明らかにすることはよい考えである。この授業（セッション）は，子どもたちを導くためのアイデアを求めている児童研究クラブや，家

〈Fig.8-2〉 フローチャートの例

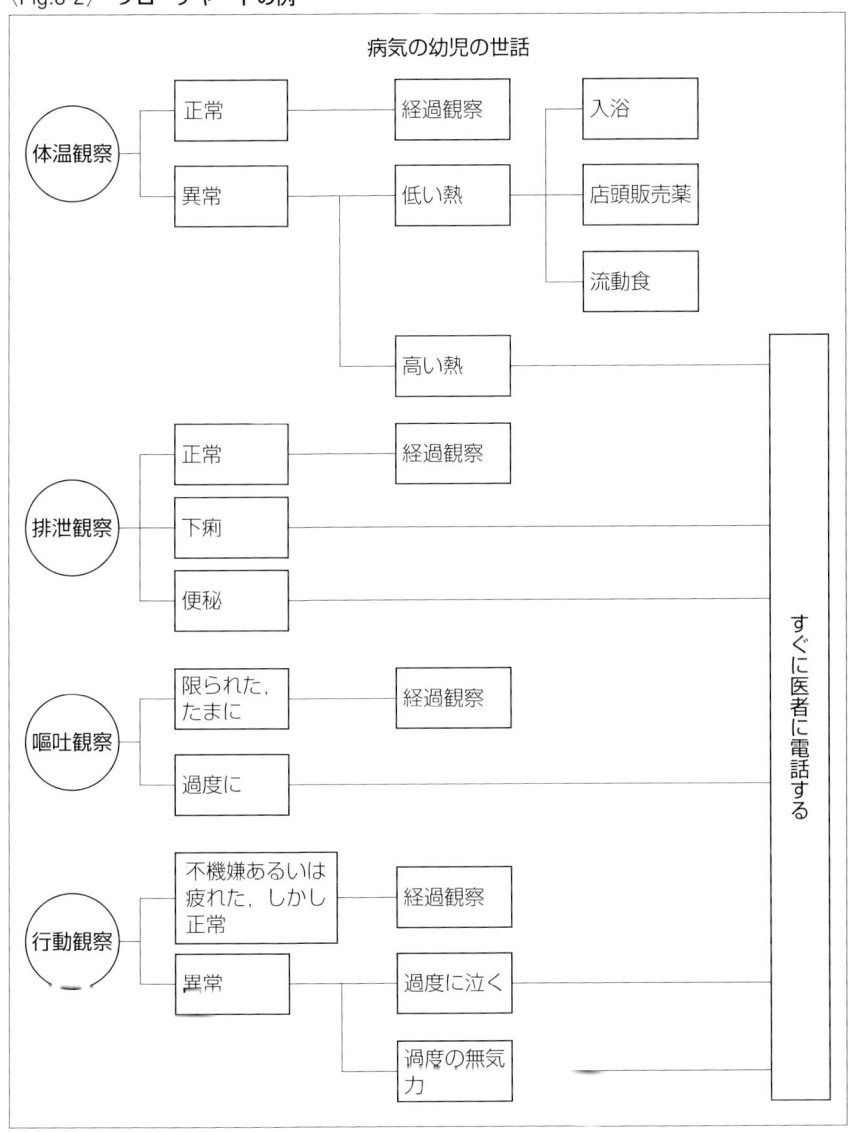

病気の幼児の世話

- 体温観察
  - 正常 → 経過観察 → 入浴
  - 異常 → 低い熱 → 店頭販売薬
                   → 流動食
          → 高い熱 → すぐに医者に電話する
- 排泄観察
  - 正常 → 経過観察
  - 下痢 → すぐに医者に電話する
  - 便秘 → すぐに医者に電話する
- 嘔吐観察
  - 限られた，たまに → 経過観察
  - 過度に → すぐに医者に電話する
- 行動観察
  - 不機嫌あるいは疲れた，しかし正常 → 経過観察
  - 異常 → 過度に泣く → すぐに医者に電話する
          → 過度の無気力 → すぐに医者に電話する

族内での子育て様式を模索している青年集団のために計画されている。よい指導計画は，立案するのに多くの時間と努力を必要とするので，はっきりとそれらに見出し語をつけるのが賢明と思われる。後日，あなたは一目見ただけで，その指導計画を見つけることができ，その計画の特質がわかるだろう。

作成された指導計画がどのように使われるかにもよるが，その指導計画を書

〈Fig.8-3〉 **指導計画の例**

主題：	子どものしつけ：積極的な指導技術の活用
年月日：	2001年9月15日
	改訂：2001年9月20日
学習者：	就学前児童の親
提案者：	メレディス・マッケンジー(Meredith McKenzie)
学習成果：	この講座を修了した後，親は以下のことができるようになるだろう。 1．2，3，4歳の子どもの発達の特徴を明らかにする。 2．2，3，4歳の子どもに制限を設ける適切な方法を一覧表にして説明する。 3．明らかにされた適切な指導方法を用いて与えられた状況のロールプレイをする。 **資料**：名札 OHP：発達的特徴 配布資料：方略(ストラテジー)の欄を設けた図 事例研究カード 参考文献および地域資源一覧
復習： 10分	もち回りの自己紹介：名前，子どもの性別と年齢；今日学びたいことを一つ。
概観： 5分	学習者の学習要望を要約する。目的を達成するために計画された目的と方法を概観する。重点がおかれる概念，その他の学習のニーズに合う方法を認識する。 **導入**：事例研究「混乱したリサ」を読む。親たちが出会っているその他のしつけ上の諸問題の**簡単な**例について尋ねる。 **場面の構築**：子どもたちがリサのように「行動する」時点には誰もが直面する。しかし，子どもを支援する最良の方法を決定するには子どもの発達年齢や段階に関連する問題を通してこそ可能となる。今日われわれは，2歳から4歳までの就学前児童の発達的特徴を再検討し，各自に適用できるいくつかの方略を確認する。
発表・演習 15分 (TP──議論するまで縦欄はおおいをして隠しておく)	2，3，4歳の発達的特徴の要約。参加者から例を求める。望ましくない行動の例を発達的特徴と結びつける。 確認：発達的特徴は明確か。なぜ望ましくない行動がこれら発達的特徴から生ずるのかを理解しているか。 **配付資料**：最後の縦欄が空欄になった図。各発達段階における望ましくない行動に対処するための方略を示したTPの図の最後の縦欄を見せる。参加者は議論するときに，その最後の縦欄の文章を埋める。積極的な指導方法を，子どもの発達的特徴や指導技術に反応する子どもの能力と結びつける。参加者にこれらの方略の中のどれかを使い，それらが成功的であったことを見出したときの例を参加者が共有するよう促す。

(続く)

〈Fig.8-3〉（続き）

15分	確認：方略とそれらの使い方は明確であるか。何か質問はあるか。 **事例研究カード**．「これは，あなたが学んだことを応用する機会です。私が一つずつ事例を読むので，その状況で機能する少なくとも一つの方略を明らかにしなさい。あなたがいったり，したりするだろうことをロールプレイで行いなさい」
まとめ： 10分	今日私たちが学習したこと： 1．発達上の特徴を概観した。 2．方略を確認した。 3．事例に対してロールプレイで反応した。 あなたが自分の子どもについて試みようとする少なくとも一つの方略が確認できたか。 **配付資料：資料の一覧表**．「子どもを取り扱うためのよりよい方法を明らかにすることを助けることができる追加的見解について記しなさい。親・子を受けもつ地域機関とその電話番号が提供されているので，あなたはそれらに連絡することができます」
予告：	「参加してくれてありがとう。将来のために計画された興味のある追加講座があるのでメモしてください」

き，提示したのが誰であるかを示すことが必要である。学校環境では，指導計画はいつも校長室に保管されるか，代替教員の使用のために決められた場所にとじ込まれなければならない。また，その指導計画の作者あるいは提案者を示すことで，検索が容易になるだろう。指導計画が，指導者以外の誰にも読まれない場合でも，その指導計画の作者あるいは提案者を示すことが必要である。よい指導者は，かれらがつくる優れた指導計画を評価すべきである。

学習成果

指導計画の次の部分には，学習成果が挙げられる。指導計画を書くときには，あなたが最初に具体化した学習成果に戻って考えることがしばしば助けとなる。もしこれらの学習成果が，指導計画の最初にはっきりと書かれていたならば，具体化された学習成果に導くような指導を軌道に乗せ，計画するのは容易である。指導計画が開発される場合に，学習成果が修正されることが起こるかもしれない。にも関わらず，指導計画を最初に書くことは，あなたが学習成果を修正するために意識的な意思決定をするときに役立つだろう。

指導資料

指導計画を実行するために必要な指導資料は，次のものを含めるとよい。使用される視聴覚機器についての詳細な情報を提供すべきである。映画，ビデオテープ，スライド，録音は一覧表にするとよい。題名，長さ，情報源を含むようにする。配布資料が使われる場合には，題名をはっきり書くべきで，将来また使うときのためにコピーを添付すべきである。TP（トランスペアレンシー）あるいは情報源となった原本も添付するとよい。

このことは，指導計画が後日再び使われる場合に，非常に役に立つ。あなたが，過去の授業で見せたすばらしいビデオの題名や情報源を自分が覚えていないときほど失望することはないだろう。

復習

計画の中の復習部分は，学習者と指導者がこの講座にどのような経験をもたらすか，また両者がこの講座にどのような期待をもつかを決めるために用いることができる。緊張をほぐす活動が，この目的を果たすかもしれない。本質的に，なぜ，参加者がその講座に来たのか，あるいはかれらが何を学びたいのかを問う緊張をほぐす（アイスブレイク）活動は，指導に関連する以前の知識や経験の復習を提供する。

指導計画が独立した計画であるとき，以前の計画を復習する必要はないだろう。しかし，指導計画が一連の指導計画の一部である場合には，この復習部分は，以前に学習した概念と，指導概要における意図された学習成果を反復すべきである。さらに，この復習は，以前の指導についての誤解，質問，心配などを取り除くことに役立つだろう。

概観

概観は，主題と期待される学習成果を学習者に紹介する。ロバート・メイジャー（Robert Mager）は，『指導目的の準備（Preparing Instructional Objectives）』(1984)において次のように述べている。「もし，自分がどこへ行こうとしているかがはっきりしていない場合には，あなたは，どこか他のところで終わりがちである」。全体の指導計画についての明確な記述は，学習者を正しい方向に向かわせることに役立つ。概観の一部として，指導者は，その講座の主題を明

確に確認する。概観は，また，学習者が**配置の設定**(すなわち，主題と，それが以前に学習した情報や考えとどのように関連しているかを理解すること)をするのに役立つ。概観はまた，主題への関心を刺激し，その主題がなぜかれらにとって重要なのかを学習者に理解させる。

　概観は，学習者にかれらが学ぼうとしていることとかれらの興味やニーズとの間の有意味な関連をつけさせることを助けることがかなり多い。学習者は，学習すべきことの有意味性がわかったとき，動機づけられる傾向がある。家族・消費者科学の内容の有意味性は多くは明確であるが，なぜかれらがその主題やスキルに関心をもつべきかへの学習者の理解を確認することは重要である。

　有意味性は，多様な方法によって打ち立てられることができる。指導者は，学習者の関心あるいは学習者が立ち向かっている実際の問題と教えられるべきことを関係づけることができる。概観はまた，当惑するような質問や授業の内容を用いることを必要とする未解決の状況を含むかもしれない。成功した応用例を話すときに，内容を知ることの「利益」を強調することは有意味性を生じさせる。概観において有意味性を構築することは，学習における動機と関心を強めるだろう(Yelon, 1996)。

発表・演習

　指導計画の主要部分を書くための方法は，たくさんある。〈Fig.8-3〉に示されているような詳細な概観を書くことを選ぶ者もある。この例では，指導者および学習者が指導の間にしていることについての詳細が，**発表・演習**の部分に一覧で示されている。

　学習活動の一覧表が理解し易いと考える人もある。この一覧表は，あなたの指導内容の概要あるいは講義や討論の記録を含むべきである。あなたがたとえどのような指導計画を書こうとも，他の誰でもそれを取り上げ，何の困難もなく指導を続けることができるよう十分詳細に書くべきである。

まとめ

　指導計画の最後の部分は，まとめである。一部の提案者は，指導計画のこの部分を削除しようとするかもしれない。結局は，学習者は，学習活動を完了する。すなわち，確かに学習成果を達成し，含まれていたことをはっきりと理解している。しかし，残念ながら，このようなことがいつも起こるとは限らない。

指導計画のまとめの部分は，指導者に，やり残したことをまとめ，主な概念を繰り返し，そして生徒に学習を評価する時間を与える。一般に，授業のまとめの部分では，指導者は主な考え方を要約すべきである。このことは，一つの活動あるいは一つの文章を用いることを通して行うことができるが，重要な考えが強調される必要があり，そして適切であれば，学習されているその他の主題と関連づけられる必要がある。まとめの部分で，指導者は，最初の学習者の目的を思い出すべきであり，また意図された学習成果を学習者に思い出させるべきである。学習者にその内容を学ぶ動機，またそれがどのように役立つかを思い出させることもまた，まとめの部分に適切である。最終的に，まとめの部分は，学習者の理解を確認し，実際学習者が学習成果を達成したかどうかを見る機会を与える。これは，あるスキルの実践や，あるいは手順の説明などのような何らかのパフォーマンス（遂行活動）を通して達成されるかもしれない。学習者には，発見したことを要約し，結論を導き，あるいは一般化を述べることを求めることができる。学習成果に関連した一連の質問が用いられることが多い（Yelon, 1996）。学習者と指導者の両方にとって，まとめの部分は，指導計画の中で重要な部分である。

予告

　指導計画の中には，予告部分を含むことが適当な場合がある。そうすれば次の講座で行われる予定についての情報が再検討できる。行われるべき宿題が要約できる。もし生徒が次の授業のために資料をもってくる必要がある場合には，これらを記入すべきである。計画は，将来の校外見学や，あるいはその他の特別な指導機会のために作成されることが多いだろう。もしこのような型の活動のために時間が与えられないならば，指導者は，授業の後で，後に残ったごく少数の生徒だけにそのような情報を与えることになるだろう。

授業の管理

　もし指導者が授業時間を管理しない場合には，最善に準備された指導計画も容易に失われてしまう可能性がある。管理は，指導時間の見積もりと制御，変化する活動，指導速度等を含んでいる。また，学習者の規模を考慮することも含んでいる。

指導時間の見積もり

 指導管理の第一歩は，授業の長さを決定することである。まずはじめに利用可能な指導時間を決定し，指導計画の中のすべての計画部分のために必要な時間を見積もるようにしよう。授業時間に含まれるよう計画しているすべての活動を挙げ，それぞれの活動の終了のために見積もられる時間を割りあてよう。導入，緊張をほぐす活動，講義，討論，ゲーム，質問，小休止，完成，評価用紙の記入，などの活動を含むようにしよう。導入のような活動の多くは重要ではないように思えるかもしれないが，計画されない場合には，驚くほど多くの指導時間を浪費するだろう。

 次に，予定表が現実的かどうかを決定するために，自分の指導計画を吟味してみよう。たとえば，緊張をほぐす活動は，多くの指導時間を消費する可能性がある。同様に，指導者は，講義を伝達し，実演を指導し，事例研究について議論するための時間を見積もる必要がある。多くの場合，これは，活動を実践し，そして時間を計ることを意味するだろう。あまり講義をする機会のない指導者にとっては，実際の実践をしないで，概要を提示したり特定の手順を実技で示すために，いかに多くの時間がかかるかを見積もることは不可能かもしれない。討論，質問およびゲームに必要な時間を適切に見積もることは，経験のない指導者と同様，経験のある指導者にとってもしばしば困難である。しかし注意深い思考と計画が，より現実的な予定表をつくることを助ける。

指導時間管理の方略

 指導を通して，指導者は，それぞれの活動にあてられる時間を制御する責任をもっている(たとえば，「あと一つの質問を受ける時間があります」あるいは「この活動を完成するにはあと2分しかありません」などである)。活動の前に学習者に時間制限と方向づけを与える方が，活動を中断したり時間を短くしたりするよりも学習者を失望させないということを心に留めるようにしよう。学習者に，集団討論が15分ちょうどであることを伝える方が，あと1分待つことや警告を伝えるよりもよい。しかし，最善の手順は，その両方(時間制限を伝え，日程表に注意を促す)を行うことである。それから残った時間を定期的に伝えることである。

 学習者が，円形をつくることを必要とする活動について考えてみよう。指導

者は，ボールを受け取ったら，自分たちが来年「身につけたい」と希望している新しい一つの考え，習慣あるいは態度を発表するよう指示された10人の学習者のうちの一人にビーチボールを投げることから始める。この意図は，それぞれの学習者に少なくとも１回の機会を与えることである。この緊張をほぐす活動にあてられる時間は10分であるけれども，椅子を円形に並べることに時間がかかり，たった四人の学習者しか参加できない。そこで，指導者は，指導計画のその他の状況を修正したり，あるいはこの活動を短くしなければならない。どちらの決定結果も否定的といえるだろう。その代わりに，指導者は，その活動のためにより多くの時間を計画するか，あるいはその活動が時間枠に収まるような活動を確認する指針をつくるべきである（たとえば，「あなたがボールを受け取ったら，あなたの考えを他の人と共有する時間がちょうど１分間だけ与えられます。60秒たったら，タイマーが鳴ります」）。

たとえ制限が設定されたとしても，学習者が，課題を終えるために追加の時間や，特定の活動をするためにより多くの時間をやかましく要求する場合がある。指導者は，計画を修正する価値があるかどうか，あるいは最初の計画に従うべきかに関して一つ一つの基準に対して判断を下す責任がある。

時間通りに始めること

はじめてカウンセラー事務所を訪ねることになっている相談者をあなたが受けもつ場合には，この仮説は正しくないかもしれないが，授業は予定通りの時間に始まると想定しよう。教室の教師や集団指導者は，大きな困難な状況がない限り，予定時間に指導を始めるべきである。一般的に，遅刻に大勢の学習者が巻き込まれたり，あるいは遅刻について明らかで正当な理由がない限り，授業の始まりは，遅刻者のために遅れさせてはならない。これらの状況は，荒れ模様の天候，バスの到着の遅れ，あるいは予定された時間を過ぎても参加者を拘束している他の講座や授業などを含むかもしれない。遅刻者のために指導を遅らせることは，時間通りに到着した人たちに不利益をもたらし，また可能な指導時間を減少させることになる。

指導時間を充実させる

計画した活動が予定よりも少ない時間で終わり，予期しない計画が必要となることは常にある。これは，追加的討論質問，すなわち，追加的な実践や強化

のために用いられる例，問題，あるいは質問を用意すること，あるいは計画したよりも多くの練習（2回目には，他の手順を練習したり，異なった状況下での手順を練習したりするなど）を計画することを含む。以下は指導時間を充実するための技術である。

- 教室の教師の中には，ことば探しやパズルを手近においておく者もいる。これらの活動は，その時間を単に埋めるだけでなく，学習成果に結びつけられなければならない（その日の主題にほとんど関係ないクロスワードパズルで時間を埋めることは不適切である）。
- グループリーダーは，実施したばかりの実演を繰り返して行うよう学習者に求めることができる。指導者は，特定の事例研究について話した後に，学習者に説明した要点を示すことを書くよう求めるかもしれない。
- 幼児の指導者は，画材を手近においておくとよい。そうすれば，子どもは，その日の授業の内容を示すようなポスター，モビール，コラージュあるいは標語を書いた旗をつくることができる。
- 集団の中で最初に課題や活動を完了した個々の学習者にとっては，関連するコンピュータプログラム，ビデオ，録音テープが適切な教材となるだろう。
- 早く課題を終わった学習者たちはまた，次に予定された活動の準備のために何らかの方法で指導者への救助を求められることもある。
- 大きな集団への提案が予定よりも早く終わった場合は，提案者は質問したり，あるいはよりゆったりしたまとめの時間にあてることができる。

選択された穴埋め活動は，授業の内容に合っているべきであり，また学習成果を強化したり増進する上で有意味な役割をもつべきである。時代遅れの，あるいは関係のないビデオを見せることは，不適切，不適当である。その代わりに，実践のための新しい問題を出すとよい。「これまで議論してきた食事摂取計画のための原理を活用して，次の食品，たとえば，すべてがピクニック様式で詰められる食品，低価格で入手可能な食品，これまで食べたことのない食品，アメリカ内の地域で取れた食品などを用いて明日の食事計画を立てなさい」。これらは，学習者の時間や新しく獲得した知識を用いる追加的な実践練習の例であり，十分に用意された指導計画であったとしても，ときどき生じる余った数分間に行うことができる。

計画が多過ぎたとき

　計画が多過ぎることは，盛り込まれる内容が少な過ぎることよりもより問題だろう。もしあなたが時間制限のために主要点を省いたり，あるいは内容のある部分を削除することを強いられるならば，あなたはこれを学習者に示す必要がある。あなたは，学習者に次の講座について以下のように述べることができるだろう。「明日私たちは，さらに二つのタイプのクレジットについて話し合うことによって討論を終えるようにしましょう」。それが可能でないときには，あなたが計画に含めた学習内容と学習できなかった内容との関係を説明する必要がある。すなわち，「今日，私たちが議論する時間がなかった児童保育提供施設を選択する場合の二つの規準は，安全と空間です。育児施設が物理的に安全で，提供者が安全予防と安全手順に従っており，またその施設が子どもたちと子どもたちの活動のために適切な空間を用意しているということを確認することは，私たちが今日議論した三つの要素と同じくらい重要です」といったことである。提案者は，利用できなかった資料をこれからの授業で提供したり，あるいは含めることができなかった内容について学習できる情報源を学習者に参照させるようにするとよい。

　指導計画通り全部行う十分な時間がない場合には，計画を大幅に損なわないような修正をすべきである。素早くあなたの計画を概観するようにしよう。たとえば議論あるいはゲームのための時間を短くできるか，一つか二つの例を削除できるか，短い記述式宿題を授業の最中ではなく授業の後で与えることができるか，などである。これらの変更はおそらく学習者には気づかれないだろう。

　時間が短いときでも，指導者は，授業の間に生じたことを要約する時間を取るとよい。指導者は，自分自身で話の途中で「時間がなくなってしまいました」等といって中断すべきではない。有能な指導者は，もし，学習者が理解することが難しいならば，重要点を強調すること，主な概念を要約すること，削除された内容についての一般的な情報を用意することによって，いくつかの要約を常に準備するとよい。

　計画した指導のいくつかができなかった場合，あなたが指導計画を通して指導するのに必要な時間を低く見積もったという事実に気づく必要はない。ほかの誰にもそのことはわからない。しかし，もしもっと時間があったならば，関連した興味領域について，もっと触れることができたということを認めること

は適切だろう。

活動の多様性

　活動とおおよその時間の一覧表を作成した後，指導計画の釣り合いが取れ，興味深いものかどうかを判定するためにその一覧表を振り返り，再検討しよう。多様な指導活動が計画されているだろうか。興味を維持し，さまざまな学習様式を扱うためには，1時間の授業の中に少なくとも三つの異なった活動があることが望ましい。これらの三つの活動は，講義・討議・記述式宿題，映画・議論・小集団プロジェクト，実演・議論・読む宿題，ゲーム・小集団討論，スライドショーのような組み合わせを含むだろう。この組み合わせは果てしなく，内容が提示され，強化されればそれぞれはさらに変化する。

指導速度の変更

　指導速度を変えるために，授業を組織化することについて考えてみよう。たとえば，講義(聞いている時間)にゲームが続き，読む宿題が続くかもしれないが，この活動の変化あるいは転換は，また学習者の参加の型と指導の速度の変化を示す。そのような多様性が存在していることを確認するために，指導計画を再検討しよう。

　これらのさまざまな活動の釣り合いと指導計画表の中でのそれらの位置について，いくつかの注意を払う必要がある。たとえば，悪気のない指導者は，55分の指導時間に，議論，ゲームおよび映画を計画するだろう。しかし，映画は45分かかる。討論の時間がないことが，その時間の最後にわかる。また時間のはじめには，学習者に学習のための準備をさせ，映画の見方を指導する時間がないことがわかる。指導者は，その映画がそれだけの時間を使う価値があるかどうかを判断する必要がある。もし価値があるならば，その他の必要な指導活動をどのようにその映画に適応させるかを予定表に入れなければならない。何らかの準備を事前に行うことができる。学習者はその授業の事前準備として多少読むことができる。また，その映画の一部だけその授業で使い，その他の部分は，続きの授業で使うこともできる。さらに最も価値のある部分だけが使われることもあるだろう。このように授業内での指導活動の配列には，いろいろな選択肢が考えられる必要があり，それらの活動に必要な時間が正当であるかどうかを判断する必要がある。

学習者の規模

指導を計画するときに大きな影響を与える一つの要素は，学習者の規模である。多くの場合，指導者が集団の規模，すなわち，割りあてられる授業，配置される授業に影響を与えることはほとんどないだろう。プログラムのモデルが，扱われる学習者の規模を決定する。もし指導者が授業の規模を決定する機会をもつならば，以下の点を考慮すべきである。

理想的には，指導の目的が学習者の規模を決定すべきである。たとえば，もし指導目的が単に何らかの情報を個人に普及させるためのものであり，指導方法として講義が選択される場合，大集団でも容易に効率的に扱えるであろう。その代わりに，もし指導が実践や応用，あるいは参加者からの貢献を必要とするならば，指導者は小集団の学習者を受けもつべきである。

学習者の規模に関わる長所と短所は何だろうか。これらの多くは明らかなように見える。大集団は，あなたが一度に多くの人々に対して一貫性のある情報を与えることを可能にする。一つの集団に対して複数の講義あるいは複数の指導者がいる場合，誰もが同じ情報を得るわけではなく，情報を同じ方法では得られないことを意味する。全集団に対して一人の提案者である場合には，同一の伝達内容が保証される。しかし，大集団の学習への関与は限定される。学習者が参加する機会はより少なくなり，成功裏に用いることができる指導方略の型も限定される。たとえば，実演，討議，シミュレーション，ゲームなどすべては，大集団ではより困難になる。視聴覚資料の使用でさえも制限されるだろう。たとえば，100人ではTPをよく見ることができるかもしれないが，500人〜2,000人の場合はどうだろうか。

大集団を受けもつ場合の方略

大集団を受けもつ場合でも，いくつかの修正がなされれば，講義以外の技術を用いることもできる。多くの指導者は，討議，ゲーム，ロールプレイのために大集団をより小さい集団に分ける。教室中に設置されたビデオモニターが，実演の放送を教室の前から教室全体まで可能にさせる。配付資料が，OHP用TP，あるいはその他の投影メディアの代わりとなる。指導者は質問に答えるために一致させることができるような真偽カード，あるいはＡＢＣＤカードを生徒に提供できる。

指導者は，大集団で指導活動を選択し，変更する問題のほかに，大集団では無名感を感じるかもしれない学習者を受けもつという課題に直面する。群衆の中で，名前がない，顔がないと感じることは，志気を損ない，学習への動機づけを減らすなどの個人的責任を減少させる感覚を導くだろう(McKeachie, 1986)。無名感を感じる生徒たちは，学ぶことへの動機づけが少なく，要求された学習を進んでしようとしない(Brock, 1976)。たびたび大集団を受けもつ指導者は，このような感覚を減少させるいくつかの方略を学んできている。

　もしあなたが大集団を受けもつことを予定する場合には，少なくとも数人の学習者と会って話すために，時間通りに到着しよう。このことは，多少の個人的接点をつくる機会となる。また，あなたは学習者と話すために授業の後で学習者を待つかもしれない。提示の間，指導者は，学習者が指導者を近くで見聞きできるように，安全な演壇を離れ，学習者の中に歩いていく必要があるかもしれない。また，学習者の中を巡回することは，個人的接点を高める。もしあなたが長期間にわたって大集団を受けもつ場合には(たとえば大学の授業)，あなたは何らかの追加的な演習を採用するであろう。少なくとも一部の生徒を知るために，座席表を用いる指導者があるかもしれない。写真(学習者によって用意された)つきの座席表は，生徒を知る過程を早めるだろう。

　あなたはまた，特定の学習者と会う予定を決めるかもしれない。たとえば，次の授業の前に数人の学習者に活動の援助を頼んだり，あるいは授業の後で続きの議論をしたり，コーヒーを飲んだりするかもしれない。これらの型の活動が成功する程度は，指導者の人格や態度に依存するであろう。しかしこのような特定の試みは，学習者の無名感を減少させるはずである。

要約

　指導計画や指導管理にあたって考慮されなければならない多数の要素は，新しい専門家にとってはまことに大変なことのように思えるかもしれない。〈Fig.8-4〉の要約の利用が，詳細のいくつかを整理するために役立つだろう。指導管理は，よい指導計画を立てること，指導計画のために適切な予定表を開発すること，および予定表と指導計画を学習者の規模と合致させることを含んでいる。実際に，内容を効果的に伝達するために本章で概説された示唆の多くが，あなたにとって役に立つだろう。

〈Fig.8-4〉 **指導管理における考慮事項**

指導時間の見積もりと管理
- 講座時間をどのくらいの長さにすべきか決定する。
- 計画した時間に始める。
- 各活動のための時間を見積もる。
- 必要であれば，時間を短くしたり，長くする技術を用いる。

指導時間を充実させる
- 目的に関連した活動をする。
- 新しい状況にその内容を応用するよう参加者に求める。

提示を短くする
- 目的に対して重要でない活動や例を除く。
- 詳細に含まれるべきでない要点は要約する。
- 提示は数個の部分に分ける。

指導活動・指導速度を変化させる
- 少なくとも三つの異なった活動を用いる。

視聴者の規模を考慮する
- 可能な限り，視聴者の規模を指導目的に合わせる。
- 大規模の視聴者を受けもつときは，相互交流を増やすために考案された技術を用いる。

引用・参考文献

Bodenhamer, S.(1984). *Communications: Checklist for planning a successful meeting*. Columbia, Missouri: University of Columbia Cooperative Extension Service.

Brock, S.C.(1976). *Practitioner's views on teaching the large introductory college course*. Center for Faculty Evaluation and Development in Higher Education. Manhattan, Kansas: Kansas State University Press.

Davis, B.(1993). *Tools for teaching*. San Francisco, Calif.: Jossey-Bass Inc.

Erickson, S.C.(1984). *The essence of good teaching*. San Francisco: Jossey-Bass Inc.

Mager, R.F.(1984). *Preparing instructional objectives*. Palo Alto, Calif.: Fearon.

McKeachie, W.(1986). *Teaching tips* (8th ed.). Lexington, Mass.: D.C. Heath.

Posner, G., and Rudnitsky, A.(1997). *Course design*. White Plains, N.Y.: Longman Publishers.

Yelon, S.(1996). *Powerful principles of instruction*. White Plains, N.Y.: Longman Publishers.

第9章

学習者への話しかけ

情報を伝える最も一般的な方法の一つは，集団の人々に話しかけることである。事実，講義という方法は集団に伝達するおそらく最も古い方法だろう。それは，印刷物が一般的な伝達方式になるずっと前から存在していた。近年，講義という方法がときおり批判されることがある。「ただ座って，聞いているのはとても退屈だ。寝てしまう」ということばは，講義（レクチャー）が広く使用され続けている大学環境において聞かれる批判である。では，なぜ講義は存続しているのだろうか。情報伝達において数多くの技術革新（テレビ，対話方式コンピュータプログラムやビデオ）があるにも関わらず，講義は幅広い環境下で一般的な指導方法の一つとして残っている。

講義を用いる時期の決定

　何年にもわたり多くの研究は，多数の異なる内容領域において，講義法とその他の教授方法との比較を行ってきている（Spence, 1928；Remmers, 1933；Lifson et al., 1956；Beach, 1960；Solomon et al., 1964；Barnard, 1942；Detert, 1978；Blake, 1990；Odubunmi, 1991）。知識が測定される場合には，講義は，他の方法と同様に情報伝達において効率がよい。しかしながら，応用，問題解決，態度変容，さらに進んだ学習への動機づけ，新たな状況への知識の転用が求められる場合には，討論（ディスカッション）の方がより好結果をもたらす。

　講義の限界にも関わらず，学習者に話しかけることが合理的な場面がある。確かに印刷された資料は，ある集団の人々に対して講義と同じような情報を提供できる。しかしながら，印刷物は印刷されると同時にすぐ古いものとなって

しまう傾向がある。講義は，最新の情報を提供することを可能にする。たとえ学習者が講義に来る前に何かを読んでいたとしても，講義者は情報を更新したり，それを他の情報源と比較したり，学習者が読んできた情報の体系づけを助けたり，その情報を他の情報源と総合する，といった機会を有している。よい講義は，学習者がそこに情報をつけ加えることができるある構造，すなわち，新たな情報が利用可能になるにつれて装飾される認知地図を提供する。それは，ある特定の内容に関する議論の重要点や領域に焦点をあてることができる。さらに，よい講義者は，自分自身の熱意や興味を示すことによって，自分の研究領域に対する興奮を生み出すことができる。

　学習場面において，講義法の必要性を決定づけるその他の要素もある。情報を提供する専門家が1名で学習者が大多数の場合，討論はどう見ても困難である。さらに，限られた時間内で多くの情報を伝達しなければならない場合，講義は効率のよい方法である。最後に，すべての学習者が同じ情報をもつこと，そしてそれを同じように解釈することが重要である場合，講義は一貫した情報基盤を提供する。

　講義を適切に活用するための鍵は，第一にその場面が講義を必要としているかどうか決定することである。講義は，あらゆる型の学習成果にとって理想的な形式というわけではないので，それが選択すべき指導方法であるかどうかを慎重に検討しなければならない。〈Fig.9-1〉の点検表は，ある特定の場面にお

〈Fig.9-1〉 **講義が適切な方法であるかどうかを決定する**

内容の検討
特定の成果のために次のことが必要か
- 学習者がすでに読んでいる印刷資料の内容を更新すること
- 最新情報を提示すること（特に情報が急速に変化する分野において）
- さまざまな情報源から得られた資料を総合すること
- さまざまな資料をある構造や認知地図に体系づけること
- すでに提示されている資料の重要点を描写すること
- ある特定の主題に関する問題点や議論を描写すること

文脈的検討
発表の文脈に次のことが必要か
- 同じ情報を聞くべき学習者が大勢いること
- 単独の専門家が情報を提示すること
- 限られた時間内に提示しなければならない多量の情報があること

いて講義形式が適切であるかどうかを判断するために活用できる。

講義の型の決定

　一般にわれわれは講義を，ある階層的な様式で体系づけられた情報の直接的な普及と考えている。この型の講義，**解説的講義**は，広範な概念や事実に基づく情報を提示する場合に最も有用である。この方法は効率的で，非常に効果的である。しかしながら，**講義のより広い定義の下では**，その他のモデルが用いられることもある。

　たとえば，指導者は，**相互作用的講義**を選択する場合もある。この型の講義では，いくつかの重要な質問に対する応答やブレーンストーミングに基づいて，提示された資料の形式や構造を生徒が実際につくり出す。この型の講義は，指導者が質問したり，講義の話題に関連する考えを求めることから始まる。たとえば，指導者が，生徒に人体にとってなぜ水は重要であるのか質問し，その答えが，提示する内容を体系づけるための手段として用いられる。もし生徒が，「体温を一定に保つため」「老廃物の排泄を助けるため」「栄養素を体中に運ぶため」と答えたら，指導者は，これらの機能を説明することによって講義を始めることができるだろう。学習者によって言及されなかった残りの機能は，最後に補足されるだろう。

　相互作用的講義の他に指導者は，事例研究（ケーススタディ）をもとに内容を体系づける場合もある。この講義形式において指導者は，ある過程の原理や段階を説明したり例示するために事例研究を用いることができる。あるいは，生徒がそこから内容を引き出すのを促すことができる。いずれの場面でも，事例研究は現実的な例を提供するので，学習者は提示された内容の中に応用をすぐに見つけることができる。

　従来の解説的講義が用いられる場合でも，指導者は，学習者がさらに参加できるように講義を体系づけるための方法を見つけることができる。一つは，討論を組み立てるためにより短い講義を活用することである。たとえば，ある問題に関連する基本的原理や重要な概念が短い講義の中で提示されるとする。そこで指導者は講義を止め，生徒に小集団で討論したり，資料を応用したりする機会を与える。討論の結末で，考えをまとめたり，学習を要約するために再び短い講義を活用する。

講義の体系化

　はじめに,堅実な解説的講義を成功させるための技術について説明する。十分に計画された解説的講義は,導入,本論そして結論を含んでいる。これらは,講義の基本をなす概要のすべてである。

■**講義の導入**

　導入は,すぐに学習者の注意を引きつけ,かれらが講義の主題に集中するのを助けなければならない。そのためには,たとえば刺激的質問を出したり,学習者がすでに知っていることと,なぜ学習者は今から提示される資料について知る必要があるのかということとの間のギャップをさし示す面白い話や逸話を提示する,などを行うとよい。これは,講義の当面の問題との関連性を確立する上で役立つ。注意を引きつけたり,講義の当面の問題との関連性を確立したり,学習者が主題に集中するのを助けたりする以外に,導入は講義の間に集中すべき重要点を学習者に知らせるだろう。これらの重要点を知らせる一つの方法は,その講義で意図されている学習成果を明確に述べることである。

■**本論**

　講義の本論を体系づける際の最も一般的な誤りは,おそらく過剰に盛り込もうと計画することである。多くの経験がある講義者は,要点を精選し,それを発展させるが,講義の初心者は,資料を用いて急いで進める傾向にある。ある研究では,優れた講義者の計画は,簡単であるが,事例を多く用いていることが明らかになっている(Devis, 1976)。どのように多くの情報量が含まれようとも,学習者がすでに教科書やその他の情報源で読んでいることを単に繰り返すことは決してすべきではない。講義は,学習成果に実際的な価値をもたせるような事項を広げるよう設計されなければならない。

　講義の本論は,いろいろな方法で体系づけられるだろう。ゴイヤー(Goyer, 1966)は,考えの体系づけに関する彼の研究において,いくつかの方法論を明らかにしている。ここでは,これらの体系化の方略(ストラテジー)の中の二つ,**順序的**と**構成的(部分―全体)**関係について解説する。

　いくつかの内容は,明らかに**順序的関係**をもった講義に適している。たとえば,手順は,一般的に第1段階の説明から始まり,順序正しい方法で残りの段階へと移行しながら説明される。歴史的な記述は,通常,時間的に最も遠いできごとから始める。また順序的体系化には,問題解決や意思決定モデルを通し

て段階的に進めることも含まれる。

　資料の体系化において**構成的(部分―全体)関係法**を用いることは，大きな考えや主題は，いくつかの小さな考えや下位の要点によって構成されていることを学習者に明示する。たとえば，講義者は，ある問題に関連する主要な原理や側面について述べ，次にそれぞれの見出しの下で情報や例を提供する。そこで学習者は，主な主題それぞれの間の関係がわかると同時に，下位の主題とその説明との関係を理解できる。このことは**分類階層**と呼ばれている(Bligh, 1972)。たとえば，2歳児の発達に関する講義では，子どもの社会的・感情的・身体的・知能的発達に関する討論が含まれる。各発達領域に関する例と情報は，これらの主な主題それぞれの下で提示される。

　これらの体系化計画のうちどれが用いられるかに関係なく，効果的な講義者は，かれらの説明の中に**規則―例―規則技術**を含めている(Rosenshine, 1971)。これは，順序立てて説明することを意味しており，原理，規則，あるいは主要点を述べて説明し，例を使って解説し，再度それらについて述べる。

　講義の本論を展開するためにどの構造が選択されるかには関係なく，講義の論理的な順序を示しながら手がかりが与えられれば，学習者はその体系を理解する。構造化された覚え書きやオープンアウトライン[1]は，述べられていることを生徒が整理して体系づけるのを支援するよい道具である。これらの資料は，講義者によってあらかじめ用意され，講義の間に生徒が参考にできるよう配られる。その資料には見出しや質問があり，さらに指導者の講義の進行に沿って埋められるような空欄があってもよい。〈Fig.9-2〉の例は，仮にこの章の最初が講義として伝達されると仮定した場合に使われるだろう構造化された覚え書きを示している。各線の下にある(　)内のことばは，講義の進行に沿って学習者に記入して欲しいことを示している。

　学習者が情報を体系化し，整理するのを支援するのに有効なその他の方略は，講義の中でときどき要約することである。これは学習者に，資料を把握し，自分自身の理解度を確認する機会を与える。

　また，ときどき最新情報を提供することは，講義のある部分から次の部分への移行を容易にする。

■結論

　結論は，講義においておろそかにされがちな部分である。よい講義とは，終わりまでただずるずると引きずっていたり，授業時間が終わるやいなや止める

のではなく，生徒が聞いたことを体系化し，整理するのを支援するような方法で終わる。結論では，指導者がその講義の主要点を再度強調することができる。学習者にとっては質問する絶好の時間であり，指導者にとっては扱った資料に

〈Fig.9-2〉**オープンアウトラインの例**

表題
あなたは講義をしたいと考えている

導入

_____を引きつける。
（学習者の注意）

_____に焦点をあてる。
（学習されるべき主題／重点）

どのように
1. 物語か逸話か
2. 学習者にとっての_____
　　　　　　　　　　　（重要性）
3. 何が学ばれるのか

本論

いくつかのよい_____を発展させる。
　　　　　　　　　　　　　　（要点）

簡潔な_____を用いる。
　　　　　　　　　　　　（概要）

体系化する：
● 大きなアイデアを最初に；次に詳細に
あるいは
● _____を最初に
　　　　　　　　　　　　　（例）

次に_____
　　　　　　（一般的／大きなアイデア）

活用を検討する：_____
　　　　　　　　　　（構造化された覚え書き）

ときどき要約をする。

結論

_____を強調する。
（たった今示された重要点）

_____を受けつける。
（質問／解説）

注：（　）内のことばは，講義の進行に沿って空欄に記入されるべき答えを示している。

ついて生徒の理解度を確かめたり，さらなる思考を刺激するための質問を提起する絶好の時間となる。

よい講義には，相当な準備が必要である。〈Fig.9-3〉に示した段階は，よい提示を準備するための手引きである。

〈Fig.9-3〉提示のために準備すること

事前準備
あなたは提示のための準備において
- あなたの学習者の特徴を明確に確認しているか
- 提示に関する学習成果を正確に書いているか（第10章「学習者との話し合い」参照）
- 概念の一覧表または概念の完全な概要を用意しているか

導入
あなたは導入を決定するにあたって
- 学習者の注意を引きつけようとしているか
- 講義の当面の問題との関連性を確立しようとしているか
- 学習者が主題に集中するのを支援しようとしているか
- 学習者が重要点に集中するのを支援するために，その講義における学習成果を再確認しているか

本論
あなたは講義の本論の計画において
- 過剰な情報を含まない簡単な計画を開発しているか
- それぞれの重要点に関する例を明確にしているか
- 提示される資料を適切に順序立てて並べているか（段階的，一般的から特殊的へ，あるいは特殊的から一般的へ）
- 構造化された概要や覚え書き（適切ならば），あるいは学習者が提示についてくるのを支援するその他の方法を用意しているか
- 講義中に適切な時点でときどき要約をしているか

結論
あなたは結論の計画にあたって
- 利用可能な時間内に提示できそうか
- 講義の主要点を強調しているか
- 学習者に質問するよう促しているか
- 学習者の思考を刺激するための質問を含んでいるか
- 学習者の理解度を確かめる質問を提示できるか

学習者の注意の促進

　よく体系化され，十分な目的のある講義であっても，学習者に受け入れられ，理解された場合にのみ効果を挙げることができる。指導者は，学習者が講義に集中するかどうかをどのようにして確信できるだろうか。それは，講義の伝達方法に大きく依存する。効果的な講義は活気に満ちており，興味の持続を刺激する。

■声と身振り

　第一に，指導者は，すべての学習者が十分に聞き取れる大きさの声で話さなければならない。環境によってはマイクの使用を必要とし，指導者は，講義または提示の前にマイクの使用を試みておくべきである。マイクを講義者の服につければ，演壇から離れて動いたり，手を自由に使うことが可能となる。

　興味をそそる講演者は，スピーチの音量や速度を変える。強調するために声を高めたり，注意を引きつけるために声を低めたりする。講義者は，主要点を強調するときにはゆっくり話すが，例を想起するときには，おそらく会話のときのような速度で話すだろう。速度や音量を変化させることにより，学習者を退屈させるような単調さが追い払われる。

　身振り（ジェスチャー）や移動は，学習者にとって視覚的な刺激となる。また，移動は，講義者が学習者への注意を保ち続けるのを助ける。少なくとも一つの研究（Fifer, 1986）が，教室での教師の移動と学習者間の不適切な行動の減少を関連づけている。指導者が動き回ると，学習者は，注意を指導者に集中させ，あまり気を散らさなくなる。身振りや移動は効果的に用いるべきであり，そうすることで学習者は気を散らさずに興味を引き起こす。乱暴に振る舞う，ポケットの小銭を鳴らす，あちこち歩き回る，あるいはその他の神経質な癖は，講義から注意を引き離してしまう。ときどき講義をビデオに録画し，自分の話し方や身振りに，気を散らさせたり，いらいらさせる癖の兆候がないか，よく調べることは有効であると，多くの指導者が認めている。

■視線合わせ

　視線合わせ（アイコンタクト）は，学習者の注意を保持する上で重要な要素であり，伝達事項（メッセージ）を学習者にとってより個人的なものにする。学習者は，自分たちに向けられたものだと思える講義からは，あまり気を散らさない。コミュニケーションとは双方向の通路であり，口と目で話しかけられた学

習者は，コミュニケーション過程により多く参加するだろう。

　視線合わせはまた，指導者にフィードバック，すなわちコミュニケーションの環の片側半分を提供する。学習者の頭上に視線をおいたり，書かれた講義概要に視線を集中したままの指導者に比べ，学習者の顔の表情をよく見ている指導者は，困惑や退屈，興味の兆候をよく読み取ることができる。これらの理由（またその他の理由）から，朗読する講義は決して薦められない。生き生きと動き，話し，視覚的に学習者とつながっている講義者に比べ，講演台の傍らに手をとどめ，目は印字されたページを見たままである講義者は，学習者の興味を刺激することが少ない。

■ユーモア

　講義中に興味を引き出す方略の一つは，ユーモアを使うことである。いくつかの研究(Kaplan and Pasco, 1977；Powell and Andresen, 1985)は，ユーモアが実際に記憶力を増加させることを示唆している。学習者は，ユーモアのある挿話を思い出すことで，そのユーモアのあるできごとの文脈，すなわち講義の内容や情報の記憶が触発されるということを発見する。

　ユーモアはまた，学習者の間に学習の雰囲気を向上させるウェルビーイングの感覚を引き出す。退屈していて気が乗らない学習者よりも，気もちよく学習経験を楽しんでいる学習者の方が，学習の受容力が高い。しかし，ユーモアを使うために喜劇役者になる必要はない。提示にユーモアを組み込むための簡単なアイデアには，以下のことが含まれる。

- 講義の要点や主題を説明する雑誌や新聞の風刺漫画あるいは4コマ漫画のTP(OHP用透明シート)をつくる。
- ある要点や原理の一例として，ユーモアのある個人的逸話を話す。
- 主題を紹介するために関連する冗談や面白い話をする。
- 他の年齢集団の学習者にとっても覚え易くて面白い，子ども向けの詩や物語などの資料を用いる。
- 学習者が，提示された資料と学習者の記憶の中の要点を関連づける際に，記憶の中の要点を「調整する」のに役立つような一般的でない小道具を見つける。
- ある登場人物をつくり出したり，ある時代を描いたり，実際的な価値をもつ要点を明らかにしたりするために，衣装やものまね，ロールプレイングを活用する。

ただし，ユーモアは，提示されている主題に関連して用いるべきである。関係のないユーモア(たとえば，主題と何の関係もない前置き的な冗談)や関係のない小道具は，気を散らすので使うべきではない。無関係なユーモアは，すぐに学習者を主題から遠ざけ，まさしく何が講義の重要点であるかについて混乱を生じさせる。

環境の調整

十分に計画された講義は，敏感で注意深い学習者によく受け入れられるだろう。学習者は，聞いたり観察したりできる環境でより注意深くなる。学習環境は，身体的に快適でなければならない。学習者は，温か過ぎる部屋よりも涼し過ぎる部屋での方がより注意深い状態でいられるだろう。すべての学習者が，容易に講義者を見ることができるようでなければならない。学習者が，講義者に背を向けたり，講義者を見るために自分の座席を動かさなければならないような席の配置は避けよう。視覚的，聴覚的に気を散らすようなことは，最小限にとどめるべきである。これは，騒音を小さくするために戸や窓を閉めたり，視覚的に気が散ることを最小限にするために日よけを調節することを意味する。講義の間に使用される黒板やめくり式図表(フリップチャート)，スクリーンへの視線を確認しよう。

学習者には，聞いたり観察することを容易にする環境が必要である。これを達成するためには，指導者は活用すべき適切な技術を知り，それらの練習をしなければならない。また，自分の動作を定期的にビデオテープに撮り，〈Fig.9-4〉の点検表を使ってその映像を評価することも自分の動作改善に役立つ。

講義強化のための視覚教具の活用

効果的な講義者は，講義を通して自分たちの伝達事項を明確にし，生徒が理解するのを助けるためにさまざまな方略を用いる。これらの方略は，話された伝達事項を強化し，学習者を講義に没頭させるのに役立つ。情報の提示を助ける教育用具の例を以下に示す。

■白板

最も基本的な教育用具は，壁に掛けられた書く板である。伝統的な黒板や緑がかった黒板は古くからよく使われているが，その大部分は今日の白板(ホワイトボード，プラスチックまたはセラミック製の板で，消去可能な乾式インク

〈Fig.9-4〉**学習者が聞くような話し方**

話し合いまたは講義の前に
物理的環境
- 室温が快適であるよう物理的環境を点検する。
- 学習者が講義者と向き合い，かつ窮屈でないよう席を配置する。
- 学習者がすべての映像を見ることができるよう視線を点検する。
- OHPなどの機器が作動するかを点検する。
- マイクが必要かどうかを判断するために部屋の音響効果を点検する。
- 講義をするときに（適度に）あなたが動き回り易いマイクを選ぶ。
- マイクが適切に作動し，音量が調節可能であるかを点検する。

話し合いまたは講義中に
声の質
- 学習者全員が聞き取ることができるよう，はっきりと明確に話す。
- 要点を強調したり，興味を引き出したりするために声を高めたり，低めたりする。

速度
- 興味を引くために講義の速度を変える。
- 重要で複雑な要点を扱うときはゆっくり話す。

身振りと移動
- 要点を強調するために身振りを使う。
- 気を散らさせたり，繰り返しの多い身振りを避ける。
- （もし，マイクがそれを可能とするならば）一箇所にじっととどまらないようにする。

視線合わせ
- 自分が話しているときに学習者の目を見る。
- 朗読する講義を避ける（必要な場合にのみ講義の覚え書きを参照する）。

ユーモア
- 講義を活気づけるためにユーモアを使う。
- 関連する風刺漫画や冗談，例を話す。

のマーカーを用いる）におき換えられている。板書は，非常に原始的な方法ではあるものの，白板は，指導環境でおそらく最も一般的に見られる道具である。しかし，間違って使われたり，十分に使われないことが多い。白板の使用をもっと効果的にするいくつかの基本的な原則がある。

一般に，白板は，重要点や考えを強調したり，宿題を出したり，告知したり，定義や解決すべき問題点を強調するために活用すべきである。もし多量の資料を提示する必要がある場合には，それは板書ではなく印刷物の形で準備するべきである。

また白板は，図表あるいはその他の種類の視覚的な伝達事項を提示するため

に用いることもある。中には磁気式白板もあり，地図や新聞の切り抜き，その他の具体的なものを展示できる。しかし，複雑な説明図を講義で使用するときには，学習者が到着する前に白板に貼っておき，必要になるまで覆いをしておくべきである。

■OHP

OHP(オーバー・ヘッド・プロジェクター)は，黒板・白板と同様，多くの長所と使用方法を有している。OHPは，多くの点で黒板・白板に優っている。たとえば，OHPは，自分の背中を生徒に向けずに使うことができる。加えて，OHP資料は事前に計画して準備でき，講義中に講義者が重要概念や概要の要点を少し書き留めて発展させることもできる。白板に書かれた伝達事項は通常，授業の終わりに消されてしまうのに対し，OHP資料は保存され，再使用のために保管することができる。

OHPのその他の長所は，関連する情報のさまざまな側面を提示する上で，講義者に調整力が与えられるということである。たとえば講義者は，講義概要に関する1枚のTP(トランスペアレンシー)を用意し，討論されている要点以外のすべての部分を覆い隠す。そして，講義者はその概要に沿って各要点を見せていくことができる。

覆いをしたTPの原版を用いることにより，複雑な概念を簡単に提示することができる。また，覆いをすることにより，複雑な概念について順を追って，あるいは段階的に提示することもできる。覆いをする方法を用いて，それぞれが全体の部分となるような一連のTPを用意する。個々の段階または状況について議論するたびに，前のTPの上に別のTPを重ねることができる。

彩色することは，TPに興味をつけ加え，伝達に非常に効果がある。TPに彩色する場合，二つの基本的な方法がある。第一に，生徒が情報を整理するのを支援するために背景の色が異なるTPを用いることである。たとえば，講義者は，各講義の最初には学習の目的を示すために青いシートを用い，結論では重要点を列挙するために黄色のシートを用いるとよい。第二に，TPの上に水性ペンまたは油性ペンを使うことである。この方法は，異なる対象をそれらの実際の色で示すことにより，情報をわかり易くすることができる。しかし，概要にやたらに色を使うことは混乱を招くので，色の選択は慎重に検討すべきである。

■めくり式図表

講義を強化し，学習者が講義に参加するのを支援するその他の教育用具は，

めくり式図表である。めくり式図表とは，大きなめくり式の紙束であり，絵のように壁に掛けたり，吊るしたり，ときには，画架に立て掛けたりする。めくり式図表は，白板もOHPも手に入らない場合(たとえば職場環境において)，特に便利である。

めくり式図表は，OHPや白板とほとんど同じ方法で用いられる。めくり式図表は，**黒板式技術**(講義者が講義に沿って書き留める)や**提示法**(めくり式図表の各ページにすでに資料が展開されており，講義の適切な時点で提示する)により活用する。提示法は，ページ数の多いめくり式図表の場合に特に有効であり，複数の段階や順序性のある要点を提示することができる。

白板やOHP用TPを使うときと同じ指針の多くが，めくり式図表の使用にもあてはまる。使用するマーカーペンや鉛筆は，学習者が伝達事項や説明図を見易いように，はっきりとした対比を示すものである必要がある。ペンや鉛筆の色の多様性は，図表に対比や興味を加える。伝達事項や図形は，読み易いよう十分な大きさでなければならない。講義者は，常にめくり式図表から離れて立ち，めくり式図表と学習者の間に立たないようにしなければならない。講義者は，学習者の方を向き，適切な時点でめくり式図表を参照するが，決してめくり式図表に向かって話してはいけない。長いものは，前もって掛けておくとよい。TPと同様，めくり式図表は，後で使うために保管できる。

白板，OHP用TP，めくり式図表は，講義の質を高めるために最も一般的に用いられる指導用具である。注意深く考え，適切に講義に組み込めば，それらは学習者の興味や学習への参加に大きく貢献できる。しかし，使用するための適切な準備がなければ，それらは気を散らすだけのものになるだろう。

■コンピュータによる映写提示

パワーポイントのようなコンピュータで作成されたスライドの使用は，初期の講義用教具に急速に取って代わっている。これらのスライドは，コンピュータで文章を作成するのと同じくらい速く作成できる。それらは，興味深くかつ専門的に見え，繰り返し使用するために保存できる。さらに，ある一つの提示用スライドを他の提示で使用するために，容易に修正したり，複製することができる。もちろんコンピュータや映写装置が必要になるが，これらの機器はほとんどの指導環境に急速に普及しつつある。

使用者が注意すべき最も重要な点は，スライドを遡らずに講義の順番にすることである。スライドを並べ替えることはできるが，講義中に，スライドの順

番を変えたり，飛ばしたりすると，学習者の気が散る。コンピュータで作成したスライドを使用する指導者は，たとえそれが目の前の学習者にとって最善の順番ではないように思われる場合でも，スライドを作成したときの順番に沿ってしまいがちである。このことから，講義の概要を十分に考えてつくることが，よりいっそう重要といえる。視覚教具を組み込む講義を計画する際には，〈Fig.9-5〉の点検表を活用するとよい。

学習者の情報整理の支援

　学習者が情報を理解し，後で思い出し易いような方法で重要な内容を整理することができれば，その講義は効果的といえる。したがって指導者は，ある種の教具を提供することが適当かどうか検討すべきである。

〈Fig.9-5〉講義中での白板，OHP，めくり式図表の活用

方法の妥当性
視覚教具
- 重要点や概念を強調するために；図を用いて要点を図示するために；あるいは宿題，通知，定義，問題点などを提示するために使っているか

準備
視覚教具を活用する前に
- 学習成果を明確にし，これらの指導用具がどのようにその成果に貢献するかを考えているか（第10章「学習者との話し合い」参照）
- 提示すべき資料の分量や複雑さの点から，視覚教具の代わりに配布資料を使用した方がよいかどうか判断しているか
- 視覚教材への視線を確認しているか
- 読み易い大きさで文字を印刷しているか
- 視覚教材を強化するために色を適切に使用しているか

伝える
視覚教具を使って学習者に提示する際に，あなたは
- それぞれの視覚教材を用いて，適度な量の資料を提示しているか
- 視覚教材に向かってではなく，学習者に向かって話しているか
- 学習者全員が視覚教材を見ることができるよう片側に立っているか
- 紙面(画面)を効果的に使うために資料は；
    - よく整理されているか
    - 散らかっていないか
    - 適切な順序で並べられているか

最も一般的な教具は，指導者の概要には対応しているが重要点は除かれているオープンアウトラインである。学習者は，講義を聞きながら，情報を埋めていくことができる。これは学習者を講義に集中させ続け，重要な考えを強調するのを助け，覚え書きを順序よく構成する機会を学習者に提供する。この教具は，特に書くことが得意な生徒にとって魅力的である。

　その他の型の教具として流れ図（フローチャート）や図形がある。流れ図は，ある過程の段階を示したり，説明する際に便利である。図形は，関係を図示するためによく使われる。どちらも講義の間に生徒がそこに書き込む**オープン版**で提示することができる。このような教具はまた，講義を進めるための方法として生徒に提供することもできる。

　講義において，ある一連のアイデアをいくつかの場面（たとえば，さまざまな文化において人々がどのように誕生を祝い，新生児の名前を選び，乳児を世話する人を決めるのかなど）に適用する場合には，表や行列表（マトリクス）の提供が役立つ。これは，中心となるアイデアの周辺にある内容を学習者が整理するのを助け，後に貴重な教具として役立つ。

学習者を講義に参加させるための質問の活用

　OHP，TPやめくり式図表といった指導用具の使用は，講義題材を明確にする，あるいは拡大する，また講義に対する興味を引き出すのに役立つ。その他の技術，**質問すること**は，学習者を講義題材に集中させ，また伝達事項の処理に参加させることになる。そうすることにより，伝達事項は単に受け取られるだけでなく，記憶されるのである。

　口頭での質問は，生徒の興味や参加を刺激する効果的な方法である。質問は，講義の導入に用いたり，講義の要点を明確にしたり，生徒の理解度を確認するために用いることができる。また質問は，講義を要約したり，講義の中で示された考えを生徒が活用するのを支援するために用いる。質問をすることは，相当の時間を要し，ときには指導者を主要点から少し離してしまうかもしれない。しかし，それでも質問することは，講義において大切な教具となる。

　知識の領域や水準に対応する質問には，いくつかの水準がある（第10章「学習者との話し合い」参照）。**知識水準質問**は，単に情報を思い出し，正しい答えを理解することを生徒に要求する。知識水準質問では，単なる**はい**または**いいえ**以上の回答を生徒に求めるべきである。**イエス／ノー質問**は，その質問の

中にあまりに多くの情報を含むため，避けるべきである。知識水準質問は，しばしば低水準と見なされるが，学習者が情報の重要な部分を記憶しているかどうかを判断するために，講義の中で活用することは重要である。

理解質問は，講義から情報を解釈し，説明し，または推定することを学習者に挑ませる。理解質問は，講義題材に関する学習者の理解度を確認し，学習者が主要概念を把握したかどうかを講義者が判断するのに役立つ。

応用質問は，講義題材をある特定の文脈の中で活用したり，ある特定の問題を解くことを生徒に要求する。応用質問は，生徒がたった今聞いたことを適用し，実践することを促す。

分析質問は，ある論点や問題を分析し，部分間の関係を決定することを学習者に要求する。分析質問は，学習者が問題解決のために必要となる概念や一般論，原理を獲得している講義の終わりに活用するのが理想的である。

同様に，総合力や評価力を問う質問には，高い水準の思考が含まれている。**総合質問**は，学習者に新しい方法で情報を整理することを求める。**評価質問**は，学習者にある特定の規準に基づいて判断することを要求する。これらの高水準の質問は，講義を要約するために用いる。

一般に，講義者は，学習者全体に問いかけることから，質問を始めるとよい。学習者に，質問を整理し，答えを考えるための時間を与えることは重要である。少しの間寛いで，学習者にとって答える前に質問について考える時間があることを態度で示すようにしよう。**待ち時間**は，答える人の数や答えの複雑さ，生徒の質問の数の増加において重要な要素である（Tobin, 1980；Tobin and Campie, 1982）。適切な答えがわからないことが明らかになった場合には，ある程度時間がたった後，特定の学習者に質問を向けたり，質問をいい換えるとよい。講義者が質問に答えることは避けるべきである。

追加の質問は，論理的に順序立てて提示すべきである。多くの場合，講義者は，より低水準質問（たとえば「完全たんぱく質の定義は何ですか」）で始め，より高水準質問（たとえば「私がたった今説明した食事計画は，アメリカ人のための食事指針にどの程度合致していますか」）に移る。〈Fig.9-6〉には，学習者を参加させるための種々の水準の質問の例が示されている。

また講義者は，正しい答えを強化する必要がある。講義者がある答えに好意的に対応すると，他の学習者の参加も促される。部分的に正しい答えも認めるべきである（たとえば「あなたの答えを支持する研究があります…」）。しかし，

〈Fig.9-6〉さまざまな水準での質問の例

知識
- 三原色とは何ですか
- 筋肉の成長に最も必要な栄養素は何ですか

理解
- たんぱく質とは何ですか
- そのグラフは，収入の減少という点で何を示していますか
- 今後10年間の家族・消費者科学の専門家のための労働市場について，あなたはどのような傾向を見ることができますか

応用
- 混色盤を使って等和色(原色二色を等分に混ぜた色)をどのようにつくり出すか説明しなさい
- あなたは，教科書に示されている学問原理を映像に示された状況にどのようにあてはめますか

分析
- コレステロールに関する記事の中で矛盾している記述はどれですか
- 読み物に提示されている理論的枠組みを使って事例研究を分析しなさい

総合
- 地域の調査で明らかになったニーズは，どのような教育計画によってかなえられるでしょうか
- 法律に影響を及ぼすための包括的方略について説明しなさい

評価
- 次に示された規準で展示物を評価しなさい
- 委員会により提示された資金調達計画を評価しなさい

誤った部分についても述べなければならない。その部分の質問を再度示したり，それについて深めるために別の生徒に尋ねてみよう(たとえば「…しかし学習者の中にはあなたの結論に賛成しない人がいるかもしれません。その資料について違う判断をする人はいませんか」)。

　質問は，生徒の学習過程において動機づけや参加を刺激するのに理想的な方法である。よい質問をする技術を開発するためには，実践するとともに，講義において質問することが，いかによくこれらの目標を成し遂げたかを評価する必要がある。〈Fig.9-7〉の点検表は，講義場面でのあなたの質問の活用の仕方を自分で評価する際に用いることができる。

〈Fig.9-7〉**効果的質問技術**

あなたは，講義の主題の紹介，講義の要約，要点の明確化，生徒の理解度の確認，講義の中のアイデアを学習者が活用するのを支援するといったことのために質問を活用しているか。

知識質問
- 生徒に適切な知識を使って答えることを要求する。
- 単純な**はい**または**いいえ**の回答を避ける。
- 情報の重要な部分を学習者が記憶しているかどうかをあなたが判断するのを助ける。

理解質問
- 学習者に，講義からの情報を説明，解釈，推定させる。
- 学習者が主要概念を把握しているかどうかをあなたが判断するのを助ける。

分析質問
- 学習者にある論点や問題を分析し，部分間の関係を決定するよう求める。
- 講義の終わりごろに示す（生徒が，問題を解決するために必要となる概念，一般論，原理を獲得した後）。

総合・評価質問
- 学習者に新しい方法で情報を整理することを求め，かつ／またはその情報を判断することを求める。
- 講義の終結に示す。

効果的技術
- 明瞭で明確な質問をする。
- 講義の中で話す主題に関連する質問を投げかける。
- 規則正しい順序で進める。
- 多様な分類学水準を用いる。
- 答えるよう誰かを指名する前に，学習者が答えを考えるための十分な時間を与える。
- 正しい答えを強化する。
- 部分的に正しい答えの正しい部分を強化する。

実演

実演（デモンストレーション）は，講義の最大の価値である説明することと見せることを結びつける。実演は，ある物事がどのように行われ，それがどのように作用するのか，あるいはそれがどのようにつくられ，どのように使われるのかを見せる。また，説明するのが難しい用語や過程を説明するために用いられることもある。実演は，効果的な学習のための重要な方略であるだけでなく，

それはある製作品や過程の基準を設定し，望ましいやり方を示すことにもなる。

　効果的な実演には，三つの部分がある。それは学習者が見たり聞いたりするのを動機づけるような効果的な導入で始まる。導入は短く，しかしながら，実演される活動が何であり，なぜなのかを学習者が理解するのに役立つものでなければならない。導入は，今実演されていることが，学習者がすでに学んだこととどのように関連しているか，そしてそれがこれからの活動にどのように適合するのかを指摘するのに理想的な場である。

　実演の主要部は，指導者がどのようにするのかを説明し，どのようにするのかを見せる時間である。ある物事をどのようにするのかを見せるだけでなく，指導者は何を，どのように，なぜそれがなされるのかを説明しなければならない。

　実演には，結末がなければならない。結末では，学習者の見たことと聞いたことを結びつけ，重要点や手順を強調する。また，学習者に質問する機会を与える。実演の結末では，重要点を復習すべきであり，実演された手順が実生活の中で行われる方法とどのように異なるのかをつけ加えるとよい。もし最終的な製作品が期待通りのものとならなかったり，期待通りに行われなかった場合には，その理由を説明すべきである。結末は，必ずしも実演の口頭説明でなくてもよい。たとえば，一般論や結論を導き出す質問を学習者に尋ねることによって結末が完成することもある。〈Fig.9-8〉は，実演を用意する際に問うべきことの概要である。

　よい実演は，念入りな計画から始まる。時間のかかる段階は，できる限り実演の前に終わらせておく。たとえば，壁紙を貼ることを実演する指導者は，前もって接着用壁面を用意しておき，おむつをあてられる人形は，実演が始まる前に裸にしておくのがよい。しかし，実演する手順やそれを行う物理的環境は，できる限り実際の状況に近いものにすべきである。

　実演を始める前に，必要なすべての道具，材料，備品，そして視覚教材を整え，指導者がそれらを必要とする所の近くにおいておくべきである。できれば，使わないものは，片隅や学習者の視界の外においておくようにしよう。

　計量された調理材料や用意しておいた材料を入れておくための実演用トレーを準備する指導者もいる。各トレーは，必要なときに実演の場にもってくる。一つのトレーを必要とする活動が終わったら，用具をそのトレーに再びのせ，視野の外におく。そして実演者は，次のトレーをもってくる準備をする。もし

〈Fig.9-8〉**実演のための指針**

方法の妥当性　実演を次のことに使っているか。
- 説明するのが難しい用語や過程を説明するため。
- 作業の基準を実演するため。

準備　実演を始める前に次のことを行ったか。
- 物理的環境が快適であるか確認する。
- 必要な道具，材料，備品，視覚教材をすべて集める。
- すべての道具，物品，備品，視覚教材がよい状態にあるか確認する。
- 簡単に見つかり，手が届くように資料を整理する。
- 時間のかかる段階は実演の前に終わらせておく。
- 実演を論理的に順序立てる。
- 実演全体を練習する。
- 課題に適した服装にする。
- 学習者全員が聞いたり見たりできるかを点検する。

導入　実演の導入で次のことをしたか。
- 何が実演されるのかを話す。
- 学習者に実演の重要性を強調する。
- これから学ぼうとしていることが，学習者がすでに知っていることにどのように適合するのかを説明する。

主要部　実演の主要部で次のことをしたか。
- 整理された手順で進める。
- 各段階をゆっくり，ていねいに説明する。
- 学習者が各重要点を理解しているかどうかを確認するために質問する。
- 実演する空間には必要不可欠な材料のみをおく。
- 学習者に顔を向けて実演する。
- 資料に向かってではなく，学習者に向かって話す。
- 全員が聞き取れるよう十分に大きな声で話す。
- 見えにくい手順を見せるために，実演用の鏡やビデオテープ，説明図，モデルを活用する。
- ゆったりと自信をもって実演する。
- 長時間静止することは避ける。

結末　実演の終わりに次のことをしたか。
- 実演の重要点を復習する。
- 実生活と比較した場合の実演における違いをさし示す。
- 計画通りにいかなかった製作品や手順について説明する。
- 学習者に質問の機会を与える。
- 自分自身でその手順を試してみるよう学習者を動機づける。

実演を定期的に繰り返し行う場合，各トレーにおかれるべきものを正確に記した見出しカードを用意するとよいだろう。カードとトレーに番号をつけておくと，実演を繰り返すたびに手早く提示の準備をするのに役立つ。

用意周到な指導者は，必要な材料を集めるだけでなく，実演を順序立てる。**順序立てる**ために，手順を実演するために最も論理的な方法で考えることを必要とする。通常，実生活で行うのと同じ方法で実演を順序立てることが賢明であるが，もし学習者にとって理解しやすいのであれば，論理的な順序で段階を進めることも重要である。場合によっては，段階の文脈を設定する，あるいは学習意欲を起こすために，実演の最初に完成品を見せるのもよいだろう。

視覚的提示に沿って口頭で説明する必要がある。各段階の遂行に不可欠な重要点や特定の技術を含めながら，各段階を説明しなければならない。学習者が一つも情報を聞き逃さないよう，十分にゆっくりと各段階を提示することが重要である。実演していることを学習者が理解しているかを確認するために，指導者は，実演の間に質問する必要があるかもしれない。

実演している動作と説明は一致していなければならない。ある段階の実演が説明よりも少し長い時間を要する場合，実演者は，口頭説明が長時間とぎれるのを避けるために，補足の関連情報を提示する用意をしておくべきである。たとえば，乳児の入浴と着替えの実演では，乳児を拭いて乾かすのに要する長い時間を使って，やわらかい肌を完全に**乾かさ**ないとどうなるかということについて説明するとよい。

学習者にとって，実演中のすべてのことを見たり聞いたりすることが重要である。学習者は，全員がはっきりと見えるよう実演場所の周囲に集まるべきである。実演の間，指導者は，できるだけ学習者に顔を向けるべきである。指導者はまた，見えにくい手順のようすを写すために，傾けた鏡やビデオモニターを活用してもよい。

学習者の興味を持続させることが重要なので，指導者はゆったりかつ熱意をもって資料を提示する必要がある。ちょうどよい速度や自信は，練習により習得できるものである。事実，失敗が許されない実演の場合，練習は不可欠である。実演が成功すれば，きっと学習者は自分自身でそれをやってみようと強く動機づけられるだろう。

最後に，指導者は作業に適した服装を選ぶべきである。道理にかなってさえいれば，学習者は，正装でない服装に対しても反感を抱かないだろう。たとえ

ば，おもちゃ箱の組み立てを実演するときには，青のジーンズと皮製の作業エプロンを着用するのが最適だろう。指導者は，学習者の気を散らしがちな宝石や輝くマニキュアは避けるべきである。安全上の理由や動き易さから，長袖や動きを抑制する服，大きなまたはぶら下がる宝石も避けるべきである。

要約

　講義は，学習者や相談者を動かすための刺激的で動的な方法になり得る。注意深く選択し発展させれば，この方法は，学習を好結果に導くことができる。速度や声，身振り等のちょっとした側面に注意を払うことは，退屈な講義を活気づける上で役立つ。ユーモア，質問をすること，視線合わせもまた，役立つだろう。学習者が講義についてくるのを助けるために教具を選択する。

　実演は，話すことと見せることを組み合わせる。これは特に，物事がどのように行われるのか，どのように作用するのか，どのようにつくられ，どのように使われるのかを見せるのに役立つ。講義と同様，実演にも導入，主要部，結末がある。好結果の講義と同様，実演は学習者に提示する前にあらかじめ計画し，練習する。

訳注
1）オープンアウトラインとは，オープンクエスチョンを含むアウトライン（概要）であり，具体的には，書き込み式空欄のあるものをいう。

引用・参考文献

Barnard, J.D. (1942). The lecture demonstration vs. the problem-solving method of teaching a college science course. *Science Education*, 26, 121-132.

Beach, L.R. (1960). Sociability and academic achievement in various types of learning situations. *Journal of Educational Psychology*, 51, 208-212.

Blake, C.G. (1990). Effects of instructional strategies on the learning of organizational behavior by a large university class. *Journal of Instructional Psychology*, 17, 59-64.

Bligh, D.A. (1972). *What's the use of lectures?* (2nd ed.) Harmondsworth, U.K.:Penguin.

Davis, B.G. (1993). *Tools for teaching*. San Francisco, Calif.: Jossey-Bass Inc.

Davis, J.R. (1976). *Teaching strategies for the college classroom*. Boulder, Colo.: Westview Press.

Detert, R.A. (1978). *A comparison of two methods of instruction on learning and*

Fifer, F.(1986). Teacher mobility and classroom management. *Academic Therapy*, 21, 401-410.

Goyer, R.S.(1966). *A test to measure the ability to organize ideas*. Special Report no.9. Athens, Ohio: Ohio University press.

Hunkins, F.P.(1972). *Questioning strategies and techniques*. Boston: Allyn and Bacon.

Kaplan, R.M., and Pasco, G.C.(1977). Humorous lectures and humorous examples: Some effects on comprehension and retention. *Journal of Educational Psychology*, 69, 61-65.

Lifson, N., Rempel, P., and Johnson, J.A.(1956). A comparison between lecture and conference methods of teaching psychology. *Journal of Medical Education*, 31, 376-382.

Odubunmi, O.(1991). The effect of laboratory and lecture teaching methods on cognitive achievement in integrated science. *Journal of Research in Science Teaching*, 28, 213-224.

Powell, J.P., and Andresen, L.W.(1985). Humour and teaching in higher education. *Studies in Higher Education*, 10, 79-90.

Remmers, H.H.(1933). Learning, effort, and attitudes as affected by three methods of instruction in elementary psychology. *Purdue University Studies in Higher Education*, 21.

Rosenshine, B.V.(1971). Objectively measured behavioral predictors of effectiveness in explaining. In Westbury, I., and Bellack, A.A.(Eds.), *Research into classroom process*. New York: Teachers College Press.

Solomon, D., Rosenberg, L., and Bezdek, W.E.(1964). Teacher behavior and student learning. *Journal of Educational Psychology*, 55, 23-30.

Spence, R.B.(1928). Lecture and class discussion in teaching educational psychology. *Journal of Educational Psychology*, 19, 454-462.

Tobin, K., and Campie, W.(1982). Relationships between classroom process variables and middle-school science achievement. *Journal of Educational Psychology*, 74, 441-454.

Tobin, K.(1980). The effect of extended teacher wait time on science achievement. *Journal of Research in Science Teaching*, 17, 469-475.

Yelon, S.(1996). *Powerful principles of instruction*. White Plains, N.Y.: Longman Press.

第10章

学習者との話し合い

学習者との話し合いは、学習者を指導過程への完全な参加者とする。学習者には、情報を受け取り、理解しようと努めるだけでなく、応用能力、総合能力、評価能力を口頭ではっきりと表現することが求められる。かれらはまた、教授・学習過程における貢献者として参加することにもなる。ソロモンら(Solomon and others, 1964)により報告されているように、このことは、生徒の理解力の増大につながる。本来、指導者あるいは指導者中心のその他の方略(ストラテジー)では、学習者の注意力は求めるが、かれらの完全な参加は求めない。

学習者が述べるアイデアや知識は、その環境の中の指導者と他の学習者双方に影響を及ぼす。学習者と話すこと(指導者がインタビュー過程を通して学習者と話すこと)は、指導の基盤として役立ち、たとえば、新しい指導的ニーズが明らかになることもある。また、学習者との話し合いは、動機づけや興味を引き出す。なぜなら、学習者は、学習過程の活動的な要素だからである。最も優れた指導方略は学習者中心であるが、学習者と話し合うことを含む方略は、学習過程におけるパートナーとして学習者を最も明確に参加させる。この章では、学習者と話し合う方法として、討論(ディスカッション)、インタビュー、質問について述べる。

討論や質問は、さまざまな指導環境の中で、さまざまな集団規模で活用されている。これらの方法は、ほんの数人の学習者による学校外教育環境(たとえば、ティーンエイジャーの母親集団)や大きな学校教育環境(たとえば高校や大学の教室)で利用される。ここには、インタビューも含まれる。なぜなら、この方法も通常、学校外教育環境の中で学習者との相互作用関係のために用いら

れるからである。指導または支援が，一対一を基本に計画され，与えられるようなサービス組織において，インタビューは，学習者のニーズを認識するための重要な仕組みとなる。インタビューは，強力な質問スキルをよりどころにしていることから，この章で取り上げる。

討論

教育界内外のほとんどの人々は，自分が討論の過程を理解していると考えている。討論は，ある特定の主題に関する人々の間の相互作用と認識されている。しかし実は，これは討論よりむしろ**会話**の特徴を説明している。会話と討論の主な違いは，**討論は目標志向である**ということである。すなわち，教育目的のために計画・実行される討論には，目標または目的がある。討論は，何らかの結論を導き出す。この点が，会話として分類する方が適切な，人々の間の目的のない相互作用とは異なる。

討論の指導目標

過去20年以上，思考について教えることは，われわれが家族・消費者科学として理解していることの中心になっている(Thomas, 1996)。どのように考えるかを学習者に教えることは，この分野の教育者にとって重要な教育目的となっている。学習者の思考スキルの発達を支援することに関する興味や関心が増大するにつれ，討論や質問は，家族・消費者科学を教えるために不可欠となっている。

批判的思考スキルは，学習者が反省的推論を評価し続けている場合に促進される。批判的思考には，あらゆる観点を吟味すること，自分自身で推論の基準をもつこと，構成的懐疑論を実践することなどが含まれる(Paul et al., 1989)。批判的思考を促進するために，ソクラテス式問答(p.175参照)を含む数多くのモデルが，これまでに提案されている。しかし一般的に，家族　消費者科学における高順位の思考は，学習者が与えられた主題や論争点に「関連づけて」考える上で役に立つと見なされている。当然，思考スキルは孤立した過程として教えるべきではなく，むしろ家族の実践問題を解決する文脈の中で教えるべきである。実践的推論は，家族の実践問題に取り組む過程である。

実践的推論は直線的過程ではない。それは，意思決定の一連の段階を進むことでも，確立されている分類学上の質問を尋ねることでもない。むしろ学習者

は，実践的推論の四つの構成要素，すなわち，価値ある究極目的，文脈，方法，そして結論の間を行き来することが求められる。

- **価値ある究極目的**とは，意識的に発展させた目標を表している。これらは，望ましい**究極的状態**として論理的に組み立てられる。価値ある究極目的は，次のような質問に対する回答である。われわれは何を望んでいるのか，われわれは何が起こることを期待しているのか，われわれはこれが何であり得ることを望んでいるのか，これは何であるべきか。指導者は，学習者が何を重要と信じており，それはなぜなのかを学習者に考えさせるような質問を提出する。
- 実践的推論の2番目の構成要素は，**文脈**である。学習者は，問題，価値ある究極目的，問題への接近と応答について説明するのを助ける文脈的要素について考察し，さらに再考するよう求められる。文脈的要素には，歴史，社会状況，文化，経済，伝統，個人的期待，先入観などがある。この段階において指導者は，社会的，文化的，行動的，あるいは自然的な環境が自分たちの思考にどのような影響を及ぼすかということについて学習者が考える上で助けとなるような質問を提出する。
- 実践的推論の3番目の構成要素は，**方法**である。この要素は，価値ある究極目的へと導く具体的な方法や方略を含んでいるので扱い易い。この局面においては，価値ある究極目的に到達するために利用可能な方法が議論される。指導者は，何をしたらよいかという質問を尋ねることにより，この構成要素について学習者に考えさせる。
- 最後に，実践的推論は，**結果の探求**を含む。価値ある究極目的と方法の整合性と同時に，さまざまな方法による長期・短期双方の結果を探求する（Knippel，1998）。

実践的推論は，価値ある究極目的から始めて，順を追って他の段階に進んでいくよりも，むしろ構成要素間を行き来することが多い。すなわち，次の例が示すように，まず，価値ある究極目的を説明する文脈について話すだろう。なぜ，われわれの国において○○は重要と思われているのだろうか，なぜ，われわれの社会では，○○が「一番」と考えられているのだろうか，○○はいつも肯定的に見られていたか，未来の家族は依然として○○を望むだろうか。

次に学習者は，かれらが明確にした目標の達成が引き起こす結果に進むだろう。もし○○の立法が通過したら，何が起こるだろうか，○○によって誰が不

利になるだろうか，○○は家庭生活のその他の側面にどのような影響を及ぼすだろうか。この結果についての討論は，価値ある究極目的について再考し，改正することにつながる。

　以上のように実践的推論の過程をざっと概観することにより，なぜ討論や質問が，これらの高順位の思考スキルを促進する上で重要な方略であるかが明白になる。学習者と話し合うことは，このようなスキルの発達にとって基本となる。

　指導目標のその他の型もまた，討論を通して達成される。教育的討論の一般的な目標の一つは，問題解決である。指導者は，学習者に次のようなことをさせるために討論技術を用いることがある。ある問題に対する一般的な解決策に到達する，あるいは多くの観点や選択肢を調べる。学習者が自分の意見を述べ，自分の観点をつけ加え，一人ひとりの知識を共有するとき，他の参加者は，他の人々の観点に照らし合わせながら自分自身の意見について熟考する機会を得る。ディベートや相互作用が，特定の論争点や問題に関して合意に導く場合もある。また討論は，一人ひとりがなぜ特定の立場をとっているのかを明らかにすることを支援したり，なぜ他者が反対の意見をもつのかを理解することを助けることもある。

　討論には，学習者一人ひとりが，かれらの意見の論理性をはっきり述べるのを支援するというその他の目標がある。学習者は，議論をつくり出したり，自分の考えについて声明を組み立てるときに，自分自身の意見をよりよく理解するようになる。学習者は，他者の立場と同様に自分自身の意見をも評価する機会を得る。学習者がさまざまな意見を表明するのを支援するために討論を計画する場合，指導者は，根拠に基づいて討論を支持するという批判的思考の特質を特に強調する必要がある。

　討論には，学習者に原理や一般論を適用させるという目標もある。この型の討論は，集団の中で共有されたある知識や内容に基づいている。たとえば，学習者が高齢者介護論争と育児論争の関係について考えるよう求められた場合，この討論において，学習者はある程度の予備知識を備えていることが要求される。学習者に知識を適用させることを目的として計画された討論は，まさに実践の機会となる。たとえば，短い講義の後，その講義の中で討論された原理に基づいて，学習者は，ある事例研究ついて討論し，取るべき行動の選択肢を提示するよう求められる。

討論は，創造性やチームワークを育むために設定されることもある。討論を通して達成された課題が，個人で簡単に達成できる場合もあるが，討論の目的は，相互作用を通しての関係づくりである。

討論の計画

　指導者が討論を計画し実行する場合，その過程において数多くの重要な役割がある。第一は討論を計画することである。指導者は，討論の目的を決める必要がある。その意図は，問題を解決することなのか，さまざまな意見を共有することなのか，動機づけを高めることなのか，学習者に原理を適用させることなのか，学習者が自分たちの議論の論理性や妥当性を高め，表現するのを支援することなのか。

　いったん目的が明確化されたら，次に指導者は，討論をどのように始めるかを決めなければならない。議論の余地のある質問をすることから，討論の基盤となるような一般的な経験を説明するといったことまで，多くの方略が可能である。

　よい討論は，学習者が自分自身の立場について考えたり，自分の意見の理論的根拠を発展させたり，考えを共有したいという欲求を刺激するような興味ある質問で始まることが多い。討論の誘発剤として，どのような型の質問が最適だろうか。第一に，単純に「はい」または「いいえ」で答えることのできる質問であってはならない。学習者が答えを発展させたり，組み立てるのを刺激するような質問でなければならない。ディロン(Dillon, 1982)は，価値ある討論には質問の構造が重要であることを発見している。不適切に発せられた質問は，討論を失敗させる。実際に，ある程度の驚きや不確実性，また論争は，学習の動機づけになり得るといういくつかの証拠がある(Berlyne, 1960)。最適な質問は，正しい答えも間違った答えもない質問であり，その代わりに，学習者に自分自身の知識や基準，価値観に基づいて，自分の立場を述べたり，守ることを要求する。

　皮切りの質問は，学習者の共通の体験(最近のビデオ，漫画，事例研究，あるいは指導者によって提供された挿話)を基にしてもよい。読書課題や実験・実習，見学やメディアとの相互作用を通して得られた前提条件としての知識は，討論を成功させるための基盤となる。共有された体験の後に続く質問では，学習者に自分自身をある特定の役割にあてはめるよう求めてもよい。「もしあな

たがその映画の中の若い女性であったら，次に何をしようと思いますか」「もしあなたがその漫画の中の老人だったら，他にどのような方法で対応しますか」「その親は，争いを避けるために何をしたらよかったのでしょうか」「あなたは，観察した方法をどのように改良しますか」「あなたが読んだものに基づいて，どの理論が将来の相談者に最も適用できると思いますか」。これらは，よい討論をするために共通の知識を必要とする質問である。

その他に，共通の教育経験よりもむしろ，共有された知識や経験に基づいた討論の皮切り質問が考えられる。たとえば，「食料雑貨店で泣き叫ぶ2歳児をあなたはどう扱いますか」または「その商品についてあまりよく知らない大きな買い物をするときに，あなたはどのようにして決めますか」あるいは「強い道徳的信念をもった抗議者は，他者の権利を妨害する権利をもつでしょうか」。これらはすべて討論の皮切り質問となる。

討論によっては，取り上げる必要のある問題について述べることから始まる。学習者は，ある問題に対する三つの選択肢を考えたり，関連する質問を明らかにするよう求められる。これらの各課題は，学習者間で討論することを必要とする。

■ブレーンストーミング

討論の一つの型であるブレーンストーミングは，解決すべき問題で始まる。ブレーンストーミング討論において参加者は，ある特定の主題や問題に関してできるだけ多くの考えを出すよう求められる。それぞれの考えは，評価されたり，判断されたりせずに記録される。通常，ブレーンストーミングの過程は，ある参加者のアイデアを基に，また別の参加者が進めていくことで徐々に展開されていく。最もよいアイデアは，最初から数えて25個以降に出てくるといわれている。

すべてのアイデアが受け入れられ，創造性が認められたり奨励され，自由に展開するブレーンストーミング授業をほとんどの学習者が楽しむ。ブレーンストーミングは，狭い思考を超えて，より広いアイデアへと討論を展開するのによい仕組みである。ブレーンストーミングに用いるとよい質問の例として，次のようなものがある。「説明されたゴミ処理場の問題を，地域社会はいかにして解決すべきか」「タイラーとサンドラは，かれらの財政問題を解決するために何ができるか」あるいは「この改修によって生じた残存物で何ができるか」。

討論促進のための考慮

　討論を促進するためにまず考慮すべきことは，教室の中の物理的配置である。指導者は，学習者がお互いに話すことができるよう配置し，討論を促進させようとするだろう。机を列に並べたり，劇場様式に椅子を配置することは，学習者がお互いに向き合うというよりも，むしろ指導者と向き合うことになるので，やってはいけないことである。この配置は，学習者同士よりもむしろ指導者に意見を向け易くする。討論は，学習者の相互関係を必要とするので，かれらが容易にお互いを見ることができ，他者の手がかりや伝達事項を見つめることができるよう配置する必要がある。従来の教室様式座席配置よりも，円，半円あるいは二重円状に椅子を配置するのがよい。

　学習者間の相互作用が発展するにつれて，指導者は，個々の成員の多少問題のある態度に気づく場合がある。これらの態度には，討論を支配したり，脅したり，成員を討論から締め出すといったことが含まれる。これらの行動を処理する上で，指導者によって設定された基本的規則が役に立つことがある。たとえば，討論における一つの規則は，他人をやり込めないことである。このことは，討論の最中に，誰も他の集団成員を卑しめたり，困らせたりしないことを意味する。他人の考えを批判することと考えを述べた人を嘲ることとはまったく別である。

　その他に，邪魔されずに意見を述べる機会を一人ひとりに与えるという規則が考えられる。この規則には，ある程度の強制が必要になるかもしれない。指導者はときどき，邪魔してはいけないことを学習者に思い出させる必要がある。横暴な集団成員がいる場合には，機会を待って，別の人に話す機会を与える時間であることを示す必要がある。場合によっては，指導者や集団のリーダーは，次のようなことばをいうことによって，寡黙な成員が話すのを励ます必要があるだろう。「皆さんの中でまだ発言していない人はどうでしょうか，どう思いますか」または「さあ，まだ発言していない人に機会をあげましょう」「お母さんやお父さん，この問題について経験のある人から意見を聞きたいのですが」。これにより，十分に表現していない集団を討論に参加するよう励ますことができる。

　論点が論争を呼んだり，感情的になる場合，参加者は，激しい感情をいだき，緊張や怒りを生み出すような方法でそれを表現するかもしれない。リーダーま

たは指導者は，討論を中立の話題に転じたり，ユーモアを慎重に使うことで，その場の雰囲気を明るくする必要がある。この場合，討論者を実際に静かにさせる必要もある。

　その他に，リーダーまたは指導者には，適当な時期に討論を要約する責任がある。目標が示されている討論において，自分たちが討論のどこにいて，どのように進みつつあるのかを理解することは，学習者にとって重要である。その要約とは，まさに話されたことの要約そのものである場合もある。たとえば，指導者は，次のようにいうかもしれない。「ここまでで，私はこれに対処するための三つの選択肢について聞いてきました。一つは…」。また，要約には，学習者が関係性を理解する上で役立つよう，討論を重要点に統合したり総合したりすることが指導者に求められる場合もある。このような型の要約は，次のようにして始まるだろう。「あなたたちは解決方法について話し合っています。私が聞いたところ，あなたたちは二つの範疇，すなわち，個人の変化と環境の変化に分類される解決方法を提案しているようです。これらは唯一の可能性のある解決方法といえるでしょうか」。

　最後に，指導者には討論を終わらせる責任がある。討論は，目的または目標が達成されたとき，あるいは討論者が討論においてできること，またはしようとすることをすべて行ったときに終わりとなる。学習者が熱心な時点以上に討論が進むと，興味は弱まり始め，学習が成立しにくくなる。学習者のこれらの徴候を注意深く観察することが重要であり，そうすれば，追加の質問や要約を通して討論の方向を変えたり，指導者によって簡単に討論を終了することができる。

討論の評価

　討論の成功は，二つの領域で評価できる。第一は，集団が実行した内容，第二は，集団が実行した過程である。**内容**とは，意図された討論の成果をさす。良い集団討論は生産的である。集団は課題を理解し，題材を取り扱い，そして目的に合致するよう一生懸命に取り組む。そして，議論した題材を理解したという証拠が必要である。また，アイデアについて活発なコミュニケーションがなされなければならない。集団討論が効果的であるならば，学習者は，追加的議論や競争的議論のための基盤として，お互いの見解を聞いたり，批評を活用する。創造的な討論においては，アイデアが吟味され，見解は根拠に基づき支

持される。

　討論はまた，**過程**の点から評価されるべきである。参加者は，集団の他の成員のニーズに敏感であるべきで，他者に話す機会を与えるべきである。単に明瞭に話すだけでなく，よく聞くべきである。討論における学習は，意見の交換と反省の結果としてやって来るので，学習者がお互いに聞くことに活発に参加しているという証拠が必要である。

　成員の個性と意見は，尊重されなければならない。最後に，感情の肯定的なコミュニケーションがなされたという証拠があるべきであり，討論の間，感情は共有され，受容されなければならない。〈Fig.10-1〉に，討論に関する主要点が要約されている。

〈Fig.10-1〉**指導方略としての討論の活用**

討論の目標
- 問題解決
    - 一般的な解決策に到達する
    - 他者および自分の意見を吟味する
    - 統一見解を発展させる
- 論理的な見解を発展させる
- 原理や一般論を適用する
- 学習者の知識を共有する／チームワークを築く

討論の計画
- 目的を決める
- 討論を始めるための方法を打ち立てる
    - 興味をそそるような質問
    - 共有された体験
    - 共有された知識
    - 問題について述べる

討論の促進
- 学習者を互いに向き合うように座らせる
- 討論者の不適切な行動を正す
- 出された要点を定期的に要約する
- 討論を終わりへと導く

討論の評価
- 学習された内容
- 用いられた過程

討論方法の種類

　大きさの異なる集団に役立つ討論の方法には，多くの種類がある。これらの方法は，指導の成果を上げるのに役立つ。

■小集団討論

　バズ集団または小集団による討論では，指導者が大きな集団を小さな単位に分け，ある主題や質問について討論する課題が各集団に与えられる。集団の代表者は，指導者が説明した役割を引き受ける。小集団の討論において，参加者は，討論の終了時までにどのような成果がなければいけないのかを明確に理解する必要がある。その成果とは，問題解決策，記述された要約，アイデアや質問の一覧といった形式などである。

　小集団での討論は，大きな集団での討論過程の一部分として活用できる。集団の成員は最初に，ある問題について小集団で討論する。そして集団が合流し，討論を続ける。問題の解決や，ある論争点や問題に関する多くの意見を引き出すことが目標である場合に，この方法は非常に有効である。

■協同学習集団

　小集団での討論や作業において最も望ましい形態の一つは，**協同学習集団**である。指導者は，ある特定の目標や課題を考えており，その課題や目標を成し遂げるという目的のために，学習者を小集団として組み合わせ，集団の各成員に役割を与える。集団の成功は，集団としての成果によってだけでなく，各成員の役割がうまく遂行されているかということによっても評価される。

　協同学習を学習者との話し合い方略の一つとして分類すると，この方法を討論集団の単なる一つの型として誤って限定的に解釈することになるかもしれない。しかし実際には，協同学習の活用は，学習者間の討論や相互関係の促進を超えてさらに拡大する。さらに，協同学習の領域における研究者や実践者の多くは，活発な討論と対人関係コミュニケーションスキルが，協同学習の成功にとって欠かせないということを認めている。協同学習が，学習者と話し合う方略，行動志向学習方略のいずれとしても役立つ方法について考えよう。

　協同学習の提案者は通常，この方略の二つの効果に言及している。第一に，協同学習は一般的に，生徒の高度の学力と連結している。若者や青年に焦点を絞った研究がほとんどであるが，大学生年齢の学習者においてもいくつかの肯定的な効果が認められている(Fraser et al., 1977)。第二に，協同学習は，対

人関係に肯定的な効果をもたらすことが一貫して示されている。協同学習経験により，学習者がお互いに尊敬の念をもつようになり，社会的受容を高めることを示す研究もある（Johnson et al., 1983）。雰囲気が学習者の動機づけに重要な効果をもたらす学校外教育において，協同学習は特に重要である。

　協同学習集団には，いくつかの長所がある。第一の長所は，成員は，集団の目標を遂行する際にチームワークを学ぶということである。一人ひとりがある特定の役割を遂行し，各成員は，成果を上げるために他者に依存している。たとえば，ある成員は記録係であり，他は調査者，設計者，報告者であるかもしれない。各貢献者の価値は，学習者が自分たちの目標に向かって活動する際に認められる。第二の長所は，参加者がお互いから学ぶということである。ある共通のプロジェクトにおいて，参加者が一緒に活動するとき，各学習者の力が生かされる。

　協同学習モデルを中心にして学習活動を組織したいと考えている指導者は，さまざまな選択肢をもっている。構造化された協同学習を提案する者は，複数の構造をさまざまな機能や成果と結びつけている。チームづくりの方略の一つ目の例である**円卓会議**では，各学習者がチームメイトと順番に話をする。このようにしてアイデアや意見を表明することは，平等な参加を保障し，参加者が自分のチームメイトと親しくなることにつながる。

　二つ目の例である**3段階インタビュー**は，概念の発展を促進させることを意図している。学習者は二人組みになり，お互いにインタビューする。その後，各学習者が学習した情報を集団全体で共有する。たとえばこの方略は，ある新しい生産工程の長所について従業員が検討する訓練講座において活用されるだろう。この方略の意図は，反応や理解を共有することによって，概念を発展・拡大させるということである。また，この構造は，参加スキルと聞くスキルを向上させる。

　三つ目の例は，内容の熟知を促進することを意図したものであり，**多数頭脳協同**といわれている。指導者が質問を出し，学習者はその答えを知っているかどうかを確かめるためにお互いに相談する。話し合いの後で初めて，集団成員は，チームの答えを指導者と共有する。学習者と話し合うこの方法は，個人教授機能を果たし，すべての学習者が小集団内で知識や理解を復習し，確認することになる。これら三つの例は，学習者が協同集団内で効果的に学ぶことのできる実行可能な方法のうちのほんの一部を示しているに過ぎない（Kagan,

1989)。

　これまでの研究によれば，協同作業集団を組織・運営するための二つの重要な指針が成功に影響する。第一に，成果が製作品，報酬，評価のいずれであっても，それを達成するためには，集団成員が一緒に作業することが重要である。集団の目標を達成すためには，相互依存が必要である。集団において相互に作用するということは，単なる時間の無駄ではなく，チームの学習者全員にとってお互いに利益を得る体験になると考えられるので，いっしょに作業するという課題は，指導者による念入りな計画を必要とする。第二の重要な要素は，個人の責任である。集団の成功は，一人ひとりの遂行によらなければならない。たとえば，学習者は，ある提案や計画，あるいはある製作品における個人の分担部分を発展させる責任がある。指導者は，この方略が学習者との話し合いにおいて特に有用であることを見出し，そしてさらに重要なことに，学習者がお互いに話し合い，いっしょに作業するのを支援する上でも有用であることに気づく。協同学習は，学習している主題に対する学習者の楽しみを増大させるだけでなく，学習者が他者と効果的に作業する能力を増大させる（Sharan et al., 1984）。

　どの組織化の方略が選ばれようとも，お互いから学ぶ機会があるよう，集団を能力や才能の点で混合すべきである。また，集団がずっといっしょに活動する場合には，役割を交代すべきである。そうすれば全員が，さまざまなスキルを練習し，発展させる機会をもつことができる。

　協同学習集団における仲間の相互作用は，助言するあるいは教える関係において独特の型をつくり出す。この関係は，ある企画や課題を達成するという目標から生じる。協同学習集団は，単なる討論以上のものを含んでいるが，討論は常に協同学習集団が機能する過程の一部をなしている。

■内・外円環

　学習者のある集団が，討論に参加している他の集団を見たり聞いたりする場合もある。内側の輪の学習者が話し，外側の輪の学習者はそれを聞く。その体験の最後には，すべての学習者がお互いに影響し合う。

■シンポジウム

　学習者が，討論している客員集団の話を聞き，質問することによって関わり合う場合もある。このような見られる討論の一つの形式が，シンポジウムである。通常，シンポジウムでは数名の専門家が，異なる観点からある特定の問題

や題目に関して話す。学習者は，質問することを通して演者と相互に関わり合う機会をもつ。

■パネルディスカッション

　討論の別の型であるパネルディスカッションでは，学習者の前で専門家の集団が，ある話題について討論し，学習者はその討論を「聞く」。座長または司会者は，この討論の流れを調整し，パネルメンバーが参加の機会を等しく得ていることを確かめる。会の終わりに，学習者からの質問のための時間を取る場合もある。パネルディスカッションは，テレビの討論番組においてよく見られる形式である。

方略としての質問

　質問は，学習者に単に話す機会以上のものを提供する。質問することは，学習者からフィードバックを得，学習者へフィードバックを提供し，そして高順位の思考スキルを刺激するための方略である。

討論の中での質問

　質問は，学習者と話し合うための孤立した方略ではなく，他の方法と共同で用いられる方略である。質問することは，討論において不可欠な部分である。適切な時期の適切な質問により，討論がうまく進行することが多い。このような質問は，参加者にアイデアを比較し，自分自身の思考や他者の思考を評価し，新しく学習した原理や一般論の適用を試す機会を与える。

■質問

　さまざまな思考水準での適切な質問を開発するためのスキルは，第9章ですでに述べた。その文脈において質問は，指導者が講義の間に学習者と関わり合うための一つの方法として活用された。講義，討論あるいはインタビューの中で質問が活用される場合でも，適切な質問を開発するための同じ原理が適用される。

　質問の用途の一つは，教えられたことの理解を確かめることである。これは，指導水準に見合った水準で質問することを含む。質問は，学習したことを試し，指導者にフィードバックを提供するための形式的でない方法の一つとなる。また質問により，学習者は自分たちが理解していることを説明することになる。たとえば，指導を理解したか，指導の次の部分に進むために十分に理解してい

るか，伝達されたことを誤解していないか。〈Fig.10-2〉では，望ましい学習成果に応じたいくつかの質問例が分類されている。

　質問は，理解を確認する上で有用であるほか，学習者の高順位の思考スキルを発達させるための手段でもある。質問は，教師が生徒を真の実践的思考に導く上で役立つ。若者を受けもつか成人を受けもつかに関わらず，指導者が，合理的，論理的な方法で学習者に論争点や問題を見つめさせる上で助けとなる質問がある。

　その一つに，ソクラテス式問答法（Socratic questioning）と呼ばれる，思考を探り，評価するための質問を提起する過程がある。ソクラテス式問答法は，さまざまな型の討論や実践的推論過程の文脈において活用できる。指導者は，学習者が**なぜ考え，何を考えるのか**について考えるのを支援するために，ソクラテス式問答法を活用する。以下の五つのソクラテス式問答法の分類は，学習者が自分の思考や思考過程の論理を明らかにする上で助けとなり得る探求の型を明らかにしている。

- **明確化質問**は，学習者が自分たちの観点をより明確に説明するのを支援するために活用される。指導者は学習者に，発言の意味を説明すること，基本的要点を説明すること，または考えについてさらに詳しく述べることを要求する。
- 質問は，**仮説**を探るためにも使われるべきである。このような質問は，実践的推論過程にとって基本となる。学習者に，かれらが述べたことが常に事実であるかどうか，また，あることが真実であるということをどのようにして信じるようになったのか，あるいは，どのようにしてそれが当然であると知ったのかを尋ねるとよい。仮説を探ることは，生徒に，すでにかれらが知っていると思っていることについてよく考えるよう促す。
- **理由と証拠**を探ることも，ソクラテス式問答法の中の一つの範疇である。この型の質問は，述べた理由が真実を含んでいるかどうか，学習者の考えていることが実際に差異をもたらすかどうか，あるいはある特定の観点が状況にどのように適応するか等について，学習者によく考えさせることにより，学習者に自分の見解を支持するよう求めること以上のものとなる。
- 理由と証拠を探ることが，**観点や展望**といった別の範疇の質問につながる場合もある。問題を見つめるために他にどのような方法が存在するか，異なる展望から問題を考えるのは誰か，どのような状況で自分の意見は変わ

〈Fig.10-2〉望ましい学習成果に従って分類された質問

想起
物語に_____が現れた最後の時期は，いつですか。
かれらは，そのとき何をしましたか。
このできごとに責任があったのは，誰ですか。
かれらは，それを引き起こすために何をしましたか。
以前には，これについて何といわれていましたか。
以前に起こったことが，なぜ今重要なのですか。
あなた自身のことばで，以前に起こったことについて話しなさい。
_____をした人の名前は何ですか。
はじめにその話は，どこで起こったのですか。
目を閉じて_____を説明しなさい。

推論と再組織化
もし_____が真実であるなら，それは_____のために何を意味しますか。
_____はどのように_____に影響を及ぼしましたか。
これらすべては，どのようにして始まったのですか。
あなたは，なぜこれが起こったと思いますか。
これらのできごとに責任があるのは誰ですか。
あなたは，このできごとの前(後)に何が起こったと思いますか。
この問題を避けるために何をすることができたでしようか。
起こっていることを理解するために，私たちは他に何を知る必要がありますか。
何が欠けていますか。
_____がないことを想定しなさい，何が起こり得るでしようか。

個人の参加と観点
もし_____なら，あなたは何をしようとしますか。
これは_____にとってどのように見えるでしようか。
あなたは，次に何が起こるだろうと思いますか。
もし_____なら，あなたはどのように感じるでしようか。
あなたは_____についてどのように感じるでしようか。
あなたは，何が好き(嫌い)でしたか。
あなたは，それをどのように変えますか。
あなたは，なぜこれが起こったと推測しますか。
あなたは，これをどのように取り扱いますか。
あなたの答えは，ほとんど正しいものでした。あなたがどのようにしてそれを向上させることができたのか，私たちに話すことができますか。

観察と認識
_____に関してできるだけ多くの_____を列挙しなさい。

(続く)

〈Fig.10-2〉(続き)

あなたは，何が欠けていると思いますか。
あなたにとって，これは何のように見えますか。
あなたは，何が起こったと思いますか。
あなたは，それがなぜ起こったと思いますか。
あなたが見ていることを説明するいくつかのことばを列挙しなさい。
近い将来，これはどのように見えるでしょうか。
わたしたちがこの状況にいたとしたら，どのような種類の音を聞くでしょうか。

類型化，配列，分類
重さ，色，大きさ，形，機能，価値等の基準でどれが同じ類に入りますか。
　_____は何を共通にもっていますか。
なぜ_____はこの集団に属さないのでしょうか。
これらの項目・品目を以下の順に列挙しなさい：
- 最も小さいものから最も大きいものへ
- 最も若いものから最も年とったものへ
- 最も明るいものから最も暗いものへ
- 最も面白いものから最も悲しいものへ

上の項目・品目を逆の順(最も大きいものから最も小さいものへ等)に列挙しなさい。
　_____の後に何が来ますか。
　_____の前に何が来ますか。
その集団の中間には，何が現れますか。
この集団の成員は，お互いにどのように助け合いますか。
あなたは，その集団に追加するものを考えることができますか。

比較，対比，強制的結合
これらが似ている点について述べなさい。
　_____は_____にどのように似ていますか。
　_____は_____とどのように異なりますか。
　_____が起こる前，_____は何のようでしたか。
あなたは，なぜこれに賛成する(あるいはしない)のですか。
　_____を改善するために何をすることができましたか。
あなたは，なぜこれが重要である(あるいは重要でない)と思うのですか。
この状況において最も重要な(あるいは重要でない)人は誰でしたか。なぜですか。
雷雨(幸福，愛等)は何色ですか。
あなたの(母親，父親，保護者)は，これについてどのように考えるでしょうか。

出典：Galante,N.(1990)思考スキル(*Thinking Skills*)，ブロワード郡公立学校(Brward County Public Schools)。

るか等について，よく考えるよう学習者に求めよう。
- 学習者はまた，**質問についての質問**をよく考えるよう求められる。誰もが同じ方法で質問を定義するだろうか，他に誰か同類の質問をしていないか，どこで答えは見つけられるか，なぜその質問は重要なのか，あるいはその質問は重要であるのか(Paul et al., 1989)。

質問の活用は，必ずしも，学習者に正しい答えをもたらすとはいえないが，かれらが論理的かつ合理的な方法で選択肢を処理するのを助ける。よい，吟味された質問は，学習者に，価値，意見，基準における個人の違いを尊重する気もちをもちつつ，批判的に思考し，考えを調査させる。

■応答

よく組み立てられた質問は，生徒が高順位の思考スキルに向かって進むのを支援するための基盤となる。しかし，非常に注意深く組み立てられた質問であっても，もし指導者の応答が適切でなければ，生徒を思考に導かない。

学習者の答えに対する指導者の応答は，一般に二つの範疇に分かれる。それは，閉ざされたものと開かれたものである。**閉ざされた応答（クローズドレスポンス）**は，一般的に学習者の思考過程に終結をもたらす。**開かれた応答（オープンレスポンス）**は，生徒に自分の思考を拡大するよう求める。すなわち，生徒の応答を指導者が望むものに適合させようとするよりむしろ，自分たちの考えに従ってアイデアや解決を探すよう求める。

指導者の閉ざされた応答は，批判か賞賛のどちらかに分類される。批判的な応答は，ことばと同様，体の動きを通しても表される。眉を上げることは，学習者にかれらの答えが期待されたものではなかったということを警告するのに十分なほどの否定的な意味をもつ。そのとき，思考過程はすぐに停止する。「私はそう思わない」や「私の意見はそれとは異なる」といったことばは，学習者が間違った答えに向かっているということを示す強力な手がかりとなる。

賞賛の応答は，本来はとても肯定的なものであるが，指導者の閉ざされた応答でもある。ある特定の思考方法を認めることで（たとえば「いいですね」や「私は賛成です」を用いることで），指導者は，生徒からの答えを拡げることや高順位の思考に向かう動きを効果的に排除する。

指導者の開かれた応答は，生徒に，最初の答えに対して批評を拡げること，自分自身で考えること，「正しい」答えを探さないことを要求する。「それに関するあなたの考えについてもっと私たちに話しなさい」や「あなたをその結論

に導いた考えのいくつかについて説明しなさい」は，どちらも追加の思考や話題の吟味を促す開かれた応答である。

広範な学習経験をもつ学習者は最初，答えを拡げることに抵抗するかもしれない。学習者は，自分たちの考えを確認したり，自分たちの思考を批判するために指導者に依存することに慣れている。即座のフィードバックを数多く経験することで，学習者は学習時に教師に依存するようになる。学習者が答えを拡げ，このような依存の少ない型の学習者・指導者関係を快適に感じるよう励ます必要がある。

質問とインタビュー

指導者が学習者と話し合う別の方法は，インタビューの過程を通すことである。インタビューでは，用意した一連の質問の活用を通して情報が交換される。その主な使用目的は，情報収集であるが，対人サービス機関で働く人のように学校外教育の場での教育者は，インタビューの過程を通した一対一の基盤に基づいて，学習者に情報を頻繁に提供する。

インタビューの目的

インタビューの主な目的の一つは，個々の学習者のニーズ評価のための手段として活用することである。たとえば，食事や食事型式（パターン）について相談者にインタビューする栄養士は，ニーズ評価の型の一つであるインタビューを行うことが多い。相談者の現在の食事型式はどうか，かれらは自分たちの特定の状況で，どのような有害なまたは賢明でないことをしているか，かれらは健康全般に寄与するためにどのようなことをしているか。これらの質問は，直接相談者に尋ねられるわけではないが，相談者へのインタビューを通して実施されるニーズ評価のための枠組みとなる。このような幅広い質問に答えてもらうことにより，栄養士は，相談者の教育的ニーズを理解できる。

相談者が知っていることとかれらが知る必要のあることとの間の相違点は，教育的ニーズとして定義される。このような形式のニーズ評価は，健康管理，対人サービス，企業や学校教育で働く専門家によって，定期的に実施されている。学習者と話し合うことによって，インタビュアー（面接者）は，相談者が知っていることや実践していることを知る。専門家は，学習者が何を知る必要があるかを計画するための基盤としてその情報を活用する。

またインタビューは，学習者が知りたい，または学習したいと思っていることに関する情報も提供する。これもまたニーズ評価の一つの型であるが，学習者の興味と学習者の知識におけるギャップに主眼点がおかれている。たとえば地域のサービス機関で働く指導者は，親が子どもの効果的なしつけについてさらに学習すること，子どもたちの宿題や学業を支援する方法を見つけることに興味をもっていることを見出すかもしれない。その指導者は，これらの領域が現在の学習者の興味を表しているだけでなく，現実の教育的ニーズをも表していると主張するだろう。学習者の興味と教育的ニーズを区別することは作為的に見えるかもしれないが，指導計画において議論されたように，それらを区別することは重要である。学習者は，学校外教育環境において，学習がかれらに興味を起こさせる場合にだけ，その学習を続行する。教育的ニーズだけでは，かれらを学習過程の1コマに向うよう動機づけることはできないだろう。

　学校外教育において学習者は，学習することに興味があるから来ているのであり，かれらにはある情報を知る必要があると，他の誰かが決めたからではない。必要性を認知することにより，興味が引き起こされることがあるが，必ずしもそうではない。地域教育において企画の拡充が進んでいるということは，興味や好奇心が学習に対する強い動機づけになっていることを実証している。したがってインタビューは，学習者を受けもつ場合の重要な方略である。インタビューの技術を使うことによって学習者と話し合うことは，学習するニーズと興味を明らかにする。これら二つが一致する場合もあるが，いつもそうだとは限らない。

　インタビューはまた，学習者に内容を実際に提供するために用いることもある。たとえば就職面接では，情報を共有するためにインタビューがいかに活用されているかを示している。就職面接は，主に志願者についてもっと知るために構成されている。志願者は，なぜ自分がその仕事に適しているかを説明し，その職に関する自分の資格を立証する機会をもつ。またそのインタビューでは，将来雇用主となるかもしれない人が，その地位や組織について話をする。したがって，志願者から情報を集めると同時に，志願者への何らかの情報の伝達がなされる。

　インタビューにおけるこの型の情報交換については，緊急電話相談センターでの例もある。対人サービス職に就いている従業員が，相談者の緊急のニーズに関する情報を集める一方，かれらは，資源，政策，手続きに関する情報も提

供している。

インタビューにおける質問

　一般的な質問技術がインタビューにも適用されるが，インタビューの質問の開発にとっていくつかの特別な規則がある。これらの規則とは，開かれたと閉ざされた，または中立的と指導的，そして第一次的と第二次的質問に関するものである。インタビューにおいては，インタビュアーの応答もまた，質問の創造的な道筋を維持するために重要である。

■開かれた質問と閉ざされた質問

　インタビュアーは，さまざまな型の質問を用いる。それらは広く，開かれた質問であったり，より詳細な情報を聞き出す質問であったりする。しかしながらほとんどすべての場合において，インタビュアーは閉ざされた質問よりも開かれた質問を使うことを望むだろう。

　開かれた質問は，相談者にかれら自身の答えを形づくり，広い情報を提供する機会を与える。開かれた質問の例として，「あなたはどのようにして家族の出費を決定しますか」や「通常あなたはどのようにして購入すべき商品の選択をしますか」などがある。

　閉ざされた質問は，開かれた質問とは対照的に，限定的であり，通常，より狭い答えを要求する。相談者は，自由にたくさんの情報を提供できない。閉ざされた質問の例としては，「あなたは自分の子どもを今までにたたいたことがありますか」や「あなたは通常1日にどのくらいのカロリーを消費しますか」「あなたの収入は手取りでいくらですか」などがある。

　開かれた質問は，相談者により多くの情報を提供させる。しかしながら，限られた量や範囲の情報のみが必要である場合には，いくつかの閉ざされた質問を構成することが望ましい。

■中立的質問と指導的質問

　インタビューの質問を出すときには，それらを中立的な方法で構成し，尋ねる必要がある。**中立的質問**とは，個人的判断を避けた，相談者または学習者にある特定の答えを指示しない開かれた質問である。対照的に，**指導的質問**とは，正しい答えを示唆するもので，「あなたはアルコールを飲みませんね」などである。このような質問は，「あなたは自分の典型的な食事型式，飲酒型式をどのように説明しますか」と尋ねることによって，より中立的な方法で表現する

ことができる。

■第一次的質問と第二次的質問

　第一次的質問では，主題を紹介し，**第二次的質問**では，より詳細な情報を聞き出す。インタビューは，一連の第一次的質問と第二次的質問を中心として構成すべきである。第一次的質問の例は，「そう，あなたには三人の子どもがいます，そうですね。あなたの一番上の子どもさんについて少し話してください」等である。第二次的質問の例は，「彼女が不機嫌に振る舞うとき，あなたは通常どのように対応しますか」である。ある機関で働くボランティアへのインタビューにおいて，インタビュアーは，第一次的質問として「どのような課題や役割をもって，あなたは手伝いたいのですか」と尋ね，続いて第二次的質問として，「子どもと関わるどのような経験をしたことがありますか」と尋ねる。

　ときには，追加の情報を得るために相談者を深く探ることが重要になる。「それについてもっと聞きたいのですが」や「もう少し詳しくそれを説明していただけませんか」といった簡単なことばを使うことが有用である。あるいは，インタビュアーの頭のうなずきや沈黙でさえ，インタビューを受ける人のことばの広がりを促すだろう。

■インタビュアーの応答

　尋ねる質問が，中立的で，個人的判断を避けるべきであるように，インタビュアーの応答もそうあるべきである。相談者または学習者が，自分は受け入れられていると感じることが重要であり，評価されていると感じさせるべきではない。相談者と話すときに避けるべきいくつかの応答がある。避けるべき応答の一つは，インタビューを受ける人が，良いまたは悪い選択をしたということを示す**評価的応答**である。

　反感的または**怒った応答**も避ける必要がある。相談者または学習者は，インタビュアーから本当の怒りや狼狽の感情を引き出す場合があるかもしれない。相談者とインタビュアーの相互関係が，対決に至ることがあるかもしれない。これらは概して，率直な態度で応答しないよう相談者を導きかねないので，不適切な応答である。

　確信をほのめかす善意の応答は，たいていの場合，避ける必要がある。インタビュアーがそのような確信を提供する立場にない場合がよくあるためである。相談者に「すべてがうまくいくでしょう」「これはすぐに終わるでしょう」「心配しないで」などと簡単に述べることは，非常に誠意がなく，誤解を招き易い

〈Fig.10-3〉**インタビューにおける質問の指針**

- 開かれた質問と閉ざされた(はい／いいえのような)質問を使う。
- 個人的判断のない方法で質問する。
- 正しい答えを示唆しない。
- 第一次的質問と第二次的質問を混ぜて使う。
- 完全な応答を得るために深く探る。
- 相談者の答えに対して中立的な応答をする。
- 反感的または怒った応答を避ける。
- 興味や理解を示す。

応答である。支援的でありつつ，しかし不適切な応答でインタビュアー自身やその雇用主について誤って伝えないことが重要である。

　インタビューを通しての好ましい応答は，理解することである。インタビュアーは，積極的に聞くスキルを活用することにより，相談者の応答を聞き，本当に理解することに興味があるということを示す感情やことばを表すことができる。その他の非言語行動も興味や理解を伝える。インタビューの流れを維持するための手段として活用される探索は，話されていることに対して指導者またはインタビュアーが本当に気にかけているということを示すことにもなる。〈Fig.10-3〉は，インタビューにおいて効果的な質問をするための指針の概要である。

インタビューの計画と組織化

　実り多いインタビューは，インタビューを受ける人が安心で快適であると感じる環境において生じる。このような環境の中で相談者は，内密な情報を話すことを求められるので，第一に重要な条件はプライバシーである。完璧なプライバシーは不可能かもしれないが，相談者はプライバシーが守られていると感じる必要がある。これは，適切な座席配置，幕や仕切りの活用，戸を閉める等によって達成できるだろう。

　プライバシー以上に，インタビューを受ける人が，インタビュアーに対して寛いだ感じをもつ必要がある。そのためには，両者間の信頼関係(ラポート)を発展させる必要がある。**信頼関係**とは，インタビューを受ける人がその状況の中で寛ぐことができるような，最初の関係をインタビュアーとの間に築くことをいう。それは，インタビューを受ける人に，自分は公平で個人的判断のない

態度でインタビューされるだろうと感じさせる。

信頼関係は，相談者にかれらが何と呼ばれるのを好むかを尋ねることによって始まるだろう。名前(ファーストネーム)の使用は，多くの集団の相談者にとって，自動的に快適さを保証するわけではない。年配の相談者は特に，かれらの名字(ラストネーム)で呼ばれることを好むだろう。ある人にとっては，かれらの職業上の肩書き(牧師・司祭，医師，学部長など)の使用が重要である。

インタビュアーはまた，学習者を気楽にさせるためにいくつかの導入となる質問をするとよい。これらの質問では，単に少し話すのではなく，インタビューを受ける人への誠実な興味を示し，特に問題のない事柄について簡潔に話す機会を与える必要がある。この時間中に，インタビュアーは相談者に対して，受容的，友好的である態度を伝えることが重要である。笑顔と視線合わせ(アイコンタクト)を維持することが重要である。身体言語もまた重要である。腕を組む，眉を上げる，驚いた顔つきをする，これらはすべて，話されていることに対するインタビュアーの判断を伝えている。インタビュアーは，これらを避ける必要があり，その代わりに，開放的で受容的態度を示す必要がある。これは，インタビューを受ける人に話をさせることを含んでいる。話を話題に引き戻す必要がある一方で，インタビューを受けている人の話を途中でさえぎるのは避けるべきである。相談者は，自分の話していることが重要であり，聞いてもらっていると感じる必要がある。また，電話のベルや郵便配達員，あるいは気を散らす行動などによる中断も避ける必要がある。

■**インタビューの構造**

相談者と話し合う方略としてインタビューを用いようとしている人は，三つの部分，すなわち，インタビューの開始，中間場面，終結を用意する必要がある。開始の目的は，信頼関係を発展させ，インタビューの目的を確立することである。中間場面では，インタビュアーは，以前に述べた質問の型を活用して情報の収集と提供の双方を行う。終結では，インタビューの要約を提供し，次の段階を明確にし，相互作用の終わりをはっきりと示す。

インタビューの開始において，インタビュアーはインタビューを受ける人との関係を築く。自己紹介からこの段階は始まる。自己紹介には名前と身分を含めるべきであり，そうすることによって相談者は，誰によってインタビューされるのかを知る。これに続いて，すでに知っている情報について短い討論をするとよい。たとえば，インタビュアーは，その機関の青少年プログラムの一つ

に，相談者の子どもが参加していることや，相談者がこれまでに他の機関やサービスから尋ねられたことを知っていると述べたりする。討論ではまた，両者にとってお互いに興味や知識がある話題について話してもよい。これには，地域のできごとや新しい話題，スポーツのような話題さえも含まれる。開始のこの部分は，相談者とインタビュアーとの信頼関係を実際に発展させることを意図している。

　開始の一部分として，インタビューの目的を確立する必要がある。状況に応じて，相談者またはインタビュアーのどちらかがその目的を確立し，述べる。たとえばインタビュアーは，面接後に先方に適切な紹介ができるよう，相談者の家族の特定のニーズを立証することがこのインタビューを行う理由であると述べるかもしれない。しかし相談者がインタビューを求めている場合には，かれらがその目的を述べる必要がある。それは，追加の健康管理や助言を求めることを目的として子どもの健康上のニーズを説明すること，支援や指導を引き出すために家庭管理上の問題を説明すること，相談者が利益を得る特定の事業や機関のサービスについて知ることなどかもしれない。しかしながら，インタビューの中間場面に進む前に，相互作用の目的が双方にとって明確になっている必要がある。

　インタビューの中間場面では，質問がなされる。通常，よいインタビューは，効率的，効果的に必要な情報を引き出すために計画・準備された質問を含んでいる。また計画することにより，確実に情報を系統的，論理的な方法で提供することができる。すべてのインタビューが厳密な形式に則って進むわけではないが，適切に適用できる計画をもつことが賢明である。

　インタビューの過程が終わりに向かって進むにつれて，インタビュアーは，インタビュー過程の形式的部分を終わらせる必要がある。これにはさまざまな方法がある。インタビュアーは，インタビューの目的を要約したり，相談者に質問があるかどうか尋ねてもよい。将来連絡や活動をするための調整がなされるかもしれない。もし，指導者またはインタビュアーが今後継続してインタビュー等を行う必要がある場合には，そのことをインタビューの終結時に示すべきである。〈Fig.10-4〉は，インタビューを効果的に活用するための方略を要約している。

〈Fig.10-4〉インタビューの効果的活用

インタビューの目的
- ニーズ評価
- 学習者の興味の評価
- 情報交換

インタビューの計画
- プライバシーを確立する
- 信頼関係を発展させる
    - 名前／肩書きを設定する
    - インタビューを受ける人を気楽にさせるために導入となる質問をする
    - 視線合わせを維持する
    - あなたが聞いているということを示す

インタビューの構造
- 開始
    - ウォームアップ
    - インタビューの目的を確立する
- 中間
    - 質問をする
    - 情報交換の機会
- 終結

要約

　学習者と話し合うことには，質問，討論の計画・実行，そしてインタビューといったさまざまなスキルが含まれている。討論とインタビューでは，最初に指導者が，相互作用の目的または目標を確立する必要がある。いったん目標が決定されれば，指導者は，その目標に最も適合する相互作用のモデルを選択することができる。相互作用の第一の目的が，学習者から情報を得ることである場合には，インタビューが最も適したモデルである。よいインタビューや討論は，学習者の情報処理や高順位の思考を刺激するようなよく開発された質問に依存する。指導者には，よい質問を開発し，それらの質問に適切な応答を対応させる責任がある。さまざまな型の討論，協同学習集団やインタビューはすべて，学習者中心の活動である。一般に学習者は，学習過程において活動的な役割を果たすとき，より強く動機づけられる。

引用・参考文献

Berlyne, D.E. (1960). *Conflict, arousal and curiosity*. New York: McGraw-Hill.

Carson, L. (1990). Cooperative learning in the home economics classroom. *Journal of Home Economics*, 82(4), 37-41.

Cooperative learning: A guide to research. (1991). New York: Garland.

Costa, A.L. (1985). *Developing minds: A resource book for teaching thinking*. Alexandria, Va: Association for Supervision and Curriculum Development.

Dantonio, M. (1990). *How can we create thinkers? Questioning strategies that work for teachers*. Bloomington, Ind: National Education Service.

Dillon, J.T. (1988). *Questioning and teaching: Manual of practice*. New York: Teachers College Press.

Dillon, J.T. (1982). The effect of questions in education and other enterprises. *Journal of Curriculum Studies*, 14, 127-152.

Fraser, S.C., Beaman, A.L., Diener, E., and Kelem, R.T. (1977). Two, three, or four heads are better than one: Modification of college performance by peer monitoring. *Journal of Educational Psychology*, 69(2), 101-108.

GaLante, N. (1990). *Thinking skills*. Ft. Lauderdale, Fla: Broward County Public Schools.

Hunkins, F.P. (1989). *Teaching thinking through effective questioning*. Boston: Christopher-Gordon.

Johnson, D.W. (1991). *Learning together and alone. Cooperative, competitive, and individualistic learning* (3rd ed.). Englewood Cliffs, N.J.: Prentice Hall.

Johnson, R.T., and Johnson, D.W. (1983). Effects of cooperative, competitive, and individualistic learning: Experiences on social development. *Exceptional Children*, 49(4), 323-329.

Kagan, S. (1989). *Cooperative learning resources for teachers*. Riverside, Calif.: University of California Press.

Knippel, D. (1998). Practical reasoning in the family context. In *Inquiry into thinking, Family and Consumer Sciences Yearbook 18*. Peoria, Ill.: Glencoe / McGraw-Hill.

Neff, R.A., and Weimer, M. (Eds.) (1989). *Classroom communication: Collected readings for effective discussion and questioning*. Madison, Wisc: Magna

Questioning and discussion: A multidisciplinary study. (1988). Norwood, N.J.: Ablex Publishing Corp.

Paul, R., Blinker, A.J.A., Martin, D., Vetraven, C., and Kreklau, H. (1989). *Critical thinking handbook: A guide for remodeling lesson plans*. Rohnert Park, Calif: Center for Critical Thinking and Moral Critique.

Sharan, S., Kussel, P., Hertz-Iazarowitz, R., Bejarano, Y., Raviv, S., and Sharan, Y. (1984). *Cooperative learning in the classroom: Research in desegregated schools*. Hillsdale, N.J.: Erlbaum.

Slater, S. (1979). 50 ways to involve students in discussion and classroom activities.

Forecast for Home Economics, 61.

Solomon, D., Rosenberg, L., and Bezdek, W.E.(1964). Teacher behavior and student learning. *Journal of Educational Psychology*, 55, 23-30.

Thomas, R.(1996). Thinking "in relation" : A family and consumer sciences perspective on higher order thinking. In *Review and synthesis of family and consumer sciences education research 1985-1995*, Family and Consumer Sciences Teacher Education Yearbook 16. Peoria, Ill.: Glencoe / McGraw-Hill.

第11章

アクション志向学習方略の活用

指導が成功するためには，学習者を没頭させなければならない。学習者の参加に焦点をあてる方略（ストラテジー）は，学習者を学習に集中させ，注意散漫を減らすだろう。さらに重要なことは，アクション（活動）志向方略は，学習者に，情報との相互作用をもつこと，情報を体験すること，そしてそれを意味ある方法で活用することを求める。あるときには，指導者が提供または計画した体験で，学習者は概念や原理を実際に発見する。また，**アクション志向学習方略**（アクション・オリエンテッド・ラーニング・ストラテジー）[1]は，文脈における情報の実践や適用を求める場合もある。アクション志向学習方略は，学習を成立させるために学習者のアクティブ（活動的）な参加を必要とする。学習者は実践することによって学ぶ。学習が「活用」を通して経験されてこそ，その学習はより定着し，記憶される（Yclon，1996）。

　本章では，アクション志向学習アクティビティ（活動）の五つの型，ディベート，ロールプレイ，ゲーム，シミュレーション，実験・実習の概要について述べる。これらの学習方略のいずれにおいても，学習成果は学習者の参加状況に依存する。

アクション志向方略

　あなたはアクション（活動）志向方略としてのディベートをよく知っているだろう。**ディベート**では，二つの対立するチームが，ある論争問題について肯定派と否定派に立って論ずる。その論争問題は，事実の調査だけでは簡単に解決できないものでなければならない。形式的ディベートは，口述の回数，長さ，成員の話す順番といった厳格な規則に従って行われる。形式的でないディベー

トでは，これらの規則にはほとんどしばられない。

ロールプレイとは，その状況にある人々の感情的反応を，二人以上の人間によって，自分の感じたままに，任意に演じることである。参加者は，役割とそれらをどのように演じるべきかについて限られた情報しか与えられない。台本，下稽古，台詞の暗記もない。通常，参加者は，簡単な説明が書かれたものを与えられ，その後，始める前に役割について考える時間を2，3分与えられる。終了後，学習者がロールプレイの間に起こったことを分析するのを指導者が支援する，結果報告の時間がある。

教育的ゲームには，市販のものや教師によってつくられたものがある。通常，それらには，いくつかの偶然（チャンス）の要素が含まれているが，これらのゲームの意図は教育することであるので，その結果がゲームをする人のスキルや知識に依存するものでなければならない。結果が全面的に偶然に依存するゲームは，教育的ゲームとしては分類されず，指導環境では推奨されない。教育的ゲームは，何らかの内容，態度，スキルを教えたり，強化したり，紹介するために設計される。ゲームには身体的競争方略が求められ，パズルからボードゲームまでの範囲がある。

ゲームの型の一つである**シミュレーション**は，生徒にとって現実のある局面をつくり出すので，生徒は代理体験ができる。シミュレーションは，ロールプレイとゲームの両方の性質を兼ね備えている。シミュレーションとは，生活体験のいくつかの象徴的表現であり，学習者は，ある役割を与えられ，その役割の中で他のシステムと関わり合う。通常，学習者がその中で演ずべき規則や指針がある。シミュレーションを通して，学習者は，意思決定することが求められ，それらの意思決定がまた，かれらの役割と同様にシステム全体にも影響を及ぼす。シミュレーションは，実生活での危険や結果から守られた環境において，実生活における何らかの感情や気もちを学習者に体験させる。

実験・実習とは，計画され監督された実践体験である。学習者は，指導者の監督下で，ある過程やスキルを実践したり，原理を適用したり，問題を調査する機会を得る。実験・実習の中で指導者はまとめ役を務め，学習者は手順や実践に関して意思決定の責任をもつ。

なぜアクション志向学習方略を用いるのか

ディベート，ロールプレイ，ゲーム，シミュレーション，そして実験・実習

は，いずれも学習者が指導にアクティブ(活動的)に参加することを必要とする。有能な指導者は，学習過程の中にアクティブに参加させる方略を含めることについてさまざまな理由を発見している。

　第一に，アクティブな参加は学習者の興味を引き起こす。学習者は，アクティブに参加することが期待され，認められる場合に，より指導に集中し続ける。消極性が退屈や怠慢につながるのに対し，アクティビティ(活動)は一般的に興味や注意を引き出す。

　また，学習アクティビティの多様な型は，学習者のさまざまな学習様式(スタイル)に適応するのを助ける。たとえば，伝達パターンの一つの型である口述説明を理解するのが難しい学習者の中には，ロールプレイで説明されれば極めて容易に理解する者もある。また，ゲームで認められる行動を必要とする学習者や，実験・実習で求められるチームワーク(集団での作業)を楽しむ学習者もあるだろう。一部の学習者にとって，ディベートは，更なる課題を提供することになるだろう。これらの例は，教室でアクティブに参加させる方略が，さまざまな学習様式の学習者を動かす可能性をいかに広げるか，ということを表している。この後述べる通り，ゲームのようなアクティビティは，同時に複数の学習様式に対応する。

　またアクション志向アクティビティの活用は，学習者に異なる展望や観点から内容を考察するようにさせる。内容について聞いたり読んだりすることは，体験の一つの型であるが，アクション志向学習法を通して内容を学習することは，それとは別の学習の型を提供する。家族，法律，ある種の医療技術に関するある特定の観点を理解するのが困難と思われる青年期の生徒を想像してみよう。かれらがこれらの論争点について，誤解されている観点を支持する立場に立ってディベートしているようすを想像してみよう。また，青年期の考えについてロールプレイをする親は，異なる観点から論争点を見ることができる。これらは，別の立場から内容を見るためにアクティブな学習を活用している例である。

　話すことは，理解の一つの局面を生み出し，実践することはまた別の局面を提供する。アクティブ学習方略に関するこの常識的言明は，また明らかと思われる別の常識的言明を導く。すなわち，アクティブ学習方略は，学習成果のあらゆる水準に適合させることができ，いかなる水準においても，意図されている学習成果を補強する。いい換えれば，補強または実践のための道具として，

適切なアクティブ学習方略を提供することにより，学習者が認知領域，情意領域そして精神運動領域のスキルを獲得するのを助けることができる。

認知的アクティブ学習方略の一例は，西部に移動した開拓者の家族が直面した課題について，若年の生徒が学習するのを促進するシミュレーションである。生徒は，当時行われていたであろう幌馬車旅行をシミュレーションによって学習する。ゲームもまた，認知的成果を達成するために用いられることが多い。学習者はカードゲーム，「ビーズ（bees：集団で行うコンテスト等）」あるいはテレビのゲーム番組の改良版を使いながら，事実や情報を想起する。

ミシン縫い競争という古いゲームは，精神運動領域に焦点をあてたアクティブ学習方略の例である。何年もの間，縫製の指導者は，ミシンの操作を教えるために，高速道路と呼ばれる線を紙の上に描き，その上を糸のかかっていないミシンで縫うよう生徒に求め，上手にできた生徒に「操縦免許証」を授与するということをよくしていた。この単純なゲームは，低水準の精神運動スキルを教えるために用いられていた。

ロールプレイは，人間関係のスキルを教えたり，実践する際に，最も一般的に用いられる。学習者の情意的成果の多くは，ロールプレイにおいて生徒に他者の役割や状況を体験させることにより，最もうまく教えることができる。

参加を促進するアクション志向学習方略はまた，学習者が自分自身の学習に何らかの責任をもつことを促す。学習者は，単に聞いたり，受け入れたりするよりもむしろ，何かを**実践する**ことが期待されているときに，自分自身や学習内容をある水準で操作することを練習する。ある過程を正しく行うことによって得点が与えられたり，適切な方略がわかることに勝敗が依存しているようなスキルゲームに参加する者は，成功するためには，指導者ではなく，自分自身を頼りにしなければならない。さらにかれらは，成功の程度も自分自身で操作する。

一つの例として，経済計画研究会（セミナー）において相談者が，ある投資金額を（仮説的に）割りあてられる株式市場シミュレーションがある。個人またはチームの成功や失敗のある部分は，かれらの操作の及ばない状況（日本円の価値や大統領の健康状態など）に依存するだろう。しかし学習の成功は，指導者の講義能力よりもむしろ，かれら自身の主導権や理解力に依存している。成人学習者は，このように自己決定できる水準を必要とし，またそれを期待している。しかし，自分たちの学習環境を操作しているとはほとんど感じていない若

い生徒もまた，このようなアクティブ学習の側面を高く評価するだろう。青年期の学習者の場合は，教師やリーダーから特に許可を得ずに，（ゲームやロールプレイの文脈の中で）選択権をもつことができることを楽しむ。

　このような自主性や責任は，個人の主導権や達成に対する報酬を受ける資格を伴う。特にゲーム，実験・実習やディベートでは，参加者の成功が明確になり，それを承認する機会が提供される。たとえばゲームや実験・実習は，筆記試験に比べて広範囲のスキルを生徒に実演させるので，最も成績のよい者が，試験や記述式の宿題でいつもよい点をとる学習者と同一かもしれないし，同一でないかもしれない。

　ゲーム，シミュレーションやロールプレイにおける課題の多くは，学習者に自分たちの想像力の訓練をさせる。ゲームの一つである空想ゲームは，生徒が新しい考えや方略をつくり出したり，発展させるのを促進する際に，特に役立つ。この型のゲームは，ほとんど内容を提供しないように見えることが多いかもしれないが，実際には，家族・消費者科学で頻繁に教えられる過程を促進する。その一つの例は，紙コップ，鉛筆，クリップ，くつひもや風船などのような，一見無作為に見える材料の入った封筒を生徒に渡すゲームである。生徒は，これらの材料を使って家庭用品や年長の子どものためのおもちゃをつくるよう求められる。このような材料を便利な道具につくり変えることは，問題解決や創造的思考を促進する。

　前述の例は，指導の中にアクティブ学習方略を含めることに関する一つの決定的な理由を導いている。すなわち，アクティブ学習方略の多くは面白く，学習者（そして指導者）を刺激する。たった一つの教室しかない小さい学校の校長でさえ，つづり方は，それがつづり方競争というゲームになったとき，より楽しくなることを認識していた。経験を積んだ指導者のほとんどが，学習を必要とする多くの課題は，それらがゲームやアクティビティに組み込まれたときに面白くなるということを認め，理解している。フラッシュカード（瞬間的に見せる，単語・数字・絵等が書かれた学習用・練習用カード）は，記憶すべき事項を一覧表にしたものよりも楽しい。用語の意味を学習する上で，クロスワードパズルは，単に辞書で調べるよりも面白い方法である。正しい答えにより，どのチームが最も多くの得点を獲得できるか競争することは，ただ単独で学習するよりも刺激的である。ゲーム，シミュレーション，ディベート，実験・実習やロールプレイは，指導に学習者を参加させる学習アクティビティの例であ

〈Fig.11-1〉 アクション志向学習方略の長所

- 興味を引き起こす。
- 多様な学習様式に適応する。
- 学習者に異なる観点から内容を考察させる。
- 学習成果のあらゆる水準に適合させることができる。
- 学習者が学習の責任をとることを促す。
- すぐれたパフォーマンス（遂行活動）に報酬を与えることができる。
- 想像力の活用を促進する。
- 楽しさの要素を加える。

り，指導をより効果的に，面白くする。〈Fig.11-1〉は，アクション志向学習方略を活用する理由を要約している。

適切なアクション志向学習方略の選択

　すべての指導的アクティビティ（活動）・方略の選択において適用すべき原則についてここで再び述べる。すなわち，指導方略は，意図されている学習成果に一致していなければならない。いい換えれば，アクティブ（活動的）学習方略の適切な選択は，意図されている学習成果の内容と水準によって決定される。非常に巧みで，多くの楽しさが詰まった市販のゲームであっても，それが意図されている学習成果に向かって学習者を動かさない限り，適切とはいえない。

　一つの滑稽な例を見てみよう。典型的な任天堂のビデオゲーム，スーパー・マリオ・ブラザーズのルイージとマリオ（有名な兄弟）の代わりに飽和脂肪と不飽和脂肪を設定し，小さな青と緑の怪物の代わりに，LDL（低密度リポタンパク質）とHDL（高密度リポタンパク質）を設定した場合を想像してみよう。このかっこいい小さな登場人物とその敵の名前を変えることにより，果たしてこのゲームを授業で活用できるだろうか。もしそうだとして，それはどのくらい長く続けられるだろうか。このような例をよく知っている読者のほとんどは，いいえと頭を振るだろう。しかし，この例は，より重要な点を示唆している。ゲーム，ロールプレイ，シミュレーション，実験・実習やディベートは，それが適切な水準で適切な内容を伝える場合にのみ，教育的アクティビティとして使われるべきである。これを決定するためには，次のような問いが必要になる。「指導の結果として，学習者は何を知るべきか。どのようにすればそれが最もよく達成されるか」。

ゲーム，ロールプレイ，シミュレーション，実験・実習やディベートは，意図されている成果を学習者が達成するのを助けるために，いつ使用されるべきだろうか。最も明白なことは，内容を考慮するということである。もし学習成果が窓の隙間ふさぎについての知識を適用することである場合，そのゲームは，エネルギー保存についてではなく，窓の隙間ふさぎに関したものでなくてはならない。食品の選択に焦点をあてたシミュレーションは，「学習者は世界の食糧不足に寄与する要素を明らかにする」という目的に，適切には合致しない。これはわかりきったことのように見えるが，私たちは，そのアクティブ学習方略がよくまとめられ，よく整理され，あるいは単に楽しそうに見えるがために，似たようなことをしてしまう誘惑にかられることがよくある。アクティビティの目的を理解することは，学習者にとって重要である。しかしこのことは，アクティビティの内容が望んでいる指導成果に適合していなければ不可能だろう。

　アクティビティの内容と学習成果の内容を適合させるほかに，アクティビティは学習成果の水準にも適合させるべきである。認知における低水準の成果としては，学習者に対し，情報や事実を思い出す，明らかにする，定義づけるといったことが求められる。このような学習の第一水準は，名前つけ，組み合わせ，配列，いい換えや暗記などを学習者に要求するゲームと最もうまく適合する。これには，パズルや学習者が同等なものを組み合わせるカードゲーム（くじ式のゲーム），あるいは学習者が情報を提供するテレビのゲーム番組の改作版が含まれる。学習の応用水準に適合したゲームには，パズルを解くこと，モビール細工を開発すること，収集物を整理すること，あるいはある特定の内容をロールプレイすることなどが含まれる。応用水準のゲームの例としては，学習者が乳児の世話のさまざまな局面（着替え，入浴，おむつの交換，そして哺乳瓶の用意）において，得点と賞を目指して競争する乳児の世話オリンピックがある。

　実験・実習体験の一般的な活用法の一つには，学習者にある原則やスキルを実践に適用することを求めることがある。認知におけるより高次水準である統合では，生産，予測，計画，構成などをすることが学習者に求められる。この学習水準に適合するゲームには，生徒に，ある製品や過程を発見させたり，独創的な歌や物語，詩を創作させたり，予測を立てさせたりすることなどが含まれる。シミュレーションでは，ゲーム中に意思決定をするために，情報を分析したり，統合することが学習者に求められる。ロールプレイもまた，その役を

演じる際に，学習者が複数の情報源からの知識と考えを結合する必要があり，高次水準で効果的に活用することができる。

　通常ディベートは，高次水準の学習を促進するために活用されてこそ，最も効果がある。ディベートでは，情報を集め，独自の発表を発展させ，ある一連の規準（クライテリア）を用いて評価することが生徒に求められるので，分析水準，統合水準，評価水準の成果を補強するのに最も適している。

　同じ原則が，アクティビティを精神運動領域および情意領域における成果と適合させる際にもあてはまる。指導者は，ゲームを選ぶ，実験・実習を課す，あるいはロールプレイをつくり出す前に，学習者に対して何ができるようになることを期待しているのかを綿密に検討すべきである。先に説明した乳児の世話オリンピックゲームでは，精神運動水準の「手法」における成果を補強できるだろう。しかし，学習者が単に使い捨ておむつをどう使えばよいかに「気づく」（最低水準）ことだけを期待する場合には，このゲームは適切ではない。

　情意領域における成果を得るためにロールプレイやシミュレーションが有用であることは，明らかである。ロールプレイやシミュレーションは，学習者が認知成果と同様に情意成果を達成する上でとても効果的であるため，学習への社会的接近法として用いられることがある（Pasch et al., 1995）。情意領域は，感情，価値，態度を含む学習と関係する。他者の役割を引き受けることや，他者がこれらの役割を演じるのを見ることにより，学習者の情意成果における変化が生じる。その成果とは反応，価値づけ，組織化，個性化をさしている。

　これらのアクション学習方略を選択し，活用するための第一の規準は，方略，内容，学習成果水準間の組み合わせである。しかしながら，成果を達成するためのこれらの方法の有効性に対する疑問についても述べておかなければならない。

　重要な疑問は，アクティビティの長所に関してである。そのアクティビティの長所が，そのアクティビティに必要な時間を正当化するだろうか。指導者は，ゲーム，シミュレーション，ロールプレイ，実験・実習，またはディベートを用意し，説明し，監督し，続行するために必要となる時間を分析しなければならない。ゲームやシミュレーションは，ほんの少しの指導時間しか必要としないかもしれないが，市販のゲームの中には，遊ぶのに数週間も必要とするものもある。一般にディベートは，参加者にとって報告する時間と同様，準備にも多大な時間を必要とする。指導者は，必要となる時間に対してそのアクティビ

ティが十分な価値を提供するかしないかを慎重に検討すべきである。

　指導者はまた，アクティビティの高度さや難しさの水準に注目しなければならない。たとえその内容と水準が学習成果に適合しているように見えても，その指示や過程が，学習者にとって複雑過ぎる場合もある。たとえば，中間学校年齢の学習者は，何周りも続くゲームの最中に，特にかれらが参加するよりも見ていることを要求される場合に，欲求不満になり，退屈するだろう。また，ゲームによっては，たとえ学習成果によく適合しているとしても，成人の学習者にとっては不適切に見えることもある。たとえば，教室の周りの壁によりかかり，一人ひとりフランス料理の用語のつづりをいうように求められている成人の学習者について考えてみよう。間違えた人は，座るよう指示される。これらの用語のつづりを知っていることが，適切な学習成果であるかどうかに関わらず，そのアクティビティは，学習者にとって不釣り合いに思われる。

　その他に考慮すべき事項として，アクティビティに付随して起こる付随学習がある。**付随学習**は，指導過程を通して意図せずに教えられるものであるため，隠れたカリキュラムと呼ばれることもある。たとえば実験・実習アクティビティは，調査研究過程を補強するのと同じくらい強力に，チームワークや協力についても教えるだろう。競争は，付随学習になり得るものの一つである。参加者は，勝つことが協力よりも重要であることや，完璧であるよりも時間枠の中で終わらせることが，より高く評価されることも学習する。また，負けた生徒にとっての損失についても考慮しよう。指導者によっては，ゲームやロールプレイをしているときに学習者が内容をあまり真剣には捉えないと不満を述べる者もいる。アクティブ学習方略の活用におけるこのような問題やその他の問題への対処については，次の節で論じる。

　ディベート，ロールプレイ，ゲーム，シミュレーションや実験・実習は，思慮深く選択すれば，効果的なアクティブ学習方略となる。指導者はそのアクティビティが，意図されている学習成果の水準と内容に適合するかどうかを慎重に検討する必要がある。その他に考慮すべき事項としては，そのアクティビティがいかによく学習者に適合しているか，そしてそれが望ましい態度や行動を教えたり，強化しているかということが挙げられる。〈Fig.11-2〉は，適切なアクティブ学習方略の選択において考慮すべき要素を要約している。

〈Fig.11-2〉適切なアクション（活動）志向学習方略選択の鍵

- 次のこととの関係において，方略が，意図されている学習成果に適合している。
  - 内容
  - 領域
  - 水準
- 学習の長所が，必要となる時間を正当化する。
- アクティビティの困難水準が，学習者にとって適切である。
- 肯定的な付随学習が生ずる。

ディベート

　ディベートは，パネルディスカッションやシンポジウムとともに，構造化された討論の一つの型として分類されることがある。しかしながら，討論のこれらの型は，教室の学習者よりもむしろ専門家や外部の講演者によって行われる場合が非常に多い。アクティブ学習方略としてのディベートでは，学習者がディベートチームの成員としての役割を果たすことが求められる。話題の重要な点を明らかにし，最初の発表や立場を説明するための準備をし，そして反対のチームの主張に応答する準備をすることは，学習者の責任となる。

ディベートの活用

　ディベートでは，さまざまな情報源から考えを総合し，独自の主張を発展させ，他者の主張の長所を評価することが，学習者に求められるので，通常，高次水準の学習成果を補強するために用いられる。生徒には，前もって必要な知識をかなりもっていること，実際のディベートをうまく準備するために必要な調査ができるということが求められる。ディベートは，ある特定の論争点の二つの側面について論争するので，異なる態度や意見を受け取り，それらに応答するということを含むいくつかの学習者の情意成果にとってもまた，適切な方略である。

　指導者は，高次水準の学習成果を補強する目的でディベートを選択する以外に，決定的に正しいまたは間違っているなどという限定的な答えのない，活発な議論となる主題や論争点を扱う際に，ディベートの活用を考える場合もある。ディベートの明確な目的は，一つのチームが，他のチームに見解を受け入れるよう説得を試みることである。これには，「賛成」と「反対」（どちらの見解も

データのみでは支持することができない)が，うまく議論され得る主題の選択を必要とする。そのような主題の例として，次のようなものがある。「国民健康保険はすべての人々にとって利用可能にすべきである」「祖父母は，いかなる環境下であっても自分たちの孫に面会する法的権利をもつべきである」または「アメリカ合衆国は世界の飢餓国を支援する義務をもつ」。

　ディベートがある特定の学習成果にとって最適の学習アクティビティであると思われる場合，指導者がその活動を促進するためには，ある特定の段階が必要になる。第一に，ディベートの主題が適切であり，どちらの立場もとることができ，守ることができる討論可能な論争点であることを確認しよう。主題はときに，授業中の討論から生まれる（指導者は，集団の中に軋轢を生み出すような主題には注意しなければならない）。たとえば，青年前期の集団討論において，リーダーは，子どもの家事参加に関して対立する見解があることを認識するかもしれない。すなわち，ある者はこれを家族の一員としての責任と考え，他の者は，それは子どもに対する強制労働と認識している。ディベートは「家族員は皆，家庭あるいは家族のための労働に貢献する義務をもつ」という主題に基づいて進められる。学習者は，首尾一貫して自分たちの見解を発表する機会をもつ。準備と討論は，参加者の考えを明確にし，視聴者に新しい見方を提供することになる。

　ディベートの主題は，今日的できごとから示唆される場合もある。妊娠および出産の選択に関する学習のときに，結婚準備のための単元学習中に行われる結婚前の取り決めに関する新聞記事や異人種間の養子縁組を経験した家族の報告は，ディベートの主題を生み出す。一般にディベートの主題は，賛成または反対の立場で議論すべき声明としてチームに発表される。

　ディベートのチーム員は，予定されているディベートに先立って十分に選定され，自分たちの意見を調査し，準備するための十分な時間と機会が与えられなければならない。学習環境によっては，指導者が，チームに参考資料を提供したり，参考資料を入手できる場所を示すとよい。チームづくりにあたっては，指名しても，自発的に組ませてもよい。ディベートは，チームとして機能することが期待されるので，その環境の中で最も熱心に学習する，あるいは，その状態の中で進んで行動しようとするようなチーム員を選定することが重要である。通常，チーム員は指導者から監視されることなく，自主的にディベートを用意することが期待される。このことからも，チーム員の選定は重要である。

形式的なディベートの場合，ディベートは，チーム員の一人が，なぜかれらがその立場や論争点に賛成であるかという理由を（用意した声明の中から）述べることから始まる。続いて，他のチームの一人が対立する見解を述べ，さらに各チーム員が自分たちの立場，理由，それを支持するデータを述べ終わるまで続けられる。一般にチーム員は，自分の声明のときにメモを見ることはあっても，あらかじめ書いておいた声明を読み上げることはしない。すべてのチーム員が自分たちの見解を述べた後，各チームは，相手の主張に対して返答を行う。このときに，チーム員は，新しい論争点を出すことは許されないが，新しい調査資料やデータを引用してもよい。声明や返答には時間制限を設け，時計係が手の合図や呼び鈴によって時間の終了を知らせる。参加者が他の話し手をさえぎることは許されない。

　ディベートの終わりに，司会者（指導者または生徒）は，非常に盛り上がった場面だけを取り上げて，論じられた点を簡潔に要約する。ディベートに続き，あらかじめ用意しておいた討論を行い，そこでディベートに直接参加せずに観察していた者は，主題に関する討論に参加する機会を得る。ロールプレイにおけるフォローアップや結果報告のための指針は，ディベートにもあてはまる。学習者が論じられた点を一般化し，自分自身の立場やその理由を組み立て易くする質問が必要となる。チーム員は，自分のチームの立場を個人的に支持する必要はなく，単にある見地から主張を発表するに過ぎないということを改めて強調する必要があるだろう。

　ディベートは，大きな集団でも利用可能である。形式的なディベートではなく，単にクラスを二つに分け，考えを生み出し，自分たちの最良の主張を発表するための時間を集団に与えるだけでもよい。ディベートをする人たちは，一方が主張し，対抗する集団が主張を述べるというように，代わるがわる自分たちの理由を発表していくようにする。主題によっては，第三の中立集団を設けることが適切な場合もある（Davis, 1993）。

ディベートの長所と短所

　ディベートでは，活発な議論になる主題に関し，その立場について調査・準備することを通して参加者が自分の学習に責任をもつ。この過程を通して，学習者は，ある特定の見解を支持するデータや調査を詳しく探究する機会をもち，そしてその論争点に対するかれら自身の考えを明らかにする。アクティブ学習

方略としてのディベートは，分析，統合，評価スキルを育成し，ある学習者にとっては強い知的課題を提供する。

ディベートを聞くことは，さまざまな話し手がいたり，多様な考え方や観点があるので，興味深い体験となる。対抗するチームの主張を論破するときにディベートが非常に活発になる場合が多く，この体験は，学習環境において刺激になる。

しかしながら，ディベートに実際に参加しなかった人たちは，アクティブな学習者というよりむしろ受動的な観察者となる。またディベートの別の短所として，チーム員のスキルによって，重要なまたは鍵となる要点が扱われたり，扱われなかったりするということがある。実際，綿密な調査がなされなければ，そのディベートは，事実よりも意見の方が多いものになってしまう。また，ある立場が他の立場よりも価値のあることが示され，一つのチームが他のチームよりも強くなる場合もある。有能さに欠ける学習者が，ディベートは難しい学習アクティビティだと感じてしまうことも多い。

学習方略としてのディベートのその他の潜在的な短所には，ディベートを監督する能力がある。不慣れな監督者は，討論を上手に統合したり，強調することができなかったり，ディベートの中で起こったことを学習者が探究するのをうまく支援できない。

指導者の中には，ディベートを準備・実行するのにかかった時間が成果に値しないと信じる者もいる。教師またはリーダーの指導計画によっては，この点もディベートの短所となるだろう。この他に，ディベートが自分の学習集団にはあまり適合しないと感じる指導者もいる。ディベートは，二つの敵対する集団を設定するが，それら二つの集団が部分的に似ていたり，支持集団として機能する指導環境においては，適切な学習方略ではないだろう。〈Fig.11-3〉は，ディベートの活用時に考慮すべき重要点を要約している。

ロールプレイ

ロールプレイの活用について十分に計画し，注意深く状況を選択し，成功に導く指針に従えば，ロールプレイを効果的に活用できる。

いつロールプレイを活用するか

ロールプレイは，生徒の参加を増大させ，人々の反応やある状況において可

〈Fig.11-3〉ディベート

活用の根拠
- 考えを統合することが重要である。
- 高次水準の学習成果を望んでいる。
- 活発な議論となる論争点が話される。

準備
- ディベートに適した主題を選択する。
- 十分な準備時間を提供する。
- 一緒に活動し易いチーム員を選択する。
- チーム員が果たす役割を強調する。

実行
- 各チーム員に立場声明を発表させる。
- 二つのチームに交互に発表させる。
- 各チームに反駁のための特定の時間を与える。
- 合意に基づいたディベート運営規則を守らせる。
- 要約する。
- チーム員の果たす役割を再度強調する。
- 用意しておいた質問を使って報告し，討論する。

長所
- 学習者に自分自身の学習に対する責任を取らせる。
- 高次水準の学習を育成する。
- ディベートを見ている人々に興味を起こさせる。

短所
- 観察者が受動的な参加者となる場合がある。
- チームが重要点を欠く場合がある。
- 事実よりもむしろ意見が優位を占めることがある。
- ある特定の見解を支持することが，個性または発表スキルによって左右される。
- 有能さに欠ける学習者にとってディベートは難しい場合がある。
- 監督者が要約や討論を導くには熟練が必要である。
- 費やされた時間が成果に値しない場合もある。
- 学習者が支持集団として機能する場合，ディベートの活用は適切でない。

能な対応を理解させる技術である。望まれている学習成果が，人間関係への洞察を発展させること，危険のない環境の中で難しい感情的状況を処理すること，自分自身の行動をより客観的に見ること，問題解決における代替の方法を試すこと等の場合に，ロールプレイの活用は最適である。

ロールプレイは，生徒が人間関係上の問題に対する洞察力を発展させるのを支援するために用いられることが多い。この成果を同じようにうまく導く他の技術は，ほとんどない。この型のロールプレイのよい一例では，三人の選ばれた人それぞれに，自分の役割について説明した文章が与えられる。その一つ一つには，生徒に次のように振る舞うよう書かれている。①ふつうに振る舞う，②集団の中の誰かが自分を「落とし入れようとしている」ことを知っている人のように振る舞う，③集団全体が，自分を「落とし入れようとしている」ことを知っている人のように振る舞う。そして，各演者は一人ずつ順番に，視聴者となった他の生徒たちと話すよう指示される。視聴者となった生徒たちは，各演者が演じている役割を知らず，各演者は，他の演者と視聴者となった生徒たちとの会話を聞かない。また，視聴者となった生徒たちが会話の中で演者をほめるよう指示されていることは，各演者に知らされていない。その後の討論では，描写された各役割と，なぜ人々は賞賛に対して異なった反応をするのか，ということについて出された一般論に焦点があてられる(Klemmer and Smith, 1975)。このようなロールプレイは，「賞賛に対する反応を理解する」と題した講義で説明するよりも，学習者をより強力な洞察に導くだろう。

　ロールプレイの中では，緊張や困惑を引き起こす非常に感情的な状況を容易に扱うことができる。その一つの例は，一人の男性と一人の女性が反対の役割を演じる性的論争点を探究するロールプレイである。女性は，ガールフレンドに性的関係をもつことを納得させようとしている男性の役割を演じなければならず，一方，男性は，まだ誰とも性的関係をもつ覚悟がないと考えているガールフレンドの役割を演じる。このようなロールプレイは，演者に**代替役割**を引き受けるよう求め，いつもは徹底的にまたは冷静には探究されていない論争点をより明確に理解できるよう導く。場合によっては，反対の役を割りあてるのがよい。なぜならば，そうすることで，生徒は他者の見解を理解する力を高めるからである(Davis, 1993)。

　自分自身の行動をよりよく理解することが，学習成果として生徒に求められている場合に，ロールプレイは頻繁に使われる。よりよい理解に導く簡単なロールプレイには，通常遭遇する次のような実生活場面がある。①なぜ遅れたかを説明しようとする娘とそれを聞こうとしない母親の会話，②家事の分担を夫に申し入れる常勤の仕事をもつ妻，③親に車を所有することを申し入れる16歳，④自分の雇用者に仕事の新しいやり方を提案する従業員，などである。行

動をよりよく理解できるよう導くロールプレイの主題は，人々の間に生じる相互作用の型と同じくらい多様である。

　ロールプレイは，ある特定の状況に対処するいろいろな方法を試すために活用できる。これを行う一つの方法は，異なる集団に同じ状況を演じさせるということである。おそらくその状況に対するいくつかの異なった解決策が出てくるだろう。またもう一つの方法は，**再演**である。最初に学習者は，ロールプレイを自発的に演じる。討論の後，討論の間に展開された指針に従って演技を変えながら，そのロールプレイを再演する。

ロールプレイの活用

　この章の前節では，ロールプレイの活用によって達成される学習成果の型に焦点をあてた。学習成果を達成するために最も効果的な方略としてロールプレイを選択した場合，指導者がロールプレイの状況を念入りに計画すれば，ロールプレイはうまく機能する。念入りな計画には次のことを含む。

- 学習成果に明確に関連するロールプレイの状況を選択すること。
- 必要となるいかなる登場人物，あるいは場面についても説明を（記述形式で）用意すること。
- さまざまな役割に対して選ぶのにふさわしい学習者について，慎重に考えること。
- ロールプレイの後に続く討論で用いる質問を計画すること。

　教師用指導書，家族関係の雑誌，そして一般的な雑誌の中にでさえ，ロールプレイの情報源がたくさんある。新聞や雑誌の相談欄に寄せられる手紙は，劇化に適した状況や役割を提案する。指導者は，そこから自分が特定していた学習成果に直接関連するものを見つけることができる場合がある。市販の教材としてのロールプレイをただちに入手できない場合でも，ロールプレイは教師によって容易に用意できる。一般に，毎日の生活経験はロールプレイの豊富な情報源である。ロールプレイの情報源を用意しておくために，あなた自身の生活経験からロールプレイのためのアイデアの記録を見出しカードに保存しておこう。ある特定の学習成果にロールプレイが必要となったときに，あなたがこれまでに保存したアイデアに目を通すか，学習成果に合わせた状況を開発しよう。

　一般にロールプレイは，役割を演じる人々にかれらが演じなければならない状況や行動の明確な説明が与えられるときに最も成功する。実行すべきロール

プレイについて，口頭での説明で十分かもしれないが，文章化された説明が与えられれば，演者は容易に取り組むことができる。説明は，その役割を演じるのに十分なものでなければならないが，自発性を抑えたり，演技のあらゆる局面を指図するほど厳密なものであってはならない。学習者にとっての目標は，かれら自身の知識や経験により応答することである。状況の説明は，次のように簡潔にするのがよい。「あなたは，あなたの一番の親友が，先週あなたのしたことについてうわさを広めているのを知ったばかりの高校三年生です。あなたの友人と対決しなさい」。その他に，説明には，あなたが誰であるのか，何が起こったのか，あなたは次に何をするのか，といった情報を含める。

ロールプレイの参加者は，有志を募ったり，役割を割りあてたりして選定する。学習者が自発的に申し出ることは，その状況を快適に感じていることを明確に示していることになるので，できるだけ有志を促そう。しかし，学習者が役割を演じることを自発的に申し出ない場合には，割りあてを前もって計画しておこう。ロールプレイに先立ち，その状況を快適に感じている学習者を確認しておこう。一般に，授業でよく発言する生徒，他の状況においても意見を表明することを恐れない生徒は，ロールプレイも快適に感じる。「本人の家庭状況に似過ぎ」たり，困惑を引き起こすような役割を学習者に割りあてることには慎重になろう。できるだけ多くの学習者を参加させるために，同じロールプレイを複数の集団にさせるとよい。一般的に，ロールプレイは，ほんの短時間で終わる。多くの場合，一つの脚本は5分以内に二，三人で演じることができるため，複数のチームや演者が同じ脚本を演じる時間は確保できる。

一つの代替モデルは，集団成員全員に役割を割りあてることである。たとえば，高校において教室の各生徒の机の上に，かれらが誰であるかを説明したカードをおいておく。入室してきた生徒がそれを見つけ，自分が割りあてられた役割を演じるという観点から授業を進めていく。

もし集団の中の全員が必ずしも演者とならない場合には，視聴者となった成員を参加させる方法を見つけることが重要であり，かれらに**観察課題**を設定することを検討しよう。そうすることにより，学習者は，鍵となる考えを探したり，相互作用の特定の型を見たり，あるいはある特定のスキルの実演に注目することができる。視聴者に観察の仕方を指導することで，生徒全員によるアクティブな学習が促進される（Pasch et.al., 1995）。

他の多くの授業の型と対照的に，ロールプレイ授業は，学習すべき概念につ

いて明確な言及をすることからは始まらない。ロールプレイは，行動に関する一般論を引き出すことを助け，人間関係の抽象的な性質をより具体的にするために設計される。ロールプレイの後の討論は，一般論や考えを表面化させるための機会となる。そこで，ロールプレイの計画において，指導者は，続く討論を注意深く計画しなければならない。次の指針は，そのような討論を構成するために活用できる。

- 各ロールプレイ演者に，かれらが役割を演じている最中にどのように感じたのかを尋ねる。
- 学級成員に，各ロールプレイ演者の行動に対して反応を示すよう求める。
- ロールプレイ演者に，かれらがその役をどのように演じたかったのかを話す機会を与える。
- 学級成員に，もし自分がロールプレイ演者だったら，どのように演じたかを尋ねる。
- 何がロールプレイ演者の応答または行動に導いたのか，または一因となったのかを尋ねる。
- 生徒に，何がその状況に至らせていると思うかを要約するよう求める（かれらが引き出すことのできる一般論あるいは結論は何か）。

これらは，各ロールプレイの終わりに尋ねるとよい標準的な質問であるが，学習場面の中で質問を活用するときはいつでも，必ずそれらを書き出し，応答するようにしよう。

ロールプレイ授業の間，指導者は，ロールプレイを導入し，登場人物を選び，場面を設定し，かれらに役割に入るための時間を与えなければならない。指導者は，ロールプレイの始まりと終わりを合図し，登場人物について報告し，そして討論を先導する。

ロールプレイの導入では，その目的は，示さなければならないが，その活動から引き出されるべき一般論をもらしてはならない。指導者は，役割を演じている誰もが，その役割を演じる以上のことをしたり，自分自身の本当の感情を表す見解やある種の行動を伝えたりはしていないことを指摘しなければならない。

もし指導者が，ロールプレイのために有志を募ることを決めていた場合，生徒がより自発的に申し出易いよう，導入を行った後に有志を募るべきである。馴染みのない状況の場合，生徒がそのロールプレイに参加したいかしたくない

かを決めるためにはある程度の時間を必要とする。

　ロールプレイのための登場人物が選定された後，ロールプレイ演者に文章で書かれた説明とその役に入り込むための少しの時間を与える（たいてい1～3分が適当である）。年齢，個性，役割の中でのその人にかかる圧力，その登場人物の反応について考えるよう励ます。この導入は，演者たちのための舞台を設定するのに役立つので，視聴者となった者もこの導入を聞くとよい。ロールプレイにおいて，他の人が役を引き受けるのに対し，ある人は，自分自身を演じなければならないように設計される場合もある。

　生徒にその状況と自分の役割について考える機会を与えたら，ロールプレイの開始を知らせる。開始を知らせることは，学習者に自分たちが劇化したものを見ているのだということ，そしてたとえその登場人物が本物のように見えたとしても，一人ひとりは，役割を演じているに過ぎないということを思い起こさせるのに役立つ。

　適切な時点でロールプレイを終わりにするのは，指導者の責務である。ロールプレイをいつ終わらせるべきか判断するのが難しいときがあるが，一般に，演者が一連の応答を実演し，要約の時点で討論のために計画した行動の根拠が十分に提供されたときが，ロールプレイを止めるときである。繰り返しが多くなり，退屈になり始めた後よりもむしろ，最高の時点でロールプレイを止めるのがよい場合が多い。

　指導者は，ロールプレイに続いて討論を行うときに，よい質問技術と計画した質問を使うべきである（第10章「学習者との話し合い」参照）。結果報告における討論部分または続く質問の間に，参加者を**役割からはずす**ことが重要である。これは，登場人物の役目として表現された態度や意見を，その登場人物を演じた学習者の態度や意見から意図的に分離することを意味する。これは，その役になった学習者に誠実に話しかけることによって簡単に実行できる。たとえば，指導者は演者に謝意を表明することから始めるとよい。「ゲーリー，虐待的な父親の役を演じてくれてありがとう。あなたは，彼の応答について十分に考えてよくやりました」あるいは「さあグラントさん，あなたは，私たちがたった今起こったことについて話す間に，ティーンエイジャーの役から離れることができます」。また，演技に対するその後のどのような言及も，その人よりもむしろその役割を認めなければならない。たとえば，「ゲーリーが虐待的父親を演じ，その子どもはそれを受けるに値すると思うといったとき…」ある

いは「そのティーンエイジャーが不平をいったとき…」などである。ゲーリーやグラントさんの表現そのものに言及するよりも，むしろ役割について言及すべきである。これは，演じられた態度や表現を参加者に潜在的に帰属させてしまうことから学習者を守るのに役立つ。演じられた感情や態度について討論するときに，架空の登場人物の名前を用いると，視聴者がその役割とそれを演じている人を区別し易い。このことは，非常に活発な議論になる論争点の場合には特に重要である。

続く討論や結果報告は，ロールプレイを，見て楽しむスポーツから学習アクティビティへと変化させる。学習者とロールプレイの参加者が一般論を展開するためにその経験を分析し，総合する機会をもたなければ，ほとんど学習にはならない。指導者が続く討論の準備をすることは，適切なロールプレイの状況の選定，ロールプレイの設定，適切な演者の選定と同じくらい重要である。

ロールプレイの長所と短所

学習アクティビティ（活動）としてのロールプレイには，たくさんの長所がある。入念に計画・実行されたとき，ロールプレイは，参加者と観察者双方が興味を抱くものとなる。学習者をどこでアクティブ（活動的）に参加させ，学習場面を多少とも操作することを練習させるのかを判断することは一つの技術である。ロールプレイは，架空の物語や場面の周辺で構成されるものなので，活発な議論になる論争点について単に討論するよりも，参加者に自分たちの感情を率直に表現させる。その授業で明示した学習成果は，ある特定の一般論を中心に展開するが，ロールプレイにはさらに，集団の協力を育み，参加者側の主導権を発展させるという長所もある。

ロールプレイには同様に短所もある。そのほとんどは，ある特定の学習者集団で起こる。すなわち，有能な学習者は，ロールプレイのために登場人物に割りあてられることを希望したり，自発的に申し出たりしない場合がある。また，自意識の強い生徒は，役割を演じることに自発的ではないだろう。さらに，素早く考えたり，自分自身のことを簡潔に表現しない生徒は，ロールプレイを効果的に導かないだろう。はっきりと述べる生徒でさえ，ロールプレイの精神を理解し，長所を最大限に生かして，その役割を演じないかもしれない。視聴者が，笑ったり，その役割を演じている人々について意見をいうことで，その登場人物の感情や考えを感じとることが難しくなる場合もある。

〈Fig.11-4〉ロールプレイ

活用の根拠
- 人間関係への洞察力を発達させる。
- 危険のない環境の中で難しい感情的な状況を扱う。
- 行動調査における客観性を発達させる。
- ある問題に対する代替の解決策を試す。

準備
- 学習成果に明確に関係するロールプレイを選択する。
- 登場人物と状況を明らかにするために文章化された資料を用意する。
- 役割を演じるのに適切な学習者を選択する，あるいは確認しておく。
- 続く討論を計画する。

実施
- ロールプレイを導入する。
- 演者を選択する。
- 場面を設定する。
- ロールプレイ演者に準備の時間を与える。
- 登場人物について結果報告をする。
- 討論する。

長所
- 観察者と演者双方にとって興味深いものとなる。
- 学習者に学習場面を多少管理させる。
- 意見を表明し易くする。
- 集団の協力を育む。
- 主導権を発達させる。

短所
- 学習者が十分に参加しない場合がある。
- 演者が効果的でない場合がある。
- 視聴者がロールプレイを妨げる場合がある。

一般に，学習者に対人関係スキルを実践させ，敏感で感情的な問題を探究させるというロールプレイの長所は，短所に比べてはるかに重要である。入念な計画によって，ロールプレイ技術の短所の多くは避けることができる。〈Fig.11-4〉には，アクティブ学習方略としてロールプレイを活用する際の考慮事項が要約されている。

ゲーム

ゲームは，適切に選択すれば，望まれている学習成果を導き，学習場面に楽しさ，想像力，創造力，興奮をつけ加える。週末のスポーツゲームから，日中や夜の時間のテレビのたくさんのゲーム番組，コンピュータやインターネットのゲームまで，ゲームは重要な娯楽である。人々は，幼少時代の初期からゲームに参加し，成人期にも気に入ったゲームをし続ける。ゲームは，すべての年齢の生徒の体験的学習において重要な役割を果たすことができる。

ゲームの活用

ほとんどのような型の学習も，ゲームの活用を通して行うことができる。指導者は，学習者が動機づけとなるアクティビティ（活動）を必要としている，望まれている学習成果に適合するゲームが入手可能または容易に作成できる，あるいは付随学習が重要である，という場合にゲームを活用するだろう。

ゲームの型は，ゲームが適切であるかどうかを判断する上で重要な部分である。アブト（Abt, 1968）は，使うべきゲームの型を決定するのに役立つ教育的ゲームに関する分類案を開発した。アブトの分類では，スキル，チャンス，現実，空想，方略のゲームがある。

スキルゲームでは，その成果はゲームをする人の能力に依存する。若者の組織での競争は，スキルゲームである場合が多い。幼稚園の環境をどのように整備するか，栄養価の高い食事をどのように用意するか，難しい予算の収支をどのように合わせるか等の実演で競争する生徒たちは，個々の能力に依存する。このようなスキルゲームでは，成績によって報酬が与えられ，一人ひとりの主導権と責任感を助長し，消極的になるのを防ぐ。

チャンスゲームは，学習者よりもむしろ環境に支配される。ゲームそれ自体は学習成果を導かないが，確率の法則を調べることやチャンスゲームに関連して設定された組織は，生徒の学習に寄与するだろう。このようなゲームは，その他の学習アクティビティに参加する生徒を選ぶ方法として活用することもできる。たとえば，教師が書き留めた番号に最も近い番号を取った生徒が，最初に復習質問を選び，答え，点を獲得する権利を得る。しかし一般に，チャンスゲームは学習に末梢的にしか関係しない。

現実ゲームでは，生徒が危険のない環境の中で実生活のできごとを体験する

ことができる。ゲームを通して，関係，問題，方法，そして動機が，自分のことのように体験できる。シミュレーションは，現実ゲームである。このようなゲームは，一般的な問題や家族内のコミュニケーション（あるいは間違ったコミュニケーション），家の購入，危機管理といった家族アクティビティに関連して作成することができる。このようなゲームは，青年期の生徒に高い興味を抱かせるが，成人にとっては，あまりに実生活の悩みに近過ぎるため，面白さを感じることができない場合もある。

空想ゲームは一般に，重要な認知成果は導かないが，情意成果には大きく寄与する。たとえば，学習者に，もし自分たちが明日，月に行かなければならなくなった場合に，一緒にもって行きたいと思うもの10個を考えるよう尋ねる。このようなゲームは，想像力を喚起し，生徒に型通りの認識を捨てることを促し，そして意思決定能力にまで寄与する場合もある。

方略ゲームでは，環境を巧みに操作することが学習者に求められる。一例として，自分が取りたいと思う行動について生徒に決定をさせるコンピュータゲームがある。ある特定の動きや行動を指示する前に，学習者は，その状況について，自分たちが望む限り多くの質問をする。方略ゲームでは，問題の明確化から結果の評価まで，意思決定の全要素を活用することが学習者に求められるため，認知領域における高次の学習に大きく貢献する。

内容伝達の方略としてどれを用いるとしても，選定したゲームは，意図している学習成果に十分適合していなければならない。先に述べたように，ときおり，ある特定の学習成果に加えて付随学習をも促進するゲームをすることは合理的である。しかしながら，そのような場合であっても，選んだゲームは求めている付随学習の型に適合していなければならない。たとえば，集団の協力と団結が求めている付随学習である場合，個人個人が互いに競争するように構成されたゲームは適切ではなく，ある共通の問題を解決するために集団が一緒に活動しなければならない協同的ゲームの方が適切である。学習者自身にチームを選ばせるのが適切かどうか検討した方がよい。最初または最後に誰が選ばれるかということから，結果としてどのような学習が起こるだろうか。

最適に見えるゲームであっても，指導者が事前に試さず，それを支援するための資料もつくらず，どのように競争者を選び，組織するかを決めなければ，授業で成功しないだろう。教育環境の中で使用する前にゲームを試行しておくことは重要である。そうすることにより，ゲームの微妙な違いや，競技の仕方

について問われる質問の種類がすぐに浮上するだろう。また，ゲームの試行は，ゲームが成功するために，ほかに何を補充しなければならないかの発見にも役立つ。ときどき，ゲームの部品がなくなっていたり，ゲームが思った通りに作動しない場合がある。学習者が，ゲームに入るためにある特定のコードが必要であり，そして，そのコードが存在することを示すが，それを明らかにしていない支援資料を必要とするようなコンピューターによるシミュレーションが一つのよい例である。

　一般に使われている復習ゲームは，指導者がそのゲームをするために必要な質問を用意する必要がある。これらの質問はもちろん，意図している学習成果に適合していなければならないし，そのゲームを行う前によく考えて用意しておくべきである。その他の型のゲームも，必要な材料は前もって用意する必要がある。ゲームを組織し，計画することに時間と努力が投入されたとき，望んでいる学習成果が達成される。

　ゲームの活用に際しては，どのようなゲームでもスムーズに進めるための簡単な指針がある。その指針の多くは，さまざまなゲームにあてはまるが，ある特定の型に対してのみ適切なものもある。また，いくつかの指針は，子どもに対して適用可能といわれているが，成人に対しても適用できることを心に留めておこう。

　第一に，ゲームを説明する前に，すべての学習者の注意を得るようにしよう。一般に，学習者を座らせ，ゲームの部品が見えないようにしておくのが最適であるが，せめて学習者の手の届かない所においておく。ゲームは学習者の興奮や興味を刺激する傾向にある(そのように意図されている)が，ゲームを始める前に興奮が増大してしまうと，学習者は気を散らし，どのようにそのゲームを行うのかという説明に集中することを困難にする。

　一般に，指示を与えた後に学習者でチームをつくり，かれらを開始場所に配置してから，どのようにそのゲームをするかの実演を示すのがよい。実演では，ゲームの間に何が起こるかを学習者にはっきりと示し，競争の最中よりもゲームを開始する前の方が簡単に答えることのできる質問を促すべきである。指示が終わる前に学習者がゲームを始めないように，必ず「私が合図を出したら…」といってから指示を始めるようにする。実演は，すべての学習者が見ることのできる位置でしなければならない。そのゲームが学習者に輪になることを求めている場合は，必ず成員を輪にして実演する。実演を示した後にいったん止め，

質問を求める。

　話したり動き回ることをたくさん含むゲームの間は，笛を手元にもとう。「さあ皆さん，やめて，聞きなさい」と叫ぶよりも，笛で集団の注意を取り戻す方がはるかに容易である。ゲームのやり方の誤りは，できれば，ゲームを止めずに正すのがよい。ほとんどのゲームの最中，指導者は指導員と審判員双方の役を演じなければならない。

　得点競争の場合には，ときどき得点を発表しよう。ほとんどの学習者は勝つためにゲームに参加するので，得点の発表はゲームに対する興味，興奮，注意を刺激する。

　若い学習者が新しいゲームをしようと試みている場合，指導者が競技者としてゲームに参加するとよい。もし誰かが最初の競技者や「鬼」になる必要があるゲームの場合，第1回戦では，指導者がその役割を担うとよい。

　指導者は，一つのアクティビティの終わりに集団の注意を得ている間に，次のアクティビティのための班をつくるよう指示したり，ゲームの結果を要約すべきである。ゲームの終わりに要約することは，重要な学習成果を強調するのに役立つ。

ゲームの長所と短所

　ゲームの五つの基本的な型の特定の長所については，すでに述べた。ゲームの型に関係なくあてはまる長所がある。第一のそして主要な長所は，十分に考えて選び，入念に計画したゲームは，学習者をやる気にさせ，ある特定の主題に対する興味を維持するのを助け，題材の記憶の増大にさえも役立つということである。ゲームに参加している学習者は，楽しむこと以上に何も期待していないにも関わらず，学習する。さらにゲームは，扱っている資料に関して，また別の文脈を提供することになる。すなわち，学習が愉快なものと変われば，退屈な講義は生き生きとしてくる。ゲームはまた，学習者が上級の集団スキルを発達させるのに役立つ協同的学習・アクティビティにも焦点をあてる。

　しかし，ゲームにはいくつかの短所もある。あるゲームにはあてはまらない短所もあるし，入念な計画によって避けることができる短所もある。ゲームは，競争的な状況であり，このことは，学習者にゲームを無理にやらせていることになる。同時に，ゲームは有能な学習者にとって秀でる機会を提供し，一方で有能さに欠ける学習者の自信を失わせる。ゲームは，すべての学習者が勝つ可

能性を有する場合に，学習に導く媒体となる。

　また，どのような時点であろうとも，学習者がゲームから脱落させられる場合，そのゲームはあまり活用できない。ゲームに参加していない学習者は，おそらくそこから何も学習しないだろう。

　ゲームに必要な時間が，そこで生じる学習に比べて多過ぎる場合もある。指導者が，潜在的学習成果とそのゲームをするために必要な時間との釣り合いをとることによって，この短所は克服される。指導者が学習場面でゲームを活用する前に試しておけば，そのゲームを最後までするのに必要な時間と潜在的学習成果は，容易に判断できる。

　学習者の多くは，ゲームに熱中する。しかし，競争が学習にとって適切な動機づけであるかどうかということに関しては，いくつかの疑問がある。勝つことが最も重要であり，ゲームをすることが二番目になる場合，指導者は望んでいる学習成果を達成するために，その他の方法を検討すべきである。〈Fig.11-5〉は，アクティブ（活動的）学習方略としてゲームの活用を検討するための要点を要約している。

シミュレーション

　シミュレーションは，ゲームとロールプレイ双方の特徴を有している。一連の指針またはゲームと同様の規則に沿って，学習者は役割を引き受け，何らかのシステムと相互作用をし，意思決定した結果を体験する。学習者は，模擬的・模倣的生活体験における決定と結果を直接的に体験する。

　シミュレーションは，実際に身体的または象徴的体験をするモデルである。シミュレーションは二つの範疇，すなわち，環境的シミュレーションと社会システム的シミュレーションに分類される。**環境的シミュレーション**では，実際によく似た物理的空間をつくる。たとえば特殊教育担当教師は，廊下に食べ物の缶詰や空き箱をたくさん並べて，模擬のスーパーマーケットをつくったりする。**社会システム的シミュレーション**では，結婚，家族，政府，経済，あるいは銀行システムなどの社会システムとの相互関係に焦点をあてる。ここでは，物理的小道具は重要でなく，相互作用の型式（パターン）が重要になる。

　シミュレーションにおいて，学習者は役割を演じる。ロールプレイで用いられる台本なしの個人的役割よりもむしろ，学習者は，自分たちがシステムと関わり合う役割を割りあてられる。学習者は，結果をつくり出す一連の意思決定

〈Fig.11-5〉ゲーム

活用の根拠
- 学習者がその他の学習アクティビティの型からの変化を必要としている。
- 望んでいる学習成果に適合するゲームが入手可能である。
- 付随学習が重要である。

準備
- スキル，チャンス，現実，空想，方略に関連し，望んでいる学習成果に応じたゲームを選択する。
- 意図している学習者に類似した人々でそのゲームを試す。
- どのようにして競争者を選び，組織するかを決定する。
- 支援のための資料をつくる。

実施
- ゲームを導入する前に学習者の注意を十分に得る。
- 説明を終えるまでゲームの指示をしない。
- 学習者を開始位置につかせる。
- ゲームの実演をする。
- 質問に答える。
- 集団の注意を取り戻すために笛を使う。
- ときどき得点を発表する。
- 若い学習者とゲームをする場合には，競技者として参加する。
- ゲームの終わりに要約する。

長所
- 学習者をやる気にさせる。
- 興味を持続する。
- 題材についての記憶を促進する。
- 協同的学習を促進する。

短所
- 競争は，有能さに欠ける学習者の自信を失わせる場合がある。
- 学習者がゲームから除外されたり，ゲームに参加していない場合がある。
- そのゲームを行うために必要な時間が，学習成果に比して度を越えている場合がある。

をするよう求められる。学習者はこれらの結果を直接体験するが，それは模擬システムの安全性の中においてである。

　シミュレーションは，成人の学習者にとって特に効果的な方略として認められている。成人は，自分の現在の興味，ニーズ，または関心を扱う学習体験を求める傾向にあるので，指導者は関連する練習や体験を提供する必要がある。

シミュレーションは，実生活の劇的な提示であるので，成人の学習者が，当面の問題と関連するスキル，能力，行動等を発達させるのに有用な方略である（Gilley, 1991）。

シミュレーションの活用

結婚・家族，貧困，世界的飢餓，エネルギー保存等の主題を扱う市販のシミュレーションゲームがたくさんある。さまざまなシミュレーションゲームが，コンピュータソフトウェアの形で存在する。たとえば，あるコンピュータシミュレーションは，生徒にアルコール飲料と食べ物が出されるパーティーでの招待客の役割を想定させる。学習者は，与えられた時間内に食べ物と飲み物を選ぶチャンスをもち，そして結果として生じる血中アルコール水準を「体験する」。学習者は，車を操縦してコースを回らなければならない。コンピュータは，かれらの血中アルコール水準に基づいて酔いのレベルを模擬体験させる。学習者は「酔った」ときに車を操作することの難しさを体験する。

指導者がシミュレーションを開発するのは難しいかもしれないが，教育的成果の点からは，その努力に十分値するものである。たとえば，多くの家庭生活指導者は，生徒が夫婦として家族の経済的資源を管理するという家族の資源管理シミュレーションを活用している。

シミュレーションのために学習者に準備をさせる際には，ゲームやロールプレイのために準備をさせるときと同様の指針があてはまる。指導者は，シミュレーションの手順を熟知し，それを学習者に説明する必要がある。シミュレーションが非常に複雑な場合，参加者のために文章化した一連の段階または規則をつくる必要がある。学習者は自分たちの役割を理解し，自分たちの役割の文脈の中で何ができて，何ができないのかを理解する必要がある。学習者はまた，シミュレーションの目的と参加することによる利益について理解すべきである（Gilley, 1991）。

環境的シミュレーションにおいて，指導者は，たくさんのものや資料を集めなければならない。たとえば，加齢に関するシミュレーションでは，車椅子，めがね，杖を必要とする。

シミュレーションの間，指導者は，割りあてられた役をもつ場合もあるし，単にまとめ役として活動する場合もある。学習者が指導者の役割を理解していることを確認しよう。特にシミュレーションが数日または数週間続く場合には，

そのシミュレーション時の補助を頼む機会を学習者のために設定しよう。シミュレーションは，その複雑さの水準によって，2時間のこともあれば3週間続くこともある。困惑したり退屈している学習者に注意を払うようにしよう。

シミュレーションにおける結果報告の段階は重要であり，5段階の過程が用いられる。第一段階は，実際の体験それ自体，すなわちシミュレーションを通して活動することである。第二段階は，共有することである。この段階で，学習者は自分たちの体験，観察，そして起こったことに対する個人的な応答や反応について話し合う。これらの情報が共有された後の第三段階は調査分析である。調査分析では，共有された情報における主題や共通点を探す。この段階において，指導者は，大きい集団をより小さな集団に分割することがある。調査分析は，シミュレーションに参加した大きな集団よりもむしろ，いくつかの小さな集団の間で行われる。

第四段階では，一般論を形成する。何が大きな見解であるのか，何を学んだのか，シミュレーションの結果として今私たちは何を知ったのか。学習者は，自分たちの体験について批判的に考え，広い含蓄を引き出すよう励まされるべきである。

最終段階は適用または「それで何」である。これは学習者にとって何を意味するのだろうか，それはどのように学習者の行動，態度，理解を変えるだろうか。この段階は大きな集団環境あるいは小さな集団環境で，あるいは個人の宿題として行われることもある(Gilley, 1991)。

シミュレーションの長所と短所

シミュレーションの長所は，学習者に高次水準の参加を要求するため，かれらを非常にやる気にさせることである。学習者は，学習過程に直接参加する。シミュレーションは，学習者の最もよい状態において，その他の学習アクティビティ(活動)の場合以上に，重要な責任を学習者に要求する。シミュレーションに真に参加するために，学習者は一連の意思決定をする際に，自分たちの役割を熱心に引き受けなければならない。学習者の意思決定の結果は，かれらの環境を変える。次にこれが条件を変え，さらにその条件下でかれらの次の意思決定がなされる。これは学習者に即時のフィードバック(参加をさらに促進させる組み込まれた報酬システム)を提供することになる(Gilley, 1991)。

シミュレーションの間，学習者は，さまざまなスキルを活用しなければなら

〈Fig.11-6〉シミュレーション

活用の根拠
- 学習者は，かれらの個人的な経験を超えた何らかの生活経験についての感覚や感情を体験することを必要としている。
- 学習者は，かれらの現在の経験を超えた何らかの生活経験における決定や行動の結果を探究することを必要としている。
- 学習者は，その他の何らかの論争点，見解，問題について他者の観点から探究することを必要としている。
- 学習者は，実生活の状況下で何らかのライフスキルを実践することを必要としている。

準備
- 学習者が役割の中で機能するために，事前に必要となる知識を有しているかどうか確認する。
- 学習者が割りあてられた役割を理解していることを確認する。
- シミュレーション時の相互作用を左右する規則や指針について理解していることを学習者に表現させる。
- 学習者がシミュレーション中の補助をどのようにして得るかを知っているかどうか確認する。
- シミュレーションを通して使用するすべての関係資料，道具，資源が集められていることを確認する。

実施
- 学習者の進歩やニーズを監視する。
- 必要に応じてアクションを促したり，補助を提供する。
- 学習者がシミュレーションの中で起こったことを分析する機会をもつようフォローアップアクティビティと討論を準備する。

長所
- 学習者に自分自身の学習に対する責任を取らせる。
- 学習者に高次水準の参加を要求する
- 学習者に自分自身の生活や環境を超えた模擬体験を提供する。
- 学習者を非常にやる気にさせる。

短所
- 多くの時間と資源が必要になる場合がある。
- シミュレーションが長過ぎたり，複雑過ぎる場合，一部の学習者が興味を失なう場合がある。
- 真に学習者を刺激するような水準の複雑性を発展させるのが難しい場合がある。

ない。これは，シミュレーションの追加的長所である。さらに，学習者は，安全な環境の中で実践し，体験することができる。シミュレーションは，その状

況が現実に近いが，通常生じるかもしれない危険性は最小限，または排除されているため，実際的な価値をもつ学習方法である。

　短所として，シミュレーションは一般に，準備や結果報告のための時間と同様に，ゲームそれ自体のためにもかなりの時間を要する。ゲームを十分発展させ，入念に計画しなければ，一部の学習者が退屈したり，当惑したり，脱落したりするだろう。学習者がシミュレーションの間に起こったことを分析する機会をもったかどうかを確認するためには，よいフォローアップと結果報告を行うことが重要である。

　シミュレーションは，効果的なアクション（活動）志向学習方略である。指導者は，学習者がシミュレーションに参加するために十分準備できているかどうか，そしてそれが学習に最も寄与する方法であるかどうか，注意深く検討する必要がある。〈Fig.11-6〉を参照しよう。

実験・実習

　実験・実習は，ある種の直接体験を提供する。実験・実習において，学習者はスキルを実践したり，原理を適用したりする機会をもち，または，資料，人々，過程を伴った実験をしたりする機会をもつ。実験・実習体験の独自性は，それが管理され，監督された状況下で起こるということである。実習訓練期間（インターンシップ）や教育実習科目のような直接体験は，一般に，子ども発達センター，病院の厨房，コンピュータセンターまたは相談者の家，といった場所において，ある特定の期間にわたって行われる。実験・実習体験は通常，教室あるいはその他の教育用施設の中で行われる。実験・実習がそういった場所で行われるとき，実験・実習は，指導者あるいはまとめ役の監督下での，ある一つの指導的行事となる。

　もちろん，実験・実習は，家族・消費者科学の中で長い歴史をもつ。初期の実験・実習では，衛生や食品の調理と保存，被服構成における実験が重視されていた。技術や内容を教える実験・実習は，まだ指導においてある位置を占めているが，最近では，形を変えている。実験・実習はたいてい，材料と道具を活用するが，最近では，必ずしも手先のスキルの発達やつくり出される製品に重点がおかれてはいない。代わりに，実験・実習は，計画，意思決定，結果の分析，協同的学習，集団過程といったアクティビティ（活動）に焦点をあてるようになってきている。一般的に，完璧なマフィンをつくることが目標ではない

のである。

　実験・実習は，監督されている安全な環境の中で，あるスキルや過程を実践したり，疑問を調査したり，問題を解決する機会としてよく活用される。学習者が問題の解決に向けて作業をしたり，何らかの学習の適用を実践しているときに，指導者はその環境を監督し，一つの人的資源として働く。たとえば，学習者が，食品保存のさまざまな型について体験する実験・実習について考えてみよう。学習者は，いろいろな昼食食品と組み合わされたさまざまな型の昼食包装技術を試し，内部の温度と細菌の繁殖を監視する。さまざまな商品を騒音レベル，保守の容易さ，信頼性などに関して比較する実験・実習もある。日常の健康管理と監視の実践，リサイクルの過程における各段階，保育，コンピュータ化された在庫管理，家庭における修理等は，現実的で，指導者の監督下にある教育環境の中で，生徒が学習を適用し，実践するのを支援するために実験・実習アクティビティを活用するよい機会となる。

実験・実習体験の計画と実施

　実験・実習体験におけるよい成果は，十分に計画された実験・実習アクティビティから生まれる。そこで，第一の疑問は，「学習成果は，実験・実習アクティビティにより最も適切に達成されるのか」ということである。実験・実習は，指導者の監督下で実践できる理想的な機会であるが，一般に，資源を多く必要とする。実験・実習は，計画と指導のために相当な時間を要し，さらに道具や材料といった資源を必要とする場合もある。もし，学習成果が実験・実習体験によって最も効果的に教えられるのならば，指導者は，その体験内容について入念に計画しなければならない。

　第一の段階として，指導者と学習者双方が，実験・実習の目的または意図している成果を理解する必要がある。このことを学習者に明確に伝える必要があり，そうすることで学習者は，なぜある特定のアクティビティに参加しているのかが理解できる。指導者は，学習者と共同でアクティビティを計画し，その目標または問題を口頭で述べたり，それを計画のワークシートの一部にするとよい。学習者がその実験・実習の中で取り組む問題や課題を理解しているということは，明らかに重要である。

　実験・実習の手順は，学習者に伝えられなければならない。この手順には，作業条件，作業を完成するための指針，そして実験・実習作業の達成を助ける

あらゆる日常業務や練習等が含まれる。たとえば，商品検査をする実験・実習では，コンピューターと資料を使用するための指針，資料の調査計画，そしてその資源の一部を本来の組織に返却するための指針を必要とするだろう。児童発達の実験・実習環境では，実験・実習のための規則，一般的な一日の日常業務，見本となる計画シートが指導者から学習者に提供されることが多い。〈Fig.11-7，11-8，11-9〉は，この環境において活用することのできる簡単な指針を示している。

　また，ほとんどの状況において，実験・実習の手順には一連の安全規則を含む。道具を安全に使用するための指針，緊急の処置に関する情報，または予防的な安全行動を標準的な実験・実習手順の中に含むべきである。

　指導者と学習者は，適切な作業時間計画を開発する必要がある。ほとんどの実験・実習体験は，何らかの時間的制約に適合しなければならないので，学習者は，割りあてられた時間に適合するよう，自分たちの作業を計画することを学ぶ必要がある。若い学習者の場合には，実際の時間と作業内容を対応させた計画を作成するとよい。成熟した学習者の場合には，課題をある特定の時間にしばりつけるよりもむしろ，課題の配列を工夫したり，自分たちの作業の全体計画を開発することのみ必要になる。

　指導者はまた，実験・実習で活用する補助的資料の開発にも責任がある。学習者が，その実践体験のために十分に準備するためには，どのような型の事前の読み物やアクティビティが必要だろうか。実験・実習を通して，どのようなワークシートまたは記録が必要になるだろうか。実験・実習アクティビティにおける学習を広げるには，どのような型の発展的アクティビティや自主学習の機会が役立つだろうか。以上のようなアクティビティいかんが，実験・実習から学んだ情報を学習者が調査分析するのを支援する上で差をつけるだろう。

　指導者は，実験・実習体験に続く結果報告によって，学習者が実験・実習の重要な要素を把握し，それらを新しい状況に転換するのを支援することができる。ゆえに，実地体験は，それだけで終わるものではなく，むしろ学習者を求めている成果に向けて動機づける媒体となる。結果報告の間，学習者は，実験・実習体験を評価し，その体験を綿密に分析する機会をもつ。学習者は，行ったことについてよく考え，実験・実習のアクティビティを分析し，これらのアクティビティから意義や学習を引き出す。指導者は，質問を発展させ，適用について議論し，そして学習者が自分たちの体験から一般論を形成するのを支

〈Fig.11-7〉実験・実習指針の見本

あなたの役割
- あなたは学習者であると同時に教師である。子どもを受けもち，かれらから学ぶ機会をできるだけ多くする。同時に，あなたが受けもっている子どもに対してだけでなく，より大きな集団に対しても必ず注意を払うようにする。
- あなたの存在が重要である。定刻に到着し，割りあてられた作業を準備する。やむを得ない場合，代替の人を用意するが，代替の人を活用する予定であることを事務室に連絡する。
- 準備する。あなた自身がその学校に慣れる。どこに道具や在庫が保管されているか知っておく。子ども，職員，他の教員の名前を覚える。毎日の日課を知る。

日々のスケジュール
- あなたの名札を探す。管理者室の外側にある掲示板から，自分の名札を取る。あなたが学校にいる間は名札をつけ，帰るときに掲示板に戻す。
- その日の授業計画を確認する。その日の主題は何か。その主題にそのアクティビティはどのように寄与するのか。どのようなアクティビティがあなたの責任か。その日のあなたのアクティビティを実行するために準備する。しかし，主任教師が要求した場合には，別の任務に交替できるよう十分に柔軟でいるようにする。
- その日のスケジュールに従う。アクティビティの通常の終了時刻や開始時刻に注意を払う。あなたのアクティビティ領域にいる子どもが移動するのを補助する。
- 片づけと結果報告に参加する。片づけの時間は通常，結果報告を行う時間である。何がうまく行き，何がもっともうまく行くはずだったのかを評価する。改善策を尋ねる。

覚えておくべきこと
- 最初の数回の実験・実習体験において，あなたは自信をもてないかもしれない。おそらくどのような新しい仕事も，あなたが少し当惑を感じる最初の期間がある。あなたが，実験・実習，子ども，そして同僚に慣れるにつれて，これはすぐに消えるだろう。
- 適切な服装をする。塗料やぶどう汁で汚されるかもしれない高価な服や，引きちぎられるかもしれない宝石を身につけることについては事前によく考えよう。あなたは床にいることが多いため，おそらく短いスカートは快適ではない。ジーンズやズボンがその環境に適している。しかし必ずそれらが小ぎれいで専門的に見えるように気をつける。破れたジーンズやトレーナー（スウェットシャツ），タンクトップなどは専門的に見えない。

子どもを受けもつための指針
- 目を見て子どもと話す。子どもの所に行き，その子どもと同じ高さになるようしゃがむか座る。このようにすると，子どもを脅したり，おびえさせたりすることが少なくなる（教室の向こうから叫ばない）。
- 肯定的な指示をする。子どもができないことよりもむしろできることを話す。
- どのような指示においても最初にアクション動詞をおく。幼稚園の子どもは，たとえ

(続く)

〈Fig.11-7〉（続き）

> ば，「この箱の中にクレヨンを入れて下さい，ジェレミー」のように，望まれるアクションで始まる簡単な指示には従うことができる。
> - 一度に一つの指示を与えるように努める。複数の指示を一度に続けて聞くことは成人にとって容易であるが，子どもにとっては難しいことが多い。
> - あなたがその行動をして欲しいと思っているときと場所で，指示を与える。
> - あなたが子どもの応答を受け入れることができるときにのみ，選択の機会を与える。ある子どもが自分のしていることをやめなければならず，あなたがある選択を勧める質問をする場合（たとえば「読書集団に移動してはどうですか」），あなたはあらかじめ，「嫌だ」という返事に対する用意をしておく。子どもが選択の機会をもつ場合にのみ，あなたは，「…はどうですか」や「あなたは…がしたいですか」ということばでそれを勧めるべきである。
> - 親しみ深く，堅実かつ公平でいるようにする。あなたは，ある状況におけるある特定の子どもにとって，どのような制限が必要であるかを判断する必要がある。その制限をその子どもに対して明確にし，それを維持する。
> - できる限り望ましい行動を強化し，望ましくない行動を無視する。子どもはほとんどの時間，本当に大人を喜ばせたいと思っている。「よい状態でいるときの子どもをとらえる」は，よい行動を強化する。「スージー，あなたはなぜ，まだ座ることができないの」というよりも，「ジョージ，私はあなたが静かに座っているようすが好きですよ」というようにしよう。
> - よい役割モデルになろう。「猿は見て，まねをする」は，子どもにもあてはまると思われる。
> - 寛いで，子どもを楽しもう。
> - どのような疑問や関心事でも実験・実習の主任に報告する。管理された結果報告会以外で，子どもについて他の人と話すことは避ける。子どもとかれらの家族に関する情報はすべて内密である。

援すべきである。これらの高次水準の成果は，体験それ自体の結果として自動的に生じることはないだろう。指導者には，生徒に「なぜ」「どのように」「もし…だったら」「もし次の機会に…だったら」について考えさせるような，実験・実習の評価の型を構成する責任がある。

実験・実習の長所と短所

　実験・実習は，優れた学習アクティビティである。創造的指導者は，実験・実習の伝統的な活用方法を越えて考え，あらゆるライフスキル領域における適切な実践を含めるために，実験・実習におけるアクティビティを組織するだろう。実験・実習は，現実的状況における実践を含むため，学習者に意思決定と

〈Fig.11-8〉 **幼稚園での実験・実習スケジュールの見本**

1時間の授業のための計画試案（授業に先立って実験・実習を準備しておく）	
授業前	授業の現場に到着する。早く着いた両親や子どもを広間に座らせる。
授業	準備を終わらせる。
5分	ドアを開ける。コートを脱ぎ，名札をつけ始める。子どもを遊び場所に入れる。両親を席につかせる。
25分	アクティビティ施設でアクティビティを自由に選択させる。
5分	片づける（その場所がおやつのためにきれいになるよう，3分前におもちゃを片づける必要がある）。
10分	子どもをおやつの場所に連れて行く（おやつが出される）。
5分	おもちゃや課題をもとの場所に戻す。コートを着るのを手伝う。
授業後	さようならをいい，掃除をし，そして次の授業のために教室を準備する。

〈Fig.11-9〉 **計画シートの見本**

```
チーム員の名前：
課題：
主題：
時間計画：_____承認済み
アクティビティ：          責任者：
 1. _____
 2. _____
 3. _____
 4. _____
選択： ● 身体的（運動性の）発達―切る，色を塗る，マーカーペン，クレヨン，接着剤，
         粘土，ひも
       ● 言語―読む，指人形
       ● 社会的／感情的―演劇，ゲーム
必要な資料： _____
```

問題解決スキルを練習させる。学習者は，自分たちの選択の結果を見る機会を得る。また，自分たちが学んだ原理や一般論を客観的に応用することができる。

　実験・実習は，概して学習者の参加水準が高いため，学習者をやる気にさせる。また，学習に実践的体験を必要とする学習者の学習様式のニーズに合致する。実験・実習体験には，学習者全員をかれら自身の学習に参加させる潜在能力がある。実験・実習のさらなる長所は，過程スキルを発達させ，実践するための機会になるということであり，これには，チームワーク，リーダーシップ，

〈Fig.11-10〉**実験・実習**

活用の根拠
- 学習者が，監督下で一連のスキルを実践する必要がある。
- 学習者が，監督下である問題の調査や選択肢をもって実験する必要がある。
- 学習者が，作業過程や原理を適用する必要がある。

準備
- 実験・実習の目的を明確に定義する。
- 実験・実習のための指針または手順を確立する。
- 材料，道具，資源を集める。
- フォローアップのアクティビティ，補助的な課題，結果報告の討論における質問を用意する。

実施
- 学習者の進歩とニーズを監視する。
- 要求があった場合に，援助を提供する。

長所
- 学習者に，自分たちが学習したことを適用したり，試したりさせる。
- 問題解決力や創造的思考力を促進する。
- 学習者の高い参加水準により，学習者をやる気にさせる。
- チームワークと協調を促進する。

短所
- 多くの時間や資源が必要になる。
- チームや作業集団において，必ずしもすべての学習者が十分に参加しない場合がある。

そして集団相互作用を含む。学習者はまた，時間管理，計画，組織化スキルを実践する機会ももつ。実験・実習の中で学習されるこれらのスキルは，**内容スキル**（第一次的スキル）あるいは**過程スキル**（第二次的スキル）といえる。

　短所としては，実験・実習は一般に，計画と指導に多大な時間がかかり，多くの資源が必要になるということである。また，道具や材料の費用が高い場合もある。指導者は，多くの資源と労力を必要とするこの型のアクティビティに，学習成果が適合するかどうか判断する必要がある。

　実験・実習体験の活用におけるその他の短所は，実験・実習における仕事量の不均等配分である。指導者は，集団アクティビティ，チームアクティビティのどの型においても，ある特定の数人がその集団のすべての責任を負うことがないよう念入りに計画する必要がある。この潜在的短所を避けるためには，協

同学習における原則を実験・実習アクティビティにも適用するとよい。

最後に，もし実験・実習が念入りに計画されず，その目的が明確に伝えられなければ，学習者は，アクティビティの要点を見落とすだろう。たとえば，卵に熱を加えることによって，熱がたんぱく質に及ぼす効果を観察することが学習者に期待されている実験・実習について考えてみよう。十分な準備と計画された終結がなければ，その実験・実習は，学習者の目には，単なる卵の焼き方に関する授業としか映らないだろう。〈Fig.11-10〉は，指導的実験・実習を活用するための重要な点を示している。

要約

学習者が，さまざまな学習の文脈を与えられた思考や概念を処理するために学習にアクティブに参加する機会をもつとき，学習量は劇的に増加する。ディベート，ロールプレイ，ゲーム，シミュレーションや実験・実習といった学習方略は，学習者に学習に対する責任を与え，学習をより意味のあるものにすることができる。

すべてのアクション志向学習方略において，教師またはまとめ役は，三つの段階を通して作業する必要がある。第一に，まとめ役は，アクティビティに関する適切な資源を計画し，集めなければならない。第二に，かれらは，そのアクティビティを促進あるいは監視しなければならない。第三に，結果報告またはフォローアップが行われなければならない。求められている学習成果にアクション志向学習方略が真に適合する場合にのみ，アクション志向学習方略は効果的となる。

訳注
1）本章では，アクション志向学習方略（Action-Oriented Learning Strategies）について述べられている。この学習方法については，active learning strategies という表現もされており，learning activity とも表現されている。このように，action, active, activity は同義に用いられているため，ここでは，アクション，アクティブ，アクティビティとカタカナ表記をすることとした。

引用・参考文献
Abt, C.C.(1968). Games for Learning. In Boocock, S.S., and Schild, E.O.(Eds.), *Simulation games in learning*. Beverly Hills, Calif: Sage.

Butler, J.J.(1988). Games and simulations: Greative educational alternatives. *Tech Trends*, 33, 20-23.

Chamberlain, V.M.(1992). *Creative home economics instruction*. Lake Forest, Ill.: Glencoe.

Davis, B.G.(1993). *Tools for teaching*. San Francisco: Josey-Bass.

Gilley, J.W.(1991). Demonstration and simulation. In *Adult Learning Methods*, 261-282. Malabar, Florida: Robert E. Krieger Publishing.

Green, C.S., and Klug, H.G.(1990). Teaching critical thinking and writing through debates: An experimental evaluation. *Teaching Sociology*, 18, 462-471.

Greenblat, C.S., and Duke, R.D.(1981). *Principles and practices of gaming simulation*. Beverly Hills, Calif: Sage.

Greer, P.S.(1990). The one minute clinical instructor: An application of the principles of the one Minute Manager. *Journal of Nursing Education*, 29, 37-38.

Hall, P.J., Couch, A.S., and Underwood, R.A.(1989). *Home economics instruction*. Lubbock, Texas: Texas Tech University Press.

Hawley, R.C.(1974). *Value exploration through role-playing*. Amherst, Mass.: ERA Press.

Klemmer, R.H., and Smith, R.M.(1975). *Teaching about family relationships*. Minneapolis: Burgess.

Meier, N.R., Solem, A.R., and Maier, A.A.(1975). *The role-play technique*. LaJolla, Calif: University Association.

Pasch, M., Langea, G., Gardner, T., Starko, A.J., and Moody, C.D.(1995). *Teaching as decision making: Successful practices for the elementary teacher*. White Plains, New York: Longman Publishers.

Spitze, H.(1979). *Choosing techniques for teaching and learning*(2nd ed.). Washington, D.C.:Home Economics Education Association.

Yelon, S.L.(1996). *Powerful Principles of Instruction*. White Plains, N.Y.: Longman Publishers.

第12章

指導資料の選択

現在，利用可能な指導資料の型は，高度なコンピュータ・ソフトウェア・シミュレーションから標準的な教科書にまで，また積み木や**手づくりのもの**から模型にまで範囲が及ぶ。あなたは，学校時代を通して広い範囲の指導資料に触れてきている。にも関わらず，学習を設計する側になったとき，これまで使用してきた多様な資料のことは容易に忘れている。あなたは，自分が好ましいと思う資料や安易に使える資料に頼りたくなる。〈Fig.12-1〉は，提示の際にあなたを補助するために使われる，幅広く多様な教具について概説している。

学習者のための指導資料の選択

あなたは，使用可能な多くの指導資料から，どれを選ぶかをどのようにして決めるだろうか。指導資料のどれかを選ぶ場合には，市販のものから，自分が作成したものまで，いくつかの要素の検討が必要である。これらの要素は，指導資料の内容，資料，学習者間の「調和」，資料の使い易さ，用いられる教育課程の構想との適合性などと関連している。

指導資料の内容

指導資料の内容を再検討するとき，考えるべき要素は以下のことを含む。すなわち，期待される学習成果に対しての正確さ（偏見の有無の証拠も含めて），信頼性，内容の適合性および現実的要求か象徴的要求かなどである。

■正確さ

指導教材に含まれる情報は正確でなくてはならない。専門的に製作され，念

〈Fig.12-1〉**指導資料の類型**

Ⅰ．視覚的教具
   A　本
      1．教科書
      2．学習練習帳(ワークブック)
      3．手引き書(マニュアル)
      4．参考書
      5．小説
   B　新聞
   C　雑誌
   D　小冊子(パンフレット)／公報
   E　写真
   F　図
   G　インターネットサイト
Ⅱ．音響教具
   A　テープレコーダー／レコード／CD
   B　電話
   C　ラジオ
Ⅲ．視聴覚教具
   A　映画(16ミリ，フィルムストリップ)
   B　テレビ(コマーシャル，公共放送，ケーブルテレビ，衛星，ビデオテープ)
   C　スライド
   D　コンピュータソフト
   E　DVD
Ⅳ．展示(ディスプレイ)
   A　展示
      1．地図
      2．地球儀
      3．模型および実物模型
      4．モビール(吊り下げるもの)
   B　展示／掲示板
   C　ポスター

入りに包装された資料が，必ずしも正確なものであるとは保証されないからである。不正確性は，時間の経過や新たな開発などの理由によって生じる。資料は，特定の領域における重要な研究や理論の更新より先に作成されたものかもしれない。たとえば，エイズの発見より前に開発された指導資料は，性行為によって感染する病気という，生命をおびやかす性質のみを不正確に伝えていたことになる。

資料には，その制作者の偏見によって，不正確な伝達事項が含まれてしまうこともある。たとえば，ある食品製造者は，自分たちの製品について，構成するカロリーの百分率から見て，実際には非常に脂肪分が高いときでも，カロリー計算をもとに，「太らない」と示すかもしれない。

　また，情報が不足したり，不完全なものであったりして，その結果，不正確な伝達事項（メッセージ）を表してしまう資料もある。クレジットの長所を強調するビデオは，クレジットの利用と使い過ぎの可能性といった短所についての正確な映像を提供するとは限らない。市販の資料は，専門的内容に基づいて開発されたものだとは一概にいえない。内容についての妥当性と正確さを求めるためには，すべての指導資料を厳密に選別する必要がある。

■偏見

　指導資料は，内容の正確さのほかに，偏見を含んではならない。ほとんどの教育者は，指導資料のほんのわずかな性的偏見に次第に気づくようになってきている。指導者は，伝統的・固定観念（ステレオタイプ）的役割における男女の役割についての写真や記述などの証拠について資料を吟味すべきである。すなわち，受け身で従順な女性，強くて積極的な男性，家庭経営者として子どもの世話をする女性，雇用労働者としての男性，看護師や教師としての女性，医者や弁護士としての男性等である。明白に表されたものは，見つけ易いであろう。しかし，どんなによい資料であっても指導者は両性のバランスを意識する必要がある。女性だけが家の掃除をしていたり，男性だけが車のファンベルトと（油量）計量棒の違いがわかっているということを暗示するような指導資料は，まさに，性的偏見のある教材の例である。男性，女性，少年，少女は，同等の役割において平等な立場をもつものとして，約同数が描かれなければならない。

　性的偏見だけが，指導資料における偏見の証拠の型ではない。指導者はまた，年齢，宗教的・政治的偏見と同様に，人種的・民族的偏見にも敏感であるべきである。さらに，固定観念は，とらえにくい方法で現れることが多い。たとえば，社会・経済的地位の低い事例研究の家族は，いつも特定の民族名になっているかもしれない。また，資料の内容が学習者に受け入れられるかどうかに影響を与える特定の価値観に基づく立場，伝統，文化の様相を認めない指導資料もある。特定の民族的・人種的集団は，視覚的メディアや固定観念的役割で十分に表現されないかもしれないし，特定の宗教的集団，年齢集団は，偏見を受け易いかもしれない。また，高齢者は，偏見のある役割をあてられると傷つき

易い。専門家は，指導資料におけるこれらの偏見に敏感である必要がある。

■期待される学習成果達成への有効性

　内容が正確に決定された後，指導資料の有効性が評価されなくてはならない。資料は，選ばれた学習成果の達成を支援するとき，**資源**となる。換言すれば，もし，指導資料が，特定の指導目的や学習成果にふさわしくなければ，その資料を用いるべきではない。ときに，指導者は，主題とあまり矛盾しないように見えるという理由だけで，資料を使うことを決める。また，よい指導資料が，ある学習成果を決定するために活用される場合もある。これらの取り組みはどちらも，指導資料の活用を決定するために適切な方法ではない。

　選択の過程は，「指導の結果として学習者は何ができるようになるべきか」と問うことから始まるべきで，さらに，「どの型の経験と資料が，学習成果に到達するのを支援するだろうか」という問いを続けるべきである。たとえば，学習者は，家族のための予算を作成できるようにすべきと決めている消費者スペシャリストは，消費者教育，消費者問題や学習者の興味に関連があるという理由で，広告つきのビデオテープを見せるという誘惑には，抵抗すべきである。直接学習成果に関連する指導資料でなければ，それは適切な資源とはいえない。

■現実的表現と象徴的表現

　さらに，内容について考慮すべきことは，資源の「現実性」に関連する。運よく，脂肪モデル（飽和・不飽和・多価不飽和）を見出した食品科学指導者の例について考えてみよう。そのモデルは，脂肪を形成する分子の現実的表現である。これらのモデルは，脂肪の種類の違いについて生徒の理解を助ける上で，どの程度有用といえるのだろうか。考えられる一つの要素は，資料が象徴的か現実的かということである。一般的に，表現が現実的であればあるほど，学習者の理解が容易になるが，逆に表現が抽象的，象徴的であるほど，学習者の理解は困難になる。

　ある著者(Dale, 1969)は，指導資料を象徴的なものから具体的なものまで連続した型，「経験円錐柱」の形で分類している。何よりもまず，ことばに象徴される言語コミュニケーションによる指導資料は，円錐形の頂点にある。図とグラフも，視覚的象徴であるため頂点に近い。脂肪分子のようなモデルは，「代理体験」の型である。それは視覚的象徴ではあるが，異なった分子配列の概念についての理解を言語的説明よりも容易にする。絵，写真，スライド，ビデオなどよりは具体的であるため，円錐中の下部に位置する「現実的」あるいは具

体的部分に近い。指導資料を選択する際，指導者は，学習を可能な限り具体的にするような資料を選ぼうとすべきである。

■色，動き，音についての考慮

　他に考えるべきことは，指導資料の色，動き，音をどう取り扱うかである。指導資料に色を使うことが重要かどうか，疑問に思うかもしれないが，重要な場合もある。たとえば，白黒写真やフィルムストリップで，さまざまな種類の肉の特徴を明らかに描写することは難しい。

　また，動きは必要だろうか，あるいは静的な表現が好ましいだろうか。ときには，写真，スライド，挿絵，フィルムストリップ（一コマずつ見せるための映写用フィルム）を用いて段階の手順を見ることが必要となることもある。ゆっくりした速度で，段階的な手順を復習したり，ある段階を復習できるために，静止画像を見ることは，各段階を明らかにするのを助ける。しかし，動きが求められる場合もある。静止画像や挿絵は，ある手順に要求される動きの微妙さや動きの調整をとらえることはできない。たとえば，心肺蘇生術（CPR）を動画なしに説明することは難しい。

　他の規準として，音の適切さがあげられる。音は必要か，それとも印刷されたことばや絵で十分なのか。たとえば，乳児の異なった泣き方とその意味を対照させることは，記述された印刷物だけでは不可能である。しかし，どのように哺乳瓶を準備するかの説明は，聞くことと同様に容易に読むことができる。実際に，印刷された指導資料は，学習者が何度も資料を参照する必要があるときや，自分の速度で指導資料を通して勉強する必要があるときには用いるとよい。録音やビデオテープは，巻き戻したり，再生することができる。書かれたことばも何度も繰り返し吟味でき，技術的助けなしでも，個人の速度で読むことができる。

　しかし，ときには，指導者は，ビデオ，録音テープ，フィルム，CD，コンピュータソフトやスライドなどによって提供されるような，音と絵の関連が必要であると判断することもある。そういうときには，学習者は特定の成果を達成するために，学習者に**話す**と**見せる**両方の資料を用意する必要がある。もし，音と絵の両方が重要ならば，指導者は，伝統的な印刷資料よりも視聴覚資料を選択する必要があるだろう。

学習者への適切性

　指導資料を選ぶとき，特定の学習者への適切性について考えることは重要である。正確で，よく開発された指導資料であっても，学習者によく合わなければ効果的ではない。指導者は，誰がそれを使うのかということに焦点をあてて資料を見直す必要がある。考えられるべき要素としては，年齢，読解水準，学習者の人数などがある。

■年齢

　指導資料は，学習者の年齢に適しているだろうか。青年期の学習者が，家庭経営者や若い親たちのために用いる予定の指導資料に関わるのは難しい。例を挙げると，写真や暗示的な活動は，学校や青年組合での青年には不適切であろう。同様に，青年や幼児のためにつくられた資料には，機関教育環境の家族は，効果的に関わることができないだろう。もちろん，年齢を特定しない資料の型もいくつかある。指導者は，もしもその資料が特定の年齢層のために設計されたものならば，選択するときに注意深く吟味する必要がある。

■読解力水準

　もしも，指導資料が読解力を必要とするならば，指導者は対象とした学習者にふさわしいものかどうか対象者の読解力を調べた上で確認すべきである。指導者は，学習者特有の読解力水準を知らないかもしれないが，学習者の教育水準は，その手がかりとなることが多い。学校教育における限られた能力の学習者，あるいは英語力が十分でない学習者は，平均よりも低い読解力水準であることが予測できる。文字で書かれた資料を用いることは，内容，挿絵，写真が適切でないことが多いので，読解力水準の低い若い学習者にとってほとんど適切とはいえない。もしも，適切な読み物資料が見つからない場合には，他の型の指導資料を使用するとよい。

　資料の読解力水準を素早く評価するためにはいくつかの方法がある。今や，ワープロ（ワード・プロセッシング・プログラム）のほとんどが，読み易さと読解力水準を測定できる程度の内蔵言語計数器をもつため，教師開発資料の水準は，容易に評価できる。これらのプログラム（文法点検の一部分として）の多くは，読解力水準を分析するためにフレッシュ（Flesch）用具を用いている。ワープロのほとんどが，フレッシュ・キンケイド（Flesch Kincaid）尺度に基づいた読解力水準測定の機能を内蔵している。

文字資料の読み易さを決めるには，いくつかの方法が利用できる。これらの方法はすべてコンピュータ操作の段階を多少必要とする。フレッシュ読解力容易さ尺度(Flesch Reading Ease scale)は，一音節の語の数と文章中の平均的語の長さを比べることによって決められる得点を通して，読み易さを示す。70〜80点は平均的読み易さを示し，100点は**最も読み易い**ことを示す。また，フレッシュ段階水準用具(Flesch Grade Level tool)を用いることもできる。この結果は，読者が文書を理解できる段階水準を示している。

　利用できる最もやさしい指数は，7段階のフォグ指数[1]だろう。理想的なフォグ指数水準は7か8である。12かそれ以上の水準は，上級教育に求められるべきであり，低い水準になるほど，読み易さを示す。フォグ指数は，少なくとも通常の一段落の文章中に少なくとも100語を含む教科書の見本に基づいており，見本の文章の数および長さと困難な語（3ないしそれ以上の音節からなる）の数を考慮している。フォグ指数を計算するための明確な説明の概要を〈Fig. 12-2〉に示す。

　これらの資料の開発には，複雑な専門的用語の使用と，それらの教科書に対する重要性を注意深く考慮する必要がある。読解力水準をかなり向上させるには，難しい語をほとんど使わないことである。一方，同じような困難な作業をたびたび繰り返しても，「間違った」読解困難性をもたらす開発者もいる。

■**学習者の規模**

　指導資料には，大集団を対象としたり，小集団，あるいは個人を対象とするものがある。講堂での300人の学習者が，先に説明した分子模型を見ることは

〈Fig.12-2〉**フォグ指数を用いた読み易さの計算**

少なくとも100語を含む見本を以下のように分析しよう。

1. 見本の**語数**を数える。
2. **文章数**を数える。
3. **大きい語の数**（3ないしそれ以上の音節からなる）を数える。
4. **平均的文章の長さ**を計算する（文章の数を全語数に分ける）。
5. **大きい語の百分率**を計算する（大きい語の数を全語数で割り，答えを百分率で出す）。
6. **平均的文章の長さ**を**大きい語の百分率**に加える（5.の百分率記号を取り，それを4.の答えに加える）。
7. その結果に0.4をかける。

非常に難しいが，この資料は，小集団や典型的な中等教育教室では効果がある。スライドのような資料のいくつかは，10人から100人までの学習者に対して平等に作用するが，その他の資料は，一人か小集団のみに使用することができる。たとえば，パーソナルコンピュータは，スクリーンに画像を大きく映し出すための映写機を用いる場合を除いて，一人か二人の学習者に最も適している。指導者は，資料が特定の学習状況に適応するかどうか決めるために，指導資料を選択する前に，学習者の規模を考慮しなければならない。

有用性

指導資料選択の際に考慮すべきもう一つの要素は，有用性である。有用性の要素には，価格，多目的性，準備・保守に必要なもの，時間，使用説明書等がある。

■費用と価値

資料の費用には，実際にそれを買うために使用された金銭の額だけでなく，使用するための準備に必要となる費用(あるいは，使用するたびにかかる費用)も含まれる。洗練された，入念につくられた指導資料は，かなり費用がかかる。もしも，初期の購入費用がとても高いか，予算を超えている場合には，購入の決定を再考しなければならないだろう。

しかし，資料の初期の購入費用だけでなく，使用毎の費用も，十分に考慮されなくてはならない。データベース検索のためにコンピュータを使えば，コンピュータはすばらしい指導資料としてのすべての規準(クフィァリア)に合致する。しかし，それによって，1時間に50ドルの接続料を支払わされるならば，その資料は手頃ではなくなるだろう。

指導資料の費用に関連して他に考えなければならいことは，指導資料は，多様性をもたねばならないということである。もしも，たった一人の指導者によって，特別な状況のもとで，限られた学習者に対して，限定的に使用されるなら，その資料は，その費用に値しないものとなる。

使用毎の費用を計算すると，要求される成果，たとえば，スライド，模型，展示板は，使用毎の費用はわずかであっても，初期費用は高いかもしれない。使用毎の費用がいくらかかるかのデータがあれば，その資料が納得がいく価格かそうでないかが判断しやすくなる。

■準備・保守に必要なもの

　指導資料は，準備や保守が適度に容易でなければならない。また，保管料が必要かどうかも考慮されなければならない。さらに，指導者は，指導から学習者が受ける価値と，資料の使用に必要となる労力とを比較しなくてはならない。たとえば，牛の心臓は，心臓弁内部の血小板の強化について実演するためにはすばらしい指導資料であるが，保管と手入れが重要な考慮事項である。

　安全性と環境状態もまた考慮される必要がある。コンピュータソフトは，さまざまな状況においてすばらしい指導を提供する。しかし，コンピュータやソフトウェアの安全性が問題になっている。その上，コンピュータは，湿気のあるところや静電気のある場所のような不都合な環境下ではうまく操作できなかったりもする。

　そして保守，手入れ，交換部品についても考慮しなくてはならない。資料や機器によっては，定期的な清掃や調整を必要とするものがある。また，日常的な使用でも著しく傷つき易く，損傷し易く，壊れ易かったりするものもある。

■時間

　時間は，使い易さを判断する要素の一つである。資料を準備したり，構成したりするのにどのくらい時間がかかるのか，組み立てたり，使う準備をするのにどのくらい時間がかかるのか，実際の指導に使うのに，一体どのくらい時間がかかるのか。展示や陳列板のような資料には，準備にまとまった時間が必要になるものもある。しかし，それは，長期間にわたって繰り返し使うことができる。解説書や教科書は，教師が準備するために時間を取る必要がなく，学習者は柔軟に使用できる。しかしながら，いくつかのコンピュータ・ソフトウェア・プログラムや視聴覚機器の中には，使用する際にかなりの時間を必要とするものもある。指導の準備に必要とされる時間と指導に用いる時間の合計が，資料が本当に使い易いかどうかを左右する。

■使用説明書

　最後に，教材は，高い技術的品質とともに良い使用説明書がなくてはならない。使用説明書は，その使用法と資料とともに用いる補助資料について解説している。たとえば，コンピュータ・ソフトウェア・プログラムには，プログラムについての詳細な情報，目的，特徴，必要な機器，フォローアップ活動を提供する解説書がセットで包装されている。

　また，使用説明書は，その指導資料が指導者の内容と学習者にどのくらい密

〈Fig.12-3〉**指導資料選択の規準**

内容について考慮すべきこと
- 最新情報である。
- 完成度が高い。
- 期待される学習成果への明確に対応している。
- 可能な限り実際的である。
- 色で表されている(必要ならば)。
- 動きを見せるよう設計されている(必要なとき)。
- 音声とともに提示される(必要ならば)。
- 性差,役割,民族的・人種的背景,宗教的信仰,年齢等を尊重し,偏見がない。

学習者への適用性
- 学習者の年齢に適している。
- 学習者の読解力水準に適している。
- 学習者の規模に適している。

使い易さ
- 使用毎の費用に値する。
- 使用,保管,保持のし易さが適切である。
- 準備,使用に必要な時間に値する。
- 指導環境に適応した長さである。
- 明確に注意深く解説されている。

接に適合しているか,その学習状況で,どのように使えるかを指導者が判断するのを助ける。指導資料を選択する際には考慮すべき三つの基本的要素があり,〈Fig.12-3〉は,それをまとめたものである。使おうと考えている指導資料を評価するために利用するとよい。

指導資料の情報源

指導資料の種類は,増え続けている。(よくいわれているように)市販の資料は大きな利便性を提供する。しかし,それらはまた,隠れたカリキュラムを含んでいる。指導者以外の人によって製作された教具は,ある水準においては指導者よりも内容についての展望と同様,知識,教授,学習に対する態度を表している。これらの資料は,その開発者の信念に基づいているので,その資料に内在するメッセージについては批判的に見ることが重要となってくる。

市販指導資料

　市販の指導資料は豊富にある。会社は教材，プラスチックの模型からコンピュータソフト，ウェブ上での指導に至るまでさまざまな教具を販売している。指導者は，家族・消費者科学プログラム用の資料を開発して，独占的に販売する業者やそのようなプログラムに対応した製品ラインを受けもつ配給業者を見つけるかもしれない。

　市販指導資料の内容について知るためには，多くの方法がある。新任の教師には，商品のカタログがたくさん送られてくる。専門誌に載る広告には，商品一覧の概要が提供され，さらに詳細なカタログは，請求すれば入手できることが多い。インターネット検索をすれば，さまざまな市販の教具・資料の販売元がわかる。

　地方，州，国の専門家会議の展示会を訪ねれば，市販の指導資料を探す手がかりがつかめる。業者は，買う見込みのある消費者と接触し，メーリングリストを増やすために展示会を利用する。地方，州，国の専門家会議の場合，業者の地域営業担当の人に会えるかもしれない。営業担当者によっては，新製品の利用可能性を確認するために，買う見込みのある消費者を定期的に訪問することもある。

　指導者はまた，特に役立つ資料を見つけ出した同僚との会話から質の高い役立つ教材について知る。資料図書館の司書は，あなたが関心をもつような商品を売っている会社の名前を探す手助けをすることができる。多くの州には，包括的な一覧表が保管されていて，多くの貸し出し可能な資料があり，教育者が利用できる地域図書館やメディアセンターがある。

　市販指導資料には，一般的には学習者に訴えかける高品質の視覚性をもつという長所がある。急速な技術的進歩，急成長する技術利用に伴って，学習者の基準と期待は増大してきている。技術的品質は，いくつかの方法で，資料の信用性につながる。家で，電子ゲーム，プランナー，ハイテク・エンターテインメント・システム，体裁のよい出版物などとの相互作用に時間を使っている学習者は，学習環境においても同等の品質の指導資料を期待する。今日の学習者は，見易く，聞き易く，「感じ」のよい指導資料を求めている。それらが欠けているものは，時代遅れで信頼できないものと見なされる。

　市販指導資料は，学習者を強く引きつける長所もあるが，短所もある。内容

領域の専門家は，ほとんどすべての市販指導資料の開発チームに入っている。しかし，だからといって，専門家が関わった資料がすべて完全で，研究に基づいたもので，正確であるとは保証されない場合もある。内容領域の専門家の助言は，資料をよりおもしろく，安く，売れるものにするために妥協させられているのかもしれない。多くの消費者に訴えかけるために，製品があなたの特定の指導目的に関係ない情報を含んだり，あなたが重要と考えている情報が排除されていることもある。また，より多くの視聴者に届けるために，結果的にあなたの特定のニーズが満たされないこともある。そして，ほかの指導資料と同様に，市販指導資料も古くなる。もしも，市販指導資料の初期費用が高ければ，指導者はその資料を適切な試用期間を越えてより長く使おうとするだろうし，結局は，予算面でその指導資料の購入をあきらめなくてはならないかもしれない。

製品納入業者／普及促進資料

あなたが，限られた予算内でやりくりしているならば，できるだけ安く手に入る製品納入業者から資料を入手したいと思うだろう。大会社の多くは，自社の製品ラインに関わる指導資料を開発している。たとえば，洗濯用品を製造する会社は，洗い方に関する指導資料を開発したり，離乳食を売る会社は，乳児の栄養学に関する指導を提供したりしている。

あなたは，専門的，あるいは一般的出版物を読んだり，オンラインで商品や会社を見つけることによって，製品納入業者から入手できる指導資料について知ることができる。多くの製品納入業者はまた，地方，州，国の会議の展示会の出品者であり，その会の後すぐに，サイト上やメールでただちに指導資料を提供している。

製品納入業者によって用意された指導資料の主な長所は，それらの価格の低さや無料で利用できる点である。これらの指導資料は，広告と同種の宣伝用資料である。というのはそれらは，製品の販売を促進するように，また学習者を引きつけるように設計されているからである。たとえば，電子資料の多くは，広告の質は高いが，同時に通常，フルカラーの魅力的な写真と挿絵がある印刷資料が添えられている。

市販指導資料の潜在的な短所は，製品納入業者によって用意された資料にもあてはまる。そのような資料は，あなたの特定の学習者には向かないかもしれ

ないし，あなたの考えている特定の指導目的について述べていないかもしれない。

宣伝用資料には，また，指導上の付随的な短所もいくつかある。一つ目は，資料の範囲が狭いということである。たとえば，個人の衛生について学ぶ資料は，製品納入業者が販売しているシャンプーと石けんに焦点をあてているが，製品納入業者が販売していない歯の衛生製品は取り上げていない。

二つ目は，このような宣伝用資料は，おそらく市販指導教具よりも客観的ではないということである。もし製品購入前にこの短所が指摘され，指導者が考え直すならば，製品納入業者の資料では，特定の実践や製品の長所と短所は扱われなくなるだろう。

その製品について問題がある場合としては，製品納入業者の資料は，ごまかしたり，偏見のある考え方を示したりするだろう。たとえば，議論のある事実をより公平に扱った調査結果よりも，特定の事実だけを支持している調査結果を引用するだろう。

最後に，製品納入業者が用意した資料は，複雑な（ときにはそれほど複雑ではない）宣伝の形と特徴あるブランド名を示すことが多い。学習者は，ブランド名のため，重要な指導目標に注意がいかなくなるかもしれない。望ましくない例としては，高価なブランド品を扱っている指導資料を用いていながら，経済的な食事を用意する学習をしている低収入の大人などの例がある。

■シェアウェア[2]をオンラインで探そう

インターネットの発達に伴って，オンラインで購入できる指導資料が増加している。これらの多くは，ほかの教育者と共有できるように教育者によって生み出された教授アイデア，授業計画，学習活動，ゲームあるいは企画である。会社や商品仲買人なども，指導資料をインターネットで配信している。あなたは，オンラインでコンピュータ・シミュレーション・ゲームをしたり，ビデオの一部を見ることによって，自動的に得点が記録できる一覧表やクイズを手にできる。

他の指導資料に適用される警告は，これらの資料にも同様に適用されるべきである。指導資料は，あなたが必要とするものなのか，その内容と水準が期待される学習成果に適合しているかを確認しよう。その指導資料の傾向と，実際にそれが正確かつ最新の情報を含んでいるかどうかについて考えよう。

誰が何のためにその資料を作成したのか，注意深く分析しよう。インターネ

ット利用者の多くは，いつでも利用できるものが有効で役立つものではないということを学習してきている。また，「.gov」で終わるウェブアドレスは，政府機関によって提供されていることを学習してきているので，その情報は，商業的集団によって所有されている「.com」や「.net」のついているサイトよりも客観的であるだろう。また，「.edu」で終わるウェブアドレスは教育関連機関（大学・総合大学，公立学校システム）によってつくられているということについても考えよう。

指導者作成資料

もしもあなたが，必要とする市販指導資料を探したり，入手することができない場合には，自分自身で資料を準備したくなるだろう。

指導者作成資料には，多くの長所がある。まず，このような資料は，特定の学習者のために自分の指導目的に合わせて準備される。それらは，提供された指導に直接的に関与し，計画された指導活動に直接的に関連する。指導者作成資料は，低価格あるいは無料であることが多い。適切に使用されれば，自作の指導資料は，市販指導資料や納入業者が準備した資料にある短所を避けることができる。

逆に指導者作成資料の短所は，第一にその準備に関わることである。指導者は，期待される資料を準備するために，時間，材料，機器，専門知識をもたなくてはならない。加えて，最終的なできあがりは，市販指導資料の洗練された外観には及ばないであろう。

指導を意図しない資料

指導資料の情報源の最後は，指導のために設計されていないが，指導目的に合えば，助りになると思われる資料である。たとえば，多くの文学が，討論のための論争点を表すために使用できる。映画，テレビ番組，音楽，新聞記事，短編小説，芝居，芸術作品，マンガなどすべてが，指導で用いられることができる指導を意図しない資料の例である。

特定の情報源から指導資料を選択することを考えるための規準の簡単な一覧を，〈Fig.12-4〉に示す。

〈Fig.12-4〉指導資料を選ぶための考慮事項

〈Fig.12-3〉において明らかにされたものに加えて，以下の規準を考慮しよう。それがいかに利用可能で，技術的に洗練されていても，あなたの視聴者のために設計されていない資料や目的は，不適当であることを認識しよう。

市販指導資料
- 価格を正当化する十分な技術的品質
- 製品の耐用期間に適切な費用での入手可能性

製品納入業者資料
- 範囲の適切性（アイデア／製品が誤解されるような狭い範囲に焦点をあてない）
- 製品の提示における目的
- 議論の余地ある論争点の提示の目的
- 製品／ブランド名の利用への敏感さ
- 故意でない固定観念化や不注意なことばづかいの排除

指導資料の活用

ほとんどすべての人が，計画したように機能しなかった指導資料の被害者である。作動しなかったコンピュータソフト，2フィート離れたところからは読めないOHP用TP，裂けたフィルム，正しく操作できなかった模型等である。学習者のために注意深く選ばれ，目的に完全に合っている指導資料だけが，実行や利用にとって申し分ないものとなる。もちろん，停電などのように，指導者が制御できない避けられない突然の事故や故障はある。

指導資料をうまく使用するためには，指導者が以下のようなことをする必要がある。すなわち，事前に練習する，生徒を参加させるよう準備する，意図通りに使う，生徒の学習を点検する，効果を評価するなどである。

指導資料活用の練習

最高の状況下でさえ，指導資料は，常に意図されたようには機能しない。たとえば，映写機の電球がきれている，スクリーンが開かない，ビデオが用意された機器とは合わず，他の機器が必要となるなどである。

失敗の多くは，あなたが資料を用いる練習をしたり，前もって機器を検査しておけば避けられる。たとえば，コンピュータプログラムの実行にあたっては，ある学習者に使用する前に使用説明書を読んだり，すべてのデータをパソコン

に取り込んでから実行すべきである。OHP用TPは，校正してからOHPに乗せ，あらゆる方向からの読み易さを注意深く確認すべきである。用いるビデオテープは，その全部を視聴して，長さ，見易さ，内容を確認しておくべきである。指導資料についてのカタログや宣伝文に頼るのは賢明ではない。

　指導資料は，できる限り，指導がなされる実際の教室，講堂，事務室その他の環境で試してみるべきである。OHPは，暗くできない部屋では使えないかもしれない。18インチ（約45.7cm）のテレビモニターは，100人収容の講堂では十分とはいえない。講演が始まる時間の少なくとも1時間前には発表会場に到着するように計画しよう。

　実際の機器を用いての練習は，有効である。ビデオ・カセット・レコーダーを作動させる原理の大部分は，ほとんどのモデルに適用できるが，隠れたところに電源があるモデルが与えられることもあるだろう。もしも，実際に練習することが不可能な場合には，少なくともすべての機器があり，正常に動く状態にあることを確認するために十分な時間をとらなければならない。

　練習にあたって，助言委員や実習生徒を巻き込むことも役立つ。かれらは，あなたが気づかないことに気づくかもしれない。

生徒の参加の準備

　理想的な指導資料を選択し，それを使う練習をすることに時間を割くことは，成功を保証するようにみえる。しかし，生徒が学習体験に参加する準備ができている場合を除いては，いかにその資料が学習環境に「適合」するように計画されるのかを知っているのは指導者だけである。

　授業計画の基本原理は，生徒が指導資料とともに活動するように準備されたときに，適用されるべきである。学習者は，資料の目的を理解すべきであり，それらをどのように使うかという明らかな方向をもつことが大切である。複雑な活動が指導資料の使用に伴うときには，練習することが役立つ。そうすれば，学習者は，手順や予想，その他について質問をする機会をもつことができる。たとえば，教師が一人で疲労測定器を使い始める前に，小集団で疲労測定器を使う計画を立てるとよい。

フォローアップ

　指導資料は，フォローアップを必要とする。学習者が指導資料を使い終わっ

〈Fig.12-5〉**指導資料の利用**

> 指導資料を使うときには，指導者は以下のことをすべきである。
>
> - 資料を用いる練習をする。
>   - 資料が学習者に対して活用するとき，前もって，十分な時間を取る。
>   - 助言委員やボランティアの生徒とともに練習する。
>   - 資料が使用されるだろう環境で(できるだけ)練習する。
>   - 用いられる機器で(できるだけ)練習する。
>
> - 生徒が参加できるように準備する。
>   - 指導資料を導入し，期待される学習成果に結びつける。
>   - 明確な指示を与える。
>   - 指導資料を用いて生徒に練習させる(適当なときに)。
>
> - 資料使用後のフォローアップを行う。
>   - 学習者の質問に答える。
>   - 重点を繰り返す。
>   - 学習成果を強化する。
>
> - 資料を評価する。
>   - 学習成果が達成されたかどうかを判定する。
>   - 指導資料に関する生徒の意見を求める。
>   - 資料が期待された通りに機能したかどうか評価する。

た後に，学習者の質問に答え，重要な点を確認するなど，学習成果を強化するための時間を計画しよう。

評価

　使用後できるだけすぐに，指導資料の価値を評価することが重要である。評価のための最高の情報源の一つは，学習者である。学校教育では短い評価用紙を用いて記入させたり，学習外教育では，指導資料の使用後，まとめの際あるいは授業の終わりに学習者の意見を求めるための数分の時間をとったりするとよい。指導資料は，学習成果を得るために貢献したか，学習者は指導資料を楽しんで使ったか，指導資料は期待通り機能したか，これらはすべて，評価のために問われる重要な質問である。指導資料は一般的に，資源に依存することが大きく，多大な費用がかかり，指導者が選んだり用意したりするのに時間がかかるので，資料の活用と資料の精選を評価することは，努力に値する。

　指導資料の使用を計画し，評価を計画するのを助けるための確認表(チェッ

クリスト)が,〈Fig.12-5〉に示されている。

要約

　指導資料は,教えるための用具である。それらは,指導者がかれらの指導目標を達成することを手助けできる。しかし,その教具自体に魔法のような力があるわけではない。大工が仕事のためにふさわしい道具を注意深く選ぶように,指導者もまた,指導資料の選択において,よく考えなければならない。指導者は,資料が特定の指導目的をもつ環境において,学習者にいかに役立つか,という資料の質を見極めなくてはならない。指導者は,幅広い多様な資料や情報源の中から選択することができる。

　創造的な指導者は,自分の指導にふさわしい資料を適用するスキルをすみやかに開発し始めている。かれらは,その指導環境におけるさまざまな資料やメディアの,指導における価値を認識している。

訳注
1)フォグ指数(Fog Index)とは,難読指数である1センテンスの語数や語の難易度に基づく,文の読み易さの尺度。
2)シェアウェアとは,おもにオンラインで流通し,コピーや使用は自由にできるが,継続的に使用する場合は,使用料を支払うシステムのソフト。

引用・参考文献
Dale, E.(1969). *Audiovisual methods in teaching* (3rd ed.). New York: Holt, Rinehart and Winston.
Dickey, J.P., and Hendricks, R.C.(1991). Visual perception qualities of instructional materials. *Clearing House*, 64, 168-170.
Farr, N.J., and Jenkins, J.J.(1969). Simplification of Flesch reading ease formula, Journal of *Applied Psychology*, 35, 333.
Frymier, J.R.(1990). Students' preferences for curriculum materials. *High School Journal*, 74, 123-131.
Olson, J.(1990). Do not use as directed: Corporate materials in the schools. *Educational Leadership*, 47, 79-80.
Powers, L.D.(1988). A conceptual approach for selecting instructional materials. *Agriculture Education Magazine*, 61, 22-23.

第13章

指導のための技術

ある普及サービス係員は，食物を原因とする病気にかかったアラスカ地方の住民の問題への対応を始める。病気の原因を特定するために，係員は分析のための食品見本を大学へ送るために速達便を活用する。検査結果のファクスが翌朝，普及サービス係員の事務所に届く。明らかに抗生物質に耐性のある細菌の菌株が原因であることがわかる。普及サービス係員への電子メール文書には，太平洋時間午後3時にメイン州基幹大学のドレーク博士（Dr.Drake）による相談が可能になることが書かれている。その普及サービス係員は2時55分にビデオ・ネットワーク・システムのスイッチを入れ，ドレーク博士と普及事務所から500マイル（約800km）離れたアラスカ地方の人との回線を調整し始める。

　上記の例は，今日，日常的に起こっているできごとについて述べたものである。技術の発達は，人々が情報を検索し，共有する方法を急速に変えている。今日の技術は，映写機およびマイクロコンピュータを越えて，あらゆる種類の遠隔ビデオコミュニケーション，カリキュラム管理システム，家庭・学校・地域のための管理ネットワークにまで到達した（Nellist and Gilbert, 1999）。

　二つの技術システム，すなわち，コンピュータとコミュニケーション技術は，現在，ますます広く適用されている。次節では，特にコンピュータとビデオ技術のネットワークの可能性を強調して，新たな技術の展開について述べる。

コンピュータ

　内容を伝達したり，指導を提供するために使用されるコンピュータは，現在そして未来の先導的技術を表している。インターネットへ接続している学校の数は，1997年の70％から1999年には90％以上にまで増えている（Chen, 2000）。

明らかに，これからの情報消費者は，技術に精通するようになるだろう。コンピュータは，すでに教育において重要な役割を果たしているが，技術が進歩し，家族・消費者科学の専門家がこの技術の利用に精通してくるにつれて，コンピュータは学習者の指導において広い役割を果たすようになるだろう。インターネット接続遠隔学習（IMDL）システムによるコミュニケーション促進のためにコンピュータを使うことは，コンピュータ活用の機会がますます豊富になることを示している（Armstrong，2000）。

長所

コンピュータの長所の一つは，指導者が学習者の学習機会を広げることである。たとえば，インターネットを通してコンピュータ処理によるデータベース検索が可能になることで，学習者は，地域的には不可能であった出版されていない情報源を探したり，取得したりすることができるようになる。学習者は，インターネット検索ソフトやコンピュータ処理によるデータベースを利用して，特定の主題について調べることができる。コンピュータ検索は，印刷物による索引よりも最新情報を素早く検索することができ，手動よりも幅広く検索できる。そしてまた，いくつかの主題が同時に検索できる（Brooks and Touliatos，1989）。また，電子メールのようなコンピュータ関連技術の利用を通して，学習者はさらに多くの情報を利用する機会を得ることができる。

コンピュータは，協働と地域参加の機会を増加させるためにますます使われてきており，協働を世界的水準にまで拡大している。たとえば，地方にいる学習者は，特定の主題に関するデータを集めることができ，より中央のサイト（情報が登録されているサーバー）へとそのデータを送り，世界中の他の地方のサイトから同様のデータを集めている他者と，発見を共有できる。電子メールやウェブベースのチャットルーム（インターネット上でリアルタイムにメッセージをやりとりする場），あるいはウェブベースのオーディオやビデオ接続の使用を通した，参加者間の会話および協働は，集められたデータの地域的・世界的意味を学習者が理解し易くするために利用される。

コンピュータの使用はまた，指導者が学習者の個々の違いに焦点をあてることを可能にする。いろいろな型のソフトウェアは，学習者の特定の学習ニーズや学習者の能力に合わせて選ぶことができる。たとえば，協力的な普及サービス係員は，投資選択，栄養分析あるいは家庭の省エネルギーのような特定の興

〈Fig.13-1〉**家族・消費者科学における，コンピュータの長所**

- 情報への接続の増加（検索ソフト，データベース，電子メール）
- 協働と地域参加の増加
- 個人の学習ニーズへの対応
- 個人の学習能力への対応
- 生徒の日常的な技術への習熟

味に関する主題を取り扱うコンピュータ・ソフトウェア・プログラムを学習者に貸し出すことができる。この指導者は，個別の学習者を受けもつために共通した一つのソフトウェアを使用することもある。たとえば，投資選択ソフトウェアは，学習者によって，さまざまな額の貯蓄，選択肢のある投資という条件が与えられて，長期的所得について計算するために使用される。教室では，異なる能力の学習者が同じソフトウェアを使用するかもしれないが，かれらは自分の速度で資料を使って学習を進めていく。増加する学習者の困難水準に対応するソフトウェアは，学習者が自分自身の達成水準に応じて学習することを可能にする。

コンピュータは，学校教育での指導者や学校外教育の場での指導者が，進度の遅い学習者を個性化した体験で手助けすることができる。それにより，同一の集団指導要求により経験させられる圧力や欲求不満を避けることができる。たとえば，ある生徒は長い時間を使って，売上税を計算する練習や債務転換方法を作成する練習をするだろう。

また，コンピュータの使用は，基礎的なコンピュータスキルを強化し，学習者の生活上の必要に密接に結びついている技術を使うという自信をつけさせるのに役立つ。指導者の援助と指導を受けてコンピュータを使用する学習者は，食料品の買い物，家計簿管理のために，職場や銀行でもコンピュータ技術に接続することが多くなる。〈Fig.13-1〉は，家族・消費者科学において内容伝達する際にコンピュータを使用することの長所をまとめている。

活用

コンピュータは，さまざまな方法で，学校教育環境，制度化されていない教育環境両者において，教具として活用できる。

通常のコンピュータの指導的使用としては，特に企業環境における情報検索がある。たとえば，家電会社はコンピュータ処理データベースに詳細な製品情

報とサービス情報を保存する。顧客サービス担当者は，情報について顧客の情報要求に応えるために，この情報に素早く接続することができる。その最終的な形としては，このような情報がインターネットによる検索可能なデータベースとして消費者が直接利用できるようにすることである。

　指導者は，教育の目的にふさわしい指導資料と指導活動を開発するためにコンピュータを活用できる。たとえば，自動車保険についての資料を提示している指導者について考えてみよう。その場合，学習者に，現在の地方税を一覧表にしたコンピュータグラフと図表を供給し，さまざまな経費を計算させる数学的な問題を与えるようなワークシートを開発することができる。コンピュータは，指導者のために答えの手がかりを完備しているワークシートをつくり出すことができる。さらに，指導者が，パズルやゲームおよびその他の型の展示物を作成できるプログラムが利用可能である。

　指導者はまた，記録管理，試験，指導指針などのためにコンピュータを活用できる。指導者が記録し，配点を決め，成績計算をするために，明確化された目的に対する生徒の進歩を追跡したり，質問集からテストを作成することを可能にするコンピュータ処理指導用パッケージ（既成プログラムのセット）が利用可能である。指導者は，さらに，指導環境に適した記録を取るために，自分自身の管理システムの開発を選ぶこともできる。

　コンピュータはまた，実演と提示にも役立つ。実践するには困難で，複雑で，費用がかかり，危険な本物（ライブ）の実演や提示の代わりに，これまでは映写フィルムやビデオテープが活用されてきた。コンピュータはこれらの型の実演と提示の助けとなることができ，これまでの方法を越えた長所がある。まず，上で述べたメディアが本質的に直線的であるのに対して，コンピュータは，より柔軟であるという長所をもっている。たとえば，自動車を安全に運転できる人の能力に飲酒が与える影響について考えてみよう。ビデオテープは，ある被験者に対する特定量のアルコールの影響を描写する。しかし，コンピュータプログラムでは，学習者がアルコール消費の水準，飲酒したときの呼気，飲んだ人の年齢，性，体重を自由に変えて，最後には，それぞれに対応した結果を出すことができる。

　また，教室にあるコンピュータは，マイクロコンピュータに付属する映写装置の活用を通して，学習者が集団で見ることができる。指導者や学習者がコンピュータのキーボードを操作するとき，学習者は教室のスクリーン上の提示や

実演を見ることができる。さらにもう一歩進んで，C-U-C-Me技術[1]によって，別の場所で多くのコンピュータにビデオカメラを取りつけることが可能になるので，学習者は，あらゆるコンピュータ・ベース・サイトで，他のサイトの学習者を見ることができ，会話することもできる。

コンピュータは，内容を学習者に伝える上で，有効な教具となる。個別指導方式では，コンピュータによって事実や概念が定義・説明され，学習者は，その情報についての質問を受けることができる。その過程は，学習者がその学習内容の習得を示すまで繰り返される。その個別指導方式は，一般に個人の指導で活用され，学習者の能力の向上に好結果をもたらす。

また，訓練と練習は，もう一つのコンピュータの指導役割である。コンピュータは，提起された問題や質問，フィードバックを通して，無限の練習を学習者に提供することができる。テスト項目は，コンピュータ画面やモニター上で学習者に提示され，学習者は，答えをコンピュータに入力して答える。コンピュータは，誤った答えを訂正することもあるし，単に学習者にもう一度挑戦するように促すこともあるだろう。そして正しい答えであれば賞賛を受けるようになっている。また，もしも学習者がある範囲での習得を示せば，学習者をプログラムの新しい部分へ分岐するよう促すプログラムがある。一方，プログラムが完璧になるまで，学習者に一連のテスト項目に答えることを要求するプログラムもある。

コンピュータは，シミュレーション，ゲーム，そして問題解決の指導でもますます活用されている。コンピュータの能力と柔軟性は，学習者が状況を設定し，意思決定し，これらの意思決定の結果を実現することを可能にする。

学習者は，文字データを操作したり，図形表示をつくったり，機械的な動きを制御したりできる。たとえば，コンピュータプログラムは学習者に食品科学実験を模擬体験させたり，減食と運動による減量の成果に関する，自分の問題解決スキルを試したりすることを可能にする。一般の消費者市場向けのコンピュータゲームは，非常に人気があるので，ゲームセンターで対戦するように，動機づけになり楽しめる教育的コンピュータゲームを製作する試みがなされている。多くの教育ゲームが現在存在しているが，教育的・動機づけ的価値が疑わしいものも見られる(Lemke and Coughlin, 1998)。

〈Fig.13-2〉は，教具としてのコンピュータ活用の例である。これらの活用は，ソフトウェア(指導を提供するコンピュータプログラム)がうまく設計されたと

〈Fig.13-2〉**教具としてのコンピュータ利用**

- 指導資料の開発(グラフ,図,ワークシート)
- 記録保持
- 試験と採点
- 指導の指示
- 実演
- 個人教授
- 訓練と練習
- 模擬体験,ゲーム,問題解決活動

き,最もよく学習に役立てられる。

ソフトウェア選択での考慮

　今述べたように,現在のソフトウェアには,記録を管理し,テストを構成し,テストを分析し,指導活動を開発することで指導者を支えるものがいくつかある。また,学習者が練習し,情報を取得し,検索し,実践問題を解決し,活動や実験を模擬体験し,コミュニケーション製品を生み出すために活用することができるソフトウェアもある。自分自身でコンピュータプログラムを作成する能力がある家族・消費者科学の専門家もいるが,一般的には,学習者と指導成果に適切なソフトウェアを選ぶことが指導者の責任である。指導用のソフトウェアを選ぶ際に,いくつか考慮すべき事柄がある。

　まず,指導者はプログラムが正確な情報を提供しているということを確認しなければならないということである。しかし,プログラム開発者が必ずしも,その内容領域の専門家であるとはいえない。そのデータが正しく,最新のものかどうか点検するようにしよう。

　また,均衡のとれた方法で内容を表しているかどうかを確かめるために,プログラムを調べてみよう。そのプログラムは,その主題に適切な事実をどれか省いてはいないだろうか。その伝達事項は,家族・消費者科学の哲学と一致するだろうか。たとえば,包装によって生じるゴミ問題について扱っていない食品貯蔵に関する個人指導プログラムについて考えてみよう。これは,明らかに偏った内容の提示である。内容の構成について考えよう。プログラムはその主題をすべて包含し,その主題が,論理的に流れていなければならない。

　指導資料の読解水準も同様に,関心事でなければならない。文字データは,

学習者に適切な読解水準で書かれるべきで，プログラムは，対象である学習者の理解水準に適合するべきである。そのプログラムで使用される例，グラフ，書式が対象である学習者にいかに適合しているか検討しよう。

また，ソフトウェアは，使い易くなければならない。命令（コマンド）と使用者の入力は，学び易く，覚え易くなければならない。プログラムを使用するのに必要とされるコンピュータの専門知識はどの水準なのか，プログラムが利用者に役立つものなのかについても検討してみよう。

指導に用いられるために選ばれたソフトウェアはいずれも，よい技術的質をもつべきである。印刷の読み易さ，色，グラフ，余白の使用は，プログラムの善し悪しを決める。詰め込まれて，小さくて，読みにくい文字データは，学習者を落胆させるし，解釈しにくく，その目的を表していないグラフは，指導効果を減ずる。

ソフトウェアを機能させるために使われるコンピュータの処理能力は，もう一つの考慮すべき事項である。グラフが多数入ったソフトウェアは，コンピュータ上でかなりの記憶容量を必要とするだろうし，また，コンピュータの速度が限られている場合は処理ががなり遅くなるだろう。

最後に，指導者は，ソフトウェアが本当に効果的なメディアとして使用されているかどうかを批判的に調べる必要がある。たとえば，そのソフトウェアは，他のメディアより正確に，効果的に，迅速に，創造的に課題を果たしているか，挿絵，グラフ，あるいは音響効果は，そのソフトウェアに重要な貢献をしているか。さらに，文字データをコンピュータ画面で学習者に提供するプログラムについて考えてみよう。よくできたイラストの入った冊子のページをめくるよりも，コンピュータ画面を移動させることには意味があるのだろうか。コンピュータを速く楽に使うよりも，表計算ソフトでの再計算ファイルを手動で距離関数に変換するのに時間を使うことには意味があるのだろうか。また，録画テープでの「本物」よりも，コンピュータモニター上で模擬出産を見ることに意味があるのだろうか。コンピュータ技術は指導効果を向上させるが，それは最も効果的な状況で活用されるべきである。

ソフトウェアパッケージに付属している**使用説明書**は，資料の本体について説明している。プログラムの上手な使用は，説明書で述べられている指導と必要条件にかかっているので，説明書は重要な資源である。よいソフトウェアの説明書は，さまざまな情報を含んでいる。

〈Fig.13-3〉ソフトウェア選択で考慮すべき事項

内容
ソフトウェアは以下のことを考慮しているか。
- 指導目的へ適合している。
- 正確な情報を提供している。
- 主題についての調和の取れた提示を提供している。
- 主題は，完全で，論理的である。
- 使い易い命令と論理的指導を提供している。
- よい技術的質をもっている。
- 機器は速くて滑らかに稼動する。
- 指導用具としてコンピュータを最適に使用している。

説明書
ソフトウェアには以下の文字資料が添えられているか。
- プログラムを実行するために必要なことについて完全な解説が提供されている。
    - 必要なコンピュータの型
    - 記憶容量(メモリー)の総量
    - 必要とされる周辺機器
- ソフトウェアを操作するための段階的指導を含んでいる。

　プログラムを使用するための必要条件についての説明書の記述は，適切な操作に必要なすべての機器の一覧表を含んでいる。その一覧表は，ソフトウェアが設計されたコンピュータの型と必要とされるコンピュータの記憶容量と，必要な周辺装置(モデムやプリンターのような外部機器)について詳述している。
　説明書はまた，ソフトウェアを使用するための段階的な指導を含むべきである。その指導は完璧で，正確で，曖昧でないものであるべきである。
　説明書はまた，補足のワークシートと本文の資料と同様に，内容に関する説明的資料を含んでいる。理想的には，説明書は，ソフトウェアと使用者との間の便利な仲介者(インターフェイス)であり，プログラムを使用する効率を向上させている(Stone, 1983)。
　〈Fig.13-3〉は，ここで論じられたソフトウェアを選ぶ際に議論されるべき考慮事項を要約している。提起されたそれぞれの質問の答えは，「はい」でなければならない。

ビデオメディア

　ビデオメディアは，多くの指導環境において，教具としてすでに十分に確立

されている技術形態である。1980年代に，ビデオテープは16ミリフィルムを徐々に押しのけてきており，「映画」はもはや比較にならない。現在は，CD－ROMやDVD形式が，すでにビデオテープを押しのけつつあるが，教具としてのビデオは，かなり教育的価値をもったメディアである。

　明らかに，指導において，市販のビデオテープを使用する機会には制限がない。野菜のつけ合わせをつくることから思春期の子どもとのコミュニケーションを改善すること，老人ホームを選ぶことまでのあらゆる主題が現在，ビデオで描かれている。著作権が許可された場合には，ボタンを押せば，民間放送のテレビチャンネルから番組を録画できる（適切なビデオメディアを選ぶ規準は，第12章「指導資料の選択」で扱われている）。指導者には，正確で適切なメディアを選び，最適な学習を促進する方法で，それらを使う責任がある。他の教具と同様に，選ばれたビデオテープは，目的を達成することに直接役立たなければならない。

　前もって録画されたビデオテープに加えて，指導においてビデオ技術が創造的に使用される別の方法がある。指導者は，自分のビデオテープを作成する機会を利用すべきである。会議，客員講演者，資料提供者，パネル発表，見学，あるいは特別な行事は，録画でき，後で視聴覚資料として利用できる。個人的な録画機器は今や，専門家でなくても簡単に編集できるようになっているので，素人のテープでもうまく撮ることが可能である。指導者はまた，後に指導で使えるように自分の授業のようすを録画し，その後，補習を必要とする学習者がそれを再生するよう促すことができる。

　ビデオはまた，学習者のプロジェクト，実演，実験・実習，そして他の課題の実施について，評価目的のために録画し，再生することができる。このことは，指導者に学習者のパフォーマンス（遂行活動）を観察し，評価する機会を与えるばかりでなく，学習者にとっても自分の作業を振り返るという利益を得ることになる。

　学習への参加を増やすために，学習者に，ビデオテープを開発し作成することを手伝わせてもよい。さまざまな課題が，この視聴覚メディアによく適合する。生徒が作成したコマーシャル，音楽ビデオ，ロールプレイ，講演，実演，あるいはレポートについて考えてみよう。

　ビデオテープは，コンピュータのように，学習者に教室環境を越えた学習を体験させる。学習者は，かれら自身のビデオを製作する中で，復習する機会を

〈Fig.13-4〉**指導給源／ビデオ技術の活用**

- 市販指導ビデオテープ
- 指導者が準備したビデオテープ
  - 会議
  - 客員講演者
  - 見学
  - 特別行事
- 評価的ビデオテープ
  - 学習者の実演
  - 実験・実習
- 学習者が準備したビデオテープ
  - 「コマーシャル」
  - 音楽ビデオ
  - ロールプレイ
  - 講演
  - 実演
- 適切なテーマや内容を含んだ人気のある娯楽ビデオ

もち，創造性を表現する機会をもつ。ビデオ技術の利用は，教師の指導機会を広げ，学習者に，多様で高度な動機づけの選択肢を与える。教育者にとって幸運なことに，新しいビデオ技術は，指導の機会を増やし続けるだろう。〈Fig.13-4〉は，ビデオメディアの一般的な情報源と使用方法の例をまとめている。

相互作用技術

　コンピュータ技術は，とても急速に変化しているので，他の多くの革新的なものと並行し続けることは難しい。専門家は，最先端のコンピュータシステムが購入して到着するころにはすでに旧式になっていることがよくあることに気づいている。使用に必要な費用や専門的知識とは別の考慮すべき事項として，まだ一般には使用されていない広範囲に及ぶ相互作用技術がいくつかある。しかし，コンピュータ技術は急速に，安く使い易いものとなってきている。この章で新しいものとして述べられている技術の多くは，この印刷という「古い」技術を使った本書が読まれるときまでには，広く使われるようになっているだろう。

　新しく出現してきている相互作用技術の多くは，使用者のニーズに反応している現在の技術と結びついたり，置換されたりしている。同様に，多くがネッ

トワーク能力を重視してきている。次の節では，現在，使用可能なもので，家族・消費者科学の専門家がよく使用しそうないくつかの相互作用技術について概説する。

相互作用ビデオ

相互作用ビデオは，ブランチング(CPUの実行効率を上げるための技術の一つ)指導と現実的ビデオ映像を提供するコンピュータとビデオ技術が結びついたものである。相互作用ビデオシステムは，マイクロコンピュータ，ビデオディスク，CD，あるいはDVDプレーヤー，そして連結のための接続器(インターフェイス)を必要とし，授業のビデオ区分をコンピュータに制御させることを可能にする(Nellist and Gilbert, 1999)。あるコンピュータ・ソフトウェア・プログラムは，授業のために，指導的「テンプレート(ワープロ文書などの用途に応じたひな型・定型書式)」を提供する。それは，使用者の資料に対する反応が伝達事項の順序や型を指示しているビデオプログラムである。たとえば，学習者は，窓の隙間に詰め物をするなど，家庭のエネルギー消費を効率的にする方法を知るためにコンピュータメニューからそれにあたる部分を選ぶことで，相互作用ビデオプログラムを始める。するとコンピュータは，必要な用具と必需品に対していくつかの基本的な情報を提供し，ビデオ画面はその技術を示し，次いでコンピュータは，重点がすべて明らかになったかを確かめるためのクイズを出す。もし，学習者が復習のために再びビデオのその部分を見たい場合には，それをクリックするだけでよい。

今説明した例の中で，学習者は実際に結合されたビデオとコンピュータ技術という最高のものを有している，すなわち，コンピュータは，個々の学習者のニーズと学習様式に応える伝達事項の選択と順序づけを行い，効率のよいブランチ(コンピュータによる分岐予測・実行効率を上げるための技術の一つ)を提供する。一方，ビデオ技術は，技術の現実的大写しを提供するなどである。さらに，学習者は，かれら自身が学んだことを実際のウインドウ(プログラムが動く)に適用しようとする前に，内容を確かめる機会をもつ。

相互作用ビデオプログラムは，学習に重要な手段を提供する。相互作用ビデオプログラムの開発は，指導設計者，オーディオ・ビデオ・スペシャリスト，内容の専門家，そしてコンピュータ・プログラマー・チームの努力の成果である。今では，特別なソフトウェアシステムができ，指導者が一人で相互作用授

業を設計することをより容易にしている。

電子メール

　すでに多くの人々に使用されている技術は，電子メール，Eメールである。**電子メール**は，コンピュータと遠距離通信技術(電話，衛星，ケーブル)との結合である。その技術は，個人が伝達事項をコンピュータに入力し，他に設定されているコンピュータにつながった伝達経路を経て，それを送ることで伝達を可能にしている。どこかの機関に所属している家族・消費者科学専門家が，新たな相互作用技術の効率的な方法を採用している大学に所属する，親と新生児の相互作用についての効果的方法を明らかにしている同僚から，最新の情報を得たがっていると考えてみよう。かれらは，Eメール利用資格を得，クエリー(データベースの検索)へと進む。大学に所属する教授は，そのクエリーを受け，いくつかの適切な参考文献を提供する敏速な情報を返信する。そのクエリーは，最初に送られた一人の使用者だけには制限されないので，そのネットワーク内の他の使用者もまた，機関に所属する人と同様に，付随情報を得ることができる。

　ネットワークが精巧になるにつれて，他のサービスも利用可能となる。あるシステムは，会議の計画という目的のために使用者の予定表に接続できる。システムのいくつかは，使用者と大型コンピュータ(メイン・フレーム・コンピュータ)に蓄えられているデータとを接続する。

　Eメールは，即時の，広範なコミュニケーションネットワークを可能にする。伝達事項はホールの下の事務所へと同様に，容易に海外へ送ることができる。それは，ただちに，個人や全集団に送ることができる。基本的な郵便サービスと同様に，押しつけがましくなく，受け手の喜びを伴って「開かれる」ことができる。家族・消費者科学の内容を伝達することに関心のある専門家にとって，そのようなシステムは，伝達事項を送る人と受ける人両者に対して豊富な機会を与える。

　コンピュータ処理された掲示板環境，チャットルーム，瞬間伝達システム等でEメールの変化が生じている。それらの形式は，指導者が，指導の設計と学習者の電子機器使用能力(個人と機器に依存した)に，最も適する伝達方法を選ぶことを可能にさせる。

　電子掲示板は，接続する人なら誰でも掲示板に伝達事項を掲示することがで

きる。すべての使用者は，掲示された質問や伝言を見ることができ，掲示板を通して答えることができる。指導者は，一定の間隔で蓄積し回答するための質問を生徒に与える場として，掲示板を利用するだろう。これは，使用者が相互に作用するために同時に署名することはできないので，**非同時性環境**と定義されている。

チャットルームと瞬間伝達システムは，すべてがインターネットに接続されている間，生徒と指導者が質問と答えの連続的流れを受け取ることができ，「本物の」，同時性の，電子的双方向作用を可能としている。すなわち，そのコミュニケーションは，伝達事項を入力する必要があるために普通の会話よりは少し遅くなるが，かなり速い双方向作用を可能にする。マイクロホンをコンピュータに加えること，特定のソフトウェアを使用することで，電話相談の通話で行うような声と声との双方向作用が提供される。

ファクス通信

コンピュータを使った電子メールサービスは，文書を送ることはできるが，この目的のための使用には，印刷資料をインプットする時間と努力が必要なため限界がある。スキャナー(画面読み取り装置)を使えば入力の問題を多少緩和できるが，やはり，文書をスキャナーで読み込み，適切にフォーマットするには時間がかかる。夜間のメールは速いが，ハードコピー(ディスプレイ画面上に表示されたものをそのままプリンターで打ち出すこと)の即時の伝達はできない。**ファクシミリ**または**ファクス**機は文書を送るための比較的一般的な手段となってきている。

その最も簡単な形式としてのファクス通信は，伝言を送るために既存の電話線を使用する。それに必要なのは，ファクス端末，電話接続，そして受け手と送り手の場所での電気の差し込み口だけである。

生徒の共同作業体験のために，地方企業との契約を進めている教師について考えてみよう。教師は，その契約が校区を担当する弁護士に受諾されていることを確かめようとする。しかし，その事務所は，200マイル(約322km)離れている。そこでその教師は，単にファクス端末の電源を入れ，弁護士のファクス端末の電話番号に電話をし，その契約書のコピーを入れるだけでよい。その弁護士の事務所のファクス端末は，電話線を通して送られてきた信号を受けて，検討のためにその文書を複写する。折り返し，教師はその弁護士による走り書

き版契約書を受け取り，加除訂正を行う。このような通信手段は速く，正確である。もし，電話や標準的な郵便サービスによりこのような課題を行うとしたら，どのくらい時間がかかるか想像できるだろうか。

遠隔学習

遠隔学習は，1か所あるいはそれ以上の離れた場所で，技術を通して指導者と学習者をつなぐことを意味する，さまざまな方略（ストラテジー）を表すために使われる広い用語である。それは，企業で頻繁に使用される遠隔会議，学校間で行われるビデオ指導，学校外教育指導で用いられるさまざまなビデオや音声放送を含む。これまでに説明してきた技術のいくつかは，遠隔学習に組み込まれることが多い。教育・訓練プログラムに対する需要が増え，旅費が上がり続け，新しい低費用の技術が発達するにつれて，遠隔学習技術の活用が増大することが期待されてきている（Price, 1991）。

■遠隔学習システムの類型

遠隔学習システムには，電気通信の技術が必要となる。実際に，情報を光線で目的地に運ぶ光ファイバー・ケーブル・システムに基づいてつくられているシステムがいくつかある。情報は，光ファイバー，すなわち細い光学的に純粋なガラスフィラメントを通して，レーザー光線の波動によって伝えられる（Michigan Bell, 1990）。また，伝達システムとしては，比較的高価な型ではあるが，衛星通信も指導に使用される。他には，マイクロウェーブを通した伝達システムも可能である。トランシーバーは，パラボラアンテナやテレビタワーに送電する。これらのシステムは，完全に相互作用能力があるので，学習者と指導者は，お互いに見て話すことができる。

相互作用システムの他の型である音声グラフィック画像は，電話線を通して声とグラフィック画像の同時伝達を可能にする。そのシステムは，スピーカーホン（マイクロホンとスピーカーが一つになった送受信器）とコンピュータを使ったテレビ会議をする際に使用され，画像は，スライド提示や他のグラフィック画像の形式で表示される（Nellist and Gilbert, 1999）。

遠隔学習システムの他の型には，マルチメディア・データ・ベースとして作動するものがある。ビデオ情報システムは，学習者や指導者がタッチパネルを通して中心点から情報（グラフィック，挿絵，統計，映画その他）に接続することを可能にする。これらのシステムには，電話線を使用するものがいくつかあ

る。それらは必ずしもサイト上の指導者に代わる必要はないが，離れた場所で，指導資料への接続を可能にする。

　ビデオ，オーディオ，テキストを結びつけるいくつかの相互作用学習システムは，個人学習者(指導者を必要としない)の利用のために特別に設計されている。パソコンの他にも，これらのシステムは普通，タッチ・スクリーン・モニター，ビデオディスク，CD-ROM，あるいはDVDを必要とする。このようなシステムは，四六時中個人の手の届く範囲での学習を可能にする。

■遠隔学習への指導上の考慮

　一般的に，過去40年を越えた研究では，遠隔学習の方法論と伝統的な指導を比較した場合，学習には大きな違いはないことを示している。よい指導は，さまざまな方法で行うことが可能である(Merisotis and Phipps, 1999)。どのようなよい指導においても，学習成果を適切に発展させ，伝えられる内容を明らかにし，そして適切な方略と情報源を選ぶなどの，遠隔学習を用いるときの指導計画の原理が考慮されなければならない。

　しかし，遠隔学習の文脈に特有の考慮事柄がいくつかある。遠隔学習システムを用いる専門家は，おそらく指導チームの一員であり，他のチーム員は，指導プログラムの作成，放送あるいは伝達を実際に手助けできる。しかし，指導計画と指導環境について意思決定をする責任は指導者にある。

　まず，指導者は教える内容が遠隔学習技術に対して適しているかどうかをよく考える必要がある。一人ひとりの学習者に対して，重要な注意を与えることが指導者に要求される指導やプロジェクトや活動のきめ細かい監督を含む指導は，遠隔学習では処理できないであろう。他の指導方法に変える必要があるかもしれない。たとえば，討論，ゲーム，シミュレーション，ロールプレイは，離れたところの指導者により行われるのではなく，現場で行われる必要がある。

　また，伝達に使える時間と費用は，指導活動の選択に影響を与える。その費用は多くの学習者には正当化されないだろう。

　また，その利用可能な技術は指導資料の使用と選択にも影響を及ぼすだろう。たとえば，OHP用TPは，いろいろな伝達の形式の中で，他より便利とはいえない。今後さらに，遠隔地の学習者のために適切なコンピュータやネットワークの利用可能性が考えられる必要がある。

　ビデオ方式やコンピュータ実習室が指導に用いられる場合，教室や環境について考えられなければならない配慮事項がいくつかある。その配慮事項の一つ

は音である。視聴覚室やコンピュータ実習室では，外部からの騒音は指導を妨げる。教室を選ぶときのめやすは，その建物の中の静かなところにある教室を見つけることである。換気装置システム，蛍光灯，あるいはその装置それ自体からの反響音によって生じる教室内部の音もまた，気を散らす原因となる。防音天井タイル，壁紙，絨毯などがある教室であれば，内部の騒音を多少減らすことができる。

　教室の照明装置と教室の配置は，さらに配慮されなければならない事項である。テレビは通常，普通かやや薄暗い光の中で最もよく見える。双方向ビデオシステムが使用されている場合には，その印象をよくするために，教室の壁は直接照明がなされる必要がある（Price，1991）。コンピュータ実習室のスクリーンの反射を最小にすることもまた重要である。

　また，教室内の配置は，使用される技術と計画されたプログラムの型という視点から考慮される必要がある。劇場様式の座席は，遠隔会議や一方向の伝達の講義に適している。しかし，劇場様式で配置された座席は，参加者間の相互作用やノートの取り易さが考慮されていない。そこで，劇場様式配置の座席でよく使われる映写システムのためには，モニター装置をいくつかおく必要があるが，一方向ビデオシステムにおいては，教室様式の座席が適している。双方向ビデオを使用するときは，学習者はマイクロホンとビデオカメラの間に座る必要がある。

　どのような配置が使用されようとも，視聴距離と一つのモニターを視聴できる人数との関係については，基本的に考えなければならないことがいくつかある。プライス（Price，1991）によれば，一般的な決まりは，画面の対角線1インチ（約2.54cm）につき一人の視聴者となる。モニターは，学習者の目の高さの30インチ（約76.2cm）より上においてはいけない。中心となるモニターの距離と高さは，学習者が座っているところのモニターの角度などには，重要なことではない。教育用のテレビについての初期の研究では，モニターの遠くに座っている学習者は，モニターの前近くにいる学習者よりもあまり学習していなかったことを示唆した。〈Fig.13-5〉は，遠隔学習を活用するための準備にあたって，考慮に入れるべき項目をまとめている。

〈Fig.13-5〉遠隔学習の利用で指導上考慮すべきこと

1. **あなたの「ネットワーク」の選択**
   - あなたが使うことのできるシステムの型について調査する。
   - システムの使い易さ，ダウンリンク(LAN(ローカル・エリア・ネットワーク)の接続端子のうち下流側を接続する端子)の可能性，システム利用費用を考慮する。
2. **視聴者の規模の決定**
   - 指導を受ける可能性のある学習者は何人くらいか。
3. **ダウンリンクの選択またはサイトの選択**
   - 実際のサイトは，遠隔学習システムの互換性，日程の可能性，学習者への接近し易さ等によって決定される。これは，ビデオやウェブによる遠隔学習にもあてはまる。
4. **アップリンクの時間の保持(衛星通信のための)***
   - システムが特に混み合っているところでは，たくさんの進歩した計画が必要である。
5. **必要な座席様式を決める**
   - 座席は学習者の人数，サイト，遠隔学習提示に含まれる相互作用水準で決められる。座席様式は，ウェブを基本とした環境の集団においても重要である。
6. **ダウンリンク専門家の採用／ダウンリンクサイトの確保***
   - あなたの提示が，まさにこれらの各地で放送されるだろう。
   - あなたは，各地で，技術と提示の型によっては，技術的・指導的補助者を必要とする。
7. **製作／指導の手順の計画**
   - よい指導のための一般的な指針を思い出す。
   - 「話し手」だけからなる提示の計画を避ける。*
   - 提示が相互作用的で，学習者がその場に巻き込まれるようなあらゆる方法を考える。
8. **提示の台本／相互作用手順の準備**
   - ビデオによる遠隔学習での提示の大部分は，タイミングと提示様式が重要なので，注意深くつくられた台本を用意する。ウェブ上の同時授業と非同時授業は「台本化」されていないかもしれないが，チャットルームや掲示板を用いた指導の要素は，前もって明らかにする必要がある。
   - あなたの草案は，電気通信を経験した人たちによって，再検討されたか。*
9. **装置の準備***
   - あなたの提示に必要な装置の型を決め，そのための準備をする。
10. **各ダウンリンクサイトでの配列の確認***
11. **補助者役や「指揮官」の各ダウンリンクサイトへの割りあて***
    - 各補助者役に会議で必要な詳細を割りあてる(このことは，コーヒー，昼食，その他を準備する等のような決まり切った行動を含んでいるかもしれない)。
12. **各ダウンリンクサイトへの技術情報のメール***
    - 詳細な行動計画と連結についての技術情報を提供する。
13. **サイトの補助者の指示，配付資料，あるいは各サイトで用いられる他の資料のメール***

(続く)

〈Fig.13-5〉(続き)

14. 最後の数分間の詳細のチェック*
    ● 最後に一度,誰が係を割りあてられており,放送への準備ができているかを確認するように,各サイトに連絡する。
15. 実行——あなたは放送中!

*ウェブによる遠隔学習よりもビデオによる遠隔学習に関連した項目

要約

　伝統的な教室から会議室へと,急速な技術的変化が家族・消費者科学の専門家の内容伝達方法に影響を与えている。技術の進歩は,専門家が個人の学習者や相談者の必要とする情報へのニーズに応えることをますます可能にしている。コンピュータ,ビデオ技術,その他この章で説明した他の技術のどれが用いられるかに関わらず,コミュニケーションを個別化する能力や遠隔地の学習者や相談者に連絡を取る能力は,専門家が提供できる指導をさらに大改革するだろう。

訳注
1)C-U-C-Me技術とは,ビデオと連結して離れた地域とのネットミーティング(テレビ会議)を可能にする技術。

引用・参考文献

Armstrong, L.(2000). Distance learning: An academic leader's perspective on a disruptive product. *Change*, November / December, 20-27.

Brooks, A., and Touliatos, J.(1989). Computer searches: A guide for practitioners and researchers. *Journal of Home Economics*, 8(2), 23-26.

Chen, M.(August 2000). Freedom phenomenon. *Converge: Education≫Technology≫ Fast Forward*,(19-27).

Lemke, C., and Coughlin, E.(1998). *Technology in American schools: Seven dimensions for gauging progress. A policymaker's guide*. Santa Monica, Calif.: Milken Exchange on Education Technokogy.

Merisotis, J.P., and Phipps, R.A.(1999). What's the difference? Outcomes of distance vs. traditional classroom-based learning. *Change*, May / June, 13-17.

Michigan Bell(1990). News and views, 1(8).

Nellist, J.G., and Gilbert, E.M.(1999). *Understanding modern telecommunications and the information superhighway*. Norwood, Mass.: Artech House Publishers.

Price, M.(1991). Designing video classrooms. *Adult Learning*, 2(4),15-19.

Stone, A.(1983). *Microcomputer software for adult vocational education: Guidelines for evaluation*. Columbus, Ohio: The Ohio State University Press.

第14章

学習成果の測定

学習成果を測定することは，学習者と指導者両者にとって難しいことのように思われる。測定は学習者が基準にかなっているか，「必要な能力がある」かどうかを，他の誰かが判定する過程を示すことである。よって指導者が学習成果を測定することは，指導における説明責任を示すことである。一般に成果を測定したり評価したりすることは，好意的に見られることは少ないが，測定は学習者と指導者の両者に，いくつかのすばらしい機会を提供する。この章では，指導における測定の活用法のいくつかと，学習成果を適切，かつ効果的に測定する方法について検討する。

学習者の知識測定のための方略

この章では，評価や測定のデータを収集したり，学習者の学力を評価するための基礎として用いられる用具を，効果的につくり出すために必要とされる技術的スキルの開発を扱う。しかし，本章の学習を始める前に，評価が行われる多様な方法について認識しておくことが重要である。ここ10年にわたる評価に関する多くの文献に，真正の評価[1]，すなわち，生徒が実生活の課題を果たすことができたか，実生活に知識や情報を適用できたかどうかを，生徒自身が明らかにすることができるような方法で，学習成果を測定することに焦点を合わせてきた。測定や評価におけるこの傾向は，能力の指標としてのパフォーマンス(遂行活動)[2]やプロジェクトに長年依存してきた家族・消費者科学教育者にとっても特に興味ある事柄であった。換言すれば，この分野の教育者は，歴史的に真正の評価を信頼してきたといえる。

たとえば初期の被服構成や食品保存プロジェクトは，プロジェクトに基づい

た評価に関する事例である。また，生徒の幼い子どもとのやりとりを評価すること，４Ｈクラブのプロジェクトを判定すること，食物を調理している家庭経営者を観察することは，すべてプロジェクトやパフォーマンスに基づいた真正の評価の事例である。このような学習は学習者が実際に，または模擬的文脈で行う程度を測定することによって評価される。

ウィギンスとマクタイ（Wiggins and McTighe, 1998）は，評価方法を三つの型に分類した。一つ目は，**筆記試験**である。テストやクイズは事実情報，概念，個別的スキルを測定する傾向がある。この評価方法は，この章の終わりで扱われる認知成果の測定に特に有用と思われる。

評価方法の二つ目の型は，**理論的刺激**[3]である。これらの評価活動は，反応（製作品やパフォーマンスの形を取るであろう）を構成することを要求されている。学習者に与えられる正解が一つではないオープンエンドの質問や問題を含む。これは通常，学校やその他の学習環境（長期のホームプロジェクトではない）の中で行われる。たとえば，高校の授業では，学習者は事例研究が与えられ，特定の家族のための予算を編成することを求められる。また，幼い子どもを受けもっている現職教育プログラムを受けている学習者は，傷害や事故にあった子どもへの応答を求められるだろう。明らかに，この型の試験はクイズやテストを利用するよりより真正，すなわち，実生活に即した評価である。

評価方法の三つ目の型は，**現実に基づいたパフォーマンス課題やプロジェクトを含む**。これらは，短期または長期で行われるが，いくぶんかは製作品やパフォーマンスが要求される。たとえば，家庭内で子育てを支援する専門家は，かれらが次回ある家庭を訪問する前に，親に手づくりのおもちゃをつくったり，おもちゃとして使うことができる日用品を探しておいたりすることを要求することがある。この目的は子どもの発達に応じて，親が遊び道具を適切に選択できるかどうかを評価することである。また，ヘッドスタートの親は，自分たちが新たに身につけた読書力スキルを披露する方法として，子どもたちに音読してみせるかもしれない。もちろん，これらの両事例では，学習成果の程度を指導者は実際に評価している。

これら評価方法の型の適応性はどれも，教えられたことと学習成果水準に直接関係する。評価データを集めるための用具を開発するためにどのような技術的スキル，評価方法を選択するかが，学習成果を効果的に測定する鍵となる。

測定，評価，評定の違いの明確化

測定と評価は同じではない。**測定**は，データおよび情報を集める過程である（Erickson and Wending, 1976）。測定では，指導者は学習者の知識やできることが「何点か」という質問に実際にデータで答えようとする。たとえば，学習者が栄養学の内容をどの程度理解しているか，就学前の子どもをしつけるための指針にどの程度従うことができるか，家族療法に対する態度がどのくらい変化したか，小切手の裏書きをどの程度正確に書くことができたかを，指導者は測定できる。いろいろな用具の利用を通じて，指導者は学習者が考えていること，知っていること，できることについての証拠としてのデータを集めることができる。これが測定である。

測定とは対照的に，**評価**は，測定を判断や価値づけすることを含む。評価は，測定されたものの妥当性や価値を判断することと関係している。指導者は，学習者のパフォーマンスを**平均以上**と評価したり，学習者の態度を**不満足**，学習者の知識を**不十分**と評価することがあるだろう。評価の決定には測定データを用いるが，評価は測定からわかること以上のものである。

測定についての議論は，主として，テストの実施と成績づけが求められている学校教育環境で指導計画を立てる指導者に適合しているように見える。実際には，測定は，家族・消費者科学の内容を伝達するすべての人に理解されているより多くの用途がある。測定は，**学習者の水準や資格を判定**するために利用できる。学習者に予備テストをしたり，かれらに不可欠なスキルを判定したり，特別な教育的ニーズを究明するために用具を構成することができる。よって，これらの用具を目的に応じて構成し，厳密に適用した場合，それらは学校教育以外の多くの教育環境にもふさわしいものとなる。

また測定は，**プログラム評価に活用される**重要なデータを提供する。第15章で述べる通り，プログラム評価は，多様な情報源からのデータの検討と考察を必要とする。ときには，プログラム評価の一部として指導者が意図した学習成果に，学習者がどの程度到達したかを判定することも必要となる。基金提供機関，免許機関，多様なプログラムを管理する施設では，学習者の進歩に関する量的データをいくつか必要とする。

測定はまた，**生徒の進歩の判定**のためにも利用される。測定ではこれまで**評定**を判断する評価過程が考えられてきた。しかし，指導者はまた，自分が意図

した成果に対し，学習者が進歩している程度を評価するためにも用いる。若者のリーダー，現職教育のまとめ役，訓練機関の指導者は，考えること，感じること，行うことなどを明確な学習成果に対して，学習者がいかに進歩したかに関する形成的なデータを提供する手段としても使うであろう。

　測定データに基づいて学習者に成績点を割りあてるという行為は，評価の特徴を表している。この事例で学級担任は，さまざまな情報源とそこから集められるデータを判定する。それから担任は，これらの評価形式のそれぞれの価値を判定する。すなわちそれぞれの情報源に重みづけをする。おそらく，評定の40％はパフォーマンスの観察によるデータに基づき，40％は筆記試験によるデータに基づき，20％は生じた態度や行動がどれだけ変化したかを，学習者に判定させた自己評価に基づくだろう。担任はまた，Aは何を意味するか，Cは何を意味するかを決定し，パフォーマンスのどの水準（何点もしくは何％か）が，各文字評定（A，B，Cなど）にあたるかを判定する。すなわち，評定と評価は学業成績の重要性や価値についての専門的な判定を要求するので，おそらく測定は評定よりも議論が容易である。測定はデータの客観的な収集だけを意味する。

妥当性と信頼性

　収集した測定データの一般的な目標は，学習者が知っていることや行うことができること，感じることを証明するための偏りのない機会を学習者に与えることである。そのためには，すべての測定用具は，以下のような特徴を確実にもつべきである。第一は，妥当性である。**妥当性**は，測定から得られたデータを利用する方法とその利用に問題がないかどうかに関わる。妥当性の価値を示すには，少なくとも二つの側面がある。

　その一つは，**内容妥当性**である。内容妥当性は，収集されたデータが学習成果を示すよう想定された課題を表すかどうかに関連する（Gronlund and Linn, 1985）。たとえば，次のような学習成果と成果測定のために設計されたテスト項目との適合性について考えよう。

学習成果：学習者は，生活費の要素を明らかにする。
テスト項目：なぜ家族は，生活費を使わなければならないのか。

　この事例では，テスト項目に対する正しい答えは，指導者が意図した学習成果に学習者が到達したかどうかを，指導者に示しはしない。そのため，この方

法によるデータの利用は，とても低度の妥当性という結果になるだろう。同様に，一つだけのテスト項目を利用したり，大量の知識について判断するために，限られたテスト項目を利用したりすること，もしくは，指導の中で示した強調点と関係のある項目を過度にテスト項目にすることなども，低度の妥当性という結論を導くだろう。この章で論じる評価計画や指導内容の明細表は，内容妥当性を確かめるのに役立つ。

　妥当性のもう一つの側面である**構成妥当性**は，テストの実施が特定の構成概念によって説明される程度に関連する。その分野の例を挙げると，10項目の質問からなる正・誤テストで，学習者が対人関係コミュニケーションの原理を示したと証明できるデータを提供したことをどの程度主張できるだろうか。構成妥当性は，主としてその理論の確立と検証に大半の関心がもたれている。しかし，それだけではなく，構成妥当性はテスト結果の利用と，それらが意味することを人々が信じたり要求したりすることについての実践的な意味づけにも多少関わっている。

　評価の真正な型は，内容妥当性に関するより多くの問題を解決することができるように思われる。とにかく，学習者が学習成果として意図され，目標とされたことについて評価される場合には，それは妥当性について述べているのではないだろうか。もし，実際に，パフォーマンス(遂行活動)や製作品が学習成果の表現であるとすれば，そのときの答えは，はいである。しかし，指導者は，測定と成果の関連を確かめることに負担を感じている。たとえば，前述のおもちゃの宿題を与えた子育て支援の専門家の実例が役立つ。子どもと世話をする人との遊びを通し，遊びの価値とふれあいの重要性だけを教えたと思われる子育て指導者について考えてみよう。家を回って探した品物の中からおもちゃを見つけたり，おもちゃをつくったりすることは，学習成果に対する学習者の理解をどのように説明しているだろうか。もし測定されていることが教えたことに見合っているならば，評価はまさに妥当といえる。

　データが高度の妥当性と解釈されるためには，信頼性があるものでなければならない。**信頼性**は，測定の一貫性を示す。すなわち，ある測定と別の測定の結果がどのぐらい一致するかである。信頼性は本来，係数で報告される信頼性の評価(二組の得点の統計的比較)による統計的概念である。平たくいえば信頼性は，テストが再度行われた場合，テストの結果が同様(もしくは，テストの一部分の結果がテストの対照的である部分の結果と同様)という可能性を示し

ている。たとえば，家族の健康に関する一貫性の高い授業が1学期と2学期に行われ，学力が同じ程度の生徒に対して同じテストが行われた場合，そのデータは信頼性が高いと見なされるだろう。一方で，テストの時間が長過ぎた，テスト項目が解釈するには難し過ぎた，読むにはまとまりがなさ過ぎた，理解するには曖昧過ぎたなどのために，同様の指導を受けたのに，学力が同じ程度の生徒が非常に異なる得点を取った場合，それは低度の信頼性と見なされる。一般的に，長めのテストは短めのテストよりもより信頼性が高まるようである。また，学習者にとって易し過ぎたり難し過ぎたりするテストは信頼性を低くする。次に挙げるテスト項目の構成についての指針は，信頼性，妥当性のあるデータを測定できるテストをつくるために必ず役立つ。

学習成果と妥当性

　前述のように，実践において，学習成果は指導に関するすべての決定の基礎となる。それは，どの内容をどの水準で，あるいは，どの学習体験の型で教えるべきかを決定する指針として役立つ。また，何を測定し，どのように測定するかにも直接関係する。この関係を検討するために学習成果の例を見てみよう。

　病院での出産後学級の指導者は，「親は，かれらの乳児を安全に入浴させることができる」という学習成果が必要だと決定している。この明確な学習成果は，指導内容についての信頼できる，実践上の指示を提供する。指導者は，たぶん乳児の安全を確保する入浴方法を特に強調して，乳児を入浴させるための方法に関する知識を生徒に提供するだろう。成果は，学習者がその知識を適用（ここでは「実演」）できることであるから，指導者はたいてい何らかの実践の型，すなわち，実演し，次に指導者の注意深い視線の下で，親に自分自身でその方法を試すための機会を与えるだろう。換言すれば，指導者は学習者に実験・実習体験を提供するだろう。

　指導者は，学習者が学習成果に到達しているかどうかをどのように測定することができるだろうか。第一に，何の役にも立たない測定技術を除去しよう。指導者は，どのように入浴させるかを親に説明させることで確かめようとはしない。それでわかることは，生徒が入浴の過程をどれぐらいよく**理解**したり**思い出し**たりするかである。すなわち，指導者は，かれらが知識を適用できるかどうかを知りたいのではない。また，かれらに行ったことを書かせたり，筆記試験を行ったりすることは，どちらも役立たないだろう。それは，かれらが知

っていることを示すだけだからである。同様に，指導者のパフォーマンスに対して批評させることでは，不十分だろう。それは，かれらが認識していることについてはわかるが，実際にできるかどうかはわからない。明らかな結論は次のことである。すなわち，かれらが乳児を入浴させることができるかどうかを測定するための論理的な方法は，かれらに乳児の入浴をさせ，次に安全のための指針に従っているかどうかを判定することである。指導者は，確認表（チェックリスト）や評価シートを使うだろう。これは**パフォーマンス評価**と呼ばれており，この章で述べる測定方法の一つである。

この例が示す主要な点は，学習成果には，測定されるべき内容とパフォーマンス水準についての意思決定に必要な情報が示されるということである。たとえば，学習成果が，学習者は栄養不足の食事を分析できる，ということを示す場合，学習者が食事指針を思い出すことを測定することは，適切ではない。そうではなく，指導者は，食事の分析ができるかどうかとその程度について，学習者に証明させるようにしなければならない。この鍵となる考え方は，妥当性の構築と真正の評価との関係に関する解説の中で前述した（p.268参照）。評価・測定と学習成果との関係を理解し尊重することは，学習成果の公正で適切な測定を開発するために最も重要な要素である。

学習成果と測定用具の組み合わせ

指導者が指導計画を立てるときには，かれらは認知領域，精神運動領域，情意領域，知覚領域などに関わるいろいろな型の学習成果に向けて努力する。これらの型の各学習成果には，結果を測定するための独自の用具や手段が必要である。別の学問領域で知覚領域への関心が強まっているが，この章では知覚に関わる学習成果の測定は扱わない。このような成果の測定に関心のある人は，他の学問領域における学習成果の測定で得られる事項を参照するとよい。

認知成果の測定

認知領域，すなわち，知識や内容を取り扱う領域における学習者のパフォーマンス（遂行活動）を測定する用具は，おそらく最も高度に開発されているので，最も正確で，準備が容易である。最もよく知られているのが，筆記試験である。すべてのパフォーマンスの測定と同様に，それらは指導の基礎として役立つ学習成果に基づかなければならない。

認知スキルを測定するために利用される用具には，認知テスト項目や構成テスト項目が含まれる。認知テスト項目とは，一般に，学習者に正誤を判断することや，多肢選択のように用意された選択肢の正しさを認識して答えを出すことを要求する説明文や質問である。組み合わせテスト項目は，認知テスト項目とは別の型である。組み合わせテスト項目は，学習者に多様な前提と答えを提示し，次に何らかの規準に基づいて二つを組み合わせることを要求する。

　構成テスト項目は，学習者に答えを構成したり発展させたりすることを要求する。短答テスト項目と小論文テスト項目は，これらの中で最もよく知られたテスト項目である。

　理論的刺激は，認知成果のいくつかの型を測定するのに有用である。学習者にオープンエンド[4]の状況や問題に対する返答，製作品，パフォーマンスを用意させることによって，効果的な知識測定のために利用できる。たとえば，学習者は一日の食事計画を開発することや，幼稚園の授業計画を構成すること，保証を要求する手紙を会社に書くことなどを要求されるかもしれない。理論的刺激が利用される場合，指導者は，さらに学習者の作業を採点するためにどの用具を用いるかを意思決定しなければならない。

スキル発達（精神運動成果）の測定

　学習成果が一つのスキル発達を含む場合，指導者はパフォーマンス評価の方法を考える必要がある。パフォーマンスの測定は，まさに精神運動スキル以上のものを含む複雑なスキルや課題の評価を含む。それはまた，課題を成し遂げるために必要な認知スキルや知覚スキルを測定するかもしれない。熟練したパフォーマンスは通常，スキル特有の組み合わせを含む。たとえば，身体的障害をもつ個人に適応させるために部屋や住居を改造することについて考えてみよう。測定された学習成果は，まさに大工仕事のスキルより多くのものに左右される。つまり，この課題は，改造を行う必要があることについての認知理解やその情報を適用するための能力に左右されるだろう。したがって，実際にパフォーマンスを測定するためには，過程と製作品双方を審査することを必要とする。

■過程の測定

　通常，過程の測定は，何らかの観察技術を使って行われる。評価用具は，観察された過程を評価，検査，採点，ランクづけのために利用される。観察は指

導者や仲間によって行われる。そして評価用具は，観察者にとって観察するための指針として役立つ。たとえば，ある企業の専門家は，学習者が一つの家庭設備を正確に使用できるかどうか実演するとき，学習者を観察する。指導者は，確認表を利用しながら，設備の使用で示された方法または手順を確認するだろう。また，幼稚園の子どもを対象に提示された授業の構成を評価するために，評定尺度を利用することができる。指導者は体験を表す両極の形容詞対を用いた尺度，たとえば材料を集められた・材料を集められない，または，発表が逐次的である・発表が逐次的でない，を利用するかもしれない。

また，評定尺度は，過程の測定に用いることができる。たとえば，ある指導者は，青年がある課題を完成した後で，使用した栄養・食品実験室を掃除する程度を測定するために尺度を構成するだろう。

すべての整理棚と保管領域は左から…

←—————————————————————————→

整頓されている／やや整頓されている／よい／あまり整頓されていない／整頓されていない

必需品と作業領域は左から…

←—————————————————————————→

整頓されている／やや整頓されている／よい／あまり整頓されていない／整頓されていない

■製作品の成果測定

同じ型の評価用具，たとえば，評定シート，ランクづけ尺度，得点表，確認表は，製作品を測定するために利用できる。子ども向けの本などの製作品の内容構成が，指導中に明確にされた規準に合っているかを測定することについて想像してみよう。たとえば，ある指導者は，これを測定するための評価用具として得点表を利用するかもしれない。得点表を用いることによって，異なる規準が異なる価値をもつことができる。たとえば，最高得点が100点であった場合，得点表は，〈Fig.14-1〉の得点表のようになる。

生徒はこの得点表を使って，いろいろな子ども向けの本の採点を要求されるだろう。全体の中で最も高い得点の製作品はすべて，これから幼稚園や図書館の読書会で子どもとともに利用するために選ばれるだろう。

また，これらの選択規準は，数値評定尺度を用いても測定できる。〈Fig.14-2〉は，同様に子ども向けの本を評価するために利用できる数値評定尺度を用

〈Fig.14-1〉製作品評価の得点表

子ども向けの本のための得点表	
＿＿＿内容は子どもの年齢と発達段階にふさわしい	20点
＿＿＿本文(ことば)は子どもの年齢と発達段階にふさわしい	30点
＿＿＿挿絵は子どもの年齢と発達段階にふさわしい	30点
＿＿＿本の構成のために選ばれた資料は子どもの年齢と発達段階にふさわしい	10点
＿＿＿本の長さは子どもの年齢と発達段階にふさわしい	10点
＿＿＿合計	

〈Fig.14-2〉製作品評価のための評定尺度

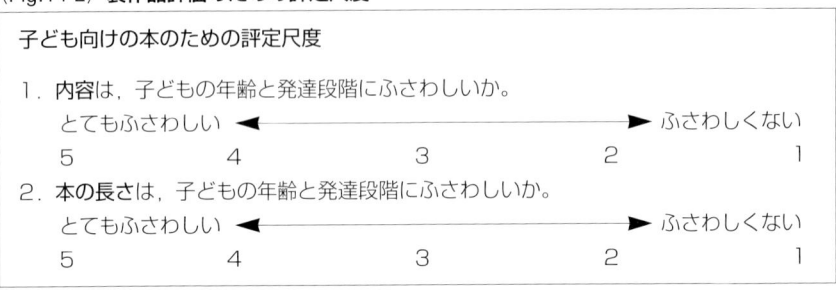

子ども向けの本のための評定尺度

1. 内容は，子どもの年齢と発達段階にふさわしいか。
   とてもふさわしい ◄─────────────► ふさわしくない
   　　5　　　　　4　　　　　3　　　　　2　　　　　1
2. 本の長さは，子どもの年齢と発達段階にふさわしいか。
   とてもふさわしい ◄─────────────► ふさわしくない
   　　5　　　　　4　　　　　3　　　　　2　　　　　1

いた二つのテスト項目を示している。

　これらの例では，評価用具は，実際の製作品である本を測定するために用いられている。それらの評価用具は，学習者が創造したプロジェクトにも応用できる。評価の対象が，身体による作品であっても，測定では，認知スキル，知覚スキル，たぶん情意スキルでさえ，表すことができる。たとえば，製作品についての個人の評価は，子ども向けの本の中で表現された価値がどのくらいぴったり自分と合っているか(情意的考察)と同時に，それがどのくらいよく書けているか，事実に基づいているか(認知成果)に左右される。

　ここで，多くの指導者が過程と製作品の測定を組み合わせたものを，評価の一部として利用するということに注意すべきである。中間学校の生徒について考えてみよう。生徒は衣服の修繕について理解したことを実演するが，質の高い製作品をつくるほど十分にすばらしい技術を習得してはいない。よってたとえば，学習者はジーンズのファスナーの取り替え方を理解し，各段階に注意深く従ったけれども，ファスナーを歪めたり偏ったりしてつけ替えるかもしれない。このように過程の測定は，単なる製作品の測定に比べて，非常に異なるデータを生むことができる。規準を明らかにし，製作品やパフォーマンスの多様

な特徴を評価するために利用される道具は，**ルーブリック(採点指針)**[5]と呼ばれる。ルーブリックは，たびたび真正の評価で利用される。それらは得点表と評定尺度の構成に利用され，多くのテスト項目作成スキルを結びつける。

学習者の情意成果の測定

　測定と評価についてある教科書を見直すと，情意的な測定が認知達成の測定に比べ，ほとんど注目されてこなかったことがわかる。感情の変化を測定する方法は，行動やパフォーマンスにおける変化を測定する方法のようには信頼できない。それにも関わらず，情意成果の指標や現象を測定することは可能である。もちろん，それらの現象と原因の不一致があるかもしれない。特別な行動や反応は，多様な刺激の結果として生じることが可能である。ときには，多少の実際の情意的な変化によるものではなく，学習者がすべきだという信念で反応したために不一致が生じることがある。身体障害者をより多く受け入れることを学習者に要求する指導計画について検討してみよう。指導者は，たとえば継続した視線合わせ（アイコンタクト），積極的に始めた会話，調整された社会的約束といった「受容行動」を観察するだろう。しかしそれは，観察者を満足させることを意図した態度や単なるパフォーマンスの変化の徴候といえるだろうか。

　学習者の情意成果は，多様な方法によって評価できる。一つの方法は，直接観察する方法である。学習者の行動は，観察され記録され，次いで，行動の原因についての推論がなされる。多様な型の用具（数値尺度，図式尺度，観察者確認表）が，観察中に利用される。指導者はまた，対面インタビューを行うための用具を作成するだろう。アンケート用紙と個人調査表では，学習者に自分自身のパフォーマンスを評価するよう要求する。

　目立たない測定には，学習者に気づかれずに，学習者の行動を直接的または間接的に観察することが含まれる。目立たない測定の例には，栄養になる食品の選択に関する一連の授業の後，実際に昼食のための食品を選択している学習者を観察することが挙げられる。これらの観察は，学習者が実際に，栄養を考慮して食べることの価値を，自分の行動に結びつけたかどうかを示している。

評価計画の開発

　多くの場合，学習者が実際に意図されたことを学んだかどうかを判定するこ

とは望ましく，必要なことである。知識の正確な適用が重要な場合は，このことは特にあてはまる。たとえば，学習者はいつか誰かの命を救うために，CPR（心肺機能蘇生法）を利用する必要があるかもしれないので，学習者が正確にCPRを行えるかどうかを判定する試験はとても重要である。

学習者のパフォーマンス（遂行活動）を測定できるテストの開発に関する簡単な指針がある。指針における段階のいくつかは，学習成果を何にするか決定するときに完成される。その他の段階は，評価計画を開発するときに完成する必要がある。評価計画や評価内容の**明細表**は，一方の軸にテストする概念を，もう一つの軸にそれぞれの概念に関する学習成果を書いた行列表（マトリックス）でできている。各学習成果と概念を扱うテストにおける百分率が，行列表の中に示される。試験を構成するときには，注意深く明細表に従うことができ，また，将来必要とされる試験のために，簡単に変更もできるので，どのような評価演習においても，明細表を作成することが重要である。

総合的な評価計画を完成させるための四つの段階は，次のようである。
①課程内容の概要を説明する，または，目標を決定する。
②必要なパフォーマンス水準を明細表に記入する。
③試験で重点をおく領域を明らかにする。
④必要なテスト項目の数を明細書に記入する。

試験のための課程内容の概要

指導者がある授業のためのテストを書く前に，慎重に学習成果を明らかにするならば，評価計画の開発における第一段階の大部分は完成する。明細化した学習成果は指導者が望んだことなので，テストでは，実際に学習者がその学習成果を表明できるかどうかの判定を試みるべきである。

明細表の見本構造を〈Fig.14-3〉に示す。この表でわかるように，概念や主題領域は，明細表の左側の列に列挙されている。指導者が授業のための概念を明確にする場合，その概念を左の列に簡単に再現すればよい。指導を行った後にテスト計画を開発し，何らかの理由で概念の一部を扱えないことがわかったならば，それを評価計画に含めるべきではない。学習者が経験してないことを明細化した学習成果を達成することを学習者に期待するのは明らかに不可能である。

〈Fig.14-3〉明細表

概念	認知パフォーマンス水準	
	事実を知る	与えられた例に適用する
1. 日常の食品の選択指針	20%	30%
2. ビタミン	20%	30%
3. 無機質	20%	30%

パフォーマンス水準の決定

　もし，指導者が授業のための詳細な学習成果を明確にするために，時間を注ぎ込んでいるなら，学習者に期待しているパフォーマンス水準を，指導者はすでに決定している。学習成果は，内容を暗記したり，知っていることを新しい状況に適用したりするなど，指導者が学習者に期待していることを示している。指導者は学習者の行動が認知領域，情意領域，精神運動領域のどれに分類されるかを決定する。その上で，学習者にパフォーマンスで期待していることが，各領域内のどの水準かを決定する。

　明細表を構成する第二の軸を完成するには，期待されているパフォーマンス水準を表の一番上の横列に挙げる必要がある。もし指導者が，特定の象徴や用語を学習者が思い出すことを学習成果とするならば，それを表の一番上の欄の一つに入れるべきである。学習成果で必要とされるその他の行動水準すべてに，同様の欄を用意すべきである。〈Fig.14-3〉は，この学習期間のために，明細化された学習成果として必要とされる行動水準，すなわち，**事実を知ること**と**事実を与えられた例に適用すること**という行動水準だけを示した例である。

重点範囲の決定

　多くの人々は，テストで，指導者が授業で簡単に述べただけの曖昧な点を扱った質問を受けたことがあるだろう。このようなテストに対する一般的な反応は，「なぜ指導者は授業でやったことをテストしなかったか」である。慎重さを欠いて計画されたテストは，厳密に検討した学習成果に重点をおいていないので，望ましくない方法で学習成果をテストすることになる。

　〈Fig.14-3〉の表では，テストで扱うべき各学習水準におけるそれぞれの概念の百分率を示している。評価計画の開発におけるこの段階は，テストが均衡を

欠き，一つの主題についての質問を多く含み過ぎて，他のテスト項目の質問が十分でなくなるような状況を避けるのに役立つ。

質問数の明細化

　テストの量は，テストされなければならない内容量とテストを受けるために利用できる時間の量によって決定される。いうまでもなく，評価計画の表に記入されたすべての領域をテストで扱うことができるように，テストを受けるための十分な時間が割りあてられなければならない。CPRの過程の一部に関してだけでは，学習者をテストすることは役に立たない。したがって，テストに合格した学習者に対してCPRを行うことができることを確かめよう。このことは，各質問に答える時間を考慮して，質問の型を選択しなければならないことを意味する。

　明細表に記入された指導時間で行われるテストで，かなりたくさんの内容を扱わなければならないときは，指導者はより時間のかかる小論文テスト項目よりも，むしろ速く答えられる客観テスト項目にしがちである。しかし，項目に答えるのにかなり多くの時間がかかる学習者がいるかもしれない。この場合，最も遅い受験者が当然答えられる質問数より多くならないように注意しよう。参考として，一つの多肢選択テスト項目に答えるには約1分かかるということがめやすになる。

　利用する予定の質問の種類と利用可能な時間内に答えることができそうな質問数について，何らかの判断をしたら，次に明細表の中の百分率を利用して，各水準で概念毎に必要な質問の数を決定しよう。必要とする質問数の最初の概算は，試験用の明細表に示すとよい。テストを構成するとき，最終的には質問数を修正するかもしれないが，構成のはじめは，明細表に記入した百分率を維持すべきである。たとえば，テストの20％が一つの主題に関する成果を扱うとしたら，50項目のテストでは10項目が必要で，100項目のテストの場合には20項目が必要である。

　上で示したことは，一般に利用される学力テストのための評価計画の開発で，主として認識テスト項目と構成テスト項目を使う事例を示している。さらに，この同じ方法は，他の評価用具を構成するために利用もできる。また，評定尺度，確認表，得点表，ランクづけの用具も，内容の領域，学習成果水準と各領域の重みを百分率で示した明細表を利用して構成することができる。

適切な評価技術の選択

　評価技術を選択する場合には，二つの重要な側面から検討すべきである。最も重要なことは学習成果であるが，選ばれた学習成果を評価する場合には，その実用性もまた検討されなければならない。

■学習成果を評価の型に合わせる

　この章の最初の部分で，いろいろな測定用具の型と，測定される知識の型との関係について検討した。複数の事項から正答を選ぶ多肢選択テスト項目は，認知成果の測定にとっては理想的であるが，精神運動成果にとっては理想的ではない。アンケート調査は異なる論争点について学習者がどのように感じるかを判定するのには役立つが，学習者が知っていることや理解していることを明らかにはしないだろう。

　テスト項目の構成についての検討では，学習成果水準と学習成果を測定するために利用するテスト項目の型を関連づけることの重要性を明確にした。認知領域は，この原理の最もよい実例を示すことができる。多様な学習成果を測定するには，さまざまな型の評価用具を必要とするだろう。学習者が内容を評価したり，分析したり，総合したりできるかどうかを測定することは，単に返答を明らかにするよりむしろ，学習者が返答を構成する必要がある。通常，示された内容の正誤を判断するといった認識テスト項目では，低い水準の学習成果が扱われる。

測定項目の作成

　学習成果を評価するための評価計画を開発するには，かなりたくさんの時間がかかると感じるかもしれないが，これは非常に重要な段階である。また，かなりの時間が，測定のためのテスト項目自体を開発するためにも使われるだろう。よい計画とよく作成されたテスト項目を使って注意深く構成された評価用具は，生徒のパフォーマンス(遂行活動)が，指導者が望む学習成果にどの程度ぴったりと合っているかについての優れた情報を，指導者と生徒の両方に与えるだろう。もし評価計画が，詳細なテスト項目の開発と同様の注意深い配慮をせずに構成された場合には，生徒に対してはかれらの学習の長所と短所について，指導者に対しては指導の領域が適切か不適切かについて，評価からはほとんどわからないだろう。評価項目をうまく作成するためには，評価計画を構成

するための努力を必要とする。

　よく構成されたテスト項目は，用意するために時間がかかるので，指導者は，利用できるテスト項目例集を使うことを望むだろう。**テスト項目例集**とは，妥当性と信頼性に関してテストされてきたよくまとめられた資料である。しかし，指導者は，明確化された指導成果にあてはまるテスト項目例集から，注意深く項目を選択する責任をもつ。このようなテスト項目例集は，教科書の出版社によって本文の付録として用意されているか，他の機関や研究所を通して用意されている。

　一般的なテスト項目構成の指針は，すべてのテスト項目が妥当性と信頼性をもつのに役立つ。テスト項目は句読法とつづりに間違いがなく，読み易いものであるべきである。また，以下に認識テスト項目，構成テスト項目，パフォーマンス成果のテスト項目をうまく作成するための具体的な指針について述べる。

認識テスト項目の構成

　認知学習を測定する認識テスト項目には，正・誤テスト項目，多肢選択テスト項目，組み合わせテスト項目がある。各テスト項目は，学習者が与えられた選択肢から正しい答えを選択するか，存在する答えを正しいか判断することを要求する。以下は，よく構成された認識テスト項目を作成するための具体的な提言である。

■正・誤テスト項目の構成

　一般的に正・誤テスト項目は，事実に関する内容をテストする場合に利用する。テストする内容が明確に正しいか間違っているかが決められない場合には，ふさわしくない。

　正・誤テスト項目を作成する場合には，作成した説明が，明らかに正しい，または間違っているという事実に関する説明であることを確かめよう。そのためには，作成している項目の根拠を意見ではなく既成の事実におくようにしよう。たとえば，「大人と子どもの両方が，食事に牛乳を必要とする」という正・誤テスト項目の説明文は，正しいと思えるかもしれない。しかし，実際には，大人と子どもの両方とも牛乳を必要とせず，牛乳に含まれる栄養素を必要とするのである。乳糖耐性がない人は，牛乳を飲まずにうまくこれらの栄養素を摂る必要がある。したがって，前述の説明文の答えは**誤り**である。

　説明文中には，多い，少し，通常，ほとんど，一般的に，ときどき（多くの

意味に解釈でき，その項目が正しいことを示唆するため），そして，**すべて，いつも，ない，一度もない，誰もいない**（項目が間違っていることを示唆するため），というような**具体的限定詞**と呼ばれることばの使用を避けるべきである。**大きい，重要，よりよい**，というような曖昧な質的用語もまた避けるべきである。これらの用語は，指導者が事実に基づいて完全に正しいもしくは間違った説明文を書いてはいないという判断の手がかりになる。

　それぞれの質問に概念を一つだけ含める場合には，よい正・誤テスト項目を作成することは簡単である。説明文に二つの考えが含まれていて，一つが正しく一つが間違っている場合，それは生徒を混乱させ，その中に含まれる概念を解明するための能力をテストしているだけである。さらに，二つの考えが含まれる正・誤テスト項目では，生徒が間違った答えをした場合，どちらの概念を理解できなかったのかがわからない。これに関する事例には次のようなものがある。「暖かい色は部屋をより小さく見せるが，青白い色調にも同じ効果がある」。まさにこのようなテスト項目は，読む人を困惑させる。

　生徒が原因と結果を理解しているかどうかを測定するために構想したテスト項目の作成について考えよう。二つの考え（原因と結果）が説明文に含まれているとしたら，テストされる重要な要素は，文章の後の部分に含まれるべきである。「健康な個人の場合，エネルギー摂取量を維持して，エネルギーの消費量を増加させると，体重が減少する」は，原因と結果の両方が含まれている正しいテスト項目の事例である。

　否定の説明文は，正・誤テスト項目に使用できるが，否定語の部分は，注意を引きつけるために，下線を引くかすべて大文字にするとよい。正・誤テスト項目で，二つまたは三つの否定語の使用は避けるべきである。二つの否定語は，生徒がその項目を解釈するのをよりに難しくするだけである。また，それらは，学習成果が得られたかどうかを判定するのにも役立たない。次の二つの否定語を含むテスト項目に答えてみよう。「ピアジェ（Piaget）は，子どもは**非形式的操作期を経験しない**という概念を開発しなかった」。

　また，些細で取るに足らない情報の一部を利用して，正・誤テスト項目を作成することも避けるべきである。それを利用すると，正・誤テスト項目の構成に，教科書やその他の学習資料から詳しい説明を入れなければならなくなる。一般的に，学習資料から直接引用した説明文は，文脈から切り取られているので，つまらなく，曖昧なものになる。このようなテスト項目を作成することは，

項目数を増やすかもしれないが，生徒が学習成果に到達しているかどうかを評価するには役立たないだろう。

　正・誤項目でテストを組み立てる場合，特に心に留めておくべき指針がいくつかある。まず，正・誤項目を含むテストでは，正しい答えを推測する可能性は50％なので，それに合わせるためには，少なくとも20～25問程度の正・誤テスト項目を設けるべきである。さらにいえば，正しい項目と誤った項目をおよそ同数に調整すべきで，そうすれば，答えの傾向がランダムになるだろう。否定項目を含む場合には，それらは正・誤項目の説明文の最後にまとめて記載するべきである。このように分類することで，項目が均等になり，生徒が肯定的考えから否定的考えに行ったり来たりと方向を変えずにすむ。生徒を間違った答えに惑わせることは不適当であり，学習成果に向けた学習者の進歩を理解することには役立たない。

　最後に，生徒によって示された答えを明確に見分けるための準備をする必要がある。生徒にテスト用紙の正か誤に○をつけさせるか，用意した空白に＋か○を書かせることが望ましい。生徒が空欄に正，誤を自分で書く場合には，かれらが書いた答えを判断することが難しいことがある。正・誤テスト項目の望ましい質のまとめについて，〈Fig.14-4〉を参照しよう。

■多肢選択テスト項目の構成

　多肢選択テスト項目は，幅広い種類の学習成果をテストし，ほとんどすべての水準の学習者に対する共通した型のテストとして利用できる。一般的に多肢選択テスト項目では，質問や前提が，項目の質問文（質問や前提を含む文，もしくは導入となる文や句）と呼ばれる説明文に示され，学習者は可能な選択肢の一覧から最もよい答えを選択することが求められる。次に述べることは，よい多肢選択テスト項目を作成するための具体的な提案である。

　指導者は，多肢選択テスト項目の質問文を注意深く書く必要がある。そうすれば，知りたい学習成果そのものを測定することができる。テスト項目の質問文では，解決するための重要な問題や答えるための質問を一つだけ示す。それは明細表に記入した学習成果の内容と直接関係があるものでなければならない。質問文に測定したい内容が含まれているかどうかを調べるための一つの方法は，返答一覧を見せないで，質問文に対して適切な答えを明確に述べることができるかどうかを誰かに試すことである。次に挙げる二つの項目の質問文を比較してみよう。

〈Fig.14-4〉正・誤テスト項目の望ましい質

テスト項目の質
- 望む学習成果に直接結びついている。
- 事実に基づく内容である。
- 明確に**正しいか誤っている**説明文である。
- 事実に基づいており，意見ではない。
- 具体的限定詞を避ける。：多い，少し，普通，ほとんど，一般的に，ときどき，すべて，いつも，ない，一度もない，誰もいない
- 否定の説明文を避けるが，そのような説明文が避けられないとき，下線または大文字で否定語を強調する。
- 重要であり，些細ではない情報である。
- 推測の影響を最小限にするために，十分に多い項目数を用いる。

テストで考慮すべきこと
- 一つのテストに少なくとも20～25問程度を設ける。
- 正と誤の項目数をおおよそ同数使用する。
- 答えを無作為化する。
- 否定項目は，シリーズの終わりにいっしょにまとめる。
- 生徒に適切な答えに○をつけさせる。

A. 新生児に関して正しいのは，次に述べるうちのどちらですか。

B. ある生まれたばかりの赤ちゃんは，ブラゼルトン（Blazelton）尺度で次のどちらについて検査されますか。

テスト項目Aでは，具体的な質問が質問文の中に提示されていない。このテスト項目は，新生児に関連するすべての正・誤テスト項目の説明文の集まりに適する。テスト項目Bは，質問文の中に具体的な質問を示しており，Aより優れている。

よく作成された多肢選択テスト項目では，質問文はより長くより詳細に示し，一方で答えはより短く，より複雑でないようにするとよい。しかし，これは質問文を伸ばして，より複雑にするために，混乱させるようなことばづかいと機能的でないことばを質問文に含めるべきだということではない。正・誤テスト項目の場合と同様に，学習成果が否定的条件の知識を強調することが重要であるときのみ，否定の質問文を使用しよう。もし，否定語を用いるならば，ことばに下線を引くか大文字で示して，そのことばを目立たせるようにしよう。

多肢選択テスト項目の答えを構成するとき，より妥当で信頼性を高めるために用いることができる多数の実践がある。多肢選択テスト項目の答えは，引き

立て役と呼ばれる誤答選択肢(正確でない答え)と正確な答えの二つに分けられる。誤答選択肢は，質問文に対してあてはまる答えであるべきである。明らかにおかしいか完全に信じがたい誤答選択肢は，学習者の誰もそれらを選択しようとしないので，真の誤答選択肢とはいえない。さらに，それらはラスト項目の質問文と文法的に一致するべきで，名詞と動詞がお互いに一致することを確認しよう。質問文と回答を文法的に合わせることが必要なので，単数・複数の区別を正しく使用しよう。

　すべての答えは，おおむね同じ長さにすべきであり，前に述べたように，軸の文で明確に述べられた問題に対し，簡潔で主要なものにしよう。多肢選択テスト項目の答えは，質問文が不十分な案の結果として，正・誤テスト項目の集まりであってはならない。さらにいえば，すべての答えは，均一であることが望ましい。たとえば，もし正しい答えが人の名前であるならば，他のすべての答えも同様に名前にしよう。

　少なくとも，四つ(そしてもしできれば五つ)の答えのある多肢選択テスト項目が望ましい(Popham，1981)。この答えの数は，より多くの答えがあるような複雑な項目とせず，推測の答えを除去し易くする。あなたが四つか五つの返答を用いることに決めるかどうかに関わらず，答えの数は，テストのすべての多肢選択テスト項目に対して同数にしよう。あるテスト項目の答えが，不注意にも別のテスト項目の答えの手がかりにならないよう気をつけよう。ちょうど必要とする答えの数で終わるように，上に記したことすべてという答えや，どれも上に記したことでないという答えを使うことは控えよう。これらの選択肢は，多数の正しい答えを含んでいること(上に記したことすべて)や，一つも正しい選択が示されていないという事実(どれも上に記したことでない)との関係を強調することが重要である場合に，利用すべきである。

　すべてのテスト項目の場合と同様に，多肢選択テスト項目の説明を明確にしよう。たとえば，学習者に**正しい**，**正しくない**(否定的項目の中で)や，**最もよい選択**を選ぶように指導しよう。答えに大文字を使ったり，コンピュータ解答シートに正しい文字に○をつけたり，はっきりと印をつけたりすることを，生徒に指示するとよい。生徒に空欄に文字を書かせると，指導者が答えを読み間違える可能性がある(実際，BとDがいかにお互いによく似ているかは，まさに驚くべきである)。

　答えを縦に積み重ねた列で示した多肢選択テスト項目は，答えを横に連続し

〈Fig.14-5〉**多肢選択テスト項目の望まれる質**

テスト項目の質
- 望む学習成果に直接結びついている。
- 質問文
  - 解決するためのたった一つの問題を明確に表示する。
  - 答えより複雑である。
  - 確実に必要なときだけ，否定的に述べる。
  - 否定語が使われる場合は，下線または大文字で否定語を目立たせる。
- 答え
  - 相対的に長さを同じにする。
  - 同質にする。
  - 質問文に対して妥当である。
  - 文法的に質問文と一致する。
  - 全部で四つか五つ用意する。
  - 垂直に縦に並べる。
- めったに，**上記のことすべてとどれも上記のことでない**という表現を使わない。

テストで考慮すべきこと
- すべての項目で答えの数が同じである。
- 答えは，他のテスト項目について正解を考える手がかりを含まない。
- 明確な指示を含む。
- マークシートに○をつけるか印をつけて答えるようにする。
- 正誤の見分けのつく答えがない。

て一続きに示した多肢選択テスト項目より読み易い。最後に，多肢選択テスト項目のグループの中で，正しい答えの見分けがつきにくいかどうか，確かめるようにしよう。多肢選択項目の望ましい質のまとめについて，〈Fig.14-5〉を参照しよう。

■**組み合わせテスト項目の構成**

　組み合わせテスト項目は，一般的に一つ目の縦列（コラム）の項目が，二つ目の縦列の項目に関連づけられた縦二列から成り立っている。このテスト項目は学習者が二つの項目の関係を理解しているかどうかを判定するために利用される。これらは，ことばとその定義，できごととそれに関する人物，原因と結果，事例と原理などである。

　一般に，一つ目の縦列（左側の列）は前提を含み，一方，二つ目の縦列（右の列）は答えを含む。

　組み合わせテスト項目の開発では，二つの縦列に名前をつけるとよい。たと

えば，一つめの列は**原因**，二つめは**結果**というように名づけられる。列に名前をつけることは，多くの理由で有益である。第一に，それは組み合わせの原則をわかりやすく示すことができる。テスト項目についての指示を書くとき，列の名前を示すことで，学習者を課題に集中させることができる。第二に，それはテストをつくる人がそれぞれの列で同質性を維持することに役立つ。列の名前に合った答えと問いの組み立てが一致しているかどうか，それぞれの列を素早く再検討できる。

一般的に，多肢選択テスト項目の場合と同様に，問いを答えより長くし，中心になる考えを明確にわかり易く提示しよう。学習者が問いと答えを組み合わせながら，容易に答えを探せるように，答えは短い表現にするとよい。たとえば，研究者の発見したことは左列に，研究者の名前は右列にというように，定義は問いの列に，用語は答えの列に書くとよい。答えをより簡単に探せるように論理的な順序で一覧表にしよう。たとえば，測定値は昇順（1/4，1/2，3/4，など）に，回数は頻度順（一日に数回，毎日，毎月，毎年）に系統立てるのが適切である。適切と思われる順番に並べるための論理的な基準がほかにない場合は，答えはアルファベット順に整理するとよい。

テスト項目全体のまとまりが同一ページに示されれば，組み合わせることはより簡単になり，一まとまりの問いと答えの総数が扱い易い。どのような組み合わせのまとまりにも，10～12の問いが含まれることが望ましい。誤答選択肢としての役目を果たすため，少なくとも二つの余分な答えを含むことが通例である。指示もまた，答えを1回だけ使うか，それ以上使うか，全然使わないかについてはっきり述べるとよい。

テストのページで組み合わせのテスト項目を組み合わせる場合，それぞれの問いの番号の前に空欄を用意するとよい。学習者には，それぞれの問いの前にある空欄に，正しい答えの文字を書くこと（または，コンピュータ解答シートが使用されている場合には，それに明確に答えを示すこと）を指示するとよい。ほかの型の認識テスト項目を用いる場合と同様に，正しい答えを見分けるパターンがないことに気をつけよう。

■**認識テスト項目の長所と短所**

認識テスト項目には，いくつかの長所がある。第一に，与えられた答えの中から選択するよう答えが制限されているので，比較的採点し易いということである。それぞれに対する答えは，一つだけが正しいので，採点に迷うことがな

〈Fig.14-6〉**組み合わせテスト項目の望ましい質**

テスト項目の質
- 望む学習成果に直接結びいている。
- 物事の二つの関係をテストする。
- 左の列に問い(答えより長い)を並べ，右の列に答え(簡潔な用語)を並べる。
- 列には名前がつけられている。
- 各列の中は同質の項目である。
- 論理的な順序で答えを一覧表にする。

テストで考慮すべきこと
- 組み合わせ項目全体を1ページに載せる。
- およそ10～12の前提が，組み合わせのまとまり毎にある。
- 少なくとも問いより二つ以上多い答えがある。
- 指示では，組み合わせの根拠を明確に述べる。
- 指示では，答えの使用が1回か1回以上かを示す。
- 解答用の空欄は，問いの左側に設ける。
- 正しいか見分けのつく答えがない。

い。第二に，認識テスト項目は，低水準の認知目標のテストに用いられる。それらは，生徒が事実を思い出すかどうか判定するための情報の一部を取り出すことができる。

　認識テスト項目の短所の一つは，よいテスト項目を作成するためにかなりの時間がかかることである。たとえば，たいていの人々は，多肢選択テスト項目のために，一つか二つの誤答選択肢を考えることはできるが，三つか四つの妥当だが正しくない答えを生み出すことは難しい。正しくない回答を生み出すための一つの方法は，オープンエンドの質問を予備テストでを行い，利用することである。

　もう一つの短所は，生徒が単なるまったくの偶然で正しい答えを選択できることである。学習者が答えを見分けるよりむしろ自分で生み出さなければならない構成テスト項目では，偶然正しく答えることはあまりない。

　最後に，認識テスト項目によってテストできる学習の水準と領域は非常に限られている。これらの項目は，主として事実に基づいた知識をテストする。〈Fig.14-6〉は，組み合わせテスト項目における望ましい質についてまとめている。

構成テスト項目の開発

　評価に利用される構成テスト項目は，既存の選択肢を選択することよりむしろ答えを自分で生み出すことを生徒に要求する。これらのテスト項目は，短答テスト項目と小論文テスト項目の二つに分けられる。次に述べることは，よい構成テスト項目を作成するためのいくつかの提案である。

■**短答テスト項目の構成**

　最もよく使用される短答テスト項目は，空欄を埋めたり，質問の答えとして一文か二文を記述させたりするものである。その中で，空欄を埋めたり，項目を完成させたりする完成テスト項目は，一語またはいくつかの関連した語（ときには**複合語**）を使って，生徒に説明文を完成させるものである。ときには，完成させる項目として，図形（ダイアグラム）の一部に学習者が名前をつけることもある。

　完成テスト項目の開発では，正しい答えになるものが一つだけであるとはっきりしていることが重要である。これは，ときにテスト開発者による判断が難しいことがある。一般的に，テスト項目を読んで，それらを完成させることを別の人に頼むことは，そのテスト項目が明確に書かれ，一つの答えだけを要求しているかどうかを，判定するのに役立つ。しかし，よいテストを用意するためには，いくつかの**妥当な**答えがあることを確認することも大切である。テスト項目を**熱い**あるいは**冷たい**，**高い**あるいは**低い**といったようなどちらかの答えで完成させる場合，偶然生徒が正しい答えを推測できる確率は50％ある。

　すべてのテスト項目と同様に，完成テスト項目は，具体的な学習成果をテストすべきである。指導者が望む学習成果に焦点をあてていることを確かめるために，完成した説明文の中で重要な単語を省いてみよう。学習者に些細な単語を書き込ませることは，求めている学習成果を明らかにするよりむしろ，言語パズルを解くための能力をテストしているだけである。ちょうど多肢選択テスト項目の質問文で行ったのと同様に，はじめにテスト項目の主要な考えを示し，それから説明文の最後を空欄のままにするとよい。これは学習者を項目の主題に集中させ，混乱を最小限に抑えるのに役立つ。

　完成テスト項目を組み立てる場合，上述したようにどのテスト項目でも空欄を説明文の最後に一つだけ設けるようにすべきである。空欄には**ビタミンA**や**共同遊び**のような複合語が入ることもある。もしポンドやオンス，インチのよ

うな特別な単位で答える必要がある場合，空欄の後に単位を記しておくようにしよう。多肢選択テスト項目の質問文と同様に，答えの前に単数か複数かわかるような手がかりになる単語(*is*・*are*，*a*・*an*，*was*・*were*など)をおくのを避けるようにしよう。

　テスト項目の提示では，必ず各項目に対して同じ長さの空欄を用いるようにしよう。ある事例では，とても短い空欄を用いたりすると，省略した単語や複合語がどこにあてはまるかが示されてしまう。したがって，項目番号の左側に合わせて同じサイズの長めの空欄を用意して，生徒に単語を書かせるようにしよう。この形式では，すべての答えをページの左側にまっすぐ垂直にそろえて配列すると，採点がより簡単になる。

　完成テスト項目を開発するために，教科書や講義記録から抜き出した説明文を利用したくなることがあるが，これは以下の二つの理由から避けた方がよい。第一に，正しい答えが一つだけであることを確かめることがより難しくなるからである。たとえ，教科書にある文章が正確だとしても，教科書とは異なる単語を使用して，その文章が正確なままであることが可能かもしれない。第二に，学習者は，読んで得た知識から答えを思い出すので，教科書から直接取った完成テスト項目には答えることができるかもしれないが，この場合，資料の理解よりもむしろ記憶をテストしているだけになってしまうからである。

　テストの中で，生徒に図の部分に名前をつけさせることは望ましい。これは，図に関連する短答テスト項目を作成することで達成できる。完成テスト項目を作成するためのすべての提案は，図を名づけるテストにも同様に適用できる。さらに，指導者は，用意した図が単純で大きく，名づけるための部分に明確に番号がつけられていることを確認しよう。各テスト用紙に図がはっきりとコピーされ，名づける部分が明確に矢印で示されていることを確かめることは賢明である。たとえば，「左に用意された空欄に，あなたの答えを書くことで，番号がつけられた図の部分と関係づけなさい」というように，指示は完成すべき課題を明確に示すようにしよう。

　ときには，これが別の方法と組み合わさった完成テスト項目を開発するために有効なことがある。このようなテスト項目は，ちょうど学習者が完成させる空欄から成り立ち，答えの列が除かれている組み合わせテスト項目のように編成される。たとえば，左列(問い)は，ビタミンの不足によって引き起こされる病気の名前から成り立っている。右列(答え)は，学習者がそれぞれの病気に対

〈Fig.14-7〉**完成テスト項目の望ましい質**

> **テスト項目の質**
> - 望む学習成果に直接結びついている。
> - 正しい答えは一つだけである。
> - 空欄の前に，単数，複数がわかるような具体的な決定詞(a，an，is，are，was，were)を用いない。
> - 単位が指定される場合，特別な単位(**ポンド**，**インチ**など)を明示する。
> - 答え
>   - 一つの単語か「複合語」を要求する。
>   - 主要な概念と関係のない些細な語句ではない。
>   - 項目の最後が，単語や複合語が入る答えの空欄になっている。
>
> **テストで考慮すべきこと**
> - 同じ長さの空欄を各項目で用いる。
> - 各項目の左側に，学習者が答えるべき空欄を用意する。
> - 名づけるために図形(ダイアグラム)を利用する場合
>   - 図形は，はっきりと複写された十分な大きさのものである。
>   - 名づけられる部分は，矢印で明確に示されている。
>   - 指示は，完成させるための課題を明確に示している。

〈Fig.14-8〉**短答テスト項目の望ましい質**

> **テスト項目の質**
> - 望む学習成果に直接結びついている
> - 生徒に一つの句か，一つ・二つの文で答えることを要求する
> - 完全な質問として書かれている
> - 学習者が答えるのに十分な空欄を用意する

応した不足するビタミンの名前を記入しなければならない空欄で成り立っている。このようなテスト項目を作成するときは，組み合わせテスト項目と完成テスト項目両方の指針に従うとよい。完成テスト項目における望ましい質をまとめた〈Fig.14-7〉を参照しよう。

ときには，生徒が一つの句もしくは一つか二つの文を生み出すことを要求する短答テスト項目の利用を望むかもしれない。たとえば，生徒に特定の語を定義させる場合，テスト項目は，未完成の説明文の代わりに質問として作成するとよい。一般的に，学習者が答えを書くための空欄を用意する。完成テスト項目を用いるときと同様に，正しい答えは，一つだけにするとよい。〈Fig.14-8〉を参照しよう。

■短答テスト項目の長所と短所

　完成テスト項目と短答テスト項目は，事実に関する知識，原理，過程を正確に評価するのに役立つ。それらは，生徒に与えられた選択肢のまとまりの中で，正しい答えを単に認識するよりはむしろ，答えを生み出すことを要求する。多くの学習者は，教室学習で共通の慣例である質問・答えをまねるので，かれらはすぐに完成テスト項目に慣れてくる。さらにそれらは，指導者が小論文テスト項目よりも簡単に採点でき，相対的に複雑な認識の学習をテストすることを可能にする。

　短答テスト項目もしくは完成テスト項目には，二つの大きな短所がある。第一に，この型のテスト項目は，たとえ非常に説得力があるにしても，かなり複雑な認識の到達については測定することができない。第二に，この型のテスト項目は，採点の難しさを引き起こすことがある。生徒の筆跡が判読しにくいか，不明瞭なつづりや文法が使われ，答えが正しいか正しくないかを指導者が判定しなければならない場合，採点に問題が生じることがある。詳細な採点のための解答集は，この特別な問題を解決するための助けにはなるが，この問題を完全に取り除くことはできない。

■小論文テスト項目の構成

　構成テスト項目の最もよくある型の一つは，小論文テスト項目である。それはより低水準の学習成果を評価するために利用されることもあるが，学習者が情報を総合し，考えを表現するために理路整然と書くことができるかどうかを判定することにおいて，特に有用である。したがって，小論文テスト項目は，学習成果が単に事実に基づく資料を記憶するより，むしろ組織化や一般化，統合，考えの表現を要求するとき，特に有用である。

　小論文テスト項目は，短時間で作成できるので，指導者は小論文テスト項目を安易につくってしまうことがある。しかし，大半の人は後で小論文テスト項目が採点により多くの時間を要することに気づく。

　小論文テスト項目が，学習成果に対して適切であると判断したら，次に，必ず質問が要求した行動を引き出すことを確かめるとよい。質問文が問題を引き起こすかもしれないので，どのような答えを要求しているかを具体的に記述するか，単刀直入の質問をするようにしよう。そのためには，質問の最初の単語で，要求している答えの形式を生徒に明確に伝えるとよい。たとえば，**議論する，伝える，あなたの意見をいう**という表現よりも，**説明する，例を挙げる，**

対比するという表現を用いるようにしよう。

　要点に応じた質問のことばづかいをするようにしよう。適切であれば，答えに対する限度や条件を示すようにしよう。たとえば，もし答えに必要な例の数が明確にあるならば，「四つの例を用意しなさい」のように，その数を示すようにしよう。その上，もし具体的な著者や専門家の意見を引用すべきならば，それを示すとよい。

　特別な履修単位のためや，自由選択の小論文テスト項目を含めることは避けるべきである。追試験のように，他のテスト項目を使う必要がある特別な状況でない限り，特定のテストでは，すべての生徒が同じ質問に答えるべきである。先に指摘したように，テスト項目をテストによって変更する場合には，信頼性と妥当性を危うくする。

　また，小論文テスト項目を開発するとき，小論文テスト項目を採点するための明確で，不変の解答集をつくるようにしよう。もし指導者が自分自身で，質問に対して学習成果の要点を使用して試案的答えを書くならば，テスト項目に対する解答集は容易に組み立てられるだろう。また，テストを採点するための手順も開発するべきである。たとえば，すべてのテストにおいて最初のテスト項目だけをまず採点し，それから2番目のテスト項目だけをすべて採点しよう。このような解答集や手順を用いないと，テストの妥当性と信頼性は低いものになるだろう。

　小論文テストの構成では，答えに対する明確な指示が各質問のまとまりのはじめにあるとよい。これらの指示には，語のつづり方，文章の書き方，句読点の誤りがどのように取り扱われるかという情報を含めるとよい。加えて，各質問の点数配分を示し，おおよその制限時間を示すべきである。さらに，難易度が増す順序でテスト項目を配列することは重要である。最後に，学習者が解答するために空欄は，十分な広さを用意すべきである。

■小論文テスト項目の長所と短所

　小論文テスト項目は，より高水準の思考スキルをテストするために，最も適している。一般的に，それらにはいくつかの解答形式があるにも関わらず，学習者には，正しい答え方が推測しにくいようである。一般的に，小論文テスト項目によって書くことによる伝達スキルが発達する。さらに，小論文テスト項目は，他の構造化されたテスト項目ほど，構成するために時間がかからない。

　小論文テスト項目の主な短所は，それらが採点しにくいことである。よく構

〈Fig.14-9〉 **小論文テスト項目の望ましい質**

テスト項目の質
- 望む学習成果に直接結びついている。
- 生徒に考えを総合し，筋の通った答えを書くことを要求している。
- テスト項目の最初の単語で要求した答えの形式を具体化する。
- 答えに関して条件や制限があるかどうかを示す。
- 小論文テスト項目は「特別な履習単位」や「自由選択」ではない。

テストで考慮すべきこと
- 不変の採点解答集をテスト実施以前に開発する。
- 指示では語のつづり方，文章の書き方を示し，句読の誤りについては採点することを示す。
- 各質問に対する点数配分やおおよその制限時間を示す。
- 難易度が増す順序でテスト項目を並べる。
- 生徒が答えるために十分な空欄を用意する。

成された解答集を用いたとしても，指導者は，生徒の英語を書く能力や書体によって採点に影響を受ける。生徒の解答で学習成果の鍵概念となる要点を見つけることは，生徒が正確に正・誤テスト項目に答えたかどうかを判定するより難しい。テスト項目の組み立てに使う時間が少ないと，たいていその採点により多くの時間を必要とすることになる。小論文テスト項目と他の構成テスト項目を比較すれば，このことは確かに真実である。〈Fig.14-9〉は，小論文テスト項目の望ましい質についてまとめている。

テストの編成

テストを準備する場合には，テスト編成に関する考慮を必要とするいくつかの要素がある。それらは，指示，テスト項目の編集，番号を振ること，間隔をあけること，解答集，採点等に関することである。

テストを受ける予定の学習者には，明確な指示を与えるべきである。テストのはじめにつけ加える指示では，それぞれのテスト項目に答えるためにすることと，答えるための基礎について，学習者に知らせるべきである。学習者が，最もよい答え，正しい答えや自分の意見に基づく答えを見出せるようになっているだろうか。

同様の指示が，テスト用具の中でテスト項目の型が変わる毎に示されるべきである。多肢選択テスト項目，正・誤テスト項目，組み合わせテスト項目を含

むテストでは，テストに関する一般的な指示に加えて，テスト項目毎に事前の指示があるとよい。

一般的な指針として，どのテスト用具でも三つの異なるテスト項目だけを含めるとよい。同じタイプのテスト項目は，一つにまとめるとよい。たとえば，すべての短答テスト項目や多肢選択テスト項目は，同じ区分に載せるとよい。一方の区分の質問は，もう一方の区分の正しい答えに手がかりを与えるものであってはならない。このようなテスト項目は，ときに相互依存テスト項目と見なされることがある。相互依存テスト項目とは，お互いに答えを提供し合ったり，一方への答えが他方への正しい答えのために必要なものとなっていたりするものをいう。これらのテスト項目は避けなければならない。

指導者は，簡単なものから難しいものへとテスト項目をつくるとよい。普通は，学習者がすぐに成功を経験するように，最も簡単なテスト項目が最初に並べられる。これは学習者にテストを続行する自信を与える。

すべてのテスト項目には，連続した番号をつけるとよい。新たな区分が始まる毎に，また1番からつけ始めてはならない。それぞれの質問には解答に適した場所が必要である。テスト用紙の左側に，各解答のチェック用の余白を残すことが望ましい。これによって，学習者は自分で各テスト項目に解答したかどうかをすぐに調べることができる。また，これは指導者の採点を容易にする。

指導者は質問の間隔と配置に注意を払い，2ページにわたってしまう質問は，1ページにまとめるように書き直すとよい。ページには，読み易くするために，十分な量の余白を設ける。明確で読み易いように印刷しよう。学習者の

〈Fig.14-10〉**テスト編成で望ましい質**

- 学習者の名前用のラベルを貼る場所を設ける。
- 一般的なテストための明確な指示と，各具体的な項目のための明確な指示がある。
- 各テスト用具に三つのテスト項目の型だけを含める。
- テスト項目は同じ型でまとめる。
- テスト項目にははじめから終わりまで連続した番号をつける。
- 答えのための適当な空欄を用意する。
- 答えたり採点したりすることが簡単なように解答用紙をまとめる。
- テスト項目が複数のページにまたがらないようにする。
- テストは読み易いものとする。
- 質問の点数配分を示す。
- 解答集をテストの実施前に準備する。

名前や所属データのためにラベルを貼る場所を用意すると便利である。

また，指導者は点数配分と総点といった，特定のテスト項目の採点や価値に関する情報をつけ加えることもある。

学習者がテストを受ける以前に，指導者はテストを採点するための解答集を準備しておくべきである。この解答集には，認識テスト項目の答えだけでなく，構成テスト項目の模範解答がなければならない。〈Fig.14-10〉では，テストの編成に関して考慮すべき重要なことについてまとめている。

▍評定尺度，確認表，ランクづけ用具，得点表，ルーブリック

今検討したばかりのテスト項目測定以外に，成果を測定するためには，多数のテスト用具が利用できる。評定尺度，確認表，ランクづけ用具，得点表は，精神運動領域や情意領域での作品やパフォーマンス（遂行活動）成果を測定するために特に有用である。

▍評定尺度

評定尺度は，製作品やパフォーマンスの望ましい属性や質を一覧表にする用具である。評定尺度は，それぞれの特性に応じて，属性や規準がどの程度満たされているかを示すために評定者によって用いられ，数字や語によって表すことができる。

数値評定尺度は利用が単純で，簡単に結果を要約して示すという長所がある。製作品と対比して，行動を評価する場合，パフォーマンスに対してなされる評価が詳細であればあるほど，その評価はより信頼できる（Popham，1981）。

評定尺度を組み立てる場合，指導者は評定内容について，注意深く簡潔に説明することから始める必要がある。さらに，それは製作品やパフォーマンスの具体的な質や特性でもあるだろう。学習者が健康管理器具を操作できる程度を測定するために使用される，評定シートの例について検討してみよう。評定シートには，その器具の使用に関する行動の全段階を列挙する。たとえば，血圧測定器を正しい位置におく，それを適切に定着させる，というような段階が含まれる。評定尺度における各テスト項目は，同水準の特性について説明するとよい。各テスト項目は，指導者や指導者から頼まれた人が評価のために形式を利用できるように，十分に説明的で簡潔であることが望ましい。できるだけ，各テスト項目は否定的よりもむしろ肯定的に述べられるとよい。学習者が行っ

〈Fig.14-11〉両極の形容詞対を用いた数値評定尺度

```
劇の演技領域の企画は
 A．組織的である      ← 5  4  3  2  1 →  組織的でない
 B．面白い           ← 5  4  3  2  1 →  つまらない
 C．主題に関係がある   ← 5  4  3  2  1 →  主題に関係がない
```

てないことや製作品が表現したり含んだりしていないことを記述したテスト項目を，評定尺度に使用することは，避けるようにしよう。

　評定カテゴリーを記述した説明文は，特性が明確である範囲や程度を表す数字や単語，一連の表現による要点を○で囲むことによって評価できる。数値尺度は，3＝最もよい，2＝よい，1＝おおむねよい，0＝規準を満たしていない，といったような特別な順序づけを示すことによって簡単に使用できる。たとえば，2（よい），1（まずまず），0（好ましくない）のような評定尺度で「血圧測定器具の定着の具合い」を判定できる。

　さらに解説が必要な場合，両極の形容詞対が用いられる。〈Fig.14-11〉に示した事例を見てみよう。この例で，評定者はなおも数字を選択するが，形容詞は前の段落で説明したモデルよりも詳細な区別を可能にする。通例，より詳細な客観的測定項目を開発するために時間をかけることが望ましい。

　この例で，尺度の肯定語は左側の端に，否定語は右側の端であるということに注意しよう。尺度の「よい」方の端が，最初に来るべきである（Guilford, 1954）。測定用具ではすべて，いつもこの形式を使うようにしよう。

　数値尺度の組み立てと同様の方法で，図式評定尺度を組み立てよう。指導者は最初に測定されるべき質や特性を決定する。しかし，図式評定尺度は，数の割りあてによって示すのではなく，図の視覚的な印象を利用する。与えられた各特性は，評定者がある価値を定めることを要求した水平の線に沿って表される。〈Fig.14-12〉は，説明的な図式評定尺度の抜粋である。

　優れた図式評定尺度を開発するための指針は，数値評定尺度と同じである。特性についての説明文や解説は，簡潔で具体的であるべきである。図では端をそろえるとよい。評定者が，項目毎に自分の評価の意味を明らかにしたり，説明したりできるように，批評用の場所がつけ加えられることがある。評定尺度の望ましい質のまとめとして，〈Fig.14-13〉を参照しよう。

〈Fig.14-12〉 **説明的な図式評定尺度**

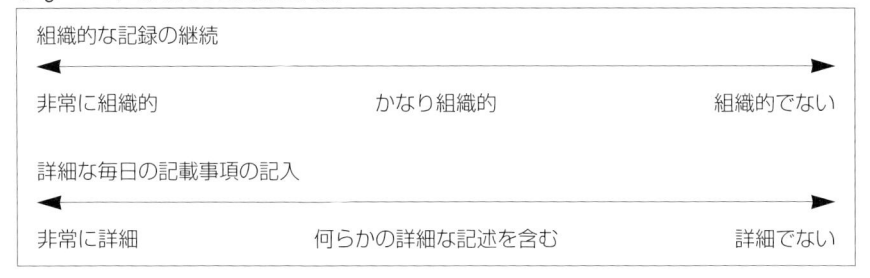

```
組織的な記録の継続
◄─────────────────────────────────────────►
非常に組織的          かなり組織的          組織的でない

詳細な毎日の記載事項の記入
◄─────────────────────────────────────────►
非常に詳細      何らかの詳細な記述を含む      詳細でない
```

〈Fig.14-13〉 **評定尺度の望ましい質**

- 製作品やパフォーマンスの質を測定する。
- 簡潔な評価内容をもつ。
- 各テスト項目は同水準の特性である。
- テスト項目について肯定的に説明する。
- 一貫して各テスト項目の「肯定的」尺度を同じ端に配置する(できれば左側に)。
- 批評のために十分な場所を用意する。

■**評定尺度の利用上の注意**

　説明的な評定形式は，特定の基準に従って製作品やパフォーマンスを測定するための用具として役立つが，これらの用具の利用にあたっては，注意が必要である。はじめに，パフォーマンスをしている間か，そのすぐ後の時間に評定が行われた場合を除いて，パフォーマンスの詳細を忘れてしまう傾向がある。製作品を評定する場合には，いつ評定するかはほとんど関係ない。

　次に，評定者の訓練と準備についての懸念がある。一人の人がすべての学習者を評定している場合には，おそらくテスト項目を解釈したり，パフォーマンスを受け入れたりする方法に一貫性があるだろう。しかし，異なる人が同じ形式を用いる場合，この評定用具の適用には，不一致が生まれやすい。評定者は，テスト用具の使用についての訓練を受けてから，テスト実施が認められるべきである。テスト実施によって，評定者は自分の予想したこととのずれや，おそらく最も多い誤りや誤解に気づくことができる。

　評定シートの利用についてのもう一つの問題は，評定者の個人的な偏見である。個々の評定者は，評価の判断が寛大であり過ぎたり（**寛大による誤り**という結果になる），厳格過ぎたり（**厳格による誤り**），非常に「中間的に」なり過

ぎる(中道傾向の誤り)傾向があるかもしれない(Popham, 1981)。評定者が用具を正確に利用するために訓練されていなかったり，実施していなかったりする場合には，おそらくこのような偏見が生じ易いだろう。これらの誤りの可能性は，学習者が自己評価という方法を利用して自分自身を評定することを要求された場合にもまた存在する。学習者が，自分自身の製作品とパフォーマンスを評定する傾向は，自分の作業すべてのようすに対して，非常に寛大な態度，厳格な態度，あるいは，単に平均として見たりするなどのように変化してしまうかもしれない。

　最後に，評定者や指導者が，学習者の全印象を自分の評定に影響させるときに誤りがよく起こる。この型の誤りは，**ハロー効果**，すなわち，評定者が，評定に値するか否かに関わらず，好意的に評定するという偏見として知られている。過去に賞を受けたことがあり，大人になったら4Hで働きたいと思っている若い人が，一生懸命4Hプロジェクトに取り組んだ場合，これを知っている4Hの審査員は，うかつにも，プロジェクトをそれが値する以上に好意的に見るかもしれない。誰がやったかわからないように，ランダムに製作品を評定することは，ハロー効果を最小限にするための一つの方法である。あるいは，評定者ではない人が，故意に評定尺度の順序を逆にするという方法もある。そうすれば，評定者はあまり考えずに肯定的な場所にすべて○をつけることをしなくなるだろう。

ランクづけ用具

ランクづけ用具は，評定尺度と関連する測定の型を提供する。ランクづけ用具は，学習者のパフォーマンスや製作品を1番から最後，最もよいものから最も悪いものまでランクづけするために利用される。この用具では，評定者が個々の学習者やテスト項目を集団の中で比較することによって判定する。ランクづけでは，評価者は，規準の一覧表を与えられ，その後これらの規準に基づいて製作品やパフォーマンスをランクづけることが求められる。この方法は，上位の三つの製作品や五つの最良のパフォーマンスを明らかにする。このテスト用具は，さまざまなフィードバックを用意する評定シートより，明らかにより限定的な能力である。ランクづけは，学習者のパフォーマンスにおける具体的な要素についてフィードバックをするよりも，他の学習者との関係における相対的な位置についてのフィードバックを与えるだけである。

〈Fig.14-14〉 **ランクづけ用具の望ましい質**

- 集団におけるテスト項目は1番から最後，最良から最悪へランクづけする。
- ランクづけは具体的な規準に基づく。
- 規準について肯定的に説明する。
- 批評のために十分な場所を用意する。

しかし，評定尺度は，ランクづけを判定するために利用されるかもしれない。たとえば，評定尺度に基づく学習者の得点は，最高得点に基づいて，三つの最良の製作品や与えられた課題において最も有能な五人の学習者を判定するために利用されるかもしれない。この手続きは，おそらくランクづけの手続きの信頼性を増すだろうし，学習者により多くのフィードバックを提供するだろう。

ランクづけ用具の開発における最初の段階は，評定尺度のための方法と同じである。指導者は，ランクづけが行われる規準に基づいて決定しなければならない。望ましい製作品やパフォーマンスを特徴づける質や行動は，何だろうか。これらの要因を判定したら，それらをすべて肯定的な特性として表現すべきである。これらの要因は，評定過程の基礎になると同時に，ランクづけの基礎となる。〈Fig.14-14〉を見てみよう。

確認表

パフォーマンスと製作品の評価で一般的に用いられるもう一つの評価用具は，**確認表**（チェックリスト）である。確認表は望ましい行動と特性の一覧を含んでおり，評定者は単にこれらの特性があるかないかを確認する。指導者は，評定者に質的判断を要求するのではなく，学習成果として望む各要因があるかどうか判断することだけを要求するテスト項目を書くようにするとよい。テスト項目は，同じ水準の特性に関するものであることが望ましい。テスト項目が具体的な用語よりも，むしろ一般的な説明の場合には，評定者が判断する機会と，それに伴って，もしかすると評定者が間違う機会がより多くなる。〈Fig.14-15〉を見てみよう。

〈Fig.14-15〉 **確認表の望ましい質**

- テスト項目は，同じ水準の特性である。
- 評定者は，特定の特性があるかないかのどちらかを示し，質に関する差異は示さない。

得点表

得点表(スコアカード)は，製作品やパフォーマンスを測定するために利用できる評価用具である。得点表は，学習者の行動や製作品の質を評定したり，得点をつけたりするときに用いられる。説明した他の評価用具と同様に，得点表は製作品やパフォーマンスの望ましい質や特性を一覧にしている。しかし，他の評価用具とは異なり，得点表はこれらの特性のそれぞれに**重み**を付加する。〈Fig.14-1〉(p.274)を再び参照するとわかるように，得点表は，子ども向きの本を評価し，個々の特性にどのぐらいの重みを付加できるかを示すために用いられている。その例として，「適切な挿絵」が30点，本の「適切な長さ」は10点と価値づけられた。評定者が規準や特性に対して価値づけできるという得点表の能力は，得点表のさらなる長所である。

得点表を開発するための指針は，評定尺度やランクづけ尺度と同様である。第一に，開発者は，望ましい規準や特性を一覧に記述する。記述した各項目は，文法的に一貫しており，他の項目と同じ長さにするとよい。さらに，規準や特性に対する評定者の解釈の不一致を避けるために，詳細な説明であることが望ましい。たとえば，「平面図は論理的な動線パターンを有している」は，単に「よい平面図」とするよりも規準(クライテリア)についてのよい説明文である。

この指針が，製作品やパフォーマンスについての批評である場合には，何が製作品やパフォーマンスに含まれるべきでないかについての説明文を含めることも大切である。もう一度，子ども向けの本の例を見てみよう。もし，得点表を用いてよいと判断した本が，要求された形式的な特性をすべてもっていたとしても，人種や性に対する強い偏見的内容が入っているとしたらどうだろうか。それでもなおそれは，100点の本だろうか。もし，明確な特性や質がないことが重要である場合には，その項目をさらに得点表に載せることができる。この例では，一つの規準は「挿絵と本文にはすべての人種や性の偏見がない」であるかもしれない。

次に，一度規準を設定したならば，それぞれに重みづけをしなければならない。最も重要なことは何だろうか。最も重要性が少ないことは何だろうか。開発者は，これらの判断に基づいて得点を割りあてることができる。このような重みづけをすることは，適切さ，正確なつづり，資料の選択などの細目を含む重要な特性すべてについて，釣り合った考察をさせる。これらの細目に対し，

〈Fig.14-16〉**得点表の望ましい質**

> - 製作品かパフォーマンスを測定する。
> - 評定者が，得点をつけるためのさまざまな特性に重みを付加できる。
> - 個々のテスト項目は，短く，おおむね他の項目と同じ長さである。
> - テスト項目は，簡潔で，評定者の解釈が変わらないようにする。
> - すべての批評的項目は，重みが付加された得点の一部である。
> - 利用者は，評定者間相互の信頼性のために，評価されるべきである。

同じ重みを保つ必要はなく，さらに検討することができる。この型の評価は，10項目の評定尺度より重みづけされた得点表を使った方が簡単である。

　得点表を利用するすべての人は，評定者間相互の信頼性のために，訓練を受けるべきである。複数の審査員で生徒のパフォーマンスや製作品を判断する場合には，審査員全員が各点数や特性それぞれについての解釈すべてに共通認識をもつべきである。当然のことながら，このことは，これまで考察してきたすべての測定用具の利用にあてはまることである。〈Fig.14-16〉を参照しよう。

ルーブリック

　現在，ルーブリック(採点指針)は，一般的にいろいろな型の製作品やパフォーマンスを評価するための用具として用いられている。ルーブリックは，具体的な課題の質の水準を説明する(Andrade, 2000)。ポハム(Popham, 1997)は，すべてのルーブリックが共通してもつ三つの特徴を示した。すなわち，「評価規準，質の定義，採点方略(ストラテジー)」である。ルーブリックは，文章作品と他の複雑な課題の評価に対して，ますます人気が高まっている。また，時間をかけて生徒が理解を深める方法を検討するために，長期で使用するルーブリックが開発されている。たとえば，いくつかの学校区では，幼稚園から12学年までのそれぞれの学年の水準に応じた規準を説明する言語(国語)科目のルーブリックを開発している。

　家族・消費者科学の指導者は，具体的なプロジェクトやパフォーマンスを評価するためのルーブリックをつくれば，ルーブリックが最も有用であることに気づくだろう。ルーブリックを開発するためには，評価する範囲や内容を明らかにすることから始めよう。この過程を始める一つの方法は，(実際に，もしくは比喩的に)よいパフォーマンスのモデルを調べることである。すばらしいプロジェクトや報告書，発表の特徴は，どのようなものだろうか。たとえば，

日誌を書く課題ですばらしい見本とは，どのような内容や形式だろうか。

　これにより，指導者が次の段階に進むこと，すなわち，規準の一覧をつくることを可能にする。この段階を考えるもう一つの方法は，「何が大切か」という質問に答えることである。指導者は，プロジェクトの評価を始めるとき，何が問題かを判断する。たとえば，指導者が，高校で子育て教育課程を受講している生徒に対して要求した，日誌をつける課題の評価について考えよう。学習者は，実習室で「観察する子ども」を割りあてられ，子どもの発達について毎日観察している。この課題では，日誌の所見に，観察したこと，子どもの発達に関する知識の適用，その日のやりとりに対する個人的な応答についての何らかの解説が含まれることが望ましい。指導者は，次のような内容で生徒の評価を判定するだろう。

- できごとの説明
- 活動の解説と分析
- 子どもの発達に関する知識の適用
- 自分で感じ取ったこと

　また，4Hの会員の切り抜き帳を評価しているリーダーは，**内容**，**様式**，**技巧**，**発表**と名づけた範疇を設けるかもしれない。これらの各例では，指導者やリーダーは何が大切かを決定している。

　次に，各範疇において開発者は，質の水準を表現しなければならない。たとえば，日誌をつける課題における「できごとの説明」について，**熟達したパフォーマンス**は，どのようなものだろうか。指導者は，できごとについての熟達した説明をどのように認識しているだろうか。重要なことであるが，さらに，生徒は，自分の説明が熟達した水準であることをどのように理解しているだろうか。指導者は，熟達したできごとの説明を「子どもの活動とやりとり（おもちゃや他の子ども，大人とのやりとり）を詳細に記述する。すなわち，説明を十分に裏づけ，確かめる。そしてその説明は，事実に基づいている」というように述べるかもしれない。それが熟達したというよりむしろ，単に**有能**，**まずまず**，**あまり十分ではない**，**不十分**である場合，指導者は「できごとの説明」がどのように読み取れるかを記述するだろう。それぞれの範疇と水準には，学習者の製作品やパフォーマンスを比較することができる解説がついている。

　もちろん，他の水準のパフォーマンスを説明して利用することができる。た

とえば，すばらしい製作品やパフォーマンスは，水準1として説明され，一方，より完璧でない水準は，誤りの数の増加とともに，水準2，3，4，5と呼ばれるだろう。

　質の水準がいかに明確に述べられるかは，目的や使用者と開発者の個人的な好みによって変化する。ある事例では，規準は基準として説明される。4Hの切り抜き帳の例では，基準（規準）は「切り抜き帳は，作成段階での適切で綿密な裏づけと製作品の利用に関する異なる視点を含む」というように説明される。追加される基準は，様式，技巧，発表に対して作成される。この場合，尺度のために説明を追加する代わりに，開発者は，基準を超える，基準を満たす，基準を満たすための改善を必要とする，基準を満たすことができない，のような4段階の尺度を用いるかもしれない。

　もちろん，学年の成績報告を必要とする教育環境においては，依然としてルーブリックによって，点数を成績に変換するという課題がある。採点のための方略には，いろいろな規準に重みづけをすること（通常，いくつかの範疇に他の範疇より多くの点数を与える）と，素点や総得点の百分率に合わせて成績をつけることが含まれる。

　ルーブリックの開発者は，ルーブリックの構成においてしばしば誤りをした人に対して警告する。一つの重大な誤りは，一般的過ぎる評価規準を開発することである。指導や評価の用具としてのルーブリックの長所は，生徒の課題の発展とその再検討の両方の指針の役に立つことである。あまりにも一般的な規準では，このどちらにも役立たない。

　ルーブリックが詳細な定義によるものであったとしても，詳細過ぎたり長過ぎたりするルーブリックは利用されないだろう。長さが1〜2ページのものが一般的に求められるものである。2ページより長いものは，おそらく詳細過ぎて，実用的で有用なものではないだろう。

　ルーブリックについての説明は，意味評定尺度の説明と著しく類似しているように思われる。伝統的に評価に評定尺度を利用してきた人たちは，実際に，ルーブリックは次世代の評定尺度であると主張している。

　ルーブリックは教授や学習の用具である。ルーブリックを提供された学習者は，自分のパフォーマンスに関する標準を明確に理解し，それらの基準を利用して自己評価できる。ルーブリックはまた，理解したりできるようになったりするために必要なことについて，学習者が見通しを立てるのに役立つ。

テスト実践にあたっての考察

　基本的に測定項目の選択は，測定される内容の型とその水準に基づくべきであると同時に，いくつかの実践に関する考察が必要である。テスト項目の詳細な検討と，それを組み立てるための時間についての検討は重要である。さらに，テスト用具を編成し，それを学習者に提示する前に，考察しなければならないいくつかの基本的な事項がある。

評価用具の詳細についての考察

　パフォーマンス(遂行活動)を測定するために観察を利用する場合，測定用具がより詳細で具体的であるほど，測定はより客観的になるだろう。たとえば，若者の料理のプロジェクトに用いられる製作品の評価について考えてみよう。ある評定シートには，次のように書かれている。色：よい／悪い，味：よい／悪い，口あたり(テクスチャー)：よい／悪い。これを，〈Fig.14-17〉のような，いくつかの両極の形容詞対を結びつける数値評定シートと対比させてみよう。

時間についての考察

　測定項目を開発するときは，時間についても考えなければならない。おそらく，開発するために最も時間を要するテスト項目は，多肢選択テスト項目である。満足のいく妥当な引き立て役(誤答選択肢)を作成することは難しいが，妥当な問いをつくることが必要である。しかし，多肢選択テスト項目は，採点が早くて簡単である。同様に，採点をすることが簡単なものは，組み合わせテスト項目と正・誤テスト項目である。小論文テスト項目と短答テスト項目では，組み立てるのは速いが評価にたくさんの時間とエネルギーを必要とする。一般に，組み立てに時間のかからないテスト項目は，採点により多くの時間がかかる。

　認知領域のような特定の型の成果の測定に，二つ以上の測定項目の型が同じように適している場合，最も効率のよいものを選ぶことには意味がある。「学

〈Fig.14-17〉両極の形容詞対を用いた評定尺度

> 口あたり：
> 軽い，フレーク状の　5………4………3………2………1　重い，ぎっしり詰まった

習者はビタミンCの供給源を明らかにする」という学習成果の例を見てみよう。多肢選択テスト項目は，ビタミンCの供給源を認識できるかどうかを測定するために組み立てられる。このテストでは質問（質問文）を書き，それから四つか五つの引き立て役をつくる必要がある。そうではなく，指導者は，簡潔な正・誤質問（「オレンジはビタミンCの供給源である」）をつくるかもしれないし，生徒がビタミンCの供給源となる食品と関連づける組み合わせ質問を組み入れるかもしれない。

パフォーマンスにおける制約の除去

指導者にとって，測定のために最も時間を要することは，公平に学習成果を表す，学習成果の型に合った技術的に正しいテスト項目を，最善の注意を払って作成することである。しかし，学習者の最も高い能力を引き出す機会にするように，測定用具を編成しない限り，この時間はあまりかからないかもしれない。すなわち，測定用具の編成がパフォーマンスに関してあらゆる障害や制約を含まないことを確認することが大切である。

偏見

テストの用具は，偏見のある表現を含むべきではない。偏見のある表現を含んだテストは，不公平な結果を生みだすだろう。すなわち，それらは言語学的偏見，性的偏見，文化的偏見が原因となり，異なる小集団に対して異なる得点を与える可能性がある。偏見についてテスト項目を再検討するために，次のことを考察しよう。

- **関連性を探す**。テスト項目に，学習者の生活経験に関係がある活動や事例が，反映されているかどうかを判定しよう。テスト作成者は，学習者に質問の意図を超えた理解を要求する事例を含めるかもしれない。たとえば，栄養学の学習者に対する医学の事例を用いた質問や，学習者に対する学習とは別の抽域の目印に関係した質問は，学習者が質問の本当の意図を理解するのを妨げるだろう。
- **冗長な表現を避ける**。テスト項目は，簡単な方法で書かれるべきである。長い文章や複雑なことばづかい，難しい語句は，学習者がうまく解答するのを妨げるだろう。
- **テスト項目から，特殊な刺激をなくす**。ときに多肢選択質問や事例研究で

は，質問の意図から注意を逸らす，とても多くの詳細な説明が含まれる。たとえば，自動車事故で被ったけがの表現が詳細過ぎると，説明された損害に適用される自動車保険の型についての質問から注意を逸らすことになる。

- **テスト項目から，学習者を不愉快にするかもしれない語句やことばづかいをなくす**。性的，人種的，文化的，宗教的偏見の要素を含むテスト項目は，修正するか除く必要がある。低賃金にある人々が，概して，一つの人種，性で，否定的な特質(常に怠惰，下品，だらしのない，愚か)をもつかのような人々として描かれたり，例として挙げられたりすることは，テスト項目にこの型の偏見が目立たない形で含まれることになる。

- **すべてのキーワードやことばづかいの意味を，テスト作成者とテストを受ける者が共有する**。特定の年齢集団や民族集団では，同じことばに対して異なる意味が含まれるかもしれない。ことばの解釈に関する相違は，テスト項目における偏見をつくり出すだろう。

要約

よい指導者は，指導と評価のつながりを理解し，その両方に最善を尽そうと専心する。学習成果の測定は，複雑な過程である。考慮されなければならない手続き的・技術的要点が数多くある。専門家は，測定と評価に関する全体の目標が，達成される学習成果の程度を決定しているということを忘れないようにすべきである。そうすれば，計画と実際の指導において指導者の役に立つであろう。指導者は，学習者が知っていることとできることを測定するための，公正で信頼できる方法の開発をめざすべきである。これは，この章で取り上げた以下にあげる指針によって，最もよく達成することができる。

- どのような測定計画，評価計画も，明確に規定された学習成果に合わせる。
- 測定用具の選択は，学習成果と測定の目的に合わせる。
- 各測定用具のテスト項目の選択も，学習成果と測定の目的に合わせる。
- 選択された測定用具と各具体的テスト項目に対しては，開発された指針を示す。
- 学習者の心配，混乱，偏見を最小限にする方法で，測定用具を編成し管

理する。
- 指導，および指導計画，学習者へのフィードバックのための基礎として，測定と評価のデータを利用する。

訳注
1）真正の評価(authentic assessment)とは，パフォーマンス(遂行活動)評価であり，教育に関連したリアルな課題に取り組ませる中で評価する一連の評価実践をさす用語として使われるようになってきた語である(McAfee and Leong, 1994)。この真正の評価から生み出される情報を長期的に蓄積し，データを組織する実践的方略(ストラテジー)が，ポートフォリオ評価といわれる。
2）パフォーマンス(遂行活動)とは，目的に沿って成し遂げるための思考や技術をさす。
3）理論的刺激(prompt)とは，何らかの行動を促す刺激のことで，パフォーマンス(遂行活動)課題や，筆記試験の自由記述問題をさす。
4）オープン・エンド・テスト(open end test)とは，既習の知識や概念・原理などを総動員させ，それらを効果的に関連づけ，問題解決にあたらせるテストで，正解は一つではない。想像力や論証力などの測定に用いられる。
5）ルーブリック(採点指針)とは，多様な状態を示す課題を採点するために評価規準を示した指針。採点の段階毎に事例を添付して具体的に規準を示す。

引用・参考文献

Andrade, H.G.(2000). Using rubrics to promote thinking and learning. *Educational Leadership*, February, 13-18.

Erickson, R.C., and Wending, T.L.(1976). *Measuring student growth*. Boston: Allyn and Bacon.

Fink, A., and Kosecoff, J.(1978). *Evaluation primer*. Beverly Hills, Calif: Sage.

Green, J.A.(1975). *Teacher-made tests*(2nd ed.). New York: Harper and Row.

Gronlund, N.E., and Linn, R.L.(1985). *Measurement and evaluation in teaching*(5th ed.). New York: Macmillan.

Guilford, J.P.(1954). *Psychometric methods*(2nd ed.). New York: McGraw-Hill.

Hamon, R.W.(1988). Educational evaluation: Theory and a working model. *Education*, 108, 404-408.

Nale, M.A.(1987). Student outcome assessment: An alumni survey approach. *Journal of Home Economics*, 79, 3-5.

Popham, W.J.(1997). What's wrong—and what's right—with rubrics. *Educational Leadership*, October, 72-75.

Popham, W.J.(1981). *Modern educational measurement*. Englewood Cliffs, N.J.:Prentice-Hall.

Smith, N., and White, W.F.(1988). The criterion and measurement problem in teaching. *Education*, 108, 385-392.

Stufflebeam, D.L.(1991). Professional standards and ethics for evaluations. In M.W.

McLaughlin, and D.C. Phillips(Eds.), *Evaluation and Education at Quarter Century, 90th Yearbook of the National Society for the Study of Education, Part II*. Chicago: University of Chicago Press.

Van Buren, J.B., Hearn, J.J., and Hogeland, E.(1988). Nationally referenced assessment measure for undergraduate home economics students: Documentation of need. *Journal of Home Economics*, 80, 37-41.

Walsh, W.B.(1989). *Tests and measurements*, Englewood Cliffs, N.J.: Prentice-Hall.

Wiggins, G., and McTighe, J.(1998). *Understanding by design*. Alexandria, Va.: Association for Supervision and Curriculum.

第15章

プログラム評価

　学習者は，プログラム[1]に対して何を一番望んでいただろうか。このスキルを教えるためには，どの指導方法がより効果的であっただろうか。プログラムを終了した学習者は，プログラムを終了しなかった学習者とは異なった反応をするだろうか。これらすべての質問は，測定し，評価すべき学習成果についての関心を示している。しかし，これらの各例で測定される成果は，学習成果ではなく，**プログラムの成果**である。

　プログラム評価は，いつ利用されるのだろうか。どのような用具が，プログラムを評価するために用いられるのだろうか。プログラム評価のための計画は，どのように開発されるのだろうか。家族・消費者科学の専門家は，かれらが学習成果の測定に精通しているのと同じく，これらの質問の答えに精通している必要がある。

プログラム評価の定義

　プログラムという用語は，変化する持続期間，構成，複雑さに関する多様な学習状況を説明するために用いることができる。**プログラム**は，中間学校や高等学校の家族・消費者科学プログラムというように，連続した明確な課程に対して用いることができる。あるプログラムは，成人の学習者のための一連の集会や計画された青年期の青年との活動スケジュールであるかもしれない。またあるプログラムは3時間で1回の授業や発表，または2日間の現職教育の会合に用いられるかもしれない。家族・消費者科学の専門家は，これらの型のプログラムの多くと関わりがある。

　プログラム評価という用語は，またさまざまな方法で説明される。プログラ

ムの開発者は，第4章で説明された評価を必要とする過程としてプログラム評価について話し，プログラムの必要性を評価したり，プログラムが正当化される過程を管理したりすることにも言及している。プログラムの評価は，学習者のニーズや興味についての情報を収集するだけでなく，学習者のニーズについて述べている入手可能な情報源，既存のその他のサービスなどを通して行われる。

プログラム評価としてここで議論する過程は，プログラム評価の目的自体に長所や価値を有するかどうかを判定するための評価を含んでいる。プログラム評価は，プログラムがどのように機能し，学習者に対してどのような影響や結果があるかを理解するために利用される（Weiss, 1972）。プログラムが課程に関連するシリーズもので成り立っているか，短い一コマの指導で成り立っているかに関わらず，指導プログラムに価値があると見なされる前に，その成果や目的がそろっている，指導活動が学習者にとって有用である，プログラムの意図されていない成果が肯定的であるなどが生じなければならない（Fink and Kosecoff, 1978）。

近年，プログラム開発に資金を提供する個人や組織は，特にプログラムの影響力に興味をもつようになっている。このことは，学習者が体験した初期の成果や変化だけでなく，変化した状態や状況が反映したより長期の成果に関係する（United Way, 1996）。しかし，個々の学習者の成績よりもむしろ，プログラムの成果や影響，計画された一コマの指導に強調点がおかれる。

プログラム評価と学習者評価

学習者を評価する場合，手がかりとなる質問は，「学習者は指導の結果として何ができるようになるべきか」である。プログラム評価においては，評定者は「このプログラムの結果や影響はどうあるべきであり，それらは何を生じるだろうか」や「これらの成果は価値があるか」を問う。より長期間の影響に焦点をあてる評価モデルは，「プログラムの結果として，私たちは地域社会でどのような変化を経験するか」や「プログラムの結果として，社会的な問題の減少が見られるか」といった質問を含むだろう。プログラム評価での分析単位は，指導の計画や指導の経路であり，学習者そのものではない。

しかし，生徒のパフォーマンス（遂行活動）を評価することとプログラムを評価することの間には，多くの類似点がある。両方の型の評価に関する第一の類

似点は，評価の目的と説明である。評価用具は，類似している両者の目的や成果についてのデータを収集するために用いられてきている。学力テストや自己評価用具，パフォーマンステストは，プログラムまたは学習者のどちらの評価でも用いられる。学習者評価に類似したプログラム評価も，さまざまな目的のために実施される。それは，プログラムがどのように行われているかを確認したり(**形成的評価**)，プログラムの効果を評価したり(**総括的評価**)することに役立つ。最終的に，生徒評価のように，プログラム評価は，特定の成果の望ましい状況についての質的判断と，好結果をもたらすために達成されなければならない成果の水準を要求する。

　プログラム評価を学習者評価と比較するにあたって，次のようなプログラムの例を用いることが有効であろう。たとえば，ある現職教育プログラムでは，当然，指導者は二日後，学習者が実際に成果を成し遂げているかどうかに関心をもつ。かれらは，栄養分析ソフトを使うことができるだろうか，情報を求めるために相談者にインタビューできるだろうか，相談者に結果を説明できるだろうか。これらの質問は，すべて学習者に対して意図された成果と関係がある。指導者は，これらの成果が達成されているかどうかを判定するために，パフォーマンステスト，観察法，自己報告の方略(ストラテジー)を利用するであろう。

　しかし，学習会(ミーティング)そのもの，すなわち，プログラム評価の質問については，別の妥当な質問が存在する。たとえば，学習会は学習者のニーズに取り組んだか，内容は役に立つ方法で提示されたか，学習者は教育前より今の方が満足しているか(おそらく，学習者はもう事前に資料について知っていたのではないだろうか)，学習者は学習会の間，心地よく思っていたか，学習者の意見に基づいて指導者は主題に熱中させ，学習者に興味をもたせ続けたか。これらの型の質問に対する答えは，教育者がそれらのタイミング，方法，構成の価値を判定するのに役立ち，教育プログラムを変更させるだろう。

　限られた範囲の学習計画や，説明しただけのプログラムのような短期間のプログラムについても，指導者がプログラム評価についての情報を求める必要がある理由を理解することは難しいことではない。指導者は，追加の現職教育の学習会を計画し，選択した全体としての構成が学習者に適しているかどうかを知る必要がある。プログラム管理者は，この学習会が本当に学習者のニーズを扱っていたかどうかを知りたいであろう。また，指導者が内容を伝える場合，内容が学習者にうまく理解されたかどうかを知りたいかもしれない。さまざま

な理由によって，プログラム評価の情報は学習成果についての情報とともに収集されるかもしれない。指導者は全体のプログラムについての質問に答えるために，ここでパフォーマンステスト，観察法，自己報告の方略を利用するとよい。

　巨視的水準(マクロレベル)でのプログラム評価は，指導者によって必ず用いられるスキル以上のスキルを必要とする複雑で多層の過程である。たとえば，ある対人サービスプログラムの成果を判定したり，教育効果の影響を調査したりすることは，調査方法論と統計的な分析に関する事前のスキルを要求する。プログラム評価について考え計画することは，プログラムの立案に携わるすべての人の責任である。どのようにプログラムの目標と成果が測定されるかについて計画を立てることは，それらの目標を開発してまとめるための助けとなる。プログラム評価は終わりに「つけ足す」ものではなく，プログラム立案の必須部分であるべきである。

　また教育者の中には，器機，データ収集，データ分析についての実際的決定にあたって，責任をもたない人もいるが，家族・消費者科学の専門家は，少なくともプログラム評価の役割と指導との関わりを理解すべきである。また，専門家は，プログラム評価の過程を理解し，プログラムの評価結果を解釈できる必要がある。最終的に，すべての専門家は，責任を負うべきプログラムの様相に，微視的水準(ミクロレベル)のプログラム評価を行う必要がある。〈Fig.15-1〉では，プログラム評価と学習者評価が対比されている。

〈Fig.15-1〉 **プログラム評価と学習者評価**

プログラム	学習者
プログラム評価の全体目標は，プログラムが長所や価値を有するかどうかを判定することにある。	生徒の評価の全体目標は，生徒が学習成果に対して重大な進歩を遂げることにある。
評価の基礎は，**プログラム**の目的である。	評価の基礎は，**学習**成果である。
強調点は，**集団**の成果におかれる。	強調点は，**個人**の成果におかれる。
さまざまなデータ収集方略と用具が用いられる。	さまざまなデータ収集方略と用具が用いられる。
評価は，形成的であり，総合的である。	評価は，形成的であり，総合的である。
評価に基づく決定は，プログラムの長所や価値に関係する。	評価に基づく決定は，個人の成功や成績に関係する。

リサーチ質問の決定

　すでに述べてきたように，プログラム評価は，さまざまな水準と異なった形式で行われている。いくつかの評価は洞察，意見，訓練された感覚に依存している（Weiss, 1972）。ほかのプログラム評価モデルでは，プログラムの基準を明らかにすることと，その基準と実際のプログラムやプログラム成果との間に矛盾があるかどうかを判定することを強調する矛盾枠組みを用いている。

　別のプログラム評価モデル，論理モデルは，プログラム計画とプログラム評価の両方に用いられる。その論理モデルは，もし，確実な指導や活動が行われるならば，そのとき学習者には，確かな変化が予想されるということを前提とする，もし―そのとき（イフゼン）法に基づく。この論理モデルは，明らかに最もよい実践についてのリサーチ（研究・調査）と理解に依存する。もし―そのとき結合は，重要で長期にわたる成果の形成につながるので複合モデルである。たとえば，もし，低収入の家庭経営者が食物調理の指導を利用するならば，そのとき，かれらはいかに低費用で栄養のある食物を用意するかを知るだろう。もし，かれらがこの知識を応用するならば，そのときかれらは，たぶん予算内で家族に栄養のある食事を与えるだろう。もし，家族が栄養のある食事を食べるならば，そのとき家族の栄養状態の改善が期待されるだろう。もし，栄養状態が増進するならば，そのとき家族の健康とウェルネス全体の改善が期待されるだろう。いうまでもなく，プログラム評価立案のためのこのモデルは，多層で，複雑である。通常，低水準の成果だけが評価される。

　ここで説明したことは，リサーチとしてのプログラム評価のための専門的研究方法である。他の型の研究で用いられている評価用具と評価過程は，プログラム評価の文脈にも適用されるので，プログラムの長所や価値について判断することができる。この研究方法は，社会・教育的プログラムの価値についての，理にかなった信用できる証拠を提供するための完璧な方法を探求してきた，過去30年以上にわたる研究を拡充したものである。一般に，これらの方法の利用に基づくリサーチと評価は区別される。すなわち，リサーチはなぜという質問に答えるために用いられることが多いが，評価は概して何についての質問に答えるために用いられる。それにも関わらず，プログラム評価にあたっては信頼できる研究実践を用いるべきである。ワイス（Weiss, 1992）によれば，リサーチとしての評価は，情報源を強化するが，「評価されるべき成果が複雑である，

次に続く決定が重要かつ費用がかかる，結論の妥当性について他の人々を納得させるために証拠が必要であるとき，特に，重要な厳密さを提供する」。

　プログラム評価の最初の要点は，適切で信頼できるリサーチ質問を組み立てることである。プログラム評価におけるリサーチ質問は，プログラムの評価を導くために組織立てられる。それらは，プログラムの長所を判定するために答えなければならないプログラムについての質問である。他の研究行動におけるのと同様に，それらは，研究計画のための一般的な指針として役に立つ。

　プログラム評価を導くためのリサーチ質問を決定するにあたって必要とされる考察がいくつかある。まず，プログラムについての要求や述べられた目的を見てみよう。多くの場合，目的や意図についてのこれらの要求や説明は，プログラムの目標・目的として書かれる。学習成果を指導の結果として，学習者ができることと説明する場合には，プログラムの目的はプログラム全体の結果として，学習者ができることと説明される。また，プログラム目標は，プログラム内での実行や活動に関する特定の望ましい状況を説明する。プログラム目標は，学習成果として書かれたものよりもより広範である。たとえば，子育て教育プログラムは，成果として次のことを列挙するだろう。すなわち，「学習者は，親としての役割に関して以前にも増して強い興味を示すだろう」または「学習者は世話をする能力を示すだろう」。これらの大きい目標は，指導に基づいた個人の学習成果を生む。しかし，巨視的水準から見れば，それらはプログラムが本当にうまくいっているかどうかを評価するための基礎ともなる。

　プログラムについてのリサーチ質問の他の潜在的情報源としては，プログラムの活動がある。あなたはプログラム内の特定の活動がどのようにうまくいったかを知りたいと思うことがあるだろう。たとえば，どの指導方法が最もうまくいったか，どの体験が最もおもしろかったか，特定のプロジェクトに学習者はどの程度参加したか，どの課題が最も大きい影響を与えたか。これらの質問は，指導の成果よりむしろ，プログラムの指導的活動に対して行わなければならない。それらは，プログラムの長所を評価するための重要な側面である。

　また，それらのプログラム評価の実施には，リサーチ質問を組み立てるにあたって，経営者，後援者，資金提供機関の意見を聞く必要もあるだろう。これらの一人ひとりは，プログラムの成功の証拠として何を要求するだろうか。おそらく，かれらの関心事はこの指導プログラムの学習者が，対照プログラムの学習者より，よい成果を上げるかどうかである。たとえば，「健康知識につい

てのテストで，家族・消費者科学における家族の健康授業の学習者と，体育における健康授業の学習者とを，どのように比較するか」。指導者は，対照プログラムの学習者よりこのプログラムの学習者の方がよく学ぶことについてプログラム目標を書かなかったかもしれないが，この質問は，プログラム評価の側面として考えられる必要がある。

重要なリサーチ質問を得るために，フィンクとコセコッフ(Fink and Kosecoff, 1978)は，**プログラム評価解説**と呼ばれる行列表(マトリックス)をつくることを提案する。この行列表は，目標，各目標と関連した活動，各目標と活動の長所の証拠等についての説明を含む。長所の証拠は，生徒のスキルに関して，観察されたり測定されたりした進歩や，態度や行動の変化についての学習者や他の専門家からの証拠を含む。〈Fig.15-2〉は，高校生のために用意されている教育プログラムに対する行列表の例である。

プログラムの目標は，行列表の最初の列に挙げられる。たいていのプログラムでは，これらの目標は，プログラムについての説明資料の中で詳細に述べられることが多い。しかし，評価者は，すべての人が「当然だと思う」，説明されてはいないが暗に示されているプログラムの目標を認識する必要がある。この例に挙げられている二つの目標は暗に示されている目標を表している。プログラムについて書かれた公式の資料には，何も表記されていないかもしれないが，「このプログラムで高校生は，子育て役割が，本当になんと大変な仕事なのかということを学ぶだろう」ということが達成されることを親や教師は望ん

〈Fig.15-2〉 **プログラム準備のためのプログラム評価説明**

目標	活動	プログラムの長所の証拠
子どもの発達・親役割についての知識を増やす	教室活動 実験・実習	子どもの発達・子育てについての認知知識を十分に獲得し，それを示す 実験・実習で子どもの適切なやりとり，コミュニケーションを示す
親役割について現実的な態度を発達させる	実験・実習 地域社会活動	子育てに関する態度の変化を示す ボランティア体験を通して親や家族を支援する
保育者の態度と一致した態度を身につける	教室討論 実験・実習 地域社会活動	学級内討論を行う 態度・行動に関係する教師の証明 生徒が保育者と一致した役割についての態度を表現する

でいる。実際には、これがプログラムの目標である。プログラムのすべての目標は、行列表の最初の列に挙げられなければならない。

　2番目の列には、各目標に関連するプログラム活動が列挙される。この例では、子どもの発達と子育て役割（目標の一つ）に関する知識が増加することを意図して計画された、教室での授業と実験・実習である。そしてこの行列表の中央の列には、各目標を支えるために計画された各評価活動を列挙すべきである。

　行列表の3番目の列は、ある人が、個人の目標を達成できたかどうかを判定することができる基礎を説明する。あなたは、「目標が達成されたとあなたを確信させるものは何か」という問いによって、この列を構成するだろう。例の一つ目の目標は、認知知識の獲得と、子どもの発達において増加した知識の証拠としての実演された行動である。続いて、評価者は、それらが測定するに値するか、これらがどのように測定されるかを決定しなければならない。しかし、行列表を構成する段階で、達成目標や成果の証拠は何かを確立することは、重大である。ここでさらに評価者は、プログラムに関係する他の人に相談する必要がある。経営者、後援者、資金提供機関の信頼を得るための評価過程と成果のためにそのプログラムは何を達成しようとしているか（その目標）と、その成功を記録するためにはどのような証拠が必要か（プログラムの長所の証拠）について、かれらの合意が得られなければならない。

　次に質問は、その行列表から開発されることが可能である。これらの質問は、プログラムの成功の証拠を提供するデータを収集し、まとめることに役立つリサーチ質問である。次の質問は、この行列表に基づいた質問の例である。

- 生徒は、子どもの発達や子育てについての認知知識について重要な進歩を表したか。
- 生徒は、良好なコミュニケーションスキルを示し、かれらが受けもった子どもたちと適切なやりとりをしたか。
- 生徒の子育て役割に関する態度が変化したか。
- 生徒は、地域でのボランティア活動を通して家族と親を支援したか。
- 生徒は、学級討論に参加したか。
- 教師は、生徒が実験・実習で幼い子どもを受けもつとき、養育や世話に関する態度と行動の証拠を報告するか。
- ボランティア体験の結果として、生徒は保育者になるために必要な態度と一致した態度を子どもに表すか。

リサーチ質問は，プログラム目標，活動，明らかにされた長所の証拠と関連づけられる。はじめに述べたプログラムの目標と活動に直接基づかないプログラム評価に関する追加的質問があるかもしれない。また，これらの質問は，ときにはプログラムに関係する重要な人々によって提案されたり，「政治的」風潮や他の研究の結果として生み出されたりすることがある。たとえば，指導者は子育て教育に登録した生徒が，プログラムに登録していない生徒と比較して，子育てについて明らかに異なる態度をとったかどうかを知りたいであろう。たとえリサーチ質問が追加的に考案され採用されたとしても，これらの質問は評価の基礎となる。ゆえに，プログラム評価の第1段階は，関連するリサーチ質問を開発することである。

プログラム評価の立案

　リサーチ(研究・調査)に基づくプログラム評価の次の段階は，評価を計画することである。そのために，どのような種類のデータを集める必要があるか，データは誰から集められるか，データはいつ収集されるか等の質問に答える必要がある。評価計画は評価の**構想**(デザイン)を決定すること，測定される**変数**を決定すること，評価のための**標本**を決定することを含む。

　構想は，評価のための形式を示し，利用可能な形式がいくつかある。一つの形式は，二つの無作為に選ばれた集団が利用される**実験的構想**である。すなわち，一つの集団に対してはこのプログラムが「実施され」，もう一つの集団には実施されない。両集団がテストされ，比較される。真の無作為な集団を受けもつことは難しいので，真の実験的構想は，教育で用いられることはまれである。また，「実施」されない対照集団への倫理的な心配もある。

　別の構想は，教育的リサーチによりふさわしいものである。たとえば，**事例構想**は，評価者が，特定の場でちょうどよいときに特定の学習者集団を観察することを可能にする。評価者は，学習者に対して事前テストと，「実施」の後あるいは教育プログラムの後に事後テストを行う。この事例構想は，他のどのような集団の学習者や抽出標本とも比較されない。ただ，特定の時点での特定の集団を単に見ようとするだけである。もう一つの構想である**長期的研究**は，ときの経過とともに，プログラムの影響を判定するために，ある期間にわたって成果を測定する。

　プログラム評価における**変数**は，評価者が評価の一部として検討したり調査

したりするために選択する要素を示す。いくつかの変数は**独立**または**固定した**ものであり，その他の変数は，プログラムの結果としての変化に**従属した**または**開かれた**ものである。たとえば，前に議論した子育てプログラムでは，生徒の性別は独立変数，テスト得点は従属変数である。評価者は，男子生徒と女子生徒のテストの得点についてプログラムの影響を調査したいであろう。評価者は，考察のための要素として生徒の性別（独立変数）とテストの得点（従属変数）に関心をもつ。

標本は，評価研究で実際に考察される学習者を示す。標本は，実際に研究されるすべての学習者を代表する方法で選ばれた，全学習者集団の一部である。たとえば，高校の家族・消費者科学プログラムで，教師は，生徒が授業で何が最も楽しかったかを判定するために，25人の生徒にインタビューするかもしれない。もしこれら25人の生徒が，登録した母集団を正確に示すために選ばれたのであれば，教師は，かれらの全般的な意見が，家族・消費者科学の生徒すべての意見を反映したと見なすことができる。

評価者はときには，母集団全体を含めるよう選ぶことがある。たとえば，普及活動専門家は，通常特定のプログラムにおけるすべての学習者に，プログラムの有効性や楽しさの価値に基づいて評価することを要求する。指導者は，母集団の標本の選択が明らかにより効率的で，しかも効果的であるかどうかを判断しなければならない。

プログラム評価の第2段階は，**評価のための計画を開発する**ことである。この段階をどのように実行できるか理解するために，子育て準備プログラムの例についてもう一度考えてみよう。この例における評価者は，これらのリサーチ質問に答える決心をしていると想定しよう。

- 生徒は，子どもの発達と子育てについての認知知識に関する重要な進歩を示しているか。
- 生徒の子どもを養育する態度は，この課程の後で変化したか。
- 子育て準備プログラムを受けた生徒とそれらを受けなかった生徒で，子どもを養育する態度に違いがあるか。
- 子育て準備プログラムを受けた生徒とそれらを受けなかった生徒で，認知知識の水準に違いがあるか。

これらの質問に答えるために，評価者は実験的構想を変形させたものを選ぶ

かもしれない。評価者は，子育て準備プログラムを受けた生徒と自習室の生徒の集団を比較しようとするかもしれない。評価者は，生徒の真の無作為集団(生徒は教室や自習室に無作為に配置されたのではない，かれらはさまざまな理由で自主的に選択した)を選ぶのではないため，かれらは真の実験的構想を行ったとはいえない。しかし，評価者は，それが自分の要求に対しては十分と判断している。

　事前テストは，**子どもと子どもの養育に関する態度**(従属変数)についての知識を評価する。評価者は，学期の終わりに両集団に対して事後テストを計画し，子育て準備授業に登録しなかった生徒と同様，登録した生徒の事前テストと事後テストの両者の得点を比較するだろう。この計画は，このプログラム評価のために明らかにされたリサーチ質問に答えるためのデータを提供する。

データ収集

　リサーチ(研究・調査)に基づいたプログラム評価の第3段階は，**データ収集**である。学習成果の評価では，筆記テストおよびパフォーマンス(遂行活動)や製作品に関するデータを収集するために用いられたその他のテスト用具の利用について述べた。パフォーマンステスト，評定尺度，ランクづけ尺度，インタビュー，アンケート調査，学力テストもまた，プログラム評価で用いられる。この例における評価構想は，いくつかの型のテスト用具を必要とする。たとえば，インタビュー，自己報告法，学力テストである。プログラム評価のためのデータ収集に用いられた評価用具の構成は，個人の学習成果を検討するための評価用具の開発について説明した概要と同様な指針に従う。

　学習成果の測定に用いるために，前もって述べなかったデータ収集方法の一つには，記録の検討がある。**記録検討**は，出席やカルテのような，プログラム関連の記録からデータを集めることを必要とする。この型のデータ収集から，評価者は「どのプログラムが最も多くの参加者数があったか」や「2月に最もよくかかる幼児期の病気は何か」といったような質問に答えることができる。

　特定のデータ収集方略の選択は，評価者が答えたい質問と，評価のために選択した構想の型によって決まる。もし，リサーチ質問が学習者の態度やパフォーマンスを扱うならば，評価者は方略として自己報告をよく用いる。評価者は，自己報告のデータを集める手段として，確認表やアンケート調査，評定尺度を用いるかもしれない。学習者は，自分たちがどのように感じ，何を考えたかを

実際に報告するので，評価者は，「プログラムの結果として，子どもの養育に関する態度が変わったか」というような質問に答えることができる。

　筆記テストは，評価者が学力のデータを必要とする場合に用いられるだろう。たとえば，評価者は「子どもの発達についての認知知識に関して生徒は重要な進歩を示したか」といった質問に答えるために，事前，事後テストの両者で，多肢選択テストを用いるかもしれない。

　確認表，評定尺度，得点表は，パフォーマンスについてのデータを収集するためによく用いられる。たとえば，評価者が学習者のコミュニケーションスキルの能力を評価したい場合には，観察者は評定尺度を用いるだろう。

　プログラム評価に用いられる用具は，個人の学習者のパフォーマンスを測定するのに用いたそれらと同じように見えるかもしれないが，検討の単位は個人よりはむしろ集団である。したがって，プログラム評価の第3段階は，**データ収集のための用具を選択すること，もしくは，開発することである**。

データ分析

　プログラム評価の最後の段階は，**プログラムを適切に決定できるように，収集したデータを分析し説明することである**。学習成果を評価する指導者は，通常，最頻値，平均値，中央値，範囲，標準偏差値，度数のような記述統計値を使って，調査結果を説明する。これらの統計値は，「テストの平均点は何点だったか」「何人の生徒が6番を正しく解答したか」「少なくとも70点を取った生徒は何人だったか」のような質問に答えるために用いられる。このような記述統計は，プログラム評価でも用いることができる。

　しかし，プログラム評価はおそらく，答えるべきリサーチ質問に依拠した他の統計方法を必要とする。たとえば，「子育てについての態度と子育てプログラム修了との間に重要な関連があるだろうか」というリサーチ質問について検討してみよう。この質問は，二つの変数(子育てプログラムと態度)の間の関係を測定する相関統計値の利用を要求する。プログラム評価では，それらのデータ分析にあたって適切な統計方法の利用は重要である。

　新しいコンピュータソフトウェアと専門的援助は，統計分析を行う必要のある家族・消費者科学指導者に役立つ。すべての新米の専門家が高度な統計分析を行うために必要なスキルをもっているとは限らないが，かれらは自分たちを援助するための資源を明らかにしておくことは可能である。新米の専門家であ

っても，リサーチ質問がどのように問われ，どのように答えられるかを理解するために，統計の基礎についての一般的理解をもつべきである。

プログラム評価の実践

　家族・消費者科学の専門家の多くは，評価構想と統計方法についての巨視的決定に，日常的基準では苦労して取り組むことはないだろう。しかし，かれらは，プログラム評価に責任を負う必要がある。もう一度，二日間の現職教育プログラムの事例を検討してみよう。相談者の栄養分析のためにコンピュータを利用する，16時間プログラムを評価する必要がある。

　プログラム評価を計画する過程は，すでに検討してきたより精巧な例とほとんど同じである。指導者は，評価の目的を決定することから始める。指導者が知る必要があることは何か。これは，リサーチ（研究・調査）質問の形成を要求する。この事例では，指導者は，次の二つのリサーチ質問を明らかにしている。

- 学習者は，現職教育プログラムの構成に満足したか。
- 学習者は，現職教育プログラムの結果として，栄養分析ソフトを使うのに十分な能力があると感じたか（学習者が学習計画の利用についてどのように感じたかということと，学習成果としてかれらが示した能力と異なることに注意する）。

　リサーチ質問を決定した後，指導者は質問に答えるための意味のある情報を，どのように収集するか決定しなければならない。上述の例では，指導者は直接学習者に尋ねることを決める。プログラムに対するかれらの満足度について自己報告のデータを集めるために，指導者は実演，実践時間，講義，プログラムの長さ，シミュレーションの活用といったプログラムの特定の状況を，生徒がどのように気に入ったかについて，短いオープンエンドのアンケート調査の構成を決定する。コンピュータプログラムの利用について生徒の印象を調査するために，評定シートはソフトウェアの利用に関係する多様な印象を記述した両極の形容詞対によって開発される（興奮した・興奮しない，有能な・混乱した，切望する・いやがる）。これらの用具の構築は，前章の学習成果の測定で概略を述べた指針に従う。〈Fig.15-3〉では，プログラム評価における基本段階の概略を述べている。

　プログラム評価用具の活用は，おそらく学校教育または学校外教育の指導に

〈Fig.15-3〉**プログラム評価の段階**

- 関連性のある研究質問を開発する。
- 標本とプログラム構想を明らかにし，プログラムの評価計画を開発する。
- データ収集のための用具を選択し，開発する。
- 収集した情報を分析し，プログラムに関連する意思決定をする。

参加しているほとんどすべての人によく知られている。学期の終わりが近づくと，指導者は通常，評価シートを配り，その書類を完成して学期の最後に返却するよう参加者に要求する。ときには，これらの評価シートは，学籍登録用封筒に入れられたり，学期の間にプリントで配布されたりすることがある。これらの評価用具の目的が，本当にプログラム評価にあり，これらの用具に基づくデータがプログラムの決定に利用される場合には，評価用具の開発と実施のためのいくつかの指針を心に留めておくべきである。

　まず，指導者はプログラム評価過程に忠実に，質問段階から始めるべきである。指導者は，あらゆること，指導様式，昼食の質，休憩時間の長さ，いかに参加者がそれぞれの指導者を楽しませたか等々について，少しずつ尋ねることが多い。尋ねられる質問は，プログラムについてのリサーチ質問に直接関連したものである必要がある。不必要な質問や修辞的質問は，削除されるべきである。

　これは，教室の準備や昼食についての質問をすべきでないということではない。それは，学習会やプログラムが意図した目標に実際にどれぐらいかなっているかということを，自分で決定する手助けとなる型の情報か，指導者が確認する必要があることを意味するだけである。

　また指導者は，あまりにいろいろな型の質問を混ぜ過ぎないよう慎重にすべきである。質問やテスト項目がリーダーの個性からコンピュータの精巧さまであらゆるものを含む場合には，参加者は何を評価するよう求められているのか混乱するであろう。

　次に，利用される用具は，収集されるデータの型に合わせるべきである。オープンエンドのアンケート調査に基づく情報は，量で表したり要約したりすることが難しい。一方，アンケート調査では重要な返答についてのより詳細な情報や個性が得られる。評定シートや確認表は，通常参加者にとっては便利であるが，返答の範囲や型を限定する。

選択された用具がどのようなものであっても，参加者には，評価書式を完成するために十分な時間が与えられなければならない。もし，評価書式が学習会の最後に配られた場合には，参加者は，それらに注意のすべてを傾けないであろう。もし，評価用具が学期の後で参加者に送り届けられたり，学期中にメールでそれらに返答するという指導が与えられたりした場合には，返答が少なくなるであろう。もし，後になって返答が必要な場合，指導者はできるだけ便利な用具，すなわち，切手が貼られ，あて先が書かれた封筒を同封すべきである。理想的には，学習会の予定表にプログラム評価の用具を完成するための時間が組み込まれれば，参加者は，この課題が学習会の重要な部分であることを理解する。いうまでもなく，学習会の特定の部分が行われたすぐ後に評価するよう学習者に頼まない場合には，学習者が学期のほとんどを経験した後の学習会の終わりに，十分な時間が与えられるよう計画すべきである。

　すべての用具と同様に，学習者に対しても詳細な指示をすべきである。学習者は，評価書式にどのように記入するかを知る必要がある。用具の中で，学習者が自分自身を明らかにする必要があるかどうか検討してみよう。参加者が署名したり，プログラム評価書式を直接指導者に手渡さなければならない場合，かれらは否定的なことをいいたくないと思うかもしれない。参加者にどの程度のプライバシーを認めるか，自分の返答に対して参加者にどのような説明責任を求めるかを決定しよう。

　学級担任は，学習成果の評価に対して一般的に用いられた方略に加えて，プログラム評価方略の利用を検討すべきである。教師は，どの型のフィードバックが生徒に役立つかを決定したのと同様に，どの型のフィードバックが自分たちに役立つか検討したいだろう。生徒はどの指導方法を最も喜ぶだろうか，かれらはどの活動から最も学んだと思うだろうか，かれらは教師のどの行動を最も役立つと感じるだろうか。これらは，教師がプログラム評価用具を利用することによって，定期的に扱いたい質問の型である。他の型の評価と同様に，結果は，現在のプログラムを改善したり修正したりするための形成的な目的や，プログラムの成果を要約したり説明したりする助けとなるための総合的な目的に用いられるだろう。

要約

家族・消費者科学の専門家は，学習成果とプログラム成果の両者に関心がある。

プログラム評価は，意図した成果が生じたかどうか，プログラムの活動が有効か，プログラムのその他の意図されなかった成果が肯定的かを扱っている。プログラム評価を計画し実行する過程は，多くの方法で，学習成果の測定を計画し実行する過程に対応する。専門家は，プログラム評価を用いるべき時期，評価行動から得たデータが，指導内容をよりよく伝達するという点で自分たちをいかに援助するかについて検討する必要がある。

....

訳注
1）ここで用いられるプログラムという用語は，コンピュータ用語のプログラムやプログラム学習で用いられる語ではなく，教科課程，カリキュラム，講義要綱，学習計画等を総合した語として用いられている。

引用・参考文献

Barak, R.J., and Breier, B.E.(1990). *Successful program review: A practical guide to evaluating programs in academic settings*, San Francisco: Jossey-Bass.

Borich, G.D.(1974). *Evaluating education programs and products.* Englewood Cliffs, N.J.: Educational Technology Publications.

Crombach, L.J.(1982). *Designing evaluations of educational and social programs.* San Francisco: Jossey-Bass.

Fink, A., and Kosecoff, J.(1978). *Evaluation primer.* Beverly Hills, Calif: Sage.

Harper, S.(1988). A model for program evaluation. *Education Canada*, 28, 18-23.

Judd, C.M.(1987). Combining process and outcome evaluation. *New Directions for Program Evaluation*, Fall, 23-42.

Kosecoff, J., and Fink, A.(1982). *Evaluation basics: A practitioner's manual.* Newbury Park, Calif: Sage.

Posavic, E.J., and Carey, R.C.(1985). *Program evaluation: Methods and case studies* (2nd ed.). Englewood Cliffs, N.J.: Prentice-Hall.

Powell. L., and Cassidy, D.(2001). *Family Life Education: An Introduction.* Mountain View, Calif: Mayfield Publishing Company.

Tuckman, B.W.(1985). *Evaluating instructional programs* (2nd ed.). Newton, Mass.: Allyn and Bacon.

Tyler, R.W.(1991). General statement on program evaluation. In M.W. McLaughlin and D.C. Phillips(eds.), Evaluation and education at quarter century, *90th Yearbook of the National Society for the Study of Education, Part II.* Chicago: University of

Chicago Press.

United Way of America (1996). *Measuring Program Outcomes: A Practical Approach*. Alexandria, Va.: United Way of America.

Weiss, C.H. (1972). *Evaluation research: Methods of assessing program effectiveness*. Englewood Cliffs, N.J.: Prentice-Hall.

Weiss, H.B., and Jacobs, F.H. (1988). *Evaluating Family Programs*. New York: Aldine DeGruyter.

資料

アメリカの家庭科教育

アメリカの家庭科教育制度は，わが国のそれとは大きく異なる。本書の理解の便のため，その概略を記す。

[アメリカの学校教育制度]

アメリカの学校教育制度の大きな特徴は，教育行政が連邦にあるのではなく，各州に委ねられていることである。州教育庁・教育委員会の下には教育局があり，その下に学校区があり，学校区によって使用する教科書やカリキュラムなども異なる。学制は下図の通りであるが，小・中・高等学校の各期間は学校区毎に異なり，中学校・高等学校併設校や4年制高等学校もある。

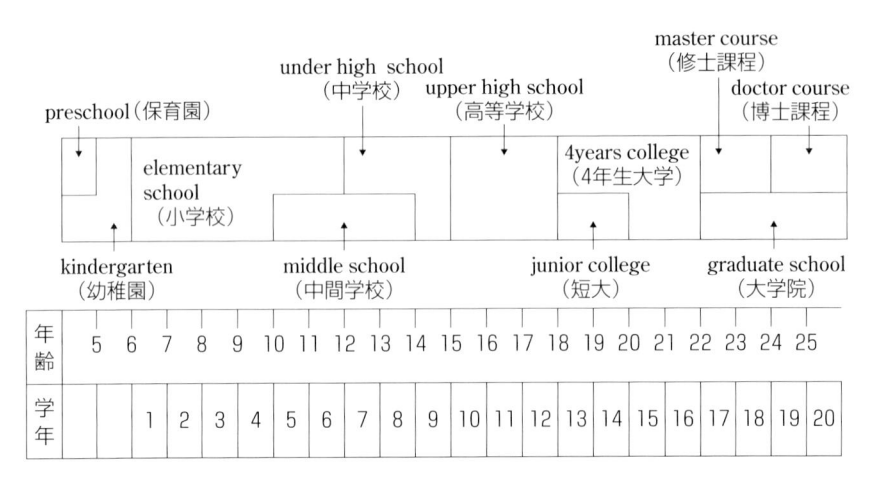

出典）文部省大臣官房調査統計企画課『諸外国の学校教育（欧米編）』（1995），ライトハウス『アメリカの義務教育制度』（ライトハウスホームページ，2005）より作成

[アメリカの家庭科]

小学校では，「家庭科」にあたる教科はほとんどの場合おかれていない。しかし，ほとんどの州の中間学校(middle school)，中学校・高等学校(under high school, upper high school）では，選択または必修として設置されている。

「監訳者まえがき」で述べたように，1993年のスコッツデイル会議で，専門の名称を「Family and Consumer Sciences」と変更したことにより，家政学会は，「American Association of Family and Consumer Sciences（AAFCS）」と名称変更し（AAFCSホームページ），アメリカ教育学会に所属する家庭科教育学会も「Family and Consumer Sciences Education Association（FCSEA）」と名称変更をした（1995，FCSEAホームページ）。このような名称変更に伴って，「Home Economics」という名称で統一されていた家庭科の名称もさまざまな名称となった。その間のいきさつについては，（社）日本家政学会家政学原論部会『家政学未来への挑戦―全米スコッツデイル会議におけるホームエコニミストの選択』（建帛社，2002）を参照していただきたい。

1998年には家族・消費者科学全米州行政官連合（National Association of State Administrators for Family and Consumer Sciences）により，『家庭科国家基準（National Standard for Family and Consumer Sciences）』が開発された。この国家基準はわが国の学習指導要領のように拘束力をもつものではないが，これに基づき各州で基準を決める際の参考とされている。そこには，内容，能力，学習領域，プロセスの問題などが示されている。このような基準を作成するための専門家の活動は，家庭科の進展のために大きく寄与したといえるようである。

アメリカの家庭科カリキュラムについて研究してきた林未和子は，60年代は「概念アプローチ」，70年代は「能力形成アプローチ」，80年代はブラウンによる「実践問題アプローチ」という変化について述べ，この「実践問題アプローチ」が家庭科国家基準に影響していることを指摘している（林未和子『現代アメリカカリキュラムに関する研究』風間書房，2002）。

各州の家庭科カリキュラムについては，『イギリス・アメリカ・カナダの家庭科カリキュラム』（日本家庭科教育学会欧米カリキュラム研究会，2000），『家庭科のカリキュラムの改善に関する研究―諸外国の動向―』（国立教育研究所，2005）等を参照していただきたい。

監訳者あとがき

これからの家庭科教育への示唆

　ウェルビーイングということばが公的な文書に初めて登場したのは，世界保健機構(WHO)憲法草案(1946)といわれる。そこでは，「健康とは，単に病気や虚弱の状態でないというだけでなく，身体的・精神的および社会的に良好な状態(well-being)にあること」と定義されている(高野陽「健康」岡本夏木ほか監修『発達心理学辞典』ミネルヴァ書房，1995)。その後，well-being概念は，子どもの権利条約(1989)や国際家族年(1994)において，個人の尊重や自己実現までも含む概念に拡大されてきている(高橋重宏編著『子ども家庭福祉論』放送大学教育振興会，1999)。

　アメリカの家族・消費者科学でも，ウェルビーイングという用語を用いてきており，家族・消費者科学は，「個人・家族・地域社会のウェルビーイング向上」を環境との関わりの中で追及していく専門であるとしている。今やわが国の家庭科教育においてもこの語は，大きな関心事となってきている。すなわち，家庭科では，人との共生，環境との共生において，よりよい生活を創造することをめざしているが，このことはとりもなおさず，「環境とのかかわりの中で，自分自身のウェルビーイングを求めるとともに，家族や地域社会のウェルビーイングを，共に求めていくこと」といえる。

　本書は，以上のようなねらいをもつ家庭科教育をどのように進めていけばよいかについてのヒントを数多く提供している。

　まず，教育においては，学習者の発達的特質，学習様式の違い，ニーズの違い，生育文化の違い，経済環境の違いなどを把握すべきだと述べているが，この言説には，大きな示唆を受ける。一人ひとりを大切にするためには，ここまで考えなければならないということに改めて気づかされる。

　では，一人ひとりに適合した教育をするにはどうすればよいのだろうか。わが国の家庭科においても，近年，参加型学習方式，アクション志向学習方式が多く取り入れられるようになり，多くの実践例が示されてきている。しかし，

本当に一人ひとりを生かす教育が行われているといえるだろうか。学習成果が挙がらない場合，とかく，「最近の子どもは〜を知らない」「〜ができない」という評をしがちである。しかし，これらは，子どもだけの責任とはいえない。子どもをめぐる社会や文化が大きく変わってきたことを認識し，目の前の子ども一人ひとりに合った指導をすべきだということを再認識する必要がある。

　また，指導効果を上げるためには，適切な指導資料を活用する必要がある。指導資料は，指導者自身が作成するのが最も効果的と考えられるが，専門家によって開発された市販の指導資料を適切に活用することも効果的である。わが国では，指導資料は，研究会，教科書会社，教材会社等により開発されているが，それらの開発に関わる人は，いずれも家庭科，家政学の専門家である。メールやインターネットによる大学や研究機関への問い合わせシステムなどの開発も急務といえよう。いずれの場合も，良質な指導資料を開発する専門家の努力が必要で，教育現場と企業，大学，研究所の連携が期待される。

　さらに指導効果を上げるためには，真正な評価方法を開発することも必要である。わが国では，絶対評価が導入されるようになって以来，今や「評価」は，教育界で大きな関心事となってきている。しかし，果たして，一人ひとりの学習成果が適切に評価されているといえるだろうか。ポートフォリオ評価としての，パフォーマンス（遂行活動）評価や製作品評価などはどのように行われているだろうか。評価の目的としては，指導者の指導そのものを評価すること，フィードバックにより学習者の成果を高めること等が挙げられる。真正な評価ができてこそ，学習者の成果は挙がり，真正な指導者と評価されるのではなかろうか。

　以上，本書を通して，学校における家庭科教育のあり方に多くの示唆を受けることができたが，ここで「成人教育学」にも注目してみたい。わが国では，社会教育での家庭科教育者，家政学教育者の活躍の場はまことに限られており，それらの専門家を養成する場も限られている。家庭や地域の生活問題の解決が大きな課題となってきている今日，社会教育で家庭科教育者，家政学教育者の活躍の場を開拓していく努力が必要ではなかろうか。

　わが国の家庭科教育の発展に本書が何らかの形で役立てば，訳者一同本望とするところである。

　　　　　　　　　　　　　　　2005年11月　　　監訳者　中間美砂子

さくいん

あ

アクション（action）・・・・・・・・・・・20,189,198,218
アクション志向学習方略（action-oriented learning strategies）・・・・・・・・・・・・・・・・189,194
アクション志向方略（action-oriented strategies）・・・・・・・・・・・・・・・・・・・・・・・・・・・・・・189
アクティビティ（activity）
・・・・・・・・・・・・・・・・・・・・191,194,208,210,218
生け花（flower arranging）・・・・・・・・・・・・・・・60
一般化（generalization）・・・・・・・・・・・・・・・・99
インタビュアーの応答（interviewer response）
・・・・・・・・・・・・・・・・・・・・・・・・・・・・・・・・・・・・・・・182
インタビュー（interview）・・・・・・・・・・・・・179
永続的実践問題（perennial practical problems）・・・・・・・・・・・・・・・・・・・・・・・・・・・・・・・13
遠隔学習（distance learning）・・・・・259
応用質問（application questions）・・・154
OHP（overhead projector）・・・・・・・・・150
怒った応答（angry responses）・・・・・・・・182

か

解説的講義（expository lecture）・・・141
概念（concept）・・・・・・・・・・・・・・・・・・・・・・・・98
概念地図（conceptual map）・・・・・・・123
学習会（meeting）・・・・・・・・・・・・・・・70311
学習活動（learning activities）・・・・・・・・42
学習過程（process of learning）・・・・・・83
学習環境（learning environment）・・・・・28
学習者（audience）・・・・・・・・・・・・・・・・・104
学習者（learners）・・・・・・・・・・・・・・・・・・・・34
学習者としての子ども・青年の発達的特質（developmental characteristics of youth as learners）・・・・・・・・・・・・・・・・・・・・・・・・・・・・・・35
学習者としての成人（adults as learners）・・57
学習者との話し合い（talking with learners）
・・・・・・・・・・・・・・・・・・・・・・・・・・・・・・・・・・・・・・・162
学習者に適した指導者の位置（matching instructor placement to ins）・・・・・・116
学習者の情意成果（affective learner outcomes）
・・・・・・・・・・・・・・・・・・・・・・・・・・・・・・・・・・・・・・・275
学習様式（learning styles）・・・・・・78,79,81,85,87
学習練習帳（workbook）・・・・・・・・・・・・・229
学習活動（learner activities）・・・・・・・・114
学習成果（learner outcomes）・・・・・268,309
学習成果の測定（measuring learner outcomes）
・・・・・・・・・・・・・・・・・・・・・・・・・・・・・・・・・・・・・・・265
学習能力（learner abilities）・・・・・・・・・・21
確認表（checklist）・・・・・・・・・244,271,294,299
家族の多様性（family diversity）・・・・・17
学校外教育（nonformal education）・・・・・・・7
学校教育（formal education）・・・・・・・・・7
活動区域（action zone）・・・・・・・・・・・・113
過程（process）・・・・・・・・・・・・・・・・・・・・・170
家庭環境（home environments）・・・・・15
環境の調整（environmental control）・・・・・148
感情発達（emotional development）・・・35
関連性を探す（Look for relevancy）・・・・・305
記憶容量（memory）・・・・・・・・・・・・・・・253
機器と支援資料（equipment and support materials）・・・・・・・・・・・・・・・・・・・・・・・・・・・117
規準（criteria）・・・・・・・・・・・・・・・99,196,235,300
規則―例―規則技術（rule-example-rule technique）・・・・・・・・・・・・・・・・・・・・・・・・・・・143
機能（functions）・・・・・・・・・・・・・・・・・・・112
帰納的推理（inductive reasoning）・・・88
逆行設計（backward design）・・・・・・・・97
究極目的（valued end）・・・・・・・・・・・・・164
教育学（pedagogy）・・・・・・・・・・・・・・・・・67
教育的ゲーム（educational games）・・・190
教育的認知様式（educational cognitive style）
・・82
教育哲学（philosophy of education）・・・93
教室内の配置（room arrangement）・・・・・113
協同学習集団（cooperative learning group）
・・・・・・・・・・・・・・・・・・・・・・・・・・・・・・・・・・・・・・・171
行列表（matrix）・・・・・・・・・・・81,153,276,315
巨視的水準（macro level）・・・・・・・・・・312
記録検討（archive review）・・・・・・・・・319
気を散らすもの（distractions）・・・・・120
緊張をほぐす（icebreaker）・・・・・・・・・128

偶然（chance）……………………………190
具体的限定詞（specific determiners）………281
具体的に述べられた学習成果（specifically stated learner outcomes）……………102
口あたり（texture）………………………304
組み合わせテスト項目（matching items）285
訓練（training）……………………………7
経済的に恵まれない人々（economically disadvantaged）………………………19
型式（pattern）………………79,179,214
形成的評価（formative evaluation）………311
ゲーム（games）……………………209
研究会（seminar）……………57,85,100,192
健康（health）………………………16
現実的表現と象徴的表現（real versus symbolic representations）………………………231
現場に依存しない者（field independent）…81
現場に依存する者（field dependent）……81
講義（lecture）………………………139
講義の体系化（organizing a lecture）……142
構成妥当性（construct validity）…………269
構成的（部分―全体）関係法（component (part-whole) relationships method）………143
構成テスト項目（constructed response items）……………………………287
構想（design）………………………317
行動（behavior）……………………104
広範に述べられた学習成果（broadly stated learner outcomes）……………………101
固定観念（stereotype）………………27,230
子ども・青年（youth）……………34,42,46
コンピュータ（computers）……………246
コンピュータによる映写提示（computerized presentations）………………………151

さ

細分類学者（splitters）………………81
シェアウェア（share ware）……………240
ジェンダーへの感受性（sensitivity to gender）
………………………………………27

視覚教具（visual aids to enhance a lecture）
………………………………………148
時間（time）…………………………131
視線合わせ（eye contact）26,116,146,184,275
持続的理解（enduring understandings）
………………………………………98,101
実演（demonstration）……………………156
実験・実習（laboratory）………………190,218
実験的構想（experimental design）…………317
実行可能性（workability）………………105
実習訓練期間（internship）………………218
実践（practice）………………………5
質問（questions）………………………278
質問すること（questioning）…………153,179
指導計画（planning instruction）…………87
指導計画の作成（writing an instructional plan）………………………………122
指導者作成資料（instructor-produced materials）
………………………………………241
指導者のニーズ（instructor needs）………119
指導資料（instructional resources）………128
指導資料の活用（using instructional materials）………………………………242
指導資料の情報源（sources of instructional materials）……………………………237
指導資料の選択（selecting instructional materials）……………………………228
指導的質問（leading questions）…………181
指導のための技術（technology for instruction）
………………………………………246
指導目標（instructional goals）……………163
指導を意図しない資料（noninstruction-based materials）……………………………241
市販指導資料（commercially prepared materials）……………………………238
CPR（cardiopulmonary resuscitation）105,276
シミュレーション（simulation）………190,214
社会的・感情的発達（social and emotional development）……………………………40
社会的・個人的発達（social and personal

さくいん 331

development)……36
授業（session）……124
授業の管理（instructional management）…130
順序立てる（sequencing）……159
順序的関係（sequential relationship）…142
準備・保守に必要なもの（preparation and maintenance requirements）……236
情意領域（affective domain）……106
状況（condition）……104
小冊子（pamphlet）……229
使用説明書（documentation）……252
冗長な表現を避ける（Avoid wordiness）305
小論文テスト項目（essay items）……291
職業（career）……3
専門的助言（consulting）……6
事例研究（case study）……35,141
事例構想（case design）……317
身体的発達（physical development）……39,41
シンポジウム（symposium）……173
信頼関係（rapport）……183
信頼性（reliability）……268
図形（diagram）……287,290
正・誤テスト項目（true / false items）…280
成果（outcomes）……101
生活様式（lifestyle）……14,34,65,109
生活様式機会（lifestyle opportunities）……16
製作品の成果測定（product measurement）……273
成人（adult）……57
精神運動成果（psychomotor outcomes）…272
精神運動領域（psychomotor domain）……107
成人学習（adult learning）……59
成人学習者を受けもつための技術（techniques for working with adult learners）……70
成人教育学（andragogy）……67
精神的・身体的変化（mental and physical changes）……63
成人の学習への動機づけ（adults' motivations for learning）……57

生態学的（ecological）……2
制度化されていない教育（informal education）……7
生徒の参加の準備（preparing students to participate）……243
青年期（adolescence）……40
青年期の青年（adolescents）……43
製品納入業者／普及促進資料（product vendor / promotional materials）……239
接続器（interface）……256
専門家（professional）……1,4
総括的評価（summative evaluation）……311
総合質問（synthesis questions）……154
相互作用技術（interactive technologies）…255
相互作用的講義（interactive lecture）…141
相互作用ビデオ（interactive video）…256
想像力豊かな学習者（imaginative learners）……82
挿話（episode）……71
測定（measurement）……267
測定項目の作成（writing measurement items）……279
測定用具（measurement tools）……271
ソフトウェア選択での考慮（considerations in selecting software）……251

た
第一次的質問（primary questions）……182
第二次的質問（secondary questions）……182
大分類学者（lumpers）……81
多肢選択テスト項目（multiple choice items）……282
縦列（column）……285
妥当性（validity）……268
多様性（diversity）……17
短答テスト項目（short answer items）……287
知覚領域（perceptual domain）……107
知識（knowledge）……5
知識水準質問（knowledge-level questions）……153

知的発達（intellectual development）……40
仲介者（interface）……253
中間学校（middle school）……7
中期子ども期（middle childhood）……38
忠告（advise）……6
中等学校（secondary school）……15
中立的質問と指導的質問（neutral versus leading questions）……181
中立的な質問（neutral questions）……181
長期的研究（longitudinal study）……317
長所（strength）……48
TP（transparency）……128,150
ディベート（debate）……189,197
データ収集（data collection）……319
データ分析（data analysis）……320
テスト項目（test item）……268
テスト項目例集（item banks）……280
テスト実践にあたっての考察（practical considerations）……304
テストの編成（organization of the test）……293
手引き書（manual）……229
展示（display）……229
電子メール（electronic mail）……257
伝達事項（what to communicate）……93
伝達事項（message）……146,230
同化主義者（assimilator）……88
動的学習者（dynamic learners）……82
討論（discussion）……139,162
得点表（scorecard）……300
独立学習プロジェクト（independent learning projects）……38
閉ざされた応答（closed responses）……178
閉ざされた質問（closed questions）……181

な

内・外円環（inner and outer circles）……173
内容（content）……169
内容妥当性（content validity）……268
内容の伝達（communicating content）……6
流れ図（flowchart）……153
認識テスト項目（recognition items）……280
認知（知的）発達（cognitive (intellectual) development）……35
認知領域（cognitive domain）……106
能力（capacity）……48

は

バズ集団（buzz groups）……171
発達（development）……35
発表（presentation）……129
パネルディスカッション（panel discussion）……174
パフォーマンス（performance）……31,38,75,79,97,130,194,254,265,310
パフォーマンス水準（performance level）……277
パフォーマンスにおける制約の除去（eliminating constraints on performance）……305
ハロー効果（halo effect）……298
反感の応答（hostile responses）……182
微視的水準（micro level）……312
ビデオメディア（video media）……253
評価（evaluation）……267
評価技術（evaluation techniques）……279
評価計画の開発（developing an evaluation plan）……275
評価質問（evaluation questions）……154
評価的応答（evaluative response）……182
評定（grades）……267
評定尺度（rating scales）……294,295
費用と価値（cost and value）……235
開かれた応答（open responses）……178
開かれた質問（open questions）……181
開かれた質問と閉ざされた質問（open versus closed questions）……181
ファクシミリ（facsimile）……258
ファクス（fax）……258
複合語（word unit）……287
付随学習（concomitant learnings）……197
舞台（stage）……112
物理的配置（physical arrangement）……112

ブレーンストーミング（brainstorming）…167
プログラム（program）……………309
プログラムの成果（program outcome）…309
プログラム評価（program evaluation）
………………………309,310,317,321
プログラム評価と学習者評価（program versus learner evaluation）……………310
文化的・民族的多様性（cultural and ethnic diversity）………………………………25
分析質問（analysis questions）…………154
分析的学習者（analytic learners）………82
分類階層（classification hierarchy）……143
勉強会（workshop）………………57,85,123
偏見（bias）……………………………28,230
変数（variables）……………………………317
方略（strategy）………………………20,37, 73,79,102,117,126,142,162,189,259,301,311
方略的（strategic）…………………………3
方略としての質問（questioning as a strategy）
…………………………………………174
本物（live）………………………………249

ま

待ち時間（wait time）……………………154
まとめ（closure）…………………………129
まとめ役（facilitator）……………………46
身振り（gesture）…………………………146
明確さ（clarity）…………………………104
明細表（table of specifications）………276
命令（command）…………………………252
めくり式図表（flipchart）……………148,150
目的（objective）…………………………103
目標（goals）………………………………101
目標または使命（goal or mission）………5
もし―そのとき（if-then）………………313
問題中心の学習者（problem-centered learners）
…………………………………………58

や

有用性（usability）………………………235

様式（style）……………………………78,191
予告（announcements）…………………130
4MAT（4MAT）……………………………83

ら

ランクづけ用具（ranking tool）………294,298
理解質問（comprehension questions）……154
リサーチ（research）………………………313
リサーチ質問（research questions）……313
流暢性（fluency）…………………………105
良識的学習者（common sense learners）…82
臨床心理学的援助（counseling）…………6
ルーブリック（rubrics）…………275,294,301
ロールプレイ（role-play）……………190,201

翻訳分担（執筆順）

中間 美砂子
（なかま・みさこ，元千葉大学教育学部教授・元東京学芸大学連合大学院教授）
序章，謝辞，著者について，監訳者まえがき，翻訳にあたって，第1章，第2章，第3章，第4章，資料，監訳者あとがき，監修

井元 りえ
（いもと・りえ，福岡工業大学社会環境学部社会環境学科助教授）
第5章，第6章，第7章，第8章

大森 桂
（おおもり・かつら，山形大学地域教育文化学部食環境デザインコース助教授）
第9章，第10章，第11章

妹尾 理子
（せのお・みちこ，東京学芸大学・都留文科大学非常勤講師）
第12章，第13章

後藤 さゆり
（ごとう・さゆり，共愛学園前橋国際大学国際社会学部講師）
第14章，第15章

現代家庭科教育法　個人・家族・地域社会のウェルビーイング向上をめざして
ⓒ Misako Nakama 2005　　　　　　　　　　　　NDC375 352p 21cm

初版第1刷発行	2005年11月20日
著者	エリザベス・J.ヒッチ／ジューン・ピアス・ユアット
監訳者	中間美砂子
発行者	鈴木一行
発行所	株式会社 大修館書店

〒101-8466　東京都千代田区神田錦町3-24
電話　03-3295-6231（販売部）03-3294-2233（編集部）
振替　00190-7-40504
[出版情報] http://www.taishukan.co.jp

カバーイラスト	高橋三千男
装丁・本文デザイン	井之上聖子
印刷所	広研印刷
製本所	司製本

ISBN4-469-26584-5　　　Printed in Japan
Ⓡ本書の全部または一部を無断で複写複製(コピー)することは，
著作権法上での例外を除き禁じられています。